山と妖怪——ドイツ山岳伝説考

山と妖怪
ドイツ山岳伝説考

吉田孝夫
YOSHIDA Takao

八坂書房

【扉図版】
雲間をゆくリューベツァール
H. ヘンドリヒ画、20 世紀初頭
（本文 263 頁参照）

【表紙図版】
ケムニッツの鉱山
銅版画、1685 年、ボーフム鉱山博物館

神さぶる磐根《いはね》こごしきみ吉野の水分山《みくまりやま》を見ればかなしも

――『万葉集』七・一一三〇

鉱山には、即物的であると同時に、深い感傷が潜んでいる。

――鈴木博之『日本の〈地霊《ゲニウス・ロキ》〉』

山と妖怪——ドイツ山岳伝説考

目次

序――ウンタースベルク

ドイツの山を見に行く。それもドイツ語にしばしば用いられるsagenumwoben《ザーゲン・ウムヴォーベン》な山を。もはや観光地の人寄せのキャッチコピーと化したこの言葉だが、しかしこれは彩なる織物のように、数々の伝説がその土地を包んで取り巻くというイメージを表わしている。この本では、そんな伝説の織物をまとったドイツの不思議の山々を、いくつか訪ねて歩こうと思う。

ドイツの不思議の山といえば、春の聖ヴァルプルギスの夜、悪魔と魔女が大狂乱の祝宴を催すという、中部ドイツ・ハルツ山地のブロッケン山がまずは思い浮かぶ。これはブロッケン現象という、あの山上の眩惑の光景に名前を与えている山である。あるいはワーグナーの楽劇で知られる、官能的な異教の女神ヴェーヌスがひそむというヘルゼルベルク山、中世の皇帝フリードリヒ赤髭（バルバロッサ）王が、最後の審判の到来を、その山の地底で眠りつつ待っているというキフホイザー山、またあるいは新約聖書に登場したピラトゥス、イエスの処刑をついに阻むことのなかったあのローマ総督の霊が今もさまようという、スイス・ルツェルンのピラトゥス山――。ドイツ語圏の各地に、こうした不思議の山は数多い。なるほどトーマス・マンの名作長編である『魔の山』、直訳すれば「魔法の山」という名の小説を生みだした風土だと思う。

しかしそれどころか、文字どおり「不思議の山」という名前を持つ山が、ドイツとオーストリアの国境、ザルツブルクの近くにある。この町に行ったなら、モーツァルトの生家が立つゲトライデ小路や、ミラベル宮殿の壮麗な庭園を見に行くだろう。そして必ずや、ホーエンザルツブルクの小高い城山にも上るはずだ。そこからは北に、ザルツブルク市街の美しい街並みを見下ろすことができるが、この反対、つまり城の南側には、広い平原の彼方に、すばらしいアルプスの山並みが見わたせる。そしてウンタースベルクという、ひときわ目を引く大きな山がそのなかに聳えたつ。

ウンタースベルク（Untersberg）は古来、民間ではヴンダーベルク（Wunderberg）つまり不思議の山、奇瑞の山の名でも呼ばれた。石灰岩の巨大な岩塊で、無数の洞窟がある。高さは一九七三メートル。グリムの『ドイツ伝説集』には、この山にまつわる伝説が五点挙げられているが、その最初にあたる第二七番は、山の名称を振り出しに、山岳伝説の基本的な

ケーニヒ湖よりウンタースベルクを望む　L. リヒター画、1830年

ザルツブルクの南に広がる山岳地帯の古地図　ヨアン・ブラウ、1665 年
中央上にウンタースベルクらしき山、その奥にはヴァッツマン（標高 2713 メートル）とケーニヒ湖

要素をいくつか並べて示してくれる。

ウンタースベルク、またの名をヴンダーベルクという山は、ザルツブルクの町からわずか一小《しょう》ドイツ・マイルの距離を隔てており、底なし沼がその麓にある。大昔この山には、ヘルフェンブルクという都があったという。山の内部はすっかり空洞になっていて、宮殿、教会、修道院、庭園、金銀の泉が置かれている。小びとたちが宝物の見張りをしており、かつて彼らはよくザルツブルクの町へ真夜中に歩いて行って、大聖堂でミサをあげた。(1)

この説話から、山の伝説を読むための基本的な着眼点を以下のように導き出すことができる。これは、本書全体の叙述を貫く基本的な原理でもある。

(1) 異界性——山中の「都」は、この現世から隔絶した異界の領域として存在している。山の頂上と底なし沼とのあいだに結ばれる垂直的ベクトルによって、水平的な現世に対立する。高さと低さ(深さ)は、この垂直的異界性の象徴的表現として同一の機能を担う。

(2) 日常との隣接性・境界性——しかし山の世界は、日常の人びとの暮らしと完全に断絶したものではなく、例えばこの物語において、ザルツブルクというれっきとした都市から「わずか一小ドイツ・マイル」、すなわち約七・五キロの場所にあり、山の小びとは町の「大聖堂」にまでやってくる。つまり人の日常と境を接する隣接性、そして相対的関係性において存在している。異界の「都」が、現世の社会をそのままに写したかのようであるのは、そのゆえでもある。

（3）異教性——山の世界はキリスト教という現世の支配的秩序との関係を問題化する。ここでは大聖堂に小びとたちが集まるが、それは「真夜中」という反日常的な時間である。

（4）水の源——山は、岩・石・土の領域であるだけでなく、水の供給者としての役割も担う。これは人の生活と山との関係においてきわめて重要な認識である。

（5）山の産物——地底の「金銀の泉」は、異界の町の噴泉と解するのが素直であろうが、この一帯が有名な鉱山地帯であることを合わせて考えると、山の資源・産物への暗示を読み取ることもできる。水という基本的な要素だけでなく、山はさらにさまざまな恵みの源でもある。

十七世紀前半から記録があるというウンタースベルク[2]の伝説は、このような着眼点のもとに、まずは何よりも、それが記録された時代の歴史性に適切に配慮しながら読むべきものだろう。しかし山の伝説を、あるいは伝説というジャンルを扱うおもしろさは、もう一つ、現代との密接な関わりにある。数百年もかけ離れた時代の事件（とされるもの）が、突如、現在の日常世界の圏内へ、古い伝説の筋書きもそのままに蘇ってくることがある。伝説の歴史性、古さを厳密に見きわめれば見きわめるほど、この現在への侵入は、眩暈とも快感ともつかぬ不可思議な感覚をもたらす。伝説は過去の遺物ではなく、現在の時間にも生きつづけ、そこに作用してくるのである。これを（6）歴史性と現在への蘇りと呼び、前五項に続く項目として補足しておきたい。

この第六の点を考えさせる好例が、やはり同じウンタースベルクの山を舞台とする伝説にある。二十世紀後半に生まれた一種の都市伝説である。ドイツの口承文芸学者R・W・ブレードニヒが編んだ、何とも恐ろしくそして愉快な本『糸蘭椰子の蜘蛛　今日の伝説風物語集』[3]（一九九〇年）に収められた話で、超常現象に関心を持つ一人の女性がそれを語ってきかせたという。伝説というジャンルは、その信憑性をしばしば、このような間接的な聞き取りの形が霧のように包みこんでいる。

さてその話によれば、一九八七年のこと、ウンタースベルクに行った三人の人間が行方不明になった。麓には彼らの車だけが残っていた。懸命の捜索にもかかわらず、ついに三人は見つからない。

それから三か月が過ぎて、突然、三人のうちの一人から生存を伝える連絡が「ラジオ・ノルトダイヒ」を通じて入った。彼らはエジプトにいるのだと。そして今は紅海を行く船上にあり、アレクサンドリアに向かっているという。その後三人は、アレクサンドリアでドイツ領事館に保護され、無事に帰国した。ウンタースベルクで何があったのか、それについて三人は固く口を閉ざしている――。

実在する短波ラジオ放送局や「ドイツ領事館」の名前まで出すことで、現代の都市伝説はその信憑性を補強する。しかしこの物語は、ブレードニヒの注釈にあるように、「伝統的な山岳伝説の要素を多数見ることができる」、「新しい装いの古い伝説」なのである。過去の偉大な皇帝が、最後の審判の日を待ちながら、山の地底に眠っている。そのことを、見知らぬ修道僧に導かれて山の地底に入った男が教えられたというような物語は、ドイツ語圏各地に存在した。あるいは行方不明になった狩人を弔い、教会で葬儀をしていたそのとき、突然その男が戻ってきて、自分は山に「連れ去られ」(entrückt)ていたと語ったとか、はたまた山の住人たちに出会い、彼らに説き伏せられてボウリングのピンを立てる作業をさせられているあいだに、いつしか七年が過ぎていたとか。別の伝説では、失踪期間が「百」年にわたる場合もある。

「ウンタースベルクで姿を消して」というタイトルを付されたこの物語は、「山の失踪」(Bergentrückt)型の山岳伝説の典型である。(4) となると、先の例で言う「七」年や「百」年と同様、「三」人が再び現われた「三」か月後という数字の反復も、なにやら伝説/フィクションめいたものを匂わせる。山にまつわるドイツ人たちの想像力は、今もなお一つの定型をなぞっているようである。しかし問題は、そういう古い伝説の定型が、なぜ二十世紀の後半にも生き残り、この日常に作用しつづけているのか、ということだ。

ブレードニヒの注釈には、もう一つ大切なことが書かれている。あの知らぬ人のない、ドイツ民話の代表格として扱われている「ハーメルンの笛吹き男」の話が、このような山岳伝説の一つであるということだ。これもまたグリム兄弟編『ドイツ伝説集』に基づいて確認してみるなら、笛吹き男に連れられてハーメルンの町を出て行った百三十人の子どもたちは、たしかにハーメルン近郊の山の洞穴へと姿を消した。そして後に、ルーマニアの「ジーベンビュルゲン」地方で再び姿を現わしたという。先のエジプトに現われた、三人の二十世紀人たちと同じように。

この伝説をめぐる阿部謹也の書物はあまりにも有名である。中世の東方植民、聖ヨハネの日の夏至祭の習俗、そして当時の被差別民層に対する共同体側の意識などを明らかにしながら、この伝説の生成を「社会の下層で呻吟する庶民の苦しみ」(5)の表現として捉えたこの労作は、今もなお魅力を失うことはない。また一人の歴史家として、この伝説というジャンルの解読のために、中世ドイツの歴史的背景を可能なかぎり精密に跡づけようとしたことも、観念的で実証性に乏しい伝説・メルヘン研究が乱立するなかでは、実に模範的である。

しかし、社会史、民衆史の文脈から生まれたこの書には、「犠牲者たる庶民」といった表現において、ある種の過剰な民衆美化のきらいが見えなくもない。支配者階層に対する、そうした対立の構図のみで「庶民」層を捉えることの不十分さは、阿部自身がよく知悉していたはずである。

またそれと並んで問題的に思われることは、一つには、古代ゲルマンの異教性と中世とをかなり安易に直結していること、そしてもう一つは、この百三十人の失踪という事柄をあくまで「歴史的事実」(6)として捉えていることである。前者の点については、すでに日本でも河野眞による厳しい批判があり、[7] 現今の伝説研究では、かなり慎重に扱うべき事柄である。そうした古代との文化的連続性をめぐる重要な論文集が、主としてドイツの民俗学・民衆説話学の領域の研究者たちによって編まれたのは、阿部の著書が出るすでに五年前のことであった。[8] そして図らずもと言うべきか、阿部の筆致は、例えば夏至における古代ゲルマンの祭儀と異常心理の状態を、中世庶民の心情に適用しようとするとき、かなりに憶測的な言い方に逃れていると思われる。[9]

伝説という物語ジャンルは、ヤーコプ・グリムの有名な定義に言われるように、たしかにメルヘンと比べて「より歴史的」であるとしても、必ずしもその起源に、明確な「歴史的事実」を有するとはかぎらないのではないか。もしそのようなものが存在したとしても、阿部自身が言うように、「初発の事実そのものは何の変哲もない出来事であったかもしれない」。むしろ重要なのは、個々の時代ごとに、「庶民の思考世界の枠にあてはめられた物語が「変貌に変貌を重ねてゆく」[10] さま、時代の個々の状況に即して物語が見せる多様性を確認することである。阿部の書物が、子どもの失踪をめぐる前半部分を過ぎ、笛吹き男・鼠捕り男をめぐる後半部分において、次第に民衆の心性、生活意識のほうへと焦点を移していったのは蓋し自然な、適切なことであったと思われる。

さらに言えば、しかし伝説という物語は、単に「庶民」、民衆の表現手段であるだけなのだろうか。文字を持たぬ民衆層の、日常の苦しみと喜びへの共感に満ちた阿部の書物は、伝説を「庶民にとって自分たちの歴史そのもの」だとして、支配層に対抗する自己表現の手段だと捉える。[11] それはあまりにもグリム的に理想化された、十九世紀ロマン主義的な見方ではないか。

伝説というテクストは、むしろ文字を操る支配層ないし知識人層と、文字を持たぬ民衆層との相互作用においてこそ考えるべき素材だと思われる。民衆は、支配者層と対立するだけでなく、ときには唯々諾々とそこに阿るものだ。支配者層とて、常に民衆層を虐待するわけではなく、例えば聖職者が聴衆の興味をひくために、口承の卑俗な物語へと意識的にすり寄ることもあるだろう。いや、また双方の階層が、一時代の希望を共同の物語で語ることもあるだろう。メルヘンに比べて歴史性に根差すところの深い伝説ジャンルは、そのような一社会全体、一時代の願望とイデオロギーを抱えいれる表現媒体として機能しうる。

文字を持たぬ民衆層は、文字文化と文字の使用から完全に隔絶されているわけではない。スイスの民俗学者R・シェンダが活写したように、文字の読めない人間が文字文化に接触する機会は、市場、酒場、教会、家庭、あるいは学校など、さまざまに存在したのであり、むしろ文字文化と口承文化は「常なる実り多き相互作用」のなかで共存してきたのだった[12]。グリムのメルヘン集も、伝説集も、そうした混合的な産物の典型である。そしてグリム兄弟たち自身が、民衆層、つまり阿部の言うような「庶民」ではなかった。彼らの偉大な仕事は、二つの世界の仲介者としてのそれである。

以下、ドイツ語圏の山岳伝説を論じる本書は、この仲介者的立場にあった各時代の人間たちに、できうるかぎり注意をはらいながら叙述していきたい。そのことによってこそ、一定の物語が世を循環してゆくその道筋を、より正確に跡づけることができると思うからである。物語は、それを語る者、記録する者が何者であるかによって根本的に姿を変える。この作業によって、ひとつの伝説に込められた一時代、一社会の人びとの生活と願いの広がりを、その一端なりとも明らかにすることができるなら幸いである。

本書は、まず前半においてドイツの鉱山伝説を考察する。近世という、広く見て十五世紀末から十八世紀初頭の時代のヨーロッパにおいて、鉱山業は時代の基幹産業であり、その発展のためには最先端の技術と多大な資本が投入された。そしてこの時代のドイツは、アウクスブルクのフッガー家のような国際企業一家の存在から知られるように、この先端的産業としての鉱山業を牽引する地位にあった。技術文明の時代としての近代を予示するようなこの空間に、古来のどのような言説が残存し、どのように特殊な伝説を開花させていたのかをたどってみたい。

後半部分では、ドイツの山の妖怪を考察の対象とする。日本の妖怪研究で、例えば小松和彦が「山の怪異の説明装置」[13]として、天狗と山姥という二つの代表的存在を挙げている。本書はいわばそれに倣う形で、ドイツの男の山の妖怪としてリューベツァールを、そして女の妖怪としてホレさまを取り上げる。そして男女それぞれの妖怪にまつわる伝説と社会との関係を問うてみる。

したがって本書は、例えば「ハーメルンの笛吹き男」をめぐり、その歴史的起源について新説を唱えることなどを目的とするものではない。起源を問うという、十九世紀から二十世紀にかけてのある時期にきわめて好まれたスタンスを、本書はあえて捨てる。そのような遥かな謎を、安易な憶測と個人的嗜好によって解決しようとすることには、学問的営みとしてさまざまな問題が伴うし、また伝説の読み方を狭める危険性さえある。本書はむしろ、個々の伝説が置かれた社会的広がりを視野に、一定のストーリーが人びとの心にどのような作用を及ぼしたのか、という点に主たる注意を向けていきたいのである。

とはいえ、ドイツの伝説を論じていく本書の序文をとじるにあたり、もう一度、阿部謹也のことを想起しておきたい。「それをやらなければ生きてゆけないテーマを探せ」[14]という恩師からのことばを、あの中世史家はまさに貫徹して仕事をしたように思う。伝説の謎解きのような知的遊戯にそもそも関心はなく、「伝説と自己との無限の距離の重み」[15]を抱えながら書かれた彼の著作は、自分自身の人生の問いに答えようとする、一方ならぬ力強さを持っている。

註

（1） Deutsche Sagen. Hg. v. den Brüdern Grimm. Ausgabe auf der Grundlage der ersten Auflage. Ediert und kommentiert von Heinz Rölleke. Frankfurt a. M. 1994. S. 58. 本書では、完成稿と見なせるこの初版に即したテクストを基本的に用いる。第二版と第三版の編者であるヘルマン・グリム——ヴィルヘルム・グリムの息子——は、ヤーコプのメモなどに基づいたテクストの挿入や改変を施しており、これに基づく版と本書の用いた版とでは、とりわけ第七〇番以降において、各伝説に付された番号がずれることを注記しておく。

（2） Einzelkommentar von Heinz Rölleke. In: Deutsche Sagen. S.743.

（3） Rolf Wilhelm Brednich: Die Spinne in der Yucca-Palme. Sagenhafte Geschichten von heute. München 2002. (Erste Auflage 1990) S.130f. 訳文は以下の邦訳版に依った。ロルフ・W・ブレードニヒ編『ヨーロッパの現代伝説　悪魔のほくろ』（池田香代子ほか訳）、白水社、二〇〇三年、一七三—一七四頁。

（4） 『ドイツ俗信事典』には、単に「山」だけでなく、まさにこの具体的な主題のもとに、充実した独立項目がたてられている。Artikel »Bergentrückt«. In: Handwörterbuch des deutschen Aberglaubens. Hg. v. Hanns Bächtold-Stäubli unter Mitwirkung von Eduard Hoffmann-Krayer. Unveränderter photomechanischer Nachdruck. Berlin / New York 2000. Bd.1. Sp.1056-1071.

（5） 阿部謹也『ハーメルンの笛吹き男』、ちくま文庫、一九九七年、二五八頁。

（6） 同、一五頁。三四、六四—六五、一一七頁も参照。

（7） 河野眞『ドイツ民俗学とナチズム』、創土社、二〇〇五年、七五九—七六一頁。

（8） Hermann Bausinger / Wolfgang Brückner (Hg.): Kontinuität? Geschichtlichkeit und Dauer als volkskundliches Problem. Berlin 1969. 阿部は、民俗学的研究の非歴史性を批判している（阿部、三八—三九頁）が、それは一時代前の世代に対するものとしては適切である。戦後ドイツ民俗学の自己批判と再出発については、河野の前掲書を参照のこと。

（9） 例えば阿部、一六六、一七二、二五四頁を参照。

（10） 同、一一七頁。

（11） 同、一一七、二五八頁。

（12） Rudolf Schenda: Von Mund zu Ohr. Bausteine zu einer Kulturgeschichte volkstümlichen Erzählens in Europa. Göttingen 1993. Vgl. S. 222 und 274.

（13） 小松和彦『妖怪文化入門』、せりか書房、二〇〇七年、二五三頁。

（14） 『阿部謹也自伝』、新潮社、二〇〇五年、八〇頁。

（15） 阿部『ハーメルンの笛吹き男』、三〇〇頁。

Bierdorff
Mittel Grund
Böhm: Chem
Ob: Grund
Tetzschen
Schneeberg
Schöna
Diesa
Peterrwalda
Schönewalde
Nahlendorff
Ob: Wald
Debritz
Kniens
Streckewalde
Olsengrund
Voigtsdorff
S
R
A
P

第I部 鉱山

XX
XXI
Schmiedeberg
Frauenstein
Altenberg
Sayda
Catharinenbg
Kalch
B O H E M I Æ

【扉図版】
鉱山の様子をあしらったエルツ山地の地図
銅版画、18 世紀、ボーフム鉱山博物館

第一章　山霊と冥界

毎日　恒沙《ごうじや》の定《ちやう》に入り、三途《さむづ》の扉《とぼそ》を押し開き、
猛火の炎を搔き分けて、地蔵のみこそ訪《と》ふ給へ
我が身は罪業《ざいごう》重くして、遂には泥犂《ないり》へ入りなんず、入りぬべし、
佉羅陀《からだ》山《せん》なる地蔵こそ、毎日のあか月に、必ず来りて訪《と》ふ給へ
――『梁塵秘抄』(1)

一　三人の鉱夫

「クッテンベルクの三人の鉱夫」と題された物語が、グリム兄弟編『ドイツ伝説集』(2)第一巻（一八一六年）の巻頭を飾っている。メルヘン集とは異なり、あえて「ドイツの」という形容詞を冠せられたこの伝説集は、ほかでもない鉱山伝説で幕を開ける。正確には、冒頭からさらに第三話まで同種の山の伝説が続くのだが、(3)それは同時代のドイツ・ロマン派文学が、まさにこの鉱山・鉱夫モチーフを好んで用いたこととどこかで響き合っているように思える。

グリムの『伝説集』には、山岳一般や鉱山をめぐる伝説が少なからず採られている。柳田國男とヨーロッパ民俗学の関係を俯瞰した好著、高木昌史編『柳田國男とヨーロッパ』(二〇〇六年)には、柳田國男『日本伝説名彙』(一九五〇年)がとる六分類のうち、「塚」と「祠堂」を除いた四分類──すなわち「木」、「石・岩」、「水」、そして「坂・峠・山」──に従って作成した、「グリム兄弟編『ドイツ伝説集』項目別一覧表」[5]が付されている[4]。そのうち四つ目の「坂・峠(山・丘)」の箇所を参照すると、山岳・鉱山にまつわる伝説が、ドイツの伝承圏に大きな一群を成して存在することがわかる。ただしこの一覧表では、「ホレさまの池」(『伝説集』第四番)や「ハーメルンの子どもたち」(同第二四五番)のような伝説と山岳モチーフとの重要な関係が言及されておらず、おそらく遺漏を補って扱うべき仕事のようではあるのだが。

本章は、この種の山岳伝説群のなかで代表的な位置を占める『伝説集』冒頭の物語を取り上げ、ドイツ山岳・鉱山伝説の味読のために必要ないくつかの基本的視点を抽出することを目的としている。また類話の参照を要するこの作業のなかで、日本・中国に存在する類似伝承との比較検討を挿入してみたい。

ドイツ語圏の伝説研究の状況について少しばかり付言すれば、伝説の「モチーフ史的研究」はもはや十分になされた、これからはむしろ、「この種の文学的創作物が置かれた歴史的コミュニケーション連関と、この文学的創作物の基礎にある社会的立場」にこそ焦点を定めることが必要なのだと、民俗学者R・シェンダが言ったのはすでに一九八三年のことであった[6]。シェンダは、いわゆる国家としてのドイツや郷土・地域の伝説集が雨後の筍のごとく著される土壌となった十九世紀のナショナリズム的・郷土主義的イデオロギーの問題性を常に意識する人物だが、同じ批判的意識は、同学の徒H・ゲルントなどによっても深く共有されている。このゲルントの言葉を借りれば、これまで「継母的に」扱われてきた伝説というジャンルは、メルヘン研究に比べ、実に精彩を欠く研究水準にある。伝説研究の成果は、総じてなぜ「かくも不十分な印象しか残さないのか。かくも思弁一方で、局部限定的で、問題性に欠け、また陳腐なのか」。[7]
モチーフ研究が好んで接続する神話的・象徴的思考と、シェンダ／ゲルント的な歴史的意識とのあいだで、本章の論述は揺れ動くことになるだろう。

＊

『伝説集』の冒頭、第一番「クッテンベルクの三人の鉱夫」の物語の梗概を示せば、以下のようになる。舞台は、ボヘミアのクッテンベルクである。当地の鉱山において、同じ切羽で働いていた三人の鉱夫が崩落事故に遭った。地底に閉じ込められた三名は、絶望に抗いつつ、すべてを神に委ね、労働と祈りに勤しみつづける。すると一日分しかなかったはずのパンと灯油が、なぜか絶えることがなく、いつしか彼らは七年間にわたって地底で生き延びるのだった。その七年が経った日、地上の妻たちは夫の生存への望みを失い、自らの再婚をさえ考え始める。しかしその頃、地底の夫たちは、それぞれに一つずつ、心からの願いを神に向けて唱えていた。いわく、もう一度でいいから、陽の光をこの目で見て、それから死にたい。もう一度でいいから、妻と食事をして、それから死にたい。そして、もう一年だけ、妻と平穏に暮らして、それから死にたい――。この願いのたてられた瞬間、山は突然にその岩塊と土砂の覆いを解いた。三人の鉱夫たちは地上への帰還を果たす。そして各人の願いが叶えられた後、順に息絶えてゆく。

クッテンベルクという地名は〈修道服の山〉というほどの意味であり、修道士に似た装束で山中の作業に従事した中世鉱夫の名残を示している。現在のチェコにあるクトナー・ホラ（Kutná Hora）――それは〈掘られる山〉の意だという――、かつてのドイツ語名でクッテンベルクと呼ばれるこの町は、銀の採掘で栄えた

左に鉱山都市マリーエンベルク、アンナベルク、ヨアヒムスタール。中央下にプラハ、右下にクッテンベルク、右上にリーゼンゲビルゲの山岳地帯。大河エルベの源泉近くには、山の妖怪リューベツァールらしき姿（252–3 頁の地図も参照）

ボヘミア北部の古地図　ヨアン・ブラウ、1665 年

中世有数の鉱山都市であった[8]。ボヘミアの都プラハから東南へ約六〇キロの場所で、巨大な銀の鉱脈が発見されたのは十三世紀後半のこと。やがて西暦一三〇〇年、ヴァーツラフ二世の時代に、プラハ・グロッシェンの名を冠した銀貨の鋳造を開始して、中世における最も重要な通貨を供給した。近世の一五二〇年頃に、奇しくも同じボヘミアのヨアヒムスタール――〈ヨアヒムの谷〉の意、現ヤヒモフ――で鋳造を開始されたヨーロッパ的規模の大型銀貨ヨアヒムスターラー――〈ヨアヒムスタールの銀貨〉――に取って代わられるまで[9]、このボヘミア第二の町クッテンベルクの栄華は続くことになる。後世の世界的通貨「ドル」は、周知のように、このヨアヒムス「ターラー」という貨幣名称の後半部分を語源として、やがて世を席巻してゆくのだが、一方、次第に銀資源の枯渇したクッテンベルクは、歴史の表舞台から去ってゆく。かつての鉱山文化の痕跡が、現在では、町の山寄りにある聖バルバラ教会などに残されており、

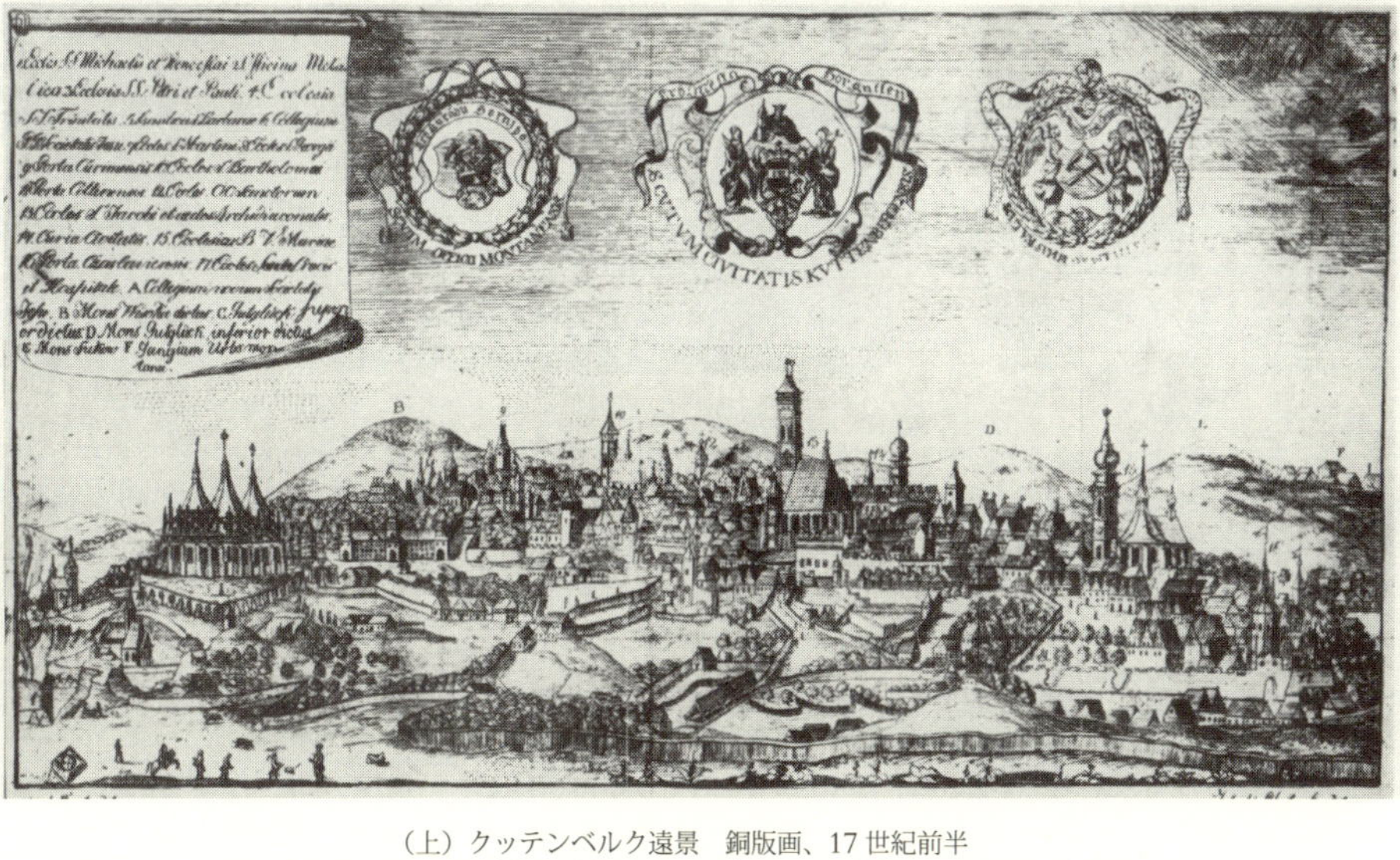

（上）クッテンベルク遠景　銅版画、17 世紀前半
（右）『クッテンベルク歌集』表紙絵、1490 年頃　市と鉱山の殷賑ぶりを伝える

（上）クッテンベルク、聖バルバラ教会貨幣礼拝堂のフレスコ画、1463年頃
（左）1519年刻印のヨアヒムスターラー

とりわけその教会の一角、貨幣鋳造職人組合の寄進になる「貨幣礼拝堂」の壁面には、鋳造工程を図示した壁画が、フス戦争による損傷を受けながらもなお部分的に保存されている。[10] 一九九五年にユネスコの世界遺産に登録されたこの町は、日本の石見銀山を類似のものとして思い浮かべることもできるだろう。ちなみに、教会にその名を示す聖バルバラは、カトリックの聖人信仰において、鉱山労働者の主要な守護聖人の一人である。

二　研究史——煉獄・異教・絵草紙

この伝説の成立と伝播をめぐって、一九六〇年代初頭に小さな論争があった。鉱夫伝説、あるいは伝説研究一般をめぐる問題系の所在が、論争に関わった三人の論者の応酬のなかに典型的に見えてくる。ここで少し詳細にその展開をたどってみることにする。

発端は、S・クーベの論考「三人の鉱夫——グリムの伝説とノイルッピンの絵草紙」（一九六〇年）であった。ドイツ北東部の町ノイルッピン（Neuruppin）の名は、十九世紀の絵草紙（Bilderbogen）工芸によって一躍有名になり、ほかでもないノイルッピン生まれの小説家Th・フォンターネが、名著『マルク・ブランデンブルク紀行』第一巻（一八六二年）のなかで、郷土に育まれたこの新興の大衆的メディアのことを誇らしげに言及している。[11] ノイルッピンの絵草紙は、グリムの民話を少なからず素材に用いた。そのなかに一八七〇年の少し前の作と推測される一枚があり、[12]『伝説集』冒頭の鉱夫伝説とよく似た伝承を物語っている。この複製図版は、クーベの論考、[13] あるいは後に言及するハイルフルト編の鉱山伝説集[14]において参照できる。

11

Da warfen sie sich angsterfüllt auf ihre Knie und beteten inbrünstig: „Herr, verlasse uns nicht in unserer Not, rette uns, so wollen wir Dich preisen in Ewigkeit!"

12

Nun erschien ihnen zwar kein Engel, aber sie wurden — obwohl sie Wochen lang in dem verschütteten Schachte saßen — erhalten und ihre Lampe verlöschte nicht.

15

Da pochte es plötzlich an das Fenster, und als man es erschrocken öffnete, standen die drei Verschollenen gesund und munter davor. Alle stießen einen Freudenschrei aus.

16

Ein Engel war in den Schacht gekommen und hatte den drei Männern eine Stelle gezeigt, von der aus sie sich einen Ausgang zu ihrer Befreiung bahnen konnten.

1. 舞台はハルツの山あいの村― 2. 三人の鉱夫は仕事場に向かう／ 7. 鉱石を求めて働くある日のこと― 8. 三人は生き埋めになった／ 11. 神さまに祈り、救いを願うと― 12. 地底で何週間も生き永らえた／ 15. 家に戻って喜ぶ家族に― 16. 天使が現われ地上への道を教えてくれたと、助かったわけを語ってきかせた。

1

In einem Dörfchen des Harzgebirges lebten einmal drei Bergleute vergnügt und zufrieden mit ihren Frauen und Kindern in Gottesfurcht beisammen.

2

So wie der Morgen graute, fuhren die fleißigen Männer in den tiefen Schacht hinab, arbeiteten den ganzen Tag und kehrten erst spät abends nach Hause zurück.

7

Rasch förderten sie das blinkende Erz und freuten sich auf den Sonntag, um in der Schenke bei Tanz und Spiel, bei einer Kanne Bier und einer Pfeife Tabak fröhlich zu sein.

8

„Es lebe das Bergmannsleben!" riefen sie munter, als plötzlich ein dumpfer Donner erdröhnte. Eine mächtige Felswand stürzte ein und begrub den Schacht.

鉱夫伝説を伝えるノイルッピンの絵草紙、1870 年頃
全 16 場面のうち、左上より順に 1/2, 7/8, 11/12, 15/16 場面

十九世紀初頭に刊行されたグリム版の伝説と、この世紀後半の成立とされる絵草紙物語のあいだには、前者の舞台がボヘミアであったのに対して、後者ではドイツ・ハルツ山地に変わるなど、いくつかの相違が存在する。顕著なところでは、グリムの場合、七年の経過の後で、三人の信仰の実りとして突然に山肌が開き、願いの成就とともに、三人の死で結ばれるのに対し、絵草紙では、三人の願いの件は存在せず、さらに七年ではなく比較的短時間の幽閉の後、やがて来たクリスマスに「天使」が登場して、全員を救出するというハッピーエンドの物語である。

これらの相違点をふまえた上で、クーベは、両者のあいだに明確な「派生」[15]関係を認めている。また世紀中葉、一八五八年の新聞『エルツ山地民衆の友』紙上に掲載されたグリム伝説の「翻案」[16]的作品に注目し、これを、二つの伝承を結びつける中間項と見なす。〈三人の鉱夫〉にまつわるこの伝説型の変遷について、クーベが主張するポイントは次のようにまとめることができる。

(1) グリム版、一八五八年版、絵草紙版の三つの伝説例は、それらの源をたどれば、遠い過去のどこかで実際に生じた鉱山事故などを「記憶素」(Memorat)[17]として持つ。しかし各話の細部を仔細に分析すると、鉱山の実態に即していない描写や、特殊鉱山用語の欠如が目立っている。つまり鉱山伝説を思わせる外観は、実のところ装いにすぎず、むしろ古来の山岳伝説、とりわけ外界からの隔絶をテーマとした「山の失踪者」(Bergentrückte)[18]のモチーフに関わる山岳伝説一般の一例と見られる。非神話的思考の支配する近代において、古来の神秘的な山岳伝説モチーフは、特殊鉱山的な「記憶素」と結合することで、「神話への変容」[19]を果たした。逆に見れば、鉱山とは、十九世紀に進行する「合理的思考」のなかで、古来の山岳失踪伝説になお信憑性を与えうる数少ないトポスの一つであった。

（2）特殊鉱山的表現の精度の甘さから見ても、これらの伝説の主な受容者は、鉱山とはおよそ無関係な一般の市民たちであったと思われる。日常的世界と懸隔した体験性は、鉱山という非日常的な舞台設定においてこそ表現可能になったのだが、しかし他方でこの書割は、通俗娯楽文学や、年の市の見世物を思わせる大衆性をも特徴とする。伝播の過程のなかで、教会説教やベンケルザング（流しの芸人によって年の市などの折りに台上でなされる歌謡芸能）の口承経路を通り、大衆的な市民世界の趣味・関心に適合する物語となったのである。

（3）この見世物めいた物語のなかでとりわけ強調されるのは、キリスト教的信仰の功徳と、父親に養われる市民家庭の幸福である。グリム版には聖書との共鳴箇所が見られ、山の伝説にキリスト教的光背を与えている。また一八五八年版の伝説では、「支配的社会秩序のために、敬虔かつ従順な労働力を育成する意図」[20]が、その語りのなかに見え隠れする。そして天使を登場させる絵草紙版は、市民家庭のクリスマス行事向けに、明らかに感傷化した結末を付与し、「小市民・ビーダーマイアー的宗教性」[21]を濃厚に示している。

クーベの論旨は以上のとおりである。これに対する反論と問題提起の論文「鉱夫伝説の問題性について――クッテンベルクとダニエル」が、翌一九六一年、W・ブリュックナーによって提出された。中世・近世の宗教民俗、とりわけ説話や図像、巡礼文化に関する重要な著作があるこの民俗学者は[22]、『伝説集』第一番に関するクーベの説、すなわち山岳伝説としての神話性や、十九世紀の後期ロマン派的なキリスト教性をみる解釈にはおよそ組することができないと言う。

ブリュックナーが最も疑問視するのは、クーベの論述において、中世文献の考察が完全に欠如している点である。実のところクーベの論考の末尾には、「中世盛期の宗教説話にまで遡る関連性」[23]が言及されており、そこからの多線的・複合的伝播のプロセスについては別の研究に委ねたいとしているのだが、ブリュックナーとしては、その分析なしの解釈はありえないという思いなのだろう。この鉱山伝説を適切に理解する鍵は、クーベが主張するような、山にまつわる古代的神話性にではなく、むしろキリスト教的言説の内部、とりわけ中世キリスト教の煉獄観にこそ見て取られるべきだとブリュックナーは言う。[24]
そしてクーベが関連箇所として挙げる聖書章句には、問題の伝説の「核心を含み、また後世における鉱夫的解釈への手がかりを提供した」一つの重要な聖書文書が欠落していると指摘する。それは、旧約のダニエル書である。ダニエルと言えば、先に言及したバルバラと並ぶ、ヨーロッパ鉱夫の代表的な守護聖人であったことが思い浮かぶ。ただしブリュックナーは、従来のそうした方向での「一面的」解釈に疑問を投じ、この聖ダニエルが持つという、より重要な側面を顕わにしようとする。[25]
ブリュックナーの論述によれば、聖ダニエルとは中世において、煉獄にいる「死者の霊魂の救助者」(Armenseelenhelfer)[26]であった。煉獄とは、周知のように死者の軽微な罪を浄める天国と地獄の中間領域であり、グレーヴィチによれば、すでに六―八世紀には民衆の意識のなかに形成されてい

鉱夫の守護聖人としての聖バルバラ
リトグラフ、ベルギー、1840年頃

たという。[27] ただしル・ゴッフの著作にもあるとおり、基本的には十二世紀後半に明確な姿をとって現われたキリスト教的観念である。[28] ダニエル書第三章に基づいて、中世には、〈幽閉〉された〈三人〉の男たちの超自然的救済のモチーフが広く浸透していたらしい。また第六章の「獅子の洞窟」から生還するダニエルの物語は、同じく「獅子の洞窟」からの生還を語る同書第一四章——これは第二聖典に属する——、すなわちハバククの物語と結合した形で受容された。[29] そこには、主の使いである天使の命に従い、ダニエルに食べ物をもたらす預言者ハバククの姿があるが、中世の神学者たちは、この物語に、信仰者に作用する聖体の大いなる力のアレゴリーを見たのである。

ダニエル書の聖餐的解釈が、明確に鉱夫の表象と結合する最初の例は、十二世紀のペトルス・ウェネラビリス（尊者ペトルス）による奇蹟譚のなかにある。死者の魂の祭儀は、クリュニーの改革に伴って十一世紀初頭から盛んになるというが、その流れが、死者の魂を鉱夫の姿で描く宗教説話を生み出した。物語の舞台は

燃える炉の中の３人のヘブライ青年
ローマ、プリシッラのカタコンベ、３世紀中葉

グルノーブル司教区、つまりフランス・アルプスにおける鉄鉱山のある土地であり、司教ペトルス自身も、修道院経営に関わる重要な産業として、この領域にかなり通じていたことが同じ書物からわかるという。これは、『伝説集』第一番の鉱山伝説が、純粋には鉱山世界に通じていない人びとによって伝承されてきたとするクーベへの反証ともなっている。

ペトルス・ウェネラビリスの奇蹟譚は、要約すれば次のような物語である。フランス、グルノーブル司教区の村フェリエールで、一人の鉱夫が生き埋めになった。地上の人びとは、鉱夫を捜索するも見つからず、すでに死んだものと思う。そして妻は教会で、毎週、夫のためにミサを挙げてもらい、そのたびにマリアの絵に蠟燭を捧げ、貧しい人びとにパンの施しをするのだった。それはとある不可避的な事情によるただ一度の欠落を除いて、一年間ずっと続けられた。一方鉱山では、鉱夫たちが引き続き通常の作業に従事しながら、ある日ついに、あの鉱夫が生き埋めになった地点へと偶然に到達する。岩の向こうから聞こえた、助けを呼ぶ声に一同は驚愕するが、ともかくも鉱夫は無事に救出された。彼が話すには、餓死するほかないと絶望していた地底の彼のもとに、突然、一人の美しい若者が灯りとパンを持って現われたという。ただ一度の例外を除いて、そ

の不思議な若者は毎週、この鉱夫のもとを訪れ、一週間ごとの命を鉱夫に叶えた[30]。

ブリュックナーは、この十二世紀の宗教説話を、あえて原典ではなく十九世紀後半のドイツの信心書から引用している。中世十二世紀における原型的な物語は、やがて代表的なカトリック聖人伝集『黄金伝説』(十三世紀)において、「奉教諸死者の記念日」(Allerseelentag)の物語に採られた[31]。そこでは、煉獄にいる死者の幸福のために聖体を奉献することの重要性が、やはり鉱夫の物語をもとに語られる。ミサのただ一度の妨害は、悪魔によると明言されている。以後、西欧文化に多大な影響を与えてゆくこの書物から、十九世紀のグリムへ、いくつかの変奏を伴いつつ行われる伝播のプロセスは、もはや「跡づけるまでもない」[32]ことだとブリュックナーは言う。

山岳と鉱夫の伝説では、当然ながら、山や地底の表象が中心的な意味を担う。ブリュックナーの強調するところでは、ほかならぬ中世の煉獄信仰こそが要となって、『伝説集』第一番のような山岳・地底表象の複合的表現を可能にしたという。同じ『伝説集』の第一七三番「ホーゼルベルク山」などは、煉獄として山が捉えられた顕著な例であり、鉱夫と死者霊は、煉獄観に基づくことで「きわめて近しい関係に置かれ、死者霊の奇蹟譚が、鉱夫物語の中心的位置に来る」[33]ことが可能になったという。そしてダニエルとは、何よりも

(右)煉獄 カルトン《聖母戴冠》部分
1453-54年
ピエール・ド・リュクサンブール美術館
(左)獅子の洞窟のダニエル
クール大聖堂(スイス)、12世紀

まず煉獄の死者たちの「よき死」のために、ハバククのごとく聖餐を施し、神へと魂のとりなしをする者であり、それに対して、鉱夫の守護聖人となるのは中世後期の二次的現象だった。同様に鉱夫の守護聖人である聖バルバラとともに、彼はまずもって commendatio animae（霊魂の推挙）を自らの使命とする聖人だったというのである。

グリムの『伝説集』第一番は、このような中世的煉獄観の遠い残響を示す「最終産物」である、というのがブリュックナーの結論である。ヘッセンのプロテスタント説教者を経由することで、信仰による功徳へと重心が移り、元の物語はかなりの変形を受けている。プロテスタント的環境のなかで、ダニエルという聖人はもはや現われるべくもなく、またカトリック的聖体は、内的信仰によって叶えられたパンと灯油へと姿を変えるのである。しかし中世キリスト教的死生観、他界観の痕跡は、なおそこにあると見なされる。ブリュックナーの引く中世資料は、十九世紀ドイツにおいて再び、信心書など、一般向けの宗教的著作として刊行され、広く流布した。十九世紀ドイツ民衆による中世の物語の受容という、一種の遡行現象である。ちなみにノイルッピンの絵草紙は、グリム版とはかなり異なる特徴を持つことからして、これとは別系統の伝承として扱うべきものだという。

*

古代の神話的な山岳信仰が、近代の市民的・合理主義的世界のなかで鉱山表象と融合し、それによってなお残存することができたと考えるクーベの説は、ブリュックナーによる中世資料の精査によって、大きくその信憑性を失ったように見える。

論争は、この後さらに二つの声を呼び起こした。ブリュックナーの論考の翌一九六二年、同じ学術誌上に掲載されたのが、イナ＝マリア・グレヴェルスによる「鉱夫伝説の問題性について――ひとつの返答」である。グレヴェルスは、やがて数年後に、鉱山文化研究の泰斗ゲルハルト・ハイルフルトとともに鉱山伝承の包括的資料集『中欧ドイツ語圏の伝説伝承における鉱山と鉱夫』（一九六七年）を完成させる民俗学者である。

この論考の段階では一九六三年完成予定と記され、数年の遅延の後にようやく公刊される上記の資料をすでに援用しながら、グレヴェルスは、ブリュックナーの中世キリスト教的解釈への反論と、クーベの立論の補完的継承を試みている。いわく、民俗学における伝承研究の使命は、ブリュックナーが行うような原資料の発掘の試みとは別に、当の伝承を生み出した時代状況を捉え、歴史的・文化的変遷のなかにそれを位置づけることでもある。クーベの念頭にあったのは、十九世紀市民社会をサンプルにした、まさに後者の作業であって、そもそも目的を異にするブリュックナーからの批判は正当とは呼べないものだと言う。[34]

ただし細部については、ブリュックナーの分析は正しいものを含む。グリムの伝説から絵草紙への直接的な系統関係については、ブリュックナー同様、グレヴェルスもまた否定的である。鉱山伝承における類話を数多く挙げて、この物語の伝播の広範さを強調する彼女は、両者のあいだに系統的な親縁性のみを認めており、問題の絵草紙にとってただ一つの起源を求めることの無意味さを指摘している。[35]

グレヴェルスの主張の核心は、これらの伝承が、鉱山・鉱夫特有の状況の反映であるという点にある。クーベが言うように、グリムの伝説やノイルッピンの絵草紙は、たしかに十九世紀的な潤色を受けていて、鉱山世界に根ざした過去の伝承にそのまま直結させることはできない。しかし十九世紀的伝承の根底には、すでにひとつの説話として成熟した「真正の鉱夫伝説」[36]の性格が、なお確認されうるとグレヴェルスは考える。具体的に言うなら、〈長時間にわたって山に閉じこめられた鉱夫の奇蹟的救済〉という伝説型、とりわけそこから抽出しうる「災難と救済」[37]の要素が、ハイルフルトと彼女とによる鉱山伝承集のなかに、明らかに有意味な一群を形成しており、上記の二つの十九世紀資料も、その範疇に属するものとして考えるのが自然だというわけである。

この点でグレヴェルスが注意を喚起するのは、奇蹟的救済のモチーフに関わる山霊（Berggeist）への信仰である。山霊は、鉱夫の伝説伝承中に実に頻繁に登場する山の妖怪であり、鉱夫をしばしば危機から救い出すが、本来それは教会にとって根絶すべき異教的な信仰対象であった。しかしその試みは徹底されず、現実としては、正当なキリスト教信仰と並行する形で[38]、鉱夫を中心とする民衆層の世界に生きつづけたという。時代状況と風土に応じて善悪さまざまに姿を変えながら、山霊は、鉱夫たちのきわめて身近な信仰と畏怖の対象でありつづけた。グリムは、『伝説集』第二番に「山霊」（Der Berg-Geist）、第三番にハルツの「山の僧」（Der Berg-Mönch）にまつわる関連伝承を並べており、これらの妖怪との関係で第一番を読む道筋は、十分に認められてよいと思われる。ちなみにグリム『伝説集』[39]の出版以後は、第三番の伝承をもとに、恵みをもたらす善のイメージが支配的になったという見方もあるが、この書物は初版の売れ行きが壊滅的で、一般大衆への影響がほぼ無いに等しかったから、妖怪像の変遷について、このような判断を簡単に下すことは難しい。『伝説集』第一番には、「神」にすべてを委ねるという件はあれ、山霊それ自体が登場するわけではない。ノイルッピンの絵草紙でも、鉱夫たちを救済するのは「天使」であって、山霊ではない。しかしこの点についてグレヴェルスは、クーベの解釈に従い、十九世紀の市民的キリスト教信仰への適合が行われたと考えている。[40]

その上でグレヴェルスは、この山霊による救出の伝説型にほぼ必ず付随して現われる、「時間観念の喪失」モチーフの重要性を指摘する。これは鉱夫伝説以外にも、例えば修道士が森で一眠りするうちに長大な時間が経過し、帰還した後、その時間の流れを知らされた途端に死んでいくという、〈失踪した修道士〉型の伝説[41]などにも見えるものである。グレヴェルスによれば、この「時間観念の喪失」モチーフは、昼夜を問わぬ暗黒下での労働を課せられた、鉱夫たちのまさに現実的な体験を反映しており、とりわけこの〈災いと救済〉型伝説の形成のために「統合的」[42]な機能を果たしたと考えている。それはまた、時間とその儚さに思いをはせる人間が、その「思索と感情の奥底から」誕生させた「元型的」(archetypisch)主題であるとも述べている。

先のブリュックナーは、ナチス時代を席巻した〈農民〉イデオロギーと同様、〈鉱夫〉という世界もまた同種の「幻」[43]にすぎないと一蹴している。各鉱山地域の豊富な鉱山伝承を目の前にするグレヴェルスにとって、それは容易には首肯しがたい考えだったのだろう。中世の宗教説話に注目するあまり、当の説話を生み出した歴史的状況が黙殺されてしまうという懸念である。グレヴェルスによれば、ブリュックナーが跡づける中世十二世紀の尊者ペトルスによる奇蹟譚からの系譜と

鉱夫に手を貸す山霊あるいは悪魔　オラウス・マグヌス『北方民族文化誌』(1567年版)

は、教会・聖職者レベルのものとして有効性を持つにすぎず、それは一度として民衆層の共有財とはならなかったという。ブリュックナーは、十三世紀の『黄金伝説』のような、きわめて広く伝播した書物から十九世紀の伝承までは、ことさらに資料を挙げて系譜関係を証明する必要はないとしていたが、[44] グレヴェルスにすれば、それは民衆層の資料に基づかぬ無理な飛躍だということになる。

　しかも、煉獄における死者霊のとりなしを行う者という形で、守護聖人ダニエルの機能を抽出することは、資料的事実に即すかぎり不可能であるらしい。聖バルバラについてはともかく、ダニエルについては、煉獄における死者霊の守護者として表現された民俗的実例がなく、せいぜい助手的な役割をするのみだという。[45]

　聖ダニエル信仰そのものは、ハイルフルトやゲオルク・シュライバーの著作が示すとおり、[46] 鉱夫世界にたしかに存在した。ダニエル書第二章の鉱物に関わる夢解き、あるいは第十章における鉱物の幻視、さらには、姦計によって「獅子の洞窟」に投げこまれながら、信仰の功徳によって無事に帰還したという有名な第六章の記述がダニエルにまつわるものとして存在する。地底奥深くでの危険な作業

鉱夫の守護聖人としての聖ダニエル
祭壇画、南チロル、1514 年頃
クラーゲンフルト司教区美術館蔵

に従事する鉱夫たちにとって、山と鉱物に縁のあるこのような預言者は、まさしく帰依に値する存在であった。スイスとチロルでは、十九世紀まで、鉱夫たちを「預言者ダニエルの子」と呼ぶ習わしだったという。[47]

しかしチロル地方シュヴァーツに現存する特殊な例は別として、救済者そのものとして伝承・図像資料から確認されるのは山霊のみだとグレヴェルスは指摘する。[48] となると、問題の伝説を含む〈災いと救済〉型の鉱夫伝説群を、ダニエルと中世的煉獄観のもとに読む必然性は、大きく損なわれることになる。

十九世紀に、多くの鉱夫伝承は、ベンケルザングと大衆向けビラ新聞（Fliegende Blätter）などを通じて一般大衆に広まった。センセーションと感傷性が求められる状況のなかで、元来の鉱夫伝承の姿は徐々に変質してゆく。世紀後半の成立とされるノイルッピン絵草紙では、とうとう〈時間の喪失〉モチーフが欠落した。キリスト教色を強め、天使の介在によって幸福な結末を迎えるこの類話は、グリムの伝説にも萌芽的に見られた十九世紀特有のビーダーマイアー的宗教性の影響下にある。つまりそれは、ブリュックナーが言うような中世宗教説話の系譜上にある「最終産物」とは別の、近代十九世紀に独自な現象だということになる。[49]

ブリュックナーへの修正はさらに続く。ビラ新聞の販売には、一九三五年にもなお、鉱山退職者（Berginvalide）が関わっていたことが指摘され、特殊鉱山文化との接続性が強調される。[50] 鉱山とは無関係な部外者、つまり平地に住む大衆は、ビラに記され朗読された神秘的な山の物語によってその好奇心をくすぐられたが、その一方、当の物語の基底部には、それを売り歩く、老い傷ついた鉱夫たちとともに、なおかろうじて現実の鉱夫的世界の痕跡がとどめられていたとグレヴェルスは主張する――。

＊

以上、三名の論者の主要な論点を眺めてきた。この一連の論争は、再度登場するブリュックナーによってとりあえずの締めくくりを迎える。「ひとつの鉱夫伝説をめぐる議論について」と題する、先のグレヴェルスと同じ学術誌の同年の号に掲載された六頁ほどの小論である。ブリュックナーは今一度、クーベからグレヴェルスまでの論点をまとめた後、グレヴェルスへの反論を試みる。

『黄金伝説』と十九世紀との接続関係の論証を、ブリュックナーがもはや不要だとしたことに対する、グレヴェルスからの批判については先に言及した。ブリュックナーは、ならばとばかりにここで詳細な文献表を付け、とりわけ中世から近代への伝承の仲介項となった説教集や信心書の具体例を事細かく挙げながら、それらが民衆層に及ぼした明確な影響力を強調する。(51) さらにグレヴェルスが意図する同時代的状況への位置づけには、少なくともクーベは失敗しているとする。その最も大きな理由は、きわめて限定された、わずかな資料からクーベが帰結を導き出していることにあり、この点では、伝説研究の主導的存在であるルッツ・レーリヒもまた、同じ批判的見方に立っていることを付記している。(52)

グレヴェルスに対する反論の中心点は、彼女が鉱夫的職業集団を教会文化から峻別し、後者には特定の宗教的・世俗的利害関心に沿った「脚色と歪曲」を、前者には、それを受けていない古来そのままの伝承、鉱夫集団の「真正」(echt) なる伝承が保存されていると述べているところにある。(53) 十九世紀に始まり、ナチス時代を席巻した〈農夫〉のイデオロギー的美化について、ブリュックナーはすでに先の論文で批判的に言及していたが、彼はそれを今一度引き合いに出し、「真正」という言葉の安易な使用に懸念を示す。グレヴェルスは、たしかに数多くの鉱夫伝承を引用するが、それらはほぼ十九世紀以降の新しいものであり、これを根拠として中世にまで言及することには無理がある。しかもその十九世紀といえば、ゲルマン神話への恣意的な関連づけに耽ったイデオロギー的な伝説編纂が盛んであったという明らかな事実が存在するのであり、

「真正」という言葉は、否応もなくある種の翳を帯びてくる。グレヴェルスは、鉱山・鉱夫伝承の批判的検証を欠いて危険な美化に傾いており、「時間概念の喪失」体験を人間の根底にある「元型的」なものだとする言い方などは、一切の証明を拒む思考停止の現われでもある。

ブリュックナーは最後に、こうまとめている。

論争のポイントとして残されたのは、それぞれについての生成の問題、そしてそれにより把握可能となる文化的位置価値の問題である。つまり十九世紀、二十世紀の資料からわたしたちが手にする当該の伝説の場合、それはただひとえに、ひとつの職業階級の始祖的遺産であるだけなのだろうか。それとも、数世紀にわたる福音伝授のなかで語り崩された説教財としてもまた、十分に見なせるのではなかろうか。(54)

クーベ、ブリュックナー、グレヴェルスの三者の議論からは、伝説研究、とりわけ鉱山・鉱夫伝説の研究をめぐる立脚点の違いが如実に見えてくる。『伝説集』第一番とノイルッピン絵草紙という十九世紀の記録は、古代的・神話的山岳観の近代的変容として(クーベ)、あるいは中世キリスト教の煉獄観の反映である宗教説話の末裔として(ブリュックナー)、あるいはまた、鉱山と鉱夫に特有の労働世界と信仰の表現であり、中世以降の起源的鉱山伝承の近代的変容として(グレヴェルス)読み解かれた。

クーベの論は、たしかに依拠資料の少なさから実証性に欠ける憾みはあるが、ドイツの山岳伝説において中心的なモチーフをなす〈山の失踪者〉モチーフに言及した点は重要だと思われる。グレヴェルスは、起源的伝承の十九世紀的変容についてはこのクーベと見方を同じにしながら、起源としてはより明確に中世以降から近代の鉱山・鉱夫伝承を置くわけである。多くの資料に基づくグレヴェルスの論証は、この伝承領域の豊かさを暗示している。しかしそれが比較的新しい記録に限られていて、中世への帰結を単純には導き出しにくいというブリュックナーの批判には説得力がある。また鉱夫伝承の「真正」さを強調し、さらにそれを人間の「元型的」体験へと素朴に結びつけていくグレヴェルスの筆致には、論証のナイーブさと、鉱夫世界の安易な美化のきらいがたしかにある。

しかしながら歴史的・批判的な思考に秀でたこのブリュックナーとて、グレヴェルスの批判を完全に回避できたわけではない。煉獄における死者霊の救済者としての聖ダニエルという表象は、彼の論旨にとっての要諦であったわけだが、鉱山伝承として、その種の表象は現存しないと言われれば、返す言葉はなくなる。ブリュックナーは、二つ目の論考でこの批判点への再反論を行っていないのだが、これはどのように考えればよいのだろうか。『伝説集』第一番の伝説にとって本質的なものは、聖ダニエル（ブリュックナー）なのか、それとも山霊（グレヴェルス）なのか。

前節の最後に引用した、一連の論争を締めくくるブリュックナーの言葉からすれば、グレヴェルスの鉱夫伝承的解釈にいくぶんかの譲歩がなされたと見てよいのだろう。『伝説集』第一番の伝説は、純粋なキリスト教的物語であるとともに、山霊という、鉱夫たちの民間信仰に根ざすものとしてもまた捉えるべきもののようである。しかしそもそも、宗教的な純粋さとは何なのであろうか。伝説伝承に反映しているはずの、鉱夫層ないし民衆層の信仰世界は、実際のところ、ときに異教的とも呼ばれうる民間信仰と、正統的教義に基づくキリスト教との、まさに折衷的な形態として存在していたはずである。ブリュックナーが主張したような聖ダニエルとの直結は不可能であるにせよ、この『伝説集』第一番の伝説における鉱夫たちの敬虔さと労働の姿は、やはりキリスト教的な心性を一つの核に持つと思われる。地底での絶望にもかかわらず、彼らは「さらに働きつづけ、そして祈った」というが、それは中世修道院における「祈り、そして働け」（ora et

聖ダニエルにまつわる鉱山の縁起を伝えるアンナベルクの祭壇画、1521 年

labora）の生活理想をなぞったかのようでさえある。鉱夫専用の礼拝堂を持ち、日々、独自の宗教的儀礼に従いつつ労働に従事していた彼らの生活は、特殊鉱夫的な領域にのみ限定して考えることはできず、やはりこの伝説をなお宗教的な言説として読むように誘う。

つまりグレヴェルスの鉱山・鉱夫的解釈を、ブリュックナーの煉獄的解釈で補完することから、何か見えてくるものがあるのではないか。グリムのこの伝説が、ドイツ語圏の伝承における生と死の像を、またおそらくは死後の世界にも関わる宗教的局面を主題としているならば、山霊という鉱夫伝承は、奇蹟の導き手として、それときわめて深い関係にあるはずである。山霊は、聖ダニエルという教会的正統性と、異教的・迷信的、あるいは見世物的な妖怪とのはざまに立っている。

三　類話の検証――『日本霊異記』

『伝説集』第一番にH・レレケが付した注釈には、「より原形に近いものか」[55]とのコメントのもとに、ある類話の存在が指摘されている。ハルツ地方で記録され、そしてグリム版と同じくボヘミア・クッテンベルクを舞台とする伝承である。この別伝承では、キリスト教信仰の功徳の結果というよりは、唐突に山霊が現われることによって鉱夫たちが救われる。信仰と敬虔さの功徳について、ほぼ言及はないのである。

内容の梗概を記せば、次のようになる。クッテンベルクで夜勤に当たっていた三人の鉱夫は、その日、悪い予感にもかかわらず、地底に降りていった。そして夜十時頃、轟音とともに落盤事故が起き、彼らは生き埋めになる。まだ結婚していない男は、もう一度、外の青空が見られれば、と願い、数週間前に結婚したばかりの別の男は、妻ともう一度食事がしたい、と願い、そして妻子を持つ三人目の男は、あと一年だけ子どもを養育するために生きられたなら、と願いを抱く。すると突然に、彼らの周囲は明るくなり、山霊が目の前に現われた。山霊は、「参審人」（Geschworene）の装いで、坑内帽をかぶり、修道士のひだ襟を身につけていた。以後、三人は山霊に導かれるまま地上に戻り、グリムの伝説に描かれていたのと同じように、順番に死んでゆく。一人目は、「巻揚機」（Gaipel）から外に出た瞬間に倒れ、残った二人が、「死亡した鉱夫がそう

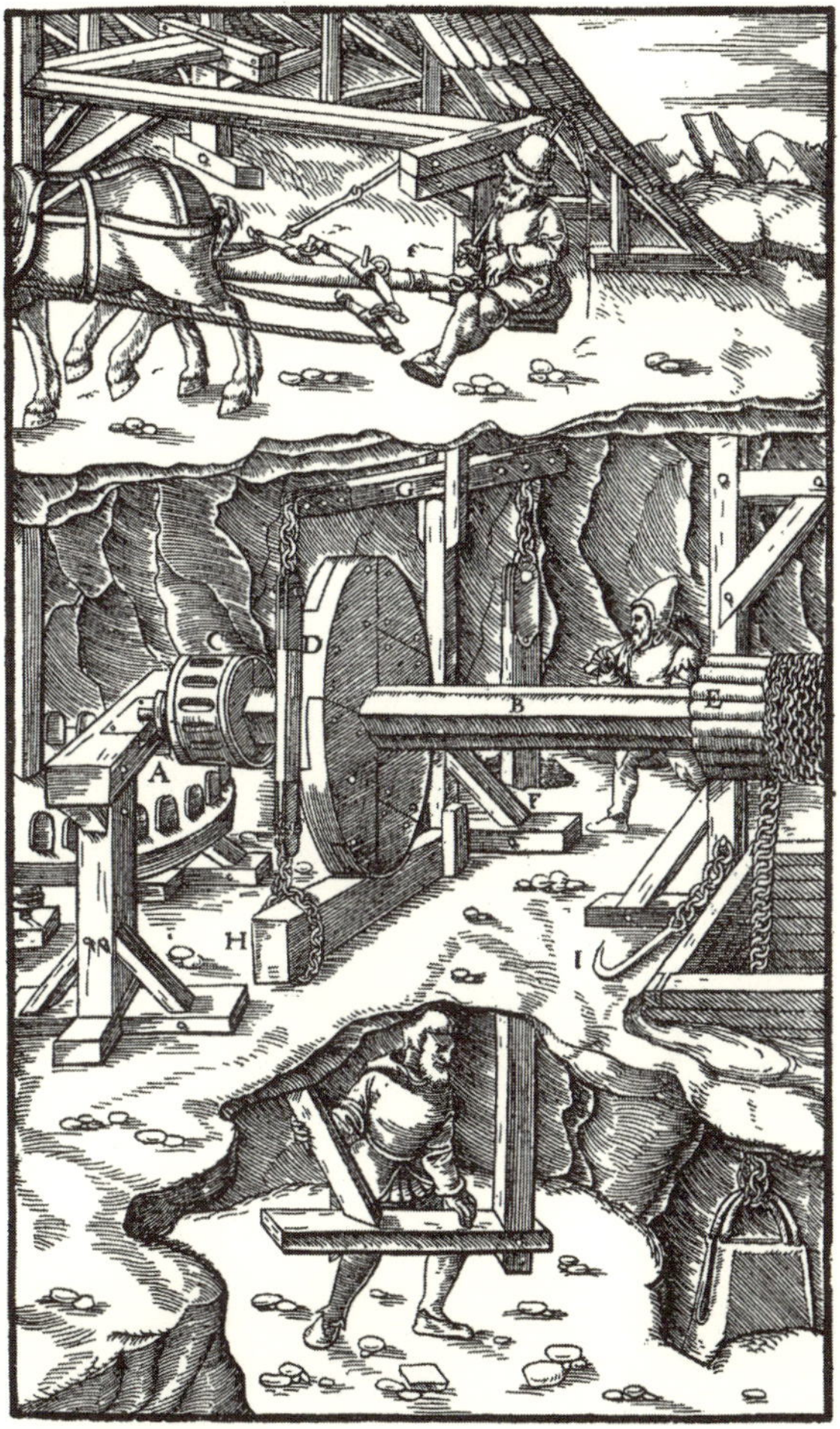

馬を使った巻揚機
アグリコラ『デ・レ・メタリカ』（1556年）

されるように、その男を真新しい板に横たえ、家に連れ帰った」。このとき二人目の男は、三人目の男に向かって鉱夫特有の挨拶言葉を、すなわち「グリュック・アウフ」(Glück auf)——地底での無事と幸いを祈る表現——の言葉を投げかけつつ、自らの同じ運命を予言する。そして妻と夕食をとりながら、少しばかりの食べ物を口にした途端に「死んで、彼女の腕にくず折れる」のだった。残った三人目の男もまた、地底での望みどおり家を切り盛りし、やがて帰還からちょうど一年後、「臨終の秘蹟」(die heilige Wegzehrung)を受けて、寿命を全うするのである。こうして最終的に三人とも、「事故死の鉱夫と同じように埋葬された」という。(56)

グリム版と比べ、特殊鉱山的な表現が目立つ。この物語を語りかつ受容した社会層は、それによってかなり限定されてこよう。山霊は「参審人」の姿であったとあるが、「参審人」とは、鉱夫集団から選出され、鉱夫間の争いごとを裁判で調停する任務にあたった人びとである。(57) また「巻揚機」は、主に馬や牛のような畜力を使って稼動させた、鉱石・土砂の運搬や排水用の動力機関である。Göpelの名で登場することも多い。

これに酷似した物語内容を有し、さらに同じく鉱山専門用語を頻出させる複数の類話が、ハイルフルトの鉱山・鉱夫伝説集にまとめられている。そのうちの一つは、ハルツで記録された、しかも同じハルツを舞台とする伝承である。(58) 鉱夫という社会層は、山の盛衰と共に各地を移動してゆく特殊な民であった。例えばスペインや南アメリカでのドイツ鉱夫の活動が知られているが、(59) まさにボヘミアの山であるエルツ山地から、ドイツ中部ハルツ地方への鉱夫の移動も確認されている。(60) 彼らが培う物語

「グリュック・アウフ」の文字を刻したメダル
ハルツ地方、19世紀初頭

伝承は、同時に各地へと移動していった可能性が高い。

この二つ目の類話では、三人の鉱夫が、やはり「参審人」の装いをした山霊の救出を受け、最後の三人目は、家族と「夕食」(das Abendmahl)を共にした後に死ぬ。「神を信頼しつつ」地底へと赴いたという冒頭の描写において、キリスト教的信仰とその功徳の性格は、先の類話よりも強調されている。

とはいえ神や天使、あるいは信仰にまつわるキリスト教性の濃度とは別のところにこそ、これらの伝承群の核心は存在するように思われる。その根拠は、二つ目の類話の次のような結びの言葉のなかにある。


彼もまた物故者と見なされ、先の者たちと同様に埋葬された。


最初の類話と同じく、この遭難者たちもまた埋葬されたこと、「物故者」として死の儀礼を受けたことがことさらに確認されている、と思われる。この類話では——そしてグリム版でも——、三人がみな、願いが叶えられれば、「よろこんで死んでいくのですが」と言葉を締めくくる。物語に明確な骨格を与える、この「よろこんで死んでいくのですが」の三度のリフレインは、なにか重要なことをうったえているのではないか。各自の願いが叶えられると、むしろ、その願いの成就よりも重要なことであるかのように、彼らはそれぞれに、事故の死者として「扱われ」、人の手によって葬られたことが、物語の構成要素となっている。

グリム版に、埋葬の強調はない。しかし三度のリフレインに合わせて三人それぞれに与えられる「死んだ」(tot)という形容詞の反復が、まるで儀礼的なそれのように、簡潔にして重い響きを利かせている。たしかに結びの言葉には、「こうして神は、彼らの信心ゆえに、望みを叶えたもうた」とあるものの、結局は三人とも死んだという結末が、聖人伝的な幸福の大団円とはどこか異なる情緒を醸し出している。

ところで、鉱山での偶発事故と鉱夫の宗教的功徳をめぐるこのドイツ語圏の民間伝説に、内容的にあまりにも類似した物語が古代の日本に存在する。平安初期、薬師寺の官僧景戒によって編まれた仏教説話集『日本霊異記』は、主に奈良時代とそれ以前の世界観を伝える伝承資料として知られるが、その下巻第十三縁に、「法花経を写さむとして願を建てたる人日を断つ暗き穴に願の力を頼みて命を全くすること得る縁」[61]という話がある。[62]

美作国の官営鉄山で崩落事故が起き、山に入った「十人」のうち、一人だけが逃げ遅れて生き埋めになった。残された妻子は、観音図を描き、また写経に専念して、帰依の念を行として示す。一方、漆黒の地底に取り残された男は、法華経の写経を果たせずして死なねばならぬことを、心底嘆き悲しむ。するとそこに、「饌食」を手にして「一の沙弥」が現われ、男を餓死の危機から救うのである。まばゆい光のさす上方に、逃げ道が示される。しばらくの後、現場近くへ「三十余人」の人々が葛を採りにやってくる。彼らは、地底から助けを呼ぶ微かな人の声に気づき、急ぎ鉱夫を救出する。家族は男の生還を泣いて喜び、法華経と観音菩薩の功徳に感じ入った「国司」は、信仰者たちを集めて帰依を深くする。

物語の構成を、寺川眞知夫のまとめに従って記述すれば、「a採鉱／b坑道崩壊による一坑夫の遭難／d遭難者の家族による追善供養／c遭難者の祈願／e観音の応化身の食物授与による延命／f霊験と他者の偶然の発見による救出／g遭難者及び縁者の善行」[63]となる。ここでcとdが逆転して記されているのは、この『霊異記』説話に対比する形で、もう一つの説話が、すなわちこのcとdの項目の順序のほかは、およそ同一の内容を持つ別の類話が分析の対象となっているからである。中国唐代七世紀の仏教説話集『冥報記』上八話、「東魏末　下人共入西山採銀鈔」であるが、この両者の直接の影響関係については、諸説あり議論が分かれているという。

鉱山を舞台として、相似た内容を有する東洋のこの二つの宗教説話は、寺川の比較によれば、「遭難者の生（外界）への執着の度合いに著しい差」があり、そこから以下のような特徴が認められるという。中国の『冥報記』は、あくまでも遭難者自身の信心を強調しており、現世の彼方に思い憧れる阿弥陀信仰が核心にある。遭難者の鉱夫は、地底で念仏に専ずるのだが、それはおそらく彼が貧困層に属しており、日ごろの生活苦のなかで、宗教的営みに専念する時間的・金銭的な余裕を持たなかったことに起因する。突然に地底に幽閉された彼は、ついに「正念の機会」が得られたことを喜びとするのである。

それに対して『霊異記』第十三縁は、「現世利益を求める『法華経』信仰と観音信仰」を根底に持ち、現世に生き延びることへの根強い願望が背景にあるという。妻子が観音像を図絵するのは、それだけ「裕福な」、つまり現世の幸福を享受しうる階層であったことを示しており、またそもそも観音の化身、「沙弥」の出現は、遭難者の写経請願によってではなく、妻子の信心行為によってこそ生起されたことを、「沙弥」自身が語っている。

この説話は、「国司」の宗教的活動への言及をもって結ばれているように、農産物と資源に恵まれた「上国」美作での観音・法華経信仰の普及を明らかな目的としているという。鉱夫救出の描写がきわめて具体的であるのは、そうした土着性の名残であるらしいが、編者景戒は、おそらくそこまでの実際的描写は理解することができず、ただ一般的な法華経霊験譚として「平準化」して取り入れ、都でもまたそのように受容されただろうとも言われる。しかしそれにしても、『霊異記』の地底物語は、「宗教文学」としての高い完成度に達している、と寺川は強調する。『冥報記』では、地底でもなお隙間から朧ろに外光が感じられているのに対し、『霊異記』は漆黒の闇である。そこに観音の化身が現われ、一条の鋭い光が射す。その劇的な情景は、信仰の功徳を示す感動的な表現となっていると。(64)

グリム『伝説集』第一番の山岳・鉱山伝説を適切に分析するために、この東洋の二つの宗教説話との比較から、どのような洞察を導き出せるだろうか。印象的なのは、地底の死の危険のなかで、およそすべての鉱夫たちが不可思議な食物を貰い受けている点である。『霊異記』の校注によれば、美作の鉱夫が受け取った食べ物は、「妻子が追善のために供えたもの」と考えられ、その背景には、「追善のための供物は最終的には死者のもとに届く」という観念が存在したという。この点では中国『冥報記』も同様であり、遭難者の父が追善供養を行ったことで、地底の男のために一鉢飯が届けられる。[65]

霊的な食物を授けられることにおいてようやく、結末への準備が整う。そのような物語の大筋を、これらの鉱夫伝承のなかに確認することができる。その結末において鉱夫たちが、グリム版のように最終的に外界で死ぬのか、それとも東洋の二つの物語や十九世紀ドイツの絵草紙のように、家族とのハッピーエンドを迎えるのかという、いわば結びの内容それ自体は、それぞれの記録の時代状況と受容層の利害・関心に従って変容しうるだろう。むしろこの型の山岳・鉱山伝承群の核心は、鉱夫の命が最終的に助かるかどうかという問題とは別のところに求められるべきだと思われる。結末の内容にではなく、この結末を導き出すひとつの条件に、すなわち地底における霊的食物の授与という奇蹟的要素に注意を向けるならば、この伝説はどのような相貌を見せるだろうか。

物語の個々の要素を、あくまでも人間の想像力の産物として捉え、その機能を探ろうとするこの方向性は、伝説の起源として史実を探り、そのもとに伝説内容を合理化するような分析の立場とは大きく異なる。伝説という物語ジャンルの「歴史的核心」(ein historischer Kern)を、つまりその伝説を生む原因となった唯一の史実・事件を問うことは、かの伝説「ハーメルンの子どもたち」の研究史が示すように、きわめて大きな困難を伴う仕事である。有力な東方植民説とて、ついに憶測と無縁ではありえない。[66]たしかに、スウェーデン・

奉納額　ミッテルベルク鉱山（ザルツブルク地方）

ファールンの鉱山を舞台とする、J・P・ヘーベルの有名な物語『思いがけぬ再会』のごとく、明白に特定の事件と結びついた鉱山伝承は存在するし、またそうした史実の記録としての伝説ジャンルの意義は、それとして認められなければならない。しかし伝説の真実性、伝説が読み手・聴き手に与えるメッセージの分析は、そうした歴史的事実の解明をもって終わるものではないと思われる。伝説の真実は、たとえそれが特定の地名、日時に保証された稀有なる出来事を語っているとしても、その背後に包み隠された、実はきわめて日常的な、しかしそれだけに切実な問題性のほうにも求められるべきである。

ヤーコプ・グリムは、メルヘンと伝説を比較対照する周知の定義のなかで、前者が「より詩的」(poetischer)であり、後者が「より史的」(historischer)だと言ったが、それはあくまで比較級による相対的表現にとどまっていることを忘れてはならない。むしろ重要な点は、ヤーコプが同じ書物の第二巻序文において、伝説の「精神的真実性」ということを明確に述べているところにある。[67] 現世と彼岸、現実と幻想・奇蹟の、まさに中間領域に生かされているのが人間だとすれば、その心の揺れ動きこそが、伝説伝承のなかには記録されている。伝説研究に適切な指針を与えるイェックレの好論(一九八七年)が示すように、あるいはイェックレがひとつの模範として挙げる民俗学者W=E・ポイカートが実践したように、伝説を読む者はそこに、史実の謎解きではなく、現実の出来事の「価値づけ」(Wertung)[68]の姿を追求するべきなのである。

現実の生、現実の鉱山においては、奇蹟の救出など、およそありえない出来事であっただろう。生き埋めによる即死を逃れ、万が一、地底に一命をとりとめることができたとしても、もはや鉱夫に、その生を繋ぐ術は残されていない。食べ物というあまりにも素朴な、しかし身体の維持にとって絶対不可欠のものが地底の人間に届けられることは、逆に、その生命の危険の甚だしさを激しく浮かび上がらせる。

つまりこれらの物語を生み出した背景、いわゆる史実のレベルの探索をあえて行うならば、鉱夫たちはほぼすべて事故死していたのではないか。グリム〈三人の鉱夫〉伝承を生み出した現実の出来事とは、仮にそのようなものが起きていたのだとすれば、坑内で頻発していた事故死なのではないか。不慮の死という、鉱夫たちにとってのこの日常性は、しかし、このような非日常的物語の形で精神的に受けとめられたのである。すなわち〈三人の鉱夫〉伝説とは、彼らの死の意味づけの伝説であり、突然に死へと引き攫われた人間たちの霊の安寧を、残された生者たちが願う物語だったのである。死ぬに死に切れなかった死者たちを、宗教的食物が慰謝する。そして同時に、この物語の食物は、死者たちへの複雑な思いに苦しむ、生者たち自身への慰謝の糧ともなる。

四　葬送の物語

グリム〈三人の鉱夫〉伝説を、いわゆる現実のレベル、史実の反映としてのレベルからひとまず切り離して読みたい理由は、人間が地底に長年にわたって生き延びたという点よりも、むしろ三の数字に統一された物語の様式性にある。三人の鉱夫、三つの道具、そして三つの願いと三つの最終的な顚末という、一貫した三の構造において、とくに三つの願いとその成就の箇所には、漸層法的な高揚感さえ漂う。人数不詳の『冥報記』や、十人が入坑してわずかに一名が取り残されたという『霊異記』の記述と比較すれば、『伝説集』第一番に、事件報告的な性格は希薄であり、いわば意識的な整形の跡さえ感じられる。とすれば、神的救済によって鉱夫たちに与えられた歳月である七という数字もまた、当然ながらある種の人工性ないし神秘性を帯びはじめる。

鉱夫の厳かなる日常として、労働は常に死の危険と恐怖に結びついていた。その体験性が物語として加工されるとき、右のような形をとるべき何らかの観念上の必然性が存在したと思われる。しかも、事故に遭った鉱夫たちが、生還することもなく死んでいたのであれば、山霊の登場以後の後半部分に物語として描かれているのは、すでに亡霊と化した鉱夫たち、死者としての鉱夫たちの姿であるのではないか。すでに見たブリュックナーは、この伝説を中世キリスト教の煉獄観と結びつけ、キリスト教的聖餐儀式を経ることで初めて獲得される、死者の魂の安寧を主題とした物語であるとした。残念ながら、鉱山の守護聖人であるダニエルとの関連づけには成功しなかったようだが、死後世界という主題は、たしかにこの伝説の核心にあると思われる。だからこそ彼のキリスト教的根拠づけを、グレヴェルスが主張するような鉱夫の日常性に接続させることが必要である。すでに確認したように、鉱夫・民衆層の信仰は、純粋に教義上のレベルとは異なる、さまざまなイデオロギーや俗信の折衷の場であったはずだからである。

フランスの優れた民俗学者C・ルクトゥ（Lecouteux）の研究を援用した、阿部謹也による古代ゲルマン人の死生観の叙述によれば、生前の願望を成就させていない死者が、現世に戻ってきて悪事をなすという観念がかつて存在した。中世盛期まで存続するこの観念は、当然ながらキリスト教の監視の対象となり、例えばヴォルムスのブルヒャルトは、その贖罪規定書（十一世紀初頭）のなかで、洗礼を受けずに死んだ子どもの亡骸を遠くに運び、杭で墓に打ちつける母親を、罪に値する異教的風習だと批判している。古代ローマにおいては、「埋葬されなかった者（人びとが涙を流して送らなかった者）、溺れ死んだ者、暴力犯罪の犠牲者、殺された者、自殺者、処刑された者など」が、危険な死者の例としてイメージされていたという[69]。

やがて中世後期に確立するキリスト教的煉獄観は、この亡霊の現象にキリスト教的「合法性」を付与する機能を果たした、とジャン゠クロード・シュミットは述べる。「野蛮な狩猟」（chasse sauvage）——日本の百鬼夜行にも類似する――のような、いわゆる俗信的・異教的イメージの根底に「死者の崇拝」があり、それが今ようやく、煉獄観と教会儀礼のもとに認可されるのである。

来世で苦しむ死者たちは、彼らの煉獄での試練をやわらげ、短縮する目的で、彼らのために祈り、ミサを挙げさせ、捧げ物をしてくれと肉親に頼みに戻って来ることがごく正当にできるようになった。したがって、幽霊の個々の出現の話が十二世紀以後、奇蹟物語や教訓的な〈例話〉といった叙述文学の中でふえることは偶然ではない[70]。

ブリュックナーの豊富な例証は、まさにこの文脈のなかで捉えることができる。民衆説教を任務とする下級聖職者を通じて、この煉獄というキリスト教的世界像は、聖職者だけの狭い領域の外へと伝播していく。ブリュックナーが言ったように、そこからグリムの伝説までの距離は、それほど遠いものではないのだろう。

聖パトリキウスの煉獄
トーディ（イタリア、ウンブリア地方）、聖フランチェスコ教会フレスコ画、1346年頃

しかし煉獄観というものが、そもそも民衆的世界観との深い相互作用のなかから誕生したことは、グレーヴィチやル・ゴッフの指摘するところである。[71] つまり死者霊の崇拝という古代からの民間信仰は、中世初期の一時的な監視・抑圧を経て、ここにたくましく蘇る。それどころか中世初期のさなかにおいてさえも、危険な死者のイメージは、例えば五世紀の聖職者による聖人伝のなかに痕跡を残している。「死の通過儀礼を受けられなかったために、来世で安息が得られない」幽霊が現われる、リヨンのコンスタンティウス『オーセールの聖ゲルマヌス伝』である。

冬の旅の途上、ゲルマヌス一行が、やむをえず宿とした廃屋で夜を迎えると、恐ろしい幽霊が現われた。しかしキリストの名を唱えた途端におとなしくなり、白状して言うには、彼らは生前の悪事のために、墓地もなく捨て置かれたという。永遠の安息のため、主へのとりなしを願えないだろうか、そう霊は尋ねる。心をうたれた聖人は、幽霊に導かれて廃墟を進み、「まだ骨が鎖で結わえられた死体が無造作に横たわっているのを発見した」。その後、ふさわしく整えられた墓所に、キリスト教の葬礼を施して葬ると、幽霊はもはや現われず、「幸せに人が住めるようになった」という。シュミットは、この中世初期の宗教説話を、「幻想文学の傑作のひとつ」と呼ぶが、それ以上に興味深いのは、この種の死者の観念が、「今日までヨーロッパの伝承の中に生きつづけている」という彼の指摘である。[72]

フランス人シュミットの著書は、主としてフランスに焦点を定めたものだが、当然ながら、ドイツにも同種の伝承が数多く存在する。L・レーリヒは、ドイツ語圏の伝説伝承をモチーフ的観点から網羅した「ドイツ伝説カタログ」作成の遠大な計画を語るなかで、死者伝説はその「主要部」を成し、明らかに最も膨大な資料を形成する伝説カテゴリーだと述べている。[73]

このレーリヒとI・ミュラーの共同編集による死者伝説の総カタログに、「G 満足せざる死者」という項がある。この項目は四つの類型に、すなわち「キリスト教的救済手段を持たぬ死者が戻り来る」、「規範どおり（願望どおり）に埋葬されなかった死者が戻り来る」、「考慮されざりし死者の願望と指示」、「満たされざる（背かれた）死者の要求」という伝承群に細分されている。死者が、もともと望んでいた先祖代々の墓所とは異なる、別の場所に埋葬されたことを理由に、現世に戻ってくるというような話が、豊富に収集されている。[74]

幽霊のことをドイツ語でWiedergänger、つまり〈ふたたび現われる人〉と呼ぶのは、実に言い得て妙なところがある。この語感が示すように、民間伝承の世界では、死者と生者は精神的に常に通じ合って生きている。グリムのあの〈生還〉せる三人の鉱夫は、まさに幽霊として〈戻り来た〉人びとだったわけである。そしてもし、不慮の死を死なねばならなかった夫や親類、友人たち——それが実際に何人であったのであれ——への言い尽くせぬ悲しみが、生者の側に抱かれていたのなら、あの物語は、死者霊の安らかなる死を、冥界での安息を願う、生者たちの思いの表現であったのだ。またもし生者の心の奥に、危険な死者霊、怨霊に対する恐怖の念が存在したのなら、『伝説集』第一番とは、霊の回帰への恐怖のもとに生者たちが生み出した、ほかでもない成仏祈願の物語だったのである。

ボヘミアの鉱夫に、そもそも仏性が備わっていたのかどうかはともかくとして、ここで思い出したいのは、ブリュックナーの批判の対象となったクーベの立論、すなわち死者霊の行き着く場所としての古代的山岳観念のことである。ブリュックナーは、自らの煉獄観的解釈を補強する例として、『伝説集』第一七三番の「ホーゼルベルク山」に言及している。テューリンゲン地方、アイゼナハに近いこの山からは、「悪魔や亡者たち」が吐き出す悲惨な呻きや叫びが聞こえ、「一三九八年」には、宙に三つの大きな火柱が上り、一つになったり分かれたりしながら、最後には山の内部へ消えていったという。伝説ではさらに、「地獄の炎の中に座る」知人たちの姿をこの山の中で見た御者や、この山の煉獄で浄化の火に焼かれている夫のために、魂のとりなしを願う英国の王妃のことが言及される[75]。

グリムは、この『伝説集』第一七三番に先立って、ドイツの俗信「荒ぶる狩人」(der wilde Jäger)にまつわる二つの伝説を置いている。フランスの類似伝承「野蛮な狩猟」について与えられた、先のシュミットの分析が示すように、それら荒れ狂う死者たちのイメージはもともと土着異教的・前キリスト教的なものである。その死霊のイメージの連なりのなかに、この「ホーゼルベルク山」の伝説が置かれている。煉獄というキリスト教的装置に、土着の死生観が深く浸透していることを洞察したグリムは、死霊と山との関係を映し出す伝承として、この配置を採ったのだろう。

異界的空間としての山のイメージは、『伝説集』第三六一番にもある。ドイツ東中部フォークトラント地方ツヴィッカウ近郊での出来事、放牧中の雄牛たちを家に連れて帰るよう両親に言いつけられた少年が、「森」へ向かう。しかしそのうちに夜になってしまい、その上さらに雪が激しく降り始める。「山々」はついに雪に覆われた。しばらく両親は山に近づくことができない。「三日目」になってようやく、部分的に雪が解けた山へ彼らが救出に向かうと、陽のあたる丘の上に子どもが座っていた。どうして家に帰ってこないのか、と両親が問いつめれば、「夕方になるまで待っていようと思っていた、もうまる一日経っていたなんて知らなかった」という返事である。しかも山中にいるあいだ、「ひとりの男の人」がやってきて、「チーズとパン」を与えてくれたので、空腹に困ることはなかったのだという[76]。

神隠しのドイツ版とも言うべきこの物語の原資料は、ルターの『卓上語録』[77]——ただしルターそのものの記録としては少々信憑性を欠くアウリファーバー版だが、時代の言語資料として特段の問題はあるまい——であるらしく[78]、はたして伝説は、「神の使い」によってもたらされた「神の食事」が少年を救ったのだと、いささか唐突に、キリスト教的な結語を置いている。レレケが註釈に記すように、この種のキリスト教的な奇蹟の食事のモチーフはすでに旧約から存在する。[79] それゆえ聖職者層とその周辺、あるいは説教の受容者層が、まずはあくまでもキリスト教の伝説としてこの物語を生み出し、享受したという可能性は排除できない。

しかしもしそうだとしても、この『伝説集』三六一番と、本章が問題にしている鉱山伝説との展開の類似は実に目を引く。山において危機に遭遇し、そこで奇蹟の食べ物を得て、現世の時間感覚の喪失の後に、生還する。鉱山伝説の源をなす〈史実〉が、もし何人かの鉱夫の事故死であったとすれば、この雄牛を連れ帰るべき少年もまた、実際には山で遭難死したのであろうか。もしくはまた、瀕死のさまで救い出されたのだとしても、その出来事から、民衆の集合的記憶としてこのような物語が生み出されていったのか。いずれにしても、教会的レベルとは異なる、いわば民俗的・世俗的・日常的側面から、この伝説の起源を考える余地は十分にあると思われる。『伝説集』第三六一番で少年を救う「神の使い」は、そのとき、鉱夫たちの信仰した山霊と同じ、俗信的レベルで捉えることができるだろう。民間信仰ならではのアマルガムのなかで、山霊という鉱山の妖怪は、天国／異界へと人間を導く重要な役割を担っているように見える。

ここでハイルフルトによる鉱山伝承の大著を参照するならば、先に概観したクーベ／ブリュック

ミサによる鉱夫の救済　木彫、1520-30 年頃

ナー／グレヴェルス三名の論争は、示唆に富む「有益な」議論であったと総括されている。もちろんハイルフルトの厳密な立場が、鉱山伝承への関心を共有するグレヴェルスに近いことは言うまでもない。ブリュックナーに対して、ハイルフルトはいくつかの批判を加えており、例えばブリュックナーの論旨は、過去に存在した議論を再び蘇らせただけのもの、つまり重要資料として挙げられた尊者ペトルスの奇蹟譚などは、すでに一九〇二年の時点で、A・フランツという別の研究者がカトリック・ミサの文脈から取り上げていたと指摘する。また死者ミサ／聖餐に基づく鉱夫救済譚の重要な資料となるべき、十六世紀初頭の教会レリーフが、資料の網羅的調査を自負するブリュックナーの第一論文には言及されていない、とも指摘される。(80)

個々の資料を、特定のイデオロギーの枠内に押し込めるのではなく、それらが置かれている具体的な状況・文脈を可能なかぎり考慮に入れること。それによってこそ、元来複雑な要素をはらむ鉱山伝承の適切な理解が可能になるというのが、ハイルフルトの基本的立場である。キリスト教的聖餐モチーフなどは、類話によってかなり重要度が変わる。グリムの生まれたヘッセンのようなプロテスタント地域では、カトリック教会の正統的教義に基づく扱いとは異なり、当然ながら聖餐の影が希薄化して、信仰の功徳に重きが移る。かといってカトリックかプロテスタントか、という二者択一の議論を繰り返しても仕方がなく、むしろ「両者の立場のあいだに、きめ細かな中間層があり、さらにそのなかに、多彩な迷信的観念の層が横たわっている」(81)ことを認識すべきであるとハイルフルトは言う。

〈三人の鉱夫〉をめぐるグリムの資料をもとに、その「迷信的観念」の複合的な地層を観察しようとするとき、それは一九六〇年代のあの論争からも推測されるように、死者に関する古い観念と深く関わっているように思われる。クーベが漠然と示唆したのみで、批判の対象となった古代起源説は、しかしブリュックナーによる精緻な中世キリスト教的解釈と、鉱山世界の実態に即したグレヴェルスの分析とによって、逆にその歴史的徹底をみることができるのではないか。ル・ゴッフの研究が示したように、古代の山岳観は、中世の煉獄観のなかになお姿を変えて生きていたのだから。[82]

ベヒトルト＝シュトイプリ編『ドイツ俗信事典』(Handwörterbuch des deutschen Aberglaubens) は、二十世紀前半のドイツ語圏民俗学の大きな実りであり、随所でよく引用される。ゲルマン性の偏った強調など、時代的な問題をはらむ著作であることは、後年に付されたCh・ダクセルミュラーの解説文や、H・バウジンガーの好論[84]が適切に示すところだが、本章との関連では、「山」(Berg)、「山霊」(Berggeister)、「鉱山」(Bergwerk) などの充実した項目で、ドイツ語圏を中心に、山と鉱山にまつわる多種多様な観念を紹介している。なかでも注目すべきは、およそ十五段もの分量にわたって詳細に記述されている、「山の失踪」(Bergentrückt) という独立項目である。

執筆者であるゲルマニスト、W・シュタムラーによれば、山の底で何者かが生きつづけているという伝説は、ゲルマン地域に広く確認されるものであるという。山中では通常の時間感覚が失われ、ほんのわずかな時間の滞在であったはずが、そのあいだに膨大な年月が経過する。そのために多くの人間は、再び日常世界に戻った後、急速に寿命が尽きて死んでゆく。この「山の失踪」モチーフの「神話的基盤」は、ドイツ・ゲルマン以外の民族における知見からもまた証明されるように、「死者の国、今は亡き者たちの滞在地が山の中にはらまれている」という観念にある。煉獄や地獄の表象は、異教の死の国の表象が後にキリスト教化されたものにほかならず、例えば、年月の経過にもかかわらず登場人物が死なない、いわゆるハッピーエンドの結末を持つ伝説は、本来は死者となるはずの伝承を「キリスト教的に穏当化したもの」にすぎないという。[85]この「山の失踪」型伝説では、ある種の無時間性が山を満たしており、ドイツ語圏各地に見られる地底の皇帝生存伝説——キフホイザー山中のフリードリヒ赤髭（バルバロッサ）王のような——の観念的基盤もここにある。

ちなみに同事典のL・マッケンゼンによる「山霊」の項目を参照すると、鉱夫たちを手助けするという特徴に関連して、山霊が、修道院の地下に、亡霊のように現われる例が紹介されている。そしてこれは、「古来の山霊伝説とそれより新しい時代の霊魂伝説の混合」したものだという。[86] 山の俗信と死生観との近さを示す例である。

日本において、「死霊と祖霊が山に留まる」という古い観念の存在は、例えばネリー・ナウマンによる日本の山の神の比較神話学的研究でも論じられている。そうした起源的信仰が失われると、祖霊はやがて天狗のような妖怪に変貌していくというが、それに対応するのがグリム版の山霊ということになろうか。ナウマンは、レーリヒの成果などを援用しつつ日独の伝承の比較対照を試みる。日独の双方の伝承において、山が、狩猟技術の伝授や成人儀礼といったイニシエーションのための非日常的場所であること、狩猟民が抱く山の神への信仰と農耕民の死霊・祖霊信仰が習合した地域の特徴として、「森の霊や獣の霊がイニシエーションをとり仕切る」こと、また「小人や小鬼、森の女などの姿をとって人助けをする死霊」の存在が明白に認められることを確認している。[87]

地底の救助者である山霊は、妖怪化した死霊・祖霊であるのか、それとも浄らかなる天使・聖人であるのか。ブリュックナー的な観点から、日本の地底、日本の地獄の宗教的救済者を考えてみれば、地蔵菩薩の存在に思いあたる。平安期の『今昔物語集』などに顕著に現われている民間の地蔵信仰は、それが本来基づくべき『十輪経』や『本願経』のような経典から離れ、地蔵信仰のそもそも説かれることのない『法華経』の浄土憧憬と結びついて生まれた。輪廻なき極楽浄土への憧れを支えていたのは、「深刻な地獄の恐怖」に震えた民衆の、「地獄は必定」という痛ましい意識であったという。[88]

地蔵菩薩はこの後、中世後期から近世にかけてさまざまな民俗信仰と習合する。「仏教とは直接関係のない」道祖神信仰をもとに、例えば地蔵と賽の河原の信仰が生まれ、村の境や山の峠といった境界領域の守り神として、あるいは子どもの守り神としての機能を担わされることになる。箱根山中などが、「冥界に通じて亡霊の出没する山中地獄」としてイメージされ、そうした危険なる異界での守護者として地蔵は崇拝される。『今昔物語集』の地蔵説話では、「地蔵はほとんど例外なく、〈小さい僧〉〈若き僧〉の姿で現われる」[89]という。それは、例えばグリムの『伝説集』第三番などが示すように、ドイツの山霊が、別名を「山の僧」ともいったこととも響き合う[90]。

日本の民俗における古来の死霊観と仏教のこのようなアマルガムは、グリム版伝説における土着の死霊観とキリスト教のそれに対応しているだろう。柳田國男『資料としての伝説』(一九二五年)には、「伝説はあたかも北海の霧が、寒暖二種の潮流の遭遇から生ずるように、文化の水準を異にした二つの部曲《かきべ》の、新たなる接触面に沿うて現われやすい[91]」と言われる。またレーリヒは、伝説とはそもそも「混合体」(Kontamination)[92]だと述べているが、まさにこの混合物の注意深い腑分けの作業こそが、伝説研究の意義深い仕事になる。

キリスト教的枠組からしばらく離れて、民間信仰としての山の観念に注目すれば、三人の鉱夫が地底で与えられたパンを、ブリュックナーが言うような聖餐としての食べ物とは異なるものとして捉えることもできる。すなわちそれは、神秘の山、異界としての山が、死者の霊魂のため、あたかも彼らの養い手であるかのごとく、自ら与えた滋養であったのだと。現在のスロヴァキア領内にあるドイツ人入植地ホッホヴィース(Hochwies)の伝承で、先述の民俗学者ポイカートが編んだ伝説集(一九五九年)には、グリム『伝説集』第一番に酷似する内容を持ち、ある意味でこの伝承の核心を照射しうるものと思われる、ひとつの伝説が記録されている。これはハイルフルトの鉱山伝承集においても、〈三人の鉱夫〉類話群(E-4)の関連項目として

奉納額　マリアツェル（オーストリア、シュタイアーマルク州）、1853年

続く、「地底での長い滞在」と題された節（E−5）のなかに収録されている。

この物語では、坑内に行ったまま行方不明になったヤーコプという鉱夫を、ちょうど一年後に、「大地が再び外へと」出してくれたという。彼は地底で一年のあいだ、「石が水分と力の源として分泌してくれたもので栄養を摂っていた。なぜなら岩石は命のないものではないからである。岩石は樹や草のように生きている」。一年が経った後、「大地が彼を吐き出した」。そしてヤーコプは、生還後二十四時間して死んだという。[93]

この山は、生きた一種の母胎のような様相を持っている。しかも「山の失踪」型伝承の特徴として、無時間的な異界から回帰した人びとは、そのままの姿では、もはやこの世に永らえることはない。グリムの〈三人の鉱夫〉の物語は、まさにこれと同種の伝承であるだろう。帰還した三人の鉱夫は、神との約束の故というよりも、むしろ山の異界に触れたがゆえに、もはやこの世では永らえることができなくなった。[94]

グリムの伝説において、夫の生還を信じられない妻たちは、夫は「もう死んで七年経ちます、クッテンベルクの山に埋まっているのです」と言い張っていた。この「埋まっている」（begraben）という動詞はどこか二義的に響く。この動詞は、文字どおり「埋める」意味を持ちはするが、それと並んで、死者の「埋葬」のニュアンスを強く漂わせる言葉である。

事故の現実に即して言えば、たしかに生き埋めになったという事実報告以外の何ものでもあるまい。しかし古代的な異界としての山の観念に従えば、山に包み込まれることによって、三人の埋葬はすでに果たされたと見なすことも可能ではないか。鉱夫たちは、すでに冥界への敷居を越えていき、山の母胎の内部に戻っていった。そのような古代的観念が、諦念を含んだ確認のような形で、この伝承の片隅に残っているのだと。伝説伝承の「異教的・前キリスト教的」[95]な古層に属し、「荒ぶる狩人」のイメージにも象徴される死霊崇拝の観念、キリスト教にとっては「まったく異質であるがゆえに同化不能」[96]なものであったはずの死霊崇拝の観念が、このグリムの伝説には、なおも痕跡のように残っていると思われる。

　この背景をふまえた上で、今一度キリスト教的な視点からこの伝説を見直してみる。古代的観念を追放ないし隠蔽しようとするキリスト教の時代においては、その救済観に即した、キリスト教的流儀に基づく埋葬が必要となる。突然の災難に襲われ、おそらくは無慈悲に命を奪われていった鉱夫たちの魂は、キリスト教的儀礼のもとに保護されなければならない。基本的に、キリスト教的信仰の功徳を説くことに間違いはないこの『伝説集』第一番において、地底の鉱夫たちが真に望んだ願いとは、まさに、よき死を迎えることそのものであったのである。いま少し正確に言えば、その願いは、鉱夫たちというより、むしろ遺族となったこの世の人びとのものであり、彼らは鉱夫たちの口を借りて、埋葬儀礼の成就を切に願った。その思い、キリスト教的な限定を越えてゆきさえする彼ら生者の人間的な思いが、この奇蹟の伝説を結晶させる。

　山のふところに、二種類の埋葬形式が交錯する。山霊という妖怪は、前キリスト教的な埋葬と、キリスト教的なそれとの、二つの埋葬を完了する役割を担っている。山霊は、または山霊を遣わした山そのものは、一定の限られた時間ではあれ、確かに三人を地底の死から蘇らせ、我が家への帰還を叶えることによって、死の通過儀礼の拝受を三人の鉱夫たちに叶えたのである。それは古代的な山の観念が、かろうじてキリスト教的時代に生き延びるための、ひとつの物語形式であっただろう。そしてこの埋葬の完了、物語の完了において、伝説の受容者たる遺族たちは、精神の小さからぬ慰謝を受け取ったのである。

　よくわからないのは、三人目の男が死んだときに、「妻も一緒に」死んだことである。物語の最初では「子ども」の存在さえ言及されているのだが――。生き残った妻たちの思いをこの伝説が表現しているのだとすれば、いっそのこと一緒に死んでしまいたかった、という妻たちの切実な悲しみが、ここに滲み出しているのだろうか。それとも、男の鉱夫社会でこの伝説が流布し受容されていたのだとすれば、妻を残して逝きたくはないという夫の願いの表れであるのか。妻はすべて夫に順ずるべしという、近代家父長制的な通念の現われまでをここに見て取るのは、しかしさすがに行き過ぎなのだろうか。

五　現代の奇蹟

山に異界を感じ、そこで霊的存在に遭遇することなど、もはやありえぬことなのかもしれない。崇高なる宗教性を帯びた非日常的体験としての天使が、近代の世俗化過程のなかで次第に「〈愛らしい〉、〈情緒的なもの〉」[97]へと変貌していった事実を、ハイルフルトは膨大な鉱山伝承資料をもとに指摘する。クーベが取り上げた十九世紀後半の絵草紙は、その典型的な一例である。しかし興味深いことに、同じハイルフルトが、現代二十世紀の只中に生じた、次のような出来事を記録してもいる。

一九六三年十月二四日、ハルツ山地の北にあるザルツギッター近郊、レンゲデの鉄鉱山坑内で大規模な事故が起きた。地上にあった沈殿浄化用の汚泥池が決壊したことにより、大量の泥土と水が坑内に流れ込んだのである。多数の死者が確認されるなか、脱出かなわず地底に残るままとなった四〇人の行方不明者の発見・救助の作業は困難を極めた。やがて事故から一週間以上が経ち、生存者への望みも薄れかけた十一月三日のこと、探索用の細い掘削機により、地底六〇メートル付近で、奇蹟的に一一名の生存が確認される。鉱夫たちは、採掘のされなくなった縦坑の空隙に逃げ込んでいたのである。その可能性があるという重要なヒントは、坑内経験の豊かな現場労働者の口から噂として広まり、それが最終的に管理者側を動かして、このような発見につながったという。すでに始まっていた葬儀の準備は、直ちに取りやめられた。管を通して、地底に食料が渡される。そして発見からさらに数日が経った十一月七日、なおも続く崩落の危険のなかで、当時最先端の機器を用い、細心の注意を払いながら、全員が無事に地上へと搬出された。行方不明者をなおも残したまま終幕したこの事件は、ドイツ国内外の関心を釘づけにし、事故の一連の経過を、ドイツの週刊時事雑誌『シュピーゲル』が、リアルタイムで詳細に伝えた。暗闇のなか、鉱夫たちが、ほぼ十日間にわたって何の食べ物もなく生き延びられたのは、岩から滴り出る水分の摂取のおかげであったという(98)。

この十一人のなかに、鉱山経験の浅い一人の新米組立工(Monteur)がいた。事故が起きて最初の晩に、彼は地底の暗闇のなかで、不可思議な体験をする。彼のもとに、「ひとりの男」が、ふと「岩の隙間から」現われ、電池もなおみずみずしい坑内灯を手渡したのである。この見知らぬ「男」は、若者に向かってさらにこう告げた。「これから綱を持ってくるから、それでおまえたちを、ここから助け出してやろう。」

しばらくして、周囲のベテラン鉱夫たちが、若者の手にしている満タンの坑内灯に気づき、それを一体どこで手に入れたのかと問い詰める。おずおずと右の次第を伝える若者に、ベテラン鉱夫たちは猜疑の目を向け、苛立ちさえあらわにするのだった。しかし地底の危機的状況のなかでは、とりあえずこの夢物語を信じてみるほかはない。若者が坑内灯を受け取ったという付近を、鉱夫たちは這いまわり、外部に通じている隙間を必死で探し求めた。何時間も、何時間も。やがて彼らは疲れ果て、地面にへたり込む。しかしまさにその場所で鉱夫たちは、地上からの探索器により発見されるのである(99)。

山霊は、合理主義と技術文明によって消滅することはおそらくない。文明の最先端に、文明と不可知との境界域に、わずかな空隙を見出しては、その幻のごとき姿を執拗に蘇らせるのであろう。

註

(1)『梁塵秘抄 閑吟集 狂言歌謡』新日本古典文学大系五六（小林芳規ほか校注）、岩波書店、一九九三年、一六、八一頁。

(2) Deutsche Sagen. Hg. v. den Brüdern Grimm. Ausgabe auf der Grundlage der ersten Auflage. Ediert und kommentiert von Heinz Rölleke. Frankfurt a. M. 1994.（以下『伝説集』ないしDSと略記）

(3) Vgl. Theodore Ziolkowski: Das Amt der Poeten. Die deutsche Romantik und ihre Institutionen. Aus dem Amerikanischen von Lothar Müller. München 1992. (Kapitel 2. Das Bergwerk: Bild der Seele); Heinz Schlaffer: Die kurze Geschichte der deutschen Literatur. München/Wien 2002. S.87-89.

(4) 柳田國男監修・日本放送協会編『日本伝説名彙』、日本放送出版協会、一九七一年。

(5) 高木昌史編『柳田國男とヨーロッパ 口承文芸の東西』、三交社、二〇〇六年、二八七—三三六頁。

(6) Rudolf Schenda: Mären von Deutschen Sagen. Bemerkungen zur Produktion von „Volkserzählungen" zwischen 1850 und 1870. In: Geschichte und Gesellschaft: Zeitschrift für Historische Sozialwissenschaft 9 (1983), S.26-48. Hier S.27.

(7) Helge Gerndt: Zur Frühgeschichte der Sagenforschung. In: Dona ethnologica Monacensia: Festschrift für Leopold Kretzenbacher. München 1983. S.251-266. Hier S.251.; Vgl. auch den Artikel »Sage«. In: Enzyklopädie des Märchens 11 (2004), Sp.1017-1049. Hier Sp.1032.

(8) 中世末から近世にかけての鉱山世界について、その組織的実態と経済・政治・文化的背景を示した有用な文献として以下の二つの論文を参照。Klaus Tenfelde: Streik als Fest. Zur frühneuzeitlichen Bergarbeiterkultur. In: Volkskultur. Zur Wiederentdeckung des vergessenen Alltags (16-20. Jahrhundert). Hg.v. Richard van Dülmen und Norbert Schindler. Frankfurt a.M. 1984. S.177-202. 瀬原義生「中世末期・近世初頭のドイツ鉱山業と領邦国家」、『立命館文學』五八五号、二〇〇四年、四二—八三頁。

(9) Vgl. Wolfgang J. Mehlhausen: Handbuch Münzsammeln. Regenstauf 2004. S.16f. プラハ・グロッシェン銀貨とターラー銀貨を中心とする中世から近世にかけての貨幣史については、久光重平『西洋貨幣史』（中）、国書刊行会、一九九五年、五七四頁、六六二—六六三頁、名城邦夫『中世ドイツ・バムベルク司教領の研究——貨幣経済化と地代——』、ミネルヴァ書房、二〇〇〇年、第三章、第四章などを参照できる。同時代の日本の状況については、小葉田淳『貨幣と鉱山』、思文閣出版、一九九九年がある。

(10) 十七世紀のイエズス会士ヤン・コリネクによって、鉱夫向けにチェコ語で書かれた歴史書風の読み物が、以下の文献に抜粋紹介されており、古い版画や写真とともに鉱山都市クッテンベルクの模様をよく伝えている。Jan Urban: Bergmanns-Sagen: „Handsteine" aus Kuttenberg. Hg.v. Franz Kirnbauer. Leobener Grüne Hefte 128. Wien 1971. S.28. クッテンベルクについては、沖島博美・武田和秀『プラハ・チェコ』、日経BP社、二〇〇二年、一八二—一八三頁。沼野充義（監修）『中欧』、新潮社、一九九六年、一〇九—一一〇頁なども参照。

(11) Theodor Fontane: Wanderungen durch die Mark Brandenburg. Bd.1. Die Grafschaft Ruppin / Das Oderland. München 2006. S.134-136. 野村泫『目で見るグリム童話』、ちくま文庫、一九九

六年、一一—一四頁にも簡単な紹介がある。
(12) Siegfried Kube: Die drei Bergleute. Eine Grimmsche Sage und ein Neuruppiner Bilderbogen. In: Deutsches Jahrbuch für Volkskunde 6 (1960), S. 229-238. Hier S. 229. (Anm.1)
(13) Ibid., Tafel 43.
(14) Gerhard Heilfurth unter Mitarbeit von Ina-Maria Greverus: Bergbau und Bergmann in der deutschsprachigen Sagenüberlieferung Mitteleuropas. Bd.I-Quellen. Marburg 1967. Abb. 8.
(15) Kube, S. 229.
(16) Ibid., S. 232.
(17) Ibid., S. 235.
(18) Ibid., S. 231.
(19) Ibid., S. 235.
(20) Ibid., S. 232.
(21) Ibid., S. 236.
(22) 河野眞『ドイツ民俗学とナチズム』、創土社、二〇〇五年、第十章に、ブリュックナーについての叙述が見える。一九八〇年代に再燃したドイツ民俗学とナチズムの関連と責任性をめぐる論争のなかで、ブリュックナーの批判の矛先に挙げられる人物の一人として、先のゲルントなども登場する。
(23) Kube, S. 238.
(24) Ibid., S. 236.
(25) Wolfgang Brückner: Zur Problematik der Bergmannssage. Kuttenberg und Daniel. In: Rheinisch-westfälische Zeitschrift für Volkskunde 8 (1961), S.175-181. Hier S.176.
(26) Ibid., S.189.
(27) アーロン・グレーヴィチ『中世文化のカテゴリー』(川端香男里ほか訳)、岩波書店、一九九九年、四六七頁。
(28) ジャック・ル・ゴッフ『煉獄の誕生』(渡辺香根夫ほか訳)、法政大学出版局、一九八八年、八頁ほか。
(29) Brückner, S.177f.
(30) Ibid., S.183f.
(31) ヤコブス・デ・ウォラギネ『黄金伝説 4』(前田敬作・山中知子訳)、人文書院、一九八七年、一八一—二〇五頁、とりわけ一九二—一九五頁を参照。
(32) Brückner, S.184.
(33) Ibid., S.187.
(34) Ina-Maria Greverus: Zur Problematik der Bergmannssage. Eine Erwiderung. In: Rheinisch-westfälische Zeitschrift für Volkskunde 9 (1962), S. 77-106. Hier S. 77.
(35) Ibid., S. 89-92.
(36) Ibid., S.105.
(37) Ibid., S. 88.
(38) Ibid., S. 93.
(39) Artikel »Bergmönch«. In: Leander Petzoldt: Kleines Lexikon der Dämonen und Elementargeister. München 2003. S. 36f. なおこの著者はよく名の知れた伝説研究者ではあるが、その著作にはときに誤記や遺漏の見られることが、次の二つの書評文において厳しい批判を受けている。Vgl. Klaus Graf: Petzoldt, Leander: Einführung in die Sagenforschung. In: Fabula 41 (2000), S. 345-346; Helmut Fischer: Petzoldt, Leander: Dämonenfurcht und Gottvertrauen. In: Fabula 31 (1990), S. 356-359. ここで参照している妖怪小事典についても、「鉱山の妖怪」(Bergwerksdämonen)の項には引用文献の誤読が見られ、残念ながらこの著作も、利用に際しては十分な注意を要する。山霊に関する堅実な文献としては、この Petzoldt も引用している以下の文献を参照のこと。Peter

Wolfersdorf: Die niedersächsichen Berggeistsagen. Göttingen 1968.

(40) Greverus, S.91.

(41) »Der Mönch zu Heisterbach«. In: Das große deutsche Sagenbuch. Hg.v. Heinz Rölleke. Düsseldorf 2001. S.632 (Nr.716).

(42) Greverus, S.100.

(43) Brückner, S.176.

(44) Ibid., S.184.

(45) Greverus, S.78f. (Anm.6) und S.82f.

(46) Vgl. ibid., S.78f. (Anm.6)

(47) Vgl. Gerhard Heilfurth: Der Bergbau und seine Kultur. Zürich 1981. S.203-205.

(48) Greverus, S.78f. (Anm.6)

(49) Ibid., S.106.

(50) Ibid., S.103.

(51) Wolfgang Brückner: Zur Diskussion um eine Bergmannssage. In: Rheinisch-westfälische Zeitschrift für Volkskunde 9 (1962), S.267-272. Hier S.269f.

(52) Ibid., S.268.

(53) Ibid., S.270.

(54) Ibid., S.272.

(55) Heinz Rölleke: Einzelkommentar. In: DS, S.733.

(56) Die Bergleute im Kuttenberg. In: Deutsche Volkssagen. Hg. und erläutert v. Leander Petzoldt. München 1970. S.251f. (DV 410)

(57) 瀬原、五三、六三頁を参照

(58) Heilfurth, 1967, S.508f. (Nr.468)

(59) Tenfelde, S.179. また諸田實『フッガー家の時代』、有斐閣、一九九八年、一二三頁を参照。

(60) Ibid., S.185.

(61) 『日本霊異記』新日本古典文学大系三〇（出雲路修校注）、岩波書店、一九九六年、一四六―一四八頁。

(62) 『日本霊異記』下巻第十三縁に関し、この説話から『今昔物語集』に至るまでの書承資料と、後に言及する中国唐代の関連説話について、奈良女子大学の千本英史教授より貴重なご教示を受けた。ここに記してお礼を申し上げる。

(63) 寺川眞知夫『日本国現報善悪霊異記の研究』、和泉書院、一九九六年、二三九頁。

(64) 寺川、二三九―二六二頁。

(65) 『日本霊異記』、一四七頁。

(66) Vgl. Fanny Rostek-Lühmann: Der Kinderfänger von Hameln. Untersagte Wünsche und die Funktion des Fremden. Berlin 1995. S.18 und 43.

(67) DS (Vorrede zum zweiten Teil), S.388.

(68) Utz Jeggle: Die Sage und ihre Wahrheit. In: Der Deutschunterricht 39 (1987), S.37-50. Hier S.40. Vgl. auch S.37f. und 41f.

(69) 阿部謹也『西洋中世の罪と罰 亡霊の社会史』、弘文堂、一九八九年、四八、六八、八一、二〇二頁。

(70) ジャン＝クロード・シュミット『中世の迷信』（松村剛訳）、白水社、一九九八年、一七七―一七八頁。

(71) グレーヴィチ、四六八―四六九頁、ル・ゴッフ、二二、三五八、四九五、五六七頁。

(72) シュミット、九八―九九頁。

(73) Lutz Röhrich: Das Verzeichnis der deutschen Totensagen. In: Fabula 9 (1967), S.270-284. Hier S.271.

(74) Deutscher Sagenkatalog. X. Der Tod und die Toten. Von Ingeborg Müller und Lutz Röhrich. In: Deutsches Jahrbuch für Volkskunde 13 (1967), S.346-397. Hier S.363-366.

(75) DS 173 (Der Hoselberg), S.221f.
(76) DS 361 (Gottes Speise), S.382f.
(77) M・ルター『卓上語録』(植田兼義訳)、教文館、二〇〇三年、三九六―三九九頁(訳者による解説)を参照。
(78) Brüder Grimm: Deutsche Sagen. Bd.1. Hg.v. Hans-Jörg Uther. München 1993. S.316.
(79) DS, S.851.
(80) Heilfurth, 1967, S.73-76 und 79.
(81) Ibid., S.77.
(82) ル・ゴッフ、二五、三九―四一頁。
(83) Christoph Daxelmüller: Vorwort. In: Handwörterbuch des deutschen Aberglaubens. Hg. v. Hanns Bächtold-Stäubli unter Mitwirkung von Eduard Hoffmann-Krayer. Unveränderter photomechanischer Nachdruck. Berlin/ New York 2000.(以下 HdA と略記) Bd.1, S.1-64. Hier S.29f. und 38.
(84) Hermann Bausinger: Zur Algebra der Kontinuität. In: Kontinuität? Geschichtlichkeit und Dauer als volkskundliches Problem. Hg. v. Hermann Bausinger und Wolfgang Brückner. Berlin 1969. S.9-30. Hier S.13 und 15.
(85) HdA 1, Sp.1056-1071. Vgl. auch Sp.1048f.
(86) HdA 1, Sp.1075.
(87) ネリー・ナウマン『山の神』(野村伸一・檜枝陽一郎訳)、言叢社、一九九四年、一一五―一二一頁。
(88) 速水侑『観音・地蔵・不動』、講談社現代新書、一九九六年、一一二―一二五頁。
(89) 同書、一七五―一八二頁。
(90) DS 3 (Der Berg-Mönch im Harz), S.38-39. Vgl. auch HdA 1, Sp.1075f.
(91) 柳田國男『資料としての伝説』、『柳田國男全集 4』、ちくま文庫、一九八九年、二六一頁。
(92) Röhrich, 1967, S.272.
(93) Heilfurth, 1967, S.517-518. (Nr.481)
(94) Ziolkowski, S.48f.
(95) Röhrich, 1967, S.282.
(96) シュミット、一七七頁。
(97) Heilfurth, 1967, S.78.
(98) Der Spiegel. 46/ 1963 (13. November 1963), S.23-43.
(99) Heilfurth, 1967, S.79f.

第二章　金のうんこ——鉱山の想像力

糞と、格闘する者は、
たとえ、どれほど勝利に近づこうとも、
最後は、自分も臭う。
——ローガウ「汚れた勝利」(1)

一　ドイツは臭う

おお、深遠にして崇高なるドイツよ。そんな巷の固定観念は、例えばベートーヴェンの第九を聴くある種の人びとを、いつしか彼の肖像画と同じなんとも厳しい顔つきにし、「深い」ドイツへの畏敬の念——浅薄なフランスなど問題にもならぬとばかりの——から、恍惚のあまり身悶えなどさせてしまう。しかし、それほどまでに神々しい輝きを放射するらしいドイツの文化は、宗教的なまでの讃仰と理想化を享受する一方で、逆にまた、堅苦しい、ユーモアの余裕を持たない文化だと敬遠されたりもする。滑稽なのは、ドイツの文学や哲学などを研究する外国の、あるいは少なくとも日本の学者までが、やがてそんな「ドイツ風」の厳格な身振りを習得し、他人からえらく尊敬されたり、疎まれたりしていることだ。

社会学的事例としての興味深さはともかく、この状況は、ドイツ文化の適切な理解という点では何かが欠けているという気がする。ドイツ人たちに、あるいはドイツ人たちの文化に、何らかの気高い輝きが感じられるとしても、しかしそれは、この威厳に満ちたドイツ人たち自身がもはや明確には意識していない、ひとつのきわめて卑俗な、下品な地平に由来するものであった可能性があるからだ。

具体的に言ってしまえば、それはうんこ、つまり大便の地平である。食物の消化過程における最終段階の不要物として、体外へと排泄される、この臭気を発して忌み嫌われるもの。事物の存在価値を示す一つの階梯があるとすれば、いわばその最下層に位置するであろうこの物体が、ドイツ文化の思考法のなかではきわめて重要な役割を担っている。しかもそれは、近世ドイツ、つまり十六世紀初頭の宗教改革あたりに始まる変革期からとりわけ顕著になるのだった。中世という、ラテン語運用能力をステータスとする一握りのエリートによって文化の在り方が大きく規定された時代が終

『ティル・オイレンシュピーゲルの愉快ないたずら』（1515年）より
凍らせた糞の皮革脂で靴屋をだます（46話）／羊の皮の悪臭を糞の臭いで消す（52話）

わり、グーテンベルクの活版印刷術による広範なメディア革命を通じて、数多くの一般大衆にも、民衆語つまりドイツ語による自己表現の可能性が開かれていく時代、一枚刷りビラや宗教改革の論争パンフレットなどは、名にしおうドイツのグロビアニズム、つまり文化的、文明的洗練とは無縁な、下品かつ粗暴な表現性の大舞台となる。有名な『ティル・オイレンシュピーゲルの愉快ないたずら』、あの中世後期から近世にかけてのドイツに流布した民衆本は、素朴かつ率直な筆致を持つ挿絵とともに、糞便描写の百花繚乱の様相を呈している。(2) この道化的知恵者は、糞と戯れながら世俗世界の真相を暴露していくのである。

宗教改革の発端に立つルターには、ドイツならではのそうした表現性を模範的に示す言動が無数に記録されている。例えば、悪魔に向けて彼が口ばしったとされる、次のような言葉がある。悪魔が最も恐れると言われる、肛門にまつわる罵り言葉である。

覚えておくがよい。パンツのなかに私は糞をたれ、お前はそれを首にかけて口を拭くのだ。(3)

「ヴィッテンベルクで屁をこけば、ローマまで臭いがとどくだろう」とも言ったというルター。しかしそれは、当時には一般的な表現性であり、ドイツに限定された現象ではない、という見方もできなくはないだろう。たしかに、例えば同じ近世の時代、ドイツの西隣にある文化的洗練の筆頭国には、フランソワ・ラブレーというまさに糞尿表現の大家がいた。ただし注目してみたいのは、糞便・屎尿との密接な関わりというものをフランス文化全体のテーマとして扱うことは、この後ますます困難になっていくように見えるのに対し、ドイツでは、この身体からの最終廃棄物との関わりが、少なくとも資料上では近世に端を発して、その後、近・現代にまで長く継続されていくことである。

特に、ドイツのいわゆる芸術的高尚文学に多大な肥やしを与えている民衆層の文化を考える場合、糞便にまつわる表現性はまさに中核的な意味を担っている。近世末期のドイツを生きたリーゼロッテ・フォン・デア・プファルツ、あの太陽王ルイ十四世の弟と結婚し、栄華を誇るパリにおいて当時の文化的洗練の粋を味わった貴族人女性にしてさえも、自らの田舎者的な血筋を、「ドイツ田吾作魂」[4]をついに忘れることはできなかった。近世の貴重な文化史的資料として知られる、ドイツの故郷に宛てた彼女の書簡には、「フン」にまつわる言葉で埋め尽くされたものがある。そのほんの一部を引用すると——

御自分が望む時に、フンしに行かれるなんて、あなたの状況はお幸せです。だって思う様フンをすることができるのですもの。私達はここではそのような状況にありません。ここで私はウンチを夕方まで持ちこたえなければならないんです。[5]

とはいえ、ドイツ文化と糞便の奥深い関係をめぐる洞察自体は、すでに一人の研究者によって提出済みの事柄でもある。アメリカの民俗学者で、もとはドイツ系ユダヤ人であるアラン・ダンデスが、一九八四年の著書のなかでフォークロアからの実に豊富な証例をもとに示しているのである。ドイツ人は、肛門域と、そこから排泄される物質とに対して異常に強い関心を有しており、「肛門執着(anality)という点でドイツ文化と肩を並べうる他文化がそうざらにあるとは私にはとうてい信じられません」[6]、と彼は言う。そしてドイツ語のなかで最も頻繁に使われる単語とは、まさに「糞」(Scheiße)なのであるとも。[7]

ダンデス自身も言及しているように、ドイツ人の性格特徴としては、勤勉、清潔、倹約、秩序、規則の遵守といったいわゆる美徳を挙げることもできよう。それはほかでもないカントが、一七九八年の著作『実用的見地における人間学』のなかでドイツ人の性格として述べた、むしろ一般のドイツ人像としては納得しやすいイメージの系列である。しかしカント的ドイツ人と糞便的ドイツ人とは、何ら矛盾するものではない。ダンデスの論述に従えば、ドイツ人は、乳児期に手足を布で巻ぐるみにされて――ただしこれはドイツだけに見られる習慣ではないが――糞尿にさらされつづけること、続いて幼少期には、早くから非常に厳しいトイレ訓練を強いられることが慣習となっている。その過酷な幼少体験に対する一種の反動形成として、フロイト的な意味での肛門性欲的性格がドイツ人の国民性として定着し、極端な清潔主義と糞便愛好とを両立させる結果になったと言うのである。ならば、ドイツ人が早くより厳格なトイレ訓練を行うようになったのは、なぜなのか、そんな卵と鶏の後先を問うような疑問も生じなくはないのだが、やはりダンデス自身もそのあたりの危うさを自覚して、ドイツの国民性とトイレ訓練との関連を一つの「仮説」[8]と言うにとどめている。ちなみにユダヤ人である彼が、この著書のなかで言おうとしたことの核心は、そうしたドイツ人ならではの偏執狂的潔癖さに基づいてこそ、あのナチス・ドイツによるユダヤ人大虐殺が行われる結果になったのだという、きわめて悲痛な訴えであった。[9]

　ダンデスによれば、美味この上ないドイツのソーセージも、あるいはドイツ人による卓越した収集・分類能力の結実である辞書・事典類の編纂も、すべてこの便秘気味のドイツ人における肛門とそこからの放出物に関連してくるらしいのだが、その主張の詳細については彼の著書に委ねることにしたい。ともかくも彼が指摘する、ドイツ文化における「清潔な外形と不浄の内部」[10]、「〈清浄と不浄〉という二重イメージの同時生起」[11]、という指摘は、非常に重要なものをはらんでいると思われる。ドイツ文化の荘厳にして天上的な世界には、必ずや影のように、鼻をつまみたくなる醜悪なものが、つまりは糞が、まとわりついている。そしてそれは、あたかも天上的にして崇高なものの母体でさえあるかのようなのだ。

はたしてゲーテという、あの気高きドイツ的教養の権化として崇拝される人物は、同時にまた彼の初期の代表作『ゲッツ・フォン・ベルリヒンゲン』（一七七一年）のなかで、ドイツ語で「最もポピュラーな（そして侮辱的な）[12]」ものとされる次のような罵り言葉を、主人公に、しかも実に効果的な形で叫ばせる術を心得ていた。

「俺のケツでもなめてみろ」（er kann mich im Arsch lecken）[13]

ゲーテは、近世の伝統を色濃く残すフランクフルト・アム・マインに生を享けた。十八世紀末以降の近代ドイツ文学に具わる、ある意味ではまさに崇高な、神々しい在り方に対して、それを育む一種の揺籃となったはずの、近世ドイツにおける卑俗な表現性と思考形式を、この時代に特徴的な、とある一つのトポスのもとに確認すること、それを以下の叙述のなかで試みてみたい。

二　金貨の糞

ダンデスが重視するフロイトの論文「性格と肛門愛」（一九〇八年）には、「金貨の糞をたれる男」（Dukatenscheißer）の像のことが言及されている[14]。フロイトによれば、この像が示すように、金銭に対する関心と糞便とのあいだには深い関係があり、古代文化、神話、童話、迷信、あるいは無意識的な思考や夢、神経症などのなかにその豊富な実例が見出される。例えば古代バビロニアの教義において、黄金とは「地獄の糞」を意味したというふうに[15]。

もちろんフロイトは、この論文をドイツ人論として書いているのではなく、あくまでも精神分析学一般の立場から、いくつかの性格特徴を肛門部位への愛着へと関連づけ、一連の「肛門性格」として見定めることを目指しているわけである。しかしダンデスも言っていることだが、[15] フロイトは人間の精神構造そのものを問題にしつつ、しかしドイツ人やオーストリア人のデータに多く依拠することによって、いつしかこの中欧の人びとの精神構造を論証する結果にもなっている。

そこで「金貨の糞をたれる男」である。別名では、穏当に「金貨の小びと」(Dukatenmännchen)とも呼ばれ、ドイツ、とりわけ近世ドイツにおける糞便観を如実に物語る証人となっているこの像は、ドイツ中央部、ハルツ地方の中都市ゴスラーに存在する。町の中心に位置するマルクト広場に面して、「カイザーヴォルト」館という赤茶色の壮麗な建物が立っており、その正面左側の角、ヴォルト通り沿いの高みに、この男のかなり小ぶりな姿が見られる。衣服は何も身に着けず、素裸であり、こちらに背を、

ゴスラーの「金貨の小びと」

あるいは尻を向け、股を開いている。胴体に比して、少し大きめにデフォルメされた滑稽な顔。右手で建物につかまり、左手は臀部にさしあてている。広げた両足のあいだには大層な量の大便が、一枚の金貨を上に載せて鎮座している。よく見れば、肛門部から、ちょうどもう一枚の金貨が顔を出したところでもある。

現在は「カイザーヴォルト」と呼ばれるこの館は、もとは中世十三世紀以来の歴史を有するギルドの館「ヴォルト」であった。「カイザー」(Kaiser)とは周知のように「皇帝」を意味する。民間の言い伝えによれば、ここに多くの神聖ローマ帝国皇帝たちが投宿したことからその名がいつしか加えられるようになったという。ともかくも「金貨の糞をたれる男」の小さな像を圧倒して、建物正面に林立している八体の皇帝像こそが、「カイザーヴォルト」という名の成立に大きく関与したことは確かである。

十九世紀初頭のフランス占領下、ここに長く拠点を置いてきた中世ギルド組織は解散の憂き目に遭い、建物は競売にかけられた。そこに名乗り出た新しい所有者は、これをホテルとして利用することを決心し、一八二〇年、客寄せのために八体の皇帝像を調達させたという。一説によれば、それは世俗化、つまり解体のうえ財産を没収されたどこかの修道院から流れてきた品々であったらしいが、やがてこれらの皇帝像は市民や旅行客の大きな注目を浴び、建物の名は一八三〇年代頃から「カイザー」の名を冠することになった。二十一世紀初頭の現在もなお、同名のホテルとして経営されている。

一方、「ヴォルト」(Worth)とは「川の流れに囲まれた土地」、「増水などの危険のない高まった土地」を意味する。ゴスラー(Goslar)という町の名前の由来になったゴーゼ(Gose)川を交通・交易の手段として発展したこの町は、九二二年に築かれた、神聖ローマ帝国の由緒ある帝国自由都市にしてハンザ都市である。当然のことながら、ここにはかつて数多くのギルド館が存在したが、そのなかで最も古い時代に建てられ、そして火災などによる破壊を逃れて幸運にも現在まで残ったのが、この「ヴォルト」館だった。十一世紀に遡るとされる建物の基礎部分の上に、一四九四年に築かれた建物が現存している。かつての遠隔地商人と衣服職人の商館で、数多くの会議室や宴会場、フランドルの織物を格納する広い空間とその加工作業の場所が置かれた。そして建物正面には、このハンザ同盟の繁栄を謳歌した当時に由来する、いくつもの小さな彫像群が見られる。

その一つが、「金貨の糞をたれる男」である。管見によれば、この像の存在は遅くとも近世十六世紀から確認される。[17] 商業活動の一大ネットワークを成すハンザ同盟の一都市であるから、そこに貨幣にまつわる像が置かれたことはある意味で自然なことである。しかしそれが肛門という場所から、糞便と同類のものとして排泄されているることには、どういう含意を汲みとればいいのだろうか。

まずもって、ある種の否定的な意味がこめられていることは確実である。商人の館にしつらえられたこの像は、そもそものところ、借金をなかなか返済しようとしない債務者に対して厳しい罰を警告する意味を持つものであったらしい。[18] 最終廃棄物としての糞まで搾り取るという

カイザーヴォルト正面
「金貨の小びと」は左端の像の足もとにいる

脅迫であろうか。中世十一世紀頃に始まる、ヨーロッパにおける貨幣経済の本格的浸透は、キリスト教徒であるドイツ人に重い心理的負荷を与えた。宗教的理由から、金銭活動を正当化できない彼らは、一方で、金融業に活路を見出し世俗社会で成功していくユダヤ人たちに対して賤視を始める。ユダヤ人迫害の一つの端緒は、周知のようにここにあるわけだが、これ以後、貨幣経済は徐々に世俗社会を席巻し、近世ドイツをもその支配下に置いていく。

阿部謹也の言葉を借りれば、近世は、貨幣を媒介とする利潤追求社会への一元化の過程、すなわち「一元化された新しいマクロコスモスの成立」[19]という大きな歴史的過程のなかにある。中世における、例えば自然界と村落共同体、あるいは自然界と人体との相関関係に象徴されるような、大世界(マクロコスモス)と小世界(ミクロコスモス)の対応としての世界観、そしてこの両つの世界を媒介した呪術儀式は、貨幣システムという別の新しい大世界への一元化によって存在意義を失っていくのである。そして新しい時代の流れに「うまく対処するだけの儀礼がない」民衆層、つまり当時の人口の大多数を成した農民や都市下層民、手工業者といった民衆層は、言いようのない不安のなかに取り残されていく。[20]十六世紀という、中世から近世への過渡期にその存在が確認されているこの「金貨の糞をたれる男」の像は、その姿をハンザ商業都市の拠点的建築物にさらすことによって、借金取立ての恐怖を想起させると同時に、しかし貨幣を卑しめるその醜悪な姿によって、貨幣への心理的葛藤に苦しむドイツ人キリスト教徒に、いくばくかの精神的平安を与えたかもしれない。

しかしさらにこの男の姿には、また別の見方も可能である。どんな形であれ、ともかくも彼は自分で金貨を生み出している。厳しい納税義務に苦しんだ庶民にとっては、ある意味で羨望の的でもありうる、いわば貨幣の自家鋳造工場でもある男。はたして、このゴスラーという町は、近世ドイツの時代的潮流、つまり貨幣経済の浸透という大きな文脈においてだけでなく、その根幹をなすひとつの産業によってもまた銘記されるべき都市なのだった。

三　鉱山の町ゴスラー

ゴスラーの歴史は、町の南側の山中にあるランメルスベルク（Rammelsberg）という鉱山との関係なしには語れない[21]。巷間の伝説によれば、騎士ラム（Ramm）がそれを発見して山の名の由来となった――そしてその妻ゴーゼに因んで川と町に名が与えられた――ということだが、ともかくも史実としては、遅くとも九六八年、つまり神聖ローマ帝国初代皇帝であるオットー大帝（九一二―九七三）の時代に採掘が始まった。銀を中心とする豊富な埋蔵量と経済的発展への期待は、さらに後の皇帝ハインリヒ二世をしてゴスラーに王城を築かせるにいたり、一〇一九年からは再三にわたって帝国会議が開催された。これ以後ゴスラーは中世ドイツ史の主要な舞台でありつづけ、十二世紀においてはシュタウフェン家とヴェルフェン家という二つの名家の争いの焦点ともなる。最後の帝国会議が開催されたのは一二一九年のこと。やがて一二五〇年にフリードリヒ二世が没し、大空位時代を迎えるまでのあいだ、皇帝と深い関係にある中世ゴスラーの黄金期は続いた。

次の時代には、これまでの度重なる王侯の訪問で利益を得てきた市民層が主役となる。鉱山業とその関連産業によって持続的に発展し、一二六七／六八年頃にハンザ同盟の一員となった。ハンザの主役たる遠隔地商人の建物、すなわち現在の「カイザーヴォルト」が、ゴスラーの最も高貴なギルドと見なされたのは当然である。市民層の自治は強化され、やがて皇帝代官局を買収、一三四〇年には軍隊権を獲得して帝国自由都

Braunschweig
Der Elm
Wolffenbutel
Scheppenstedt
Helmstet
Schoningen
MAGI
AR
CHI
Der Heu
Hal berst
Halberstadt
Goslar
Wernigeroda Com.
Wernigerod
Gr. Bructe berg
Blanckenburg
Quedlinburg
Die Bode flu.
Rheinstein Co mit.
Auf dem
Hartz-
Waldt.
ANHALT
Andreasberg
Clausthal
Ostoroda
RUBENHAGEN.
Hohenstein
Comit
Stolberg Comitat
Nordhusen
Die Helm flu.
Ellerich
Stolberg
Ilefeld
Ballenstad
Rotenburgk

市となる。この地位は一八〇二年のプロイセンによる占領まで続いた。

ランメルスベルク鉱山は、銀、銅、鉛などの産出によってゴスラーを支えつづけた。この山を我が物にしようとした近隣の領邦君主ブラウンシュヴァイク公との戦いに敗れ――宗教改革の騒乱のなかでルター側についたゴスラーは、皇帝カール五世によりその特権の多くを失っていた――、一五五二年の条約以降、鉱山の利益がゴスラーの財布に入らなくなるという事件はあったが、しかしその後も住民の生活の糧はこの鉱山であった。人びとは山に働きに出て稼ぎを得、さらにこのゴスラー一帯に広がるハルツ地方の各鉱山都市の仲介役として活躍した。また粉挽業、ビール醸造業、屋根用スレートや礬類の産出といった別種の産業を興すことによって、都市の衰退を食い止めた。現在の町並みは、一五五二年以後のこの危機の時代に形成されたものであり、町中に残るドイツ風の木組みの家が、地元産のスレートの黒味を帯びた色に包まれて独特の趣を成している。

近世ドイツの歴史は、鉱山業と実に深い関係にある。そして鉱山業は、言うまでもなく貨幣経済と切っても切れない関係にある。近世の開始を告げる宗教改革は贖宥状の販売を契機としていたが、それは――もち

ゴスラーとハルツ山地周辺の古地図
ヨアン・ブラウ、1665 年
中央左にゴスラー、その右下に広がる山岳地帯に
ブロッケン山、右端下にはキフホイザー山

ろん前世紀から類似の腐敗に対するカトリック内部での批判はあったとはいえ——、ひとつの露骨にして決定的な形による、精神ないし信仰の問題への貨幣制度の侵入を意味するのだった。贖宥状の販売には、南独アウクスブルクのフッガー家という鉱山業の一大組織が大きく絡んでいたことは周知のとおりである。そもそもマクデブルク大司教アルブレヒトが贖宥状の販売権をローマ教皇庁から認められたのは、それ以前に彼がマインツ選帝侯位をどうしても欲しがり、それをローマより授けられるにあたって、多額の献納金を支払ったこと、そしてそのためにフッガー家より大きな借金をしたことに由来している。そこで教皇庁は、贖宥状の販売をアルブレヒトに認めるにあたって、その売上げの半分をローマのサン・ピエトロ大聖堂の建設費に、残り半分はフッガー家への返済に充てるよう取り決めた。どこもかしこも貨幣の時代だったのである。

　鉱山業はそのような時代にとってまさに花形の

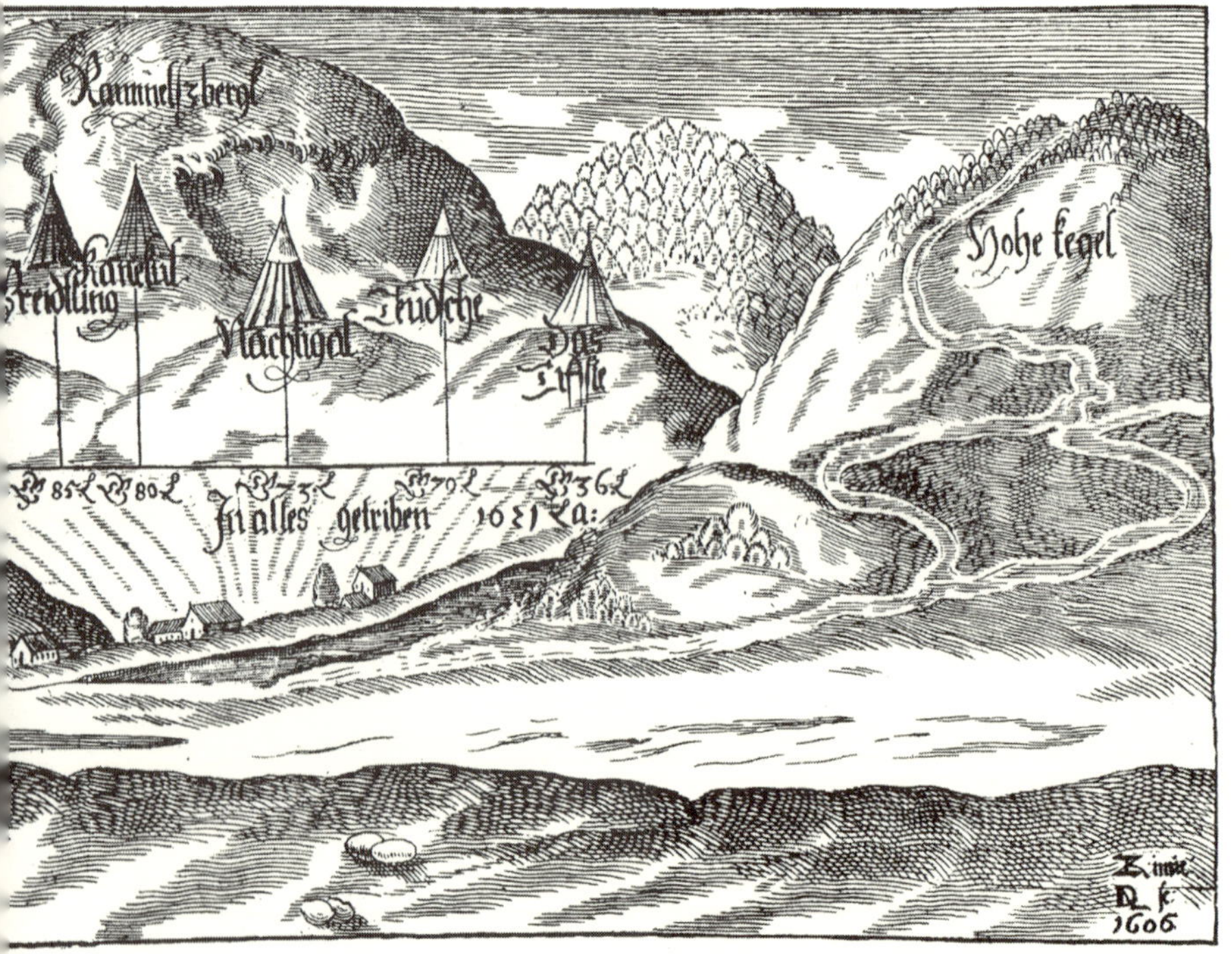

産業だった。貨幣経済の進展に伴って貨幣の需要はいや増しに高まった。また軍事をはじめとする各方面で、金属製品が求められた。かつて中世初期のドイツ鉱山では、未熟な技術のために大規模な採掘を行うことが不可能であったが、十二世紀から十四世紀にかけての技術革新によって一〇メートルを容易に超える深い縦坑が掘られるようになり、一五〇〇年頃、鉱山業は、農業と繊維業に次ぐドイツの中心的産業にのし上がる。ドイツ各地から、銀、銅、錫、鉛などが産出され、特に銀では世界最高の産出高を誇り、また銅の取引ではしばらくのあいだフッガー家の独壇場がつづいた。[22]近世ドイツは、十六世紀中頃を頂点とする一大鉱山国だったのである。[23]

この近世ドイツ社会の一つの典型を、帝国東部に位置する当時のザクセン、つまり宗教改革の発端となった王国に見ることはあながち間違いではないだろう。ゴスラーを含むハルツ地方は、現在でこそニーダーザクセン州（ゴスラーはここに属す

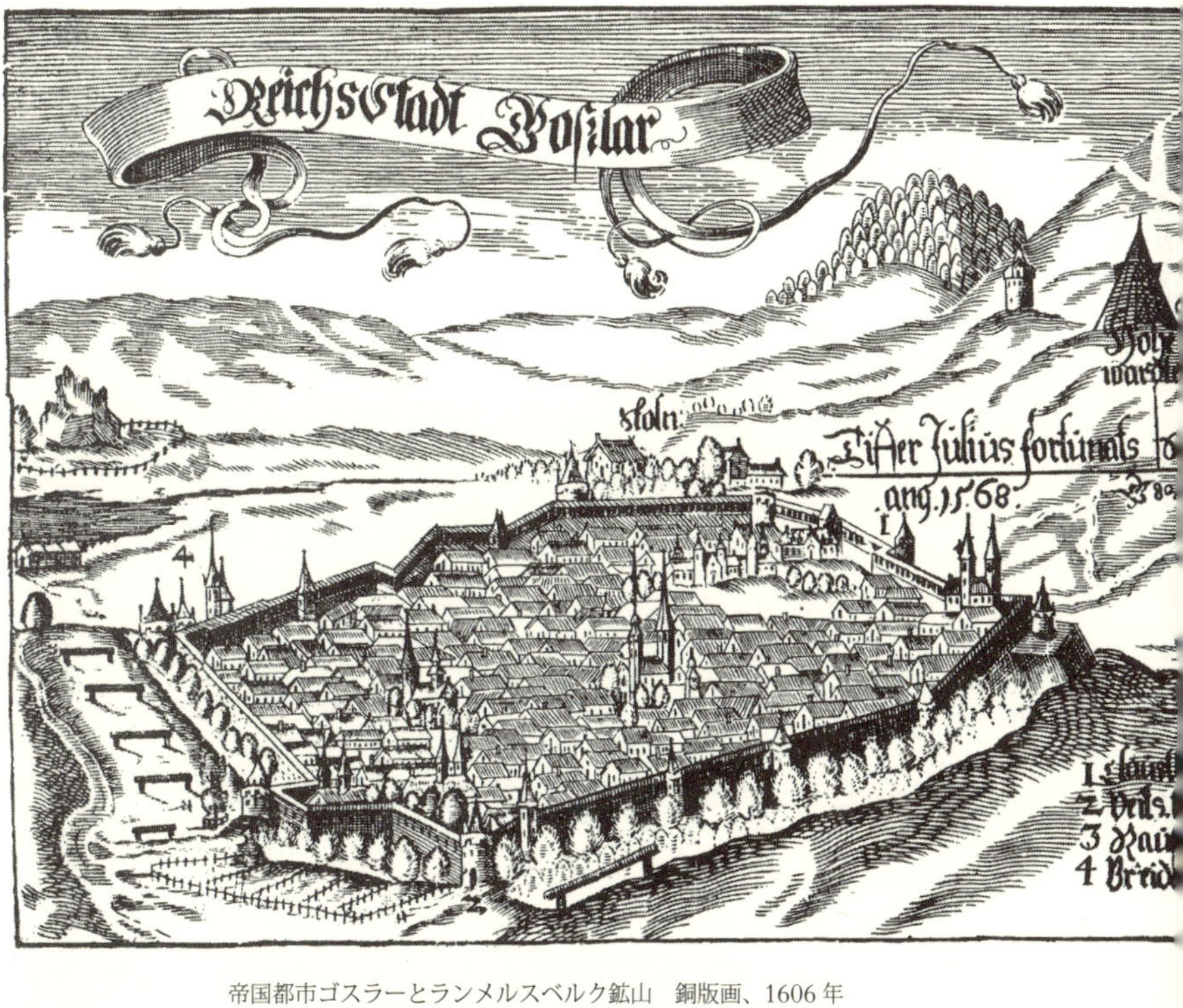

帝国都市ゴスラーとランメルスベルク鉱山　銅版画、1606 年

る)、ザクセン・アンハルト州、テューリンゲン州という三つの州にまたがっているが、近世においては主にザクセン王国の勢力圏内にあったと考えてよい。そしてこのザクセンから宗教改革が開始されたことは、ここに鉱山業が発展していたことと密接に関連していた。

ザクセンは、ハルツ地方だけでなく、国の東端すなわちボヘミアとの国境に、エルツ山地という大鉱山地帯を擁しており、そこからもたらされる潤沢な鉱石(主に銀)がザクセンにおけるターラー貨幣の生産を容易にした。貨幣経済は、このザクセンで加速度的に進行し、従来の中世的な現物貢納制から、税金徴収を重視する形に移行していく。近世ないし初期近代的国家の一つの特徴と見てよかろうが、領邦国家ザクセンの当局は人口増による税収入の拡大をもくろみ、ここで大きく貢献したのがまたもや鉱山であった。鉱脈が発見されると、そこには人が集まる。アンナベルク、マリーエンベルクなどを一例とする無数の新しい鉱山都市が次々に誕生する。そしてこの一般市民からの税収入とともに、「鉱山十分の一税」による鉱山業そのものからの税収入がザクセンに莫大な金額をもたらした。ブラシュケの一九七〇年の著書に示されているように、この時代に「鉱山業からの最大の利益を得ていたのは、領邦君主制」であり、この近世的ないし初期近代的制度をとるザクセンは、当時のド

帝国都市アンナベルクの紋章　1530年頃

イツおよび中欧において大きな経済的優位を獲得することになった。[24]

社会・経済・技術史上の詳細についてはこのブラシュケの著書を参照されたいが、この貨幣の国ザクセンに贖宥状の販売者テッツェルがやってきて、「金が箱のなかでチャリンと鳴れば、魂が天国へ飛び出していく」というような言葉を街頭でふれまわったとすれば、[25]それはきわめて象徴的なことだったと言わねばならない。とはいえ当時の民衆については、彼らが「贖宥状販売に踊らされ、雪崩をうってありがたいお札を買い求めた」[26]という類の簡単な記述が一般になされ、それをもって宗教改革当時の民衆像の叙述を済ませることには問題が残る。民衆たちは、それほど単純素朴に、ただ無我夢中にそれに飛びついただけだったのか。すでに述べたように、むしろ彼らは、従前の中世的な、つまり二層的な世界観と、新しい一元的貨幣システムとのあいだで、実に困難な適応を強いられていたのではなかったか。

当時の人口の大多数を成し、多種多様な職業と階層から成った民衆層を、ここで一括して論じることはできない。しかし鉱山という、近世ドイツにおけるひとつの典型的トポスに生活の拠点を置いていた人びと、つまり鉱夫たちの世界観について一瞥を投じておくことは、近世ドイツ民衆の世界像を理解する上で何ほどかの意味があるだろう。ゴスラーの広場では、ランメルスベルクで働く数多くの鉱夫たちもまた、通りすがりに、あの小さな像を見上げていたはずなのだから。

四　鉱夫の世界

奇妙な頭巾に黒装束。独自の礼拝堂と守護聖人、独自の労働歌を持ち、そして門外不出である鉱山の秘密の知識を隠し持っている。それは多くの場合、いわゆる迷信と呼ばれるものとも深く結びついていたのだが、ともかくも近世の鉱夫たちは、周囲の社会から隔絶され、固有の神秘的世界を形成していた。「彼らの仕事の危険性、発見した金属の高価さ、〈普通の〉労働との質の違い、限られた地域への集中など」[27]が、鉱夫ならではの自意識を生み出す基礎になり、周囲からは畏怖とも嫌悪ともつかぬ複雑な感情をもって眺められた。鉱脈の在り処はその発見者の所有する土地となる、という鉱山の自由特権が中世より認められていたほか、兵役や間接税の免除、裁判権、漁労・狩猟権など数々の特権と社会的栄誉を彼らは享受していた[28]。

後の近代炭鉱労働者に見られるプロレタリアート的な姿は、まだここにはない。というよりも、正確にはまさにその萌芽がこの近世鉱山に始まっており、初期近代としての時代性がここに観察されるのである。近世鉱夫とは、「一六世紀の初期資本主義体制下の最初の賃労働者[29]」であった。鉱山の大規模化と機械の導入、そして株式会社方式による資本主義の進行に伴って、彼ら誉れ高きBergmann（鉱夫）は、その下層から次第に近代のプロレタリアートへ、Bergarbeiter（鉱山労働者）へと変質させられていく。

近世の鉱夫は、貨幣経済の進展と技術革新を続けるこうした近代化への方向と、逆に、それに抗って残存しつづける近世ないし中世的な世界観との拮抗のなかに生きている。他の職種にはおよそ見られない、伝統性と近代性の深く混在する空間。つまり近世には知識人層だけでなく、民衆層のなかにもまた、この複雑困難な状況を生きなければならない人びとがいたのである。近世の鉱夫としてまず思い浮かべるべきは、やはりルターの父であろうか。ルターはよく自分自身を「農民の子」と称しており、それは実際に間違いではないのだが、ルターの父ハンスは、ザクセンの一離農鉱夫として、近世という鉱山業の時代の典型的存在だった。やがて彼は一種の資本家となり、鉱山の管理職階級にまで登りつめる。そして同時に、鉱夫の迷信的世界に自分の根を持つ人物でもあった。

ンツ地方の鉱山、銅版画、1480年頃

その子ルターに対して、父は聖職者になることなどを望んではいなかった。実学としての法律学を学ぶことになったのはそのためであるが、やがてルターは、落雷体験を経てアウグスチノ隠修士会の修道院の門をたたく。父との葛藤をめぐる「青年ルター」に関しての秀逸な歴史心理学的分析はエリクソンの著書に譲るほかないが、この息子ルターもまた父と同じく鉱夫的な二律背反を生きた人物である。すなわち、一方では人文主義の洗礼を受けた、新しい時代の明晰な頭脳の持ち主でありながら、同時に、先の引用に見られたような下卑た言葉を好んで吐き、悪魔の実在への確信を捨てようとはしない頑迷な男であった。

鉱山都市そのものもまた、この矛盾を生きていたように見える。ブラシュケの著書には、新参者の集合体である鉱山都市の精神的開放性と進取の傾向が説かれ、フライベルク、アンナベルクを一例とする各都市で実践された最新の人文主義的教育の成果と、宗教改革時における鉱夫の指導的役割が強調されている。(30) 近世鉱山学の百科全書的書物『デ・レ・メタリカ』(一五五六年)を著し、鉱山・冶金業の発展に大きく寄与したゲオルク・アグリコラは、ザクセン人の優れた人文主義者であった。彼のこの著作を読むと、鉱山の迷信を批判し、鉱山の有用性を強調する啓蒙的、近代的傾向が主音調であることはたし

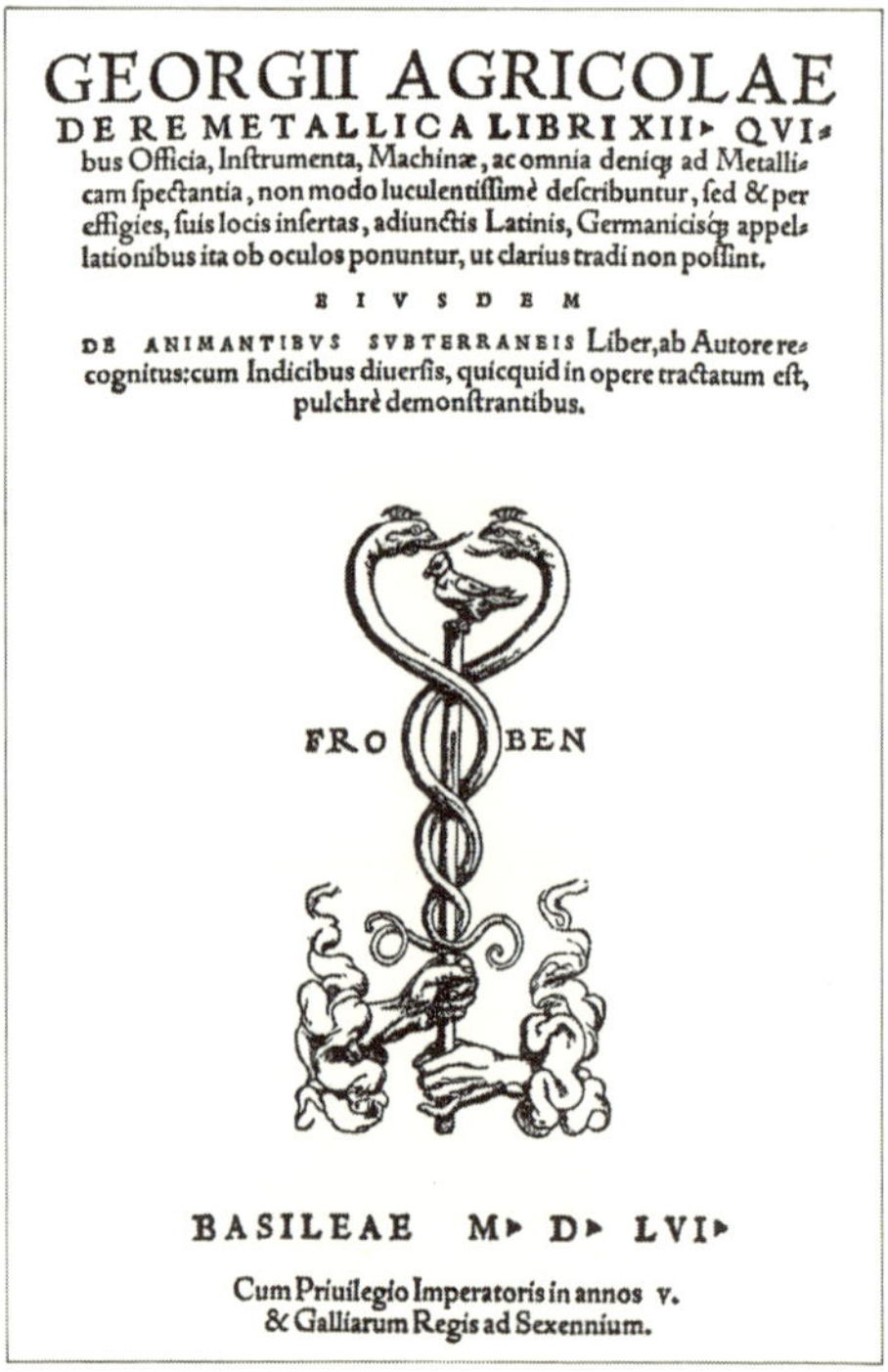
GEORGII AGRICOLAE
DE RE METALLICA LIBRI XII QVIbus Officia, Instrumenta, Machinæ, ac omnia deniq; ad Metallicam spectantia, non modo luculentissimè describuntur, sed & per effigies, suis locis insertas, adiunctis Latinis, Germanicisq; appellationibus ita ob oculos ponuntur, ut clarius tradi non possint.
EIVSDEM
DE ANIMANTIBVS SVBTERRANEIS Liber, ab Autore recognitus: cum Indicibus diuersis, quicquid in opere tractatum est, pulchrè demonstrantibus.

BASILEAE M D LVI
Cum Priuilegio Imperatoris in annos v.
& Galliarum Regis ad Sexennium.

アグリコラ『デ・レ・メタリカ』
初版本タイトルページ

かに事実である。例えばハシバミや柳の枝で作られ、鉱脈の在り処を知らせると一般に信じられていた占い棒（Wünschelrute）については非常に懐疑的な見方を示し、むしろ鉱脈付近に特徴的に顕れる自然の姿を正確に観察することを求めるのである。[31] しかし、その巻末に付された「地下の生物について」（一五四九年初版）をめぐっては、少々別の見方が必要になる。

というのも、ここでアグリコラは、いわゆる鉱山の迷信からやはり完全には抜け出てはいないことを露呈しているからである。アリストテレスその他の古典作家に依拠しつつ、彼は全世界の地下生物を、「一日のなかの一定時間のみ地下にいるもの」、「一定の季節のみ地下にいるもの」、「常に地下にいるもの」の三タイプに分類・列挙してゆく。それぞれビーバー、蛙、モグラといった類が挙げられるわけだが、この第三のタイプ、すなわちモグラの仲間として最後に挙げられる地下の常住的生物が、洞穴に棲む「精霊」である。アグリコラはこれをさらに二つのタイプに分類し、鉱夫に対して危害を加える敵対型と、坑道内で鉱夫たちの作業の真似をして楽しくふざけまわる善良型とを挙げる。前者の例として、アグリコラは鉱山都市アンナベルクの事件に言及している。そこでは「馬のように長く伸びた首と、荒々しい眼を持つ」山の精霊が、「吐息をかけて」一挙に一二人の鉱夫を殺害したというが、これはおそらく坑道内の有毒ガスによる事故だったのであろう。

後者の例としては、「山の小びと」（Bergmännchen）とも呼ばれる山の精霊を挙げている。彼らは「翁のごとく年老いて」おり、「指尺（約二〇センチ）三つほどの大きさ」で、「鉱夫たちと同じ、つまり両側をくくり合わせた仕事着と、太腿から垂れ下がる鉱山用尻当て皮を身につけている」。そして「笑い飛ばしたり、罵り言葉で刺激したりしなければ」誰にも危害を加えることのない、朗らかな連中なのだという。

山の精霊は、金属の得られる、あるいは金属が見つかる望みのある坑道で働くのが何よりも好きである。それゆえに鉱夫たちは、山の精霊に出会って恐れ退くことはなく、むしろそれをよい兆候と考えて、陽気な心でさらにいっそう仕事にいそしむ。[32]

一二巻にわたって、鉱山学の膨大な実用的知識を啓蒙的に提示してきた彼が、地下の生物を論じる文章の締めくくりにこのような言葉を記す。精霊信仰というものの起源が、彼ら鉱夫たちが日々さらされている生死を賭けた労働と、それへの不安にあるとすれば、アグリコラは、最新の技術を列挙するなかにも、ついに人間の精神的空隙を無視することはできなかったのである。時代の先端を行く、近代鉱山学の準備者として顕揚されるのが常であるアグリコラだが、近世民衆の生活観を考える場合、彼のなかになお残存するこうした古い地層を見定めておくことも必要である。

鉱夫たちの「迷信」と呼ばれたもの、地の底に生きた鉱夫たちが、地の底の想像力によって生み出したもの、それは膨大な量の鉱夫伝説（Bergmannssage）という形で伝承されてい

悪魔の姿をした鉱山の精霊
オラウス・マグヌス『北方民族文化誌』（1565 年版）

る。イナ＝マリア・グレヴェルスとの共同作業のもとにゲルハルト・ハイルフルトが著した大著『中欧ドイツ語圏の伝説伝承における鉱山と鉱夫』（一九六七年）は、近世と近代の資料から、鉱山と鉱夫にまつわる一二〇〇以上の伝説を収集し、それを物語内容の特徴から一二の型に分類している。すなわち「発見と鉱山の設立」、「地下と地上の超自然的現象」、「鉱夫のための精霊による助け」、「警告と予見」、「奇蹟的な救助と保護」、「行動規則の違反への罰」、「傲慢不遜とその報い」、「鉱山の没落とその原因」、「不気味な場所と化した廃坑」、「〈ヴェネツィアびと〉――神秘的探鉱者にして発見者」、「山と水の富」、そして「人の手のとどかぬ、魔法をかけられた地下資源」という具合である。[33] ハイルフルトは鉱夫伝説のみならず、ドイツの鉱山をめぐる包括的な文化史的研究で知られる。その彼が、こうしたキーワードのもとに展開する鉱夫伝説の根底に見出すのは、地底の闇のなかで、死の危険と生の幸福の極端な緊張に常時さらされているという、鉱夫の独特な状況であった。一方に、いつ起こるとも知れぬ崩落事故の危険性があり、それに並行して、種々の危険を回避するためのあまりにも厳格な坑内の規範があり、そしてまた一方に、鉱脈の発見による莫大な富への幻のごとき希望がある。それらの精神的負荷のはざまで鉱夫たちは、R・オットーが言う「ヌミノーゼ」、つまり「恐ろしくかつ魅惑的な神秘」を、[34] 日々の労働のなかで味わう。無数の鉱夫伝説は、そうした鉱夫の体験性の結晶なのだった。

口承文芸学者リューティは、伝説（Sage）というジャンルの特性を論じた一文のなかで、やはりオットーの概念に言及し、そうした魅惑的であると同時に異質かつ異常なものに遭遇させられる人間存在の「不確かさ」こそが、この伝説という形式における人間像の本質を成しているという。そしてメルヘン／昔話（Märchen）との対比から、「昔話においては此岸的なものと彼岸的なものの出会いは自明のことだが、伝説においてはこの出会いが」、つまり「二つの世界の出会い」そのものが「本来のテーマ」なのだと説く。

鉱夫伝説は、その神秘的相貌とは裏腹に、例えば馬力による巻揚機、水力による折返し運転水車、同じく水による砕鉱機、あるいは単純な直接精錬炉から高炉への移行といった、当時最先端の技術[35]が導入された場所、つまり魔術的なものとはもはや無縁な、初期近代の散文的状況において育まれたのだということを忘れずにおきたい。その現実性、リューティの言葉で言えば「此岸性」の只中に一瞬きらめく光が、神とも魔ともつかぬ坑内の体験だったのである。「伝説は、大地の不透明な奥底に消えてゆく暗い洞窟や、時間と繁茂する自然の不透明性の中に粉々になって消えてゆく廃墟などを好む[36]」と彼が言うとき、鉱夫伝説とは、伝説そのものの一つの典型であると思わざるをえない。

伝説は故郷をつくり、昔話は世界を創造する。昔話は広さに導き、精神を広げ明るくする。伝説は深みへと通じている。そこでは、人間の精神と人間の魂が風景の中に織り込まれているのである[37]。

伝説そのものの寓意のように、暗い深みへと降りてゆく鉱夫。彼を養う、易々とは取り替えられぬ土地とのあいだに、濃厚な精神的関係を取り結びながら、鉱石という宝物を探し求めて、鉱夫は地の底を彷徨する。その体験を物語として整えること、そしてそれを互いに物語り、鉱夫の伝説として伝承していくこと、それは、旧伝統と近代性とのあいだに引き裂かれ、不安を余儀なくされた彼ら近世人にとって、時代の矛盾をやり過ごす確かな「儀礼[38]」となったはずである。

ただし問題はまだ残る。地下を掘り進む営みは、恵みを受けとる希望の行為として、いかに美化、理想化されようとも、同時に図らずもまた、その恵みを与えたもう大地を、取り返しのつかない形で傷つけることを意味しはしなかっただろうか。

アグリコラ『デ・レ・メタリカ』（1556年）第6の書より
4種類の入坑方法

五　うんことは何か

足尾銅山の事件を挙げるまでもなく、鉱山は環境破壊と無縁ではありえない。ドイツでも、畑地を耕す農民と鉱夫たちのあいだには、鉱毒と土地所有をめぐってしばしば対立が生じてきた。日々、大地を削り取り、傷つけなければならぬ鉱夫たちの精神に沈殿してゆく良心の呵責は、やはりまたさまざまの鉱夫伝説へと結晶していく。例えば、坑道内の厳格な規範を忠実に守る者だけに、大地の守護神は鉱石の恵みを垂れたまい、それを守らず、金銭への放恣な欲望に駆られた者は、事故に遭って命を失うというふうに。

しかしこうした心のわだかまりは、民衆層の鉱山関係者のみに見られた事柄ではなかった。十五世紀後半という、ドイツ鉱山業が右肩上がりの発展を遂げる時代に、ドイツ最初の鉱山文学作品が生まれる。パウルス・ニアウィス（ドイツ名　シュネーフォーゲル、一四五五―一五一五）による『ジュピターの裁き』（Iudicium Iovis、一四九二／一四九五年）というラテン語作品である。ボヘミアのエガーに生まれた彼は、バイエルンのインゴルシュタット、そしてザクセンの中核都市ライプツィヒで大学生活を送る。このライプツィヒで学位を取得し、ラテン語によるプラトンの著作集を出版するという、れっきとした人文主義者である。一四八六年、ザクセンのエルツ山地西部に広がる鉱山地帯の中心都市ケムニッツ――ちなみにアグリコラはこの町の市長を務め、代表作『デ・レ・メタリカ』は一五五〇年頃にこの町でほぼ完成された――でラテン語学校の設立に関わり、九〇年代末葉には、同じくザクセンの鉱山都市シュネーベルクで、市参事会経営のラテン語学校に奉職している。

近世ドイツの鉱山という問題圏のなかで、彼はアグリコラの陰に隠れてほとんど注目されることがないが、迷信を極力排して鉱山活動の正当化と効率化を進めようとするアグリコラに先立つことほぼ半世紀、この『ジュピターの裁き』は、まさに自然を破壊する人間の心の煩悶を主題にした、「その文学的な形象化と思考の運びにおいて傑作」[39]と呼ぶべき作品である。筋書きは、神々の頭目であるジュピターの法廷に、母なる大地によって訴えられた子どもたち、つまり鉱夫たちが座らされるというものである。母なる大地は、人間たちがシュネーベルクその他の各地の鉱山を開発することによって、大地という母を破壊、ひいては殺害しているとジュピターに訴える。

殺し屋よ、もしまだその体のなかに、子どもらしい感情のきらめきをわずかでも残しているのなら、大地をよく見てみるがよい。［……］おまえのなかには、おまえを産みおとした母への愛情がかけらもない。おまえが作り出した裂け目を見なさい、この身体から流れ出る血を見なさい、この蒼ざめた顔を見るがよい、おまえはその母に育てられたはずでしょう。［……］おまえは［……］母を傷つけ、そしてまさに厭うべきことには、そのはらわたを切り裂こうとしているのですよ。[40]

ところが息子たる人間は、機転をきかせて反論する。種々の術策と暴力をもって大地を傷つけざるをえないのは、まさに母なる大地その人が、貴重な宝物を奥深く隠し持っているからなのだと。そして樹木の伐採も、水質汚染も、土地の不毛化も、鉱山活動による自然破壊はすべて、息子にきちんとした文明・技術の装備を与えていない母自身の責任なのだと言い放つのである。近世ドイツの精神史において重要な位置を占める、この隠れた重要資料については、次章で詳しく論じることにしよう。いずれにしても大局的には、この知識人ニアウィスも、社会的利益のために鉱山活動を正当化するアグリコラと大差ない方向をとっていると見てよい。

　しかしながら、この作品を書かせる動機となり、この文学という媒体のなかに露呈された鉱夫たちの良心の呵責は、近世ドイツの人びとの心性を考える上で看過することはできない。母の科白は、そのまま近世民衆の内心の声でもあろう。彼らは母殺しを行っている。あるいは、母の身体の内部を漁っている。しかもその「はらわた」(Eingeweide)の内部を。つまり図らずも、鉱夫たちが日々掘り出しているものの真相が明かされる。それは「はらわた」、すなわち大腸の産物なのだと。鉱石を求めて歩く地底の闇の坑道は、母の大腸であり、そして彼らが見つける宝物とは、母の大腸の中にある何ものかなのだ。

　ここでルターに立ち戻ってみよう。エリクソンに従えば、二十代前半まで鉱山で暮らした父ハンスは、その迷信的世界観によって息子マルティン・ルターの幼少期に絶大な影響を与えた。「キラキラ輝くもののすべてが金であるわけではない」という、鉱夫たちにとっては「運命的なことわざ」があるとおり、彼ら親子には、「光り輝く宝に見えたものが、泥やそれ以下のものに姿を変えるという疑

アグリコラ『デ・レ・メタリカ』(1556年)
第5の書より
横坑Dに対する3種類の立坑

いの念」が深く沁みこんでいたという。[41]

しかしその逆もまた真であった。「泥」と「それ以下のもの」、すなわち糞便は、ルターにとって、同時にまた深い生産性の源でもあった。エリクソンは、大地の象徴的意味について論じた節で次のように言う。

［……］魔術的で危険な共通の地下では、悪魔と悪魔の住みかが結びつき、排泄物とその元の住みか〔大腸〕が結びつく。［……］この共通の地下とは、大地の内部と魂の内部という二つの意味で理解されてよい。前者は大地の奥深くであって、そこでは泥が価値のある金属に変化する可能性があった。（それは一種の魔術的過程と考えられており、地上では錬金術師たちがその過程を実験室で再現しようと奮闘していた。）後者は、元の情熱を神秘的に変容させる最も内面的な自己であり、隠れた〈魂の根底（Seelengrund）〉である。[42]

糞便とは、このようにすぐれて二義的なものである。エリクソンはさらに、一般に〈塔の体験〉と呼ばれる、ルターの思想形成にとって重大な転機となったあの啓示的瞬間が、ほかでもない便所で生じた可能性を指摘する。「身体にとって〈ひとつの末端〉である便所」とは、「ルターにとって、ある時は機知に富み、ある時は苦痛に満ち、ある時は妄想的になる場所であった。それはあたかも悪魔と出会うための〈汚れた場〉であるとともに、神と出会うための純なるものの創造される〈魂の根底（Seelengrund）〉でもあった」。[43] 後年、贖宥状に関わる「汚れた」金属を批判することになる彼は、その同じ精神の坩堝のなかで、いわゆるドイツ的内面性の核心を成す、ルター的な信仰という黄金を見出すにいたる。糞便表現を弄び、二義的な物体であるうんこと、常に戯れつづけながら。糞は神々しく輝いたのである。

ルターにおける、この糞便的精神からの黄金の誕生と、その原動力となった、暗闇のなかに屹立する鉱夫的探求精神は、後に開花する近代ドイツ文学の一つの重要な相貌を、ここですでに萌芽的に示している。ロマン主義の時代、ノヴァーリス、ティーク、ホフマン、アイヒェンドルフら、数々の詩人たちがこの鉱山のモチーフに魅惑され、彼らの作品にそれを織り込んでいったことはよく知られた事実である。また同時代のゲーテも、一国の宰相としてイルメナウ鉱山の再興に――結局は失敗に終わるけれども――努力し、鉱物学に深い造詣を示しただけでなく、詩「イルメナウ」、小説『ヴィルヘルム・マイスターの遍歴時代』といった詩作品に鉱山との密接な精神的関わりを表現する。そして代表作『ファウスト』には、第二部第一幕、皇帝の居城における「数々の控えの間を有する広大な広間」で開かれた仮装舞踏会の場面があり、そこにファウヌスやサテュロスといった古典古代の神々と並んで、「土の神グノーム」という小びとの精霊と、あのゴスラーを抱えるハルツ地方出身の「巨人たち」という、ドイツ土着の神々を登場させるのである。

どちらも、近世ドイツの民間伝説に馴染みの登場人物であり、だからこそアグリコラも地下生物を論じた自著のなかでこの「グノーム」たちに言及しなければならなかったのだが、思えばそのアグリコラは、この作品の主人公のモデルとなったファウストという男と、まさに同じ近世ドイツの空気を吸って生きた人間だった。ただし一方は、近代自然科学の一翼を担う新しい鉱山学の創始者として、そしてもう一方は、謎に包まれた太古の知恵を受け継ぐ錬金術師、魔術師として。しかし、その二つ

イルメナウ近傍の鉱山小屋
ゲーテ画、1776/77年頃

の方向性がなお渾然一体として、今ようやく近代性と伝統性が互いに身をもぎ離そうとし始めていた瞬間、つまり近世というあの瞬間においては、二人の姿はなお一つのものでもあっただろう。地下の宝物の魅惑にとりつかれた、一人のドイツ的、鉱夫的人間として。近代自然科学の揺籃の場所となる錬金術において、「賢者の石」を発見すべき不可欠の担い手とされたのは、ほかでもない鉱夫である。(44)

「土の神グノーム」は、ゲーテ『ファウスト』のなかで自己紹介的にこんなことを語る。

座敷童子の親類で、
岩の外科医で、その名も高い。
深い山には刺胳をしたり、
鉱脈からは血を取ったり。
「ご無事、ご無事」と声かけながら、
どんどん掘り出す金《かね》の山。
これも世のため、人のため、
みな善人の味方です。
ところが、あつめた金《きん》のため、
盗みをするやつ、女を売るやつ。(45)

「ご無事、ご無事」は、ドイツ語原文では Glück auf! Glück auf! とある。意味的には「幸運」（Glück）に、事故なく地上に「上がって」（auf）きてくださいというほどの、ドイツ鉱夫の伝統的な挨拶言葉が用いられている。地下の精霊は、その掛け声をもって互いに励ましあう鉱夫たちを、坑内で手助けすると信じられた存在であるが、この挨拶はまたもう一つの意味合いを持っていることも明らかであろう。つまり「幸運よ、幸福の源である鉱石よ、地上に現われでよ」という願いとしてである。ところが、これだけ探し求めた鉱石は、地上に出るやいなや、貨幣として人間の欲望の焦点となり、盗みや姦淫、殺人の種となることが稀ではない。ゲーテと同時代、ノヴァーリスが『ハインリヒ・フォン・オフターディンゲン』（一八〇二年）のなかで言ったように、「商品となった鉱物など、坑夫には何の魅力も持ちえない」。[46] 黄金は、ルターら近世人が信じた鉱夫の諺に言われていたように、地上でうんこと成り変わるのである。また近世の鉱夫伝説には、鉱脈の発見によって富の頂点に達した鉱夫の妻が、慢心を起こして身をもちくずし、最後には「汚物」(misthauffen) のなかで死んでいく話がある。[47] この伝説を記録したのは、ルターとのちかしい師弟関係から有名なルター伝を書き、さらに鉱山都市ヨアヒムスタールの聖職者として鉱夫のための説教集と讃美歌集を編んだヨハネス・マテジウス（一五〇四―一五六五）であった。

しかしドイツ人は、ともかくも下に降りなければ何も始まらないかのようである。ドイツないしゲルマン系の人びとの一特質として、憂鬱質ということが言われるが、エリクソンはその典型としてまたもやルターを挙げる。「あの（人の運命はその努力と無関係に全面的にあらかじめ決められているといった）悲観的な、哲学的にはとうてい支持しがたい概念によって、冷たいどん底の気分や真っ暗な背景についてこと細かに語った」ルター、そしてあの重苦しく長いドイツの冬の闇を生きたルターにとっては、その徹底した下降・沈滞こそが、「春が訪れるための条件でもあった」という。[48]

下に降りてゆくだけでなく、長くその穴蔵に留まり、探求を続けること。坑道／大腸の内部にそれだけ長期滞在すれば、やがて臭いもひどくなろう。ルターは便秘に苦しんでいた。

ドイツ文化への誉め言葉としてある「深み」とは、この肛門的な深度の意だった。しかも、ドイツ人の糞便との交わりは、ひどく生真面目なものであるらしい。バフチーンは、ラブレーを素材として近世ヨーロッパの民衆文化の在り方を活写したあの著書のなかで、ラブレー的糞便遊戯の「陽気」さを描き出し、「糞は陽気な物質である」と定義する一方で、しかしそれを独訳したフィッシャルトや、ザックス、デデキントら、つまり近世ドイツ人たちのグロビアニズムにこびりつく道徳性と教訓性を指摘している。(49) 糞との戯れまでが、ドイツ人は真面目そのものなのだ。もとが、厳しいトイレ教育から来ているドイツの糞便嗜好は、どうしてもそこに同じ厳格さを反映させてしまうのだろうか。

ラブレーにも存在した糞便遊戯ではあれ、ドイツの糞便愛は、こうした鉱夫的なもの、つまり黄金を探し求める生真面目さに裏打ちされた、鉱山の忍耐労働的なものであることが特徴である。しかも鉱夫たちは、一つの山に永住することは稀であり、むしろ、栄枯盛衰の縮図のような鉱山世界を、山から山へと流浪して歩く生活――日本の近代炭鉱労働者と同じく――であった。興味深いのはその彼らが、宗教改革期にルター思想の最初の最も重要な担い手となったことである。放浪の途上で、彼ら鉱夫たちはルターの信仰の伝播に貢献した。(50) 鉱夫の息子ルターが汚泥の闇の只中から切り出した黄金を、同じ鉱夫が、ドイツの巷に広めて歩いたのである。たとえ、やがて後の時代に、このルター主義が領邦教会制度と官僚主義へ、そしてトーマス・マンが批判したような、ドイツの政治的な保守性と未熟性へ、さらにはナチズムへと展開していく一つの淵源となったとしてもである。黄金は、ドイツ史のなかでやはり「糞」と化すさだめにあったのか。

ゴスラーの古い建物の壁に今もしがみついている、あの「金貨の糞をたれる男」。近世の時代にそれを見上げた鉱夫たちの心のなかで、肛門/坑道から金貨を自家生産する姿に、いつしかこの像が鉱夫の衣装を身にまとっていくとしたら、そこに彼は深く自分の姿を重ねていったことだろう。しかしそれには常に良心の疚しさがまとわりつく。黄金欲しさに、母なる坑道という神聖にして侵すべからざるものを侵しているのだから。ドイツ語では、あるいはドイツの基層にある思考法では、金脈（Goldader）という単語が、同時に「痔で出血する静脈」をも意味する。[51] 鉱山労働の穢れの意識は、だからまたあの像を見上げる鉱夫に、肛門部とそこからの排出物に対する嘔吐とも愛着ともつかぬ複雑な感情をもたらす。そうした近世ドイツ民衆の精神を反映する、十九世紀初頭のグリム兄弟による『ドイツ伝説集』が、はたして一連の鉱夫伝説から始められ、またそのなかに数多くの鉱夫伝説を含んでいることは、ある意味で非常に象徴的なことと言わねばならない。

ちなみに、あの像の男が尻から出していたのは、ドゥカーテンという金貨であった。残念ながら黄金は、アルプス山中のガスタインを例外とすれば、ドイツでは、ふんだんに貨幣の材料とするほどには産しない。中世以降のヨーロッパには、マリ王国を中心とするアフリカ大陸と、ヌエヴァ・グラナダを中心とする南米大陸から膨大な量の金が流入していた。[52] あえて誇張的に言うならば、ドイツとは銀と銅の国であり、ここにおいて黄金は、万が一見つかるとしても実に稀少なものだったのである。ゴスラーのあの排便像は、その意味でも重要なことを語っているだろう。金貨は、ただ漠然と価値ある物質としてあの場所に置かれたのではなく、それはまたドイツ人にとって、ついに彼ら自身の内部には見出しえないもの、己れの内部に探そうとも、そもそも存在しないものだったのだということを。在るのはただ、その存在しえないものへの憧憬だけ——地の底へと降りていく彼ら鉱夫たちの、糞と黄金のはざまをたどる、終わりなき彷徨の過程だけだったのだ。

註

（1）Friedrich von Logau: Schmutziger Sieg. In: Friedrichs von Logau sämmtliche Sinngedichte. Hg. v. Gustav Eitner. Hildesheim/New York 1974. (Nachdruck der Ausgabe Tübingen 1872) S.173. (1.8.54)

（2）『ティル・オイレンシュピーゲルの愉快ないたずら』（阿部謹也訳）、岩波書店、一九九三年、第一〇、一二、一六、三五、四六、五二、六九、七二、七七、七九、八五、八八、九〇話などを参照。

（3）Martin Luther: Tischreden. D. Martin Luthers Werke: Sonderedition der kritischen Ausgabe. (Weimarer Ausgabe) H. Böhlaus Nachfolger. 6 Bde. Weimar 2000. II. Nr. 1557.

（4）深見茂「始めに 総合志向の分裂運動」、深見編『ドイツ文学を学ぶ人のために』、世界思想社、一九九一年、七八―九三頁所収、八〇頁。

（5）アラン・ダンデス『鳥屋の梯子と人生はそも短くて糞まみれ――ドイツ民衆文化再考』（新井皓士訳）、平凡社、一九八八年、九六頁による。

（6）同、二〇八頁。

（7）同、三七頁。

（8）同、一三七頁

（9）同、一七五―二〇三頁。

（10）同、一五三頁。

（11）同、一五一頁。

（12）同、六九頁。

（13）Johann Wolfgang von Goethe: Geschichte Gottfriedens von Berlichingen mit der eisernen Hand. In: Goethes Werke. Jubiläumsausgabe. Bd.2. Frankfurt a.M./Leipzig 1998. S.72. ちなみにこの科白は、一七八七年の『著作集』（Schriften）の段階ではダッシュを用いて抹消される。

（14）ジークムント・フロイト「性格と肛門愛」（懸田克躬ほか訳）、同『フロイト著作集 五』、人文書院、一九八一年、一三七頁。

（15）その他にも、イタリアの民話『ほいほい、驢馬よ、金貨の糞をしろ！』（カルヴィーノ『イタリア民話集（下）』（河島英昭編訳）、岩波書店、二〇〇四年、七一―八〇頁）は傑作の笑話である。これにはヨーロッパだけでなく日本にも類話が存在する。高木昌史『グリム童話を読む事典』、三交社、二〇〇二年、一四三頁参照。

（16）ダンデス、一一八頁。

（17）十七世紀以降という指摘もある（Keith Spalding: An Historical Dictionary of German Figurative Usage. Oxford 1960）が、しかし同じアルプス以北の民衆世界に根を持つフランドルの画家、ヒエロニムス・ボスの『快楽の園』（一五〇〇年頃）には、すでにこのイメージの存在が確認される。Vgl. Heinrich Goertz: Hieronymus Bosch. Reinbek bei Hamburg 2002. S.79f.

（18）Harz. HB Bildatlas 263. Ostfildern 2004. S.53.

（19）阿部謹也『ヨーロッパ中世の宇宙観』、講談社、一九九一年、二一〇頁。

（20）同、二一一頁。

（21）ゴスラーの歴史に関する以下の叙述は、Angelika Kroker u.a.: Goslar: ein Führer durch die alte Stadt der Kaiser, Bürger und Bergleute. Wernigerode 1997. S.4ff. に拠っている。

（22）Wilhelm Treue: Wirtschaft, Gesellschaft und Technik in Deutschland vom 16. bis zum 18. Jahrhundert. (=Gebhardt: Handb. d. dt. Geschichte Bd.2) 9., neu bearbeitete Auflage. München 1981. S.462.

（23）ただしその後は、スペインがアメリカ大陸の植民地から輸入する大量の安価な銀に主導権を奪われていく。

(24) ブラシュケ『ルター時代のザクセン　宗教改革の社会・経済・文化史』（寺尾誠訳）、ヨルダン社、一九八三年、七四頁以下参照。
(25) ちなみに金銭の支払いによる魂の慰安の提供については、すでに十五世紀後半においてカトリック内部で批判が起こり、後の宗教改革期に流布したこの文句の原型となる諷刺詩が生まれている。P・ブリックレ『ドイツの宗教改革』（田中真造・増本浩子訳）、教文館、一九九一年、六一頁参照。
(26) 森田安一『ルターの首引き猫』、山川出版社、二〇〇一年、五頁。
(27) ピーター・バーク『ヨーロッパの民衆文化』（中村賢二郎・谷泰訳）、人文書院、一九八八年、五五頁。
(28) Helmut Gold: Erkenntnisse unter Tage. Bergbaumotive in der Literatur der Romantik. Opladen 1990. S.40.
(29) ブリックレ、二〇三頁。
(30) ブラシュケ、一八〇頁ならびに二三〇頁。
(31) Vgl. Georg Agricola: De Re Metalica Libri XII. Zwölf Bücher vom Berg- und Hüttenwesen. Wiesbaden/Gütersloh 2003. (Nachdruck der Ausgabe Berlin 1928) S.22-33.
(32) Ders.: Buch von den Lebewesen unter Tage. In: Ibid., S.509-541. Hier S.541. ちなみに類似の信仰は、日本の炭鉱においても確認されている。上野英信『地の底の笑い話』、岩波書店、二〇〇二年、三八頁以下参照。
(33) Gerhard Heilfurth unter Mitarbeit von Ina-Maria Greverus: Bergbau und Bergmann in der deutschsprachigen Sagenüberlieferung Mitteleuropas. Band I- Quellen. Marburg 1967. S.6-9.
(34) Ders.: Einleitung. In: Ibid., S.46.
(35) ブラシュケ、七六―七七頁。
(36) リューティ「伝説の内容と語り口」、同『民間伝承と創作文学』所収、法政大学出版局、二〇〇一年、四六頁。
(37) 同、四九頁。
(38) 註19参照。
(39) ブラシュケ、一七九頁。
(40) Nach: Gold, S.216.
(41) エリクソン『青年ルター　1』（西平直訳）、みすず書房、二〇〇二年、八五―八六頁。
(42) 同、九〇―九一頁。
(43) 同、『青年ルター　2』（西平直訳）、みすず書房、二〇〇三年、三二三頁。
(44) Horst Bredekamp: Die Erde als Lebewesen. In: Kritische Berichte 9(1981), S.5-37. Hier S.18.
(45) ゲーテ『ファウスト　第二部』（大山定一訳）、『ゲーテ全集　二』、人文書院、一九六二年、一七七頁。
(46) ノヴァーリス『ハインリヒ・フォン・オフターディンゲン』（青木誠之ほか訳）、『ノヴァーリス全集　三』、沖積舎、二〇〇一年、一三八頁。
(47) Heilfurth, S.314f. (Nr.131)
(48) エリクソン、『青年ルター　2』、三三八頁。
(49) ミハイール・バフチーン『フランソワ・ラブレーの作品と中世・ルネッサンスの民衆文化』（川端香男里訳）、せりか書房、一九九七年、六二頁ならびに二六一頁参照。
(50) Treue, S.464.
(51) Deutsches Wörterbuch von Jacob Grimm und Wilhelm Grimm. Nachdruck. München 1999. Bd.8. Sp.710f.
(52) 瀬原義生「中世末期・近世初頭のドイツ鉱山業と領邦国家」、『立命館文學』五八五号、二〇〇四年、四二一―八三頁所収、四五、七五、七八―七九頁を参照。

第三章

山の裁判

人間の執する道もかなしけれ地心に鳴りぬ一千の槌
——与謝野鉄幹(1)

一　ボヘミアのフォルトゥーナ

中世末期ボヘミアの深い森を、道に迷った一人の隠者が歩いている。やがて、とある谷間に行き着いた彼は、そこで不可思議な光景を目にした。古典古代の主神ジュピターが中央に鎮座し、一件の裁判を執り行っているのである。被告は「人間」、原告は「母なる大地」だという。告発の理由は「母殺し」、つまり人間たちが行った、母なる大地への殺傷行為、具体的には、苛烈な鉱山開発のゆえであった。隠者はこの様子を、しばし傍から観察する。

近世ラテン語で書かれた対話体文学『ジュピターの裁き』(Iudicium Iovis)の作者は、ドイツの初期人文主義者パウル・シュネーフォーゲル(一四六〇頃—一五一七頃)である。メランヒトンやアグリコラといった盛期人文主義者たちのように、彼もまた自らのドイツ語名——「雪」(シュネー)と「鳥」(フォーゲル)——を古典

『ジュピターの裁き』巻頭の木版画

語化し、パウルス・ニアウィスと自称した。その生涯については不明な点が多いが、有益な情報を提供する十九世紀のA・ベーマーによる伝記的叙述に基づけば、著作の大半は、ライプツィヒでの大学時代とケムニッツでのラテン語学校の教師時代に生まれたとされる。(2)『ジュピターの裁き』は、一四九二年から一四九五年のあいだにライプツィヒの書肆ランツベルクで出版された、四折版十六葉から成る小品である。近世の書物に一般的である長々しい表題をすべて訳せば、「ジュピターの裁き。麗しの谷にて執り行われる。命にかぎりある人間が、シュネーベルクその他の土地に築きあげた鉱山のため、大地により召喚され、ついに母殺しの訴えを受ける」とある。シュネーベルクとは、エルツ山地――その名も〈鉱石の山地〉――西部に位置するザクセンの鉱山町であり、一四四六年に銀鉱脈が発見されて以来、急激な開発をみた。この十五世紀後半以降のザクセン、とりわけ東部・西部のエルツ山地では、銀鉱山の発見と鉱山都市の興隆が相次ぎ、一攫千金を求めて集まった人びとの栄枯盛衰は、後の十九世紀アメリカ西部にも比すべきものであったという。(3)

この短い物語の結びを先取りするならば、ジュピターは、表題に反して、自ら裁きを下すことを拒否する。対立する二つの立場を目の前にして、「一方の党派を優遇したかのごとき印象を与えることを避けるために」[37](4)、別の神へと決断を委ねてしまうのである。ジュピターは、双方の主張を記した書状を、その神宛てに送る。

神々の王らしからぬこの優柔不断さはさておくとして、判決の委ねられた先はフォルトゥーナ、つまり運命の女神であった。ジュピターは、すでに古代神話において運命の女神と特別な関係にある。運命の三女神パルカエまたはファタエ（ギリシア神話のモイライに相当する）に宛てて、ジュピターは自らの意志を書きつけた書状、いわゆる〈運命の書状〉(Fata Scribunda) を渡し、さまざまな人生行路の執行を委ねるのである。(5) このパルカエが、子どもの出産に関わる女神であったのに対し、フォルトゥーナという名の女神は、幸運や宿命という一般概念を意味する別系統の女神であり、ギリシア神話でのテュケに対応する。

古代ローマには、このフォルトゥーナを奉ずる神殿が数多く見られたらしいが、その帝国が滅びた後も、キリスト教の支配下でなお、中世・ルネサンス期へと力強く生き延びた異教神がフォルトゥーナであった。「おお フォルトゥーナよ」という呼びかけに始まり、無常なる世の変転を「車輪」のイメージのもとに嘆き歌う『カルミナ・ブラーナ』の詩を一例として、中世・ルネサンス期の著作や図像には、この女性の姿が再三登場する。ボエティウス『哲学の慰め』は、神的摂理の寓意としてフォルトゥーナを登場させ、後のスコラ学者に多大な影響を与えた書物であった。(6) このキリスト教的に占有

フォルトゥーナと運命の車輪 『哲学の慰め』(1460年頃の写本)、パリ国立図書館

された女神とは異なり、元来の異教性とキリスト教的な世界像とを見事に融合させた表現は、周知のように、ダンテ『神曲』の地獄篇第七歌に見える。そのフォルトゥーナは、神的な「秩序の遂行者や案内者」[7]としての自立した相貌を持つ。

『ジュピターの裁き』に話を戻すなら、ジュピターの法廷は、なおも古典的書割として作品に舞台を提供しているにせよ、彼が担う意味はそれ以上のものではない。主神ジュピターの位置がキリスト教の神へと置き換えられてゆく中世期に、一方でフォルトゥーナへの信仰は末永く残存していった。その理由としてH・R・パッチは、此岸世界を「気紛れで偶然的な力に支配される領域」[8]として理解する見方に、この偶像が最も適したものだったからだと言う。中世末期から近世にかけての転換期、とりわけ十五世紀末には、聖人崇拝と聖遺物崇拝が未曾有の隆盛をみることになるが、そのような派生的・民俗的な信仰形態が流行せざるをえなかったのは、この世と神の領域とのあいだの教会的仲介に機能不全が生じていたからである。グレーヴィチの『中世文化のカテゴリー』によれば、中世封建社会の矛盾に基づいて此の世の人生の不安定さが強く意識され、とりわけ中世後期、十四世紀から十五世紀にかけての時期に、フォルトゥーナの車輪の図像がヨーロッパを席巻したという[9]。

『ジュピターの裁き』は、まさにこのようなヨーロッパ的な過渡期の時代に生まれ、独特のフォルトゥーナ像を提示している。神的領域との中世的な結合、調和が失われてゆく近世、あるいは初期近代とも呼ばれる時代に、特有の人間観と自然観を伝えている。やがて近代の只中へと逢着する「人間」(der Mensch)は、〈母〉なる大地に対する自らの所業をどのように弁明するのだろうか。そして運命の〈女〉神は、彼、すなわち男性名詞としての人間に、どのような判決を下すのだろうか。

二　判決の書状

裁判長ジュピターは、まず原告の女性／「大地」に入廷を命じた。破れた緑の衣装を身にまとう彼女は、蒼白の表情で涙を流し、体は満身創痍の状態で、「あちこちに穴が開いて」〔16〕いる。続いて酒神バッカス、農耕の女神ケレス、泉の精ナイアス、学芸の女神ミネルヴァ、冥界の神プルトン、冥土の川の渡し守カロン、森の牧羊神ファウヌス、富と幸運の神メルクリウスほか、多数の神々が「大地」の側に入ってくる。他方、被告の「人間」は、巻頭の木版画（一一八頁参照）によれば鉱夫の姿をしており、家政と竈の神ペナーテスをぞろぞろと従えて反対側の席に着く。

「大地」の女の弁護人として、まず口火を切るのはメルクリウスである。彼は言う。人間は、自らを生み出した「母なる大地」〔22〕の賜物に満足がいかず、彼女の「はらわた」の中に侵入して体を切り刻み、鉱物資源を漁っていると。人間を「養う」だけでなく、「死後には再びその懐へと受け入れてくれる」「親」〔18〕のような存在に対して、感謝の念をおよそ示すことがないとは、「神と人間の法」に反する重罪である。

しかもこの所業は、すでに「シチリアやポルトガル、アラビア、またアルプスに属するエッチュ川の国やボヘミアでも」行われ、人間たちはいまやマイセン国のシュネーベルク一帯にも触手を伸ばそうとしている。「富への欲望」〔18〕に心底からとりつかれた人間は、鉱山採掘によって「大地」を傷つけるだけでなく、古来の神々への崇敬の念を忘れ、その所領を脅かす。地下水の排水によって冥土の川の水量が減少したため、死者たちの霊魂を冥界へと船で渡す仕事ができなくなったではないか、とメルクリウスは苦情を述べる。

これに対して人間は次のように抗弁する。地上には、すべての生活物資が完全に揃っているわけではなく、地域間での交換・交流が必要である。その「相互の交換」〔20〕のために最も便利な道具が、「貨幣に鋳造される貴金属」である。しかしそういう形で「人間のために」存在し、人間のために「有益」〔21〕であるはずの金属を、意地悪くも体内の奥深くに隠している「大地」の振舞いは、「母」というよりも「継母」のそれにふさわしいものではないか。人間は、弁論術にいう captatio benevolentiae（好意の獲得）のレトリックを駆使して、さらに神々へと問いかける。もし神々の神殿が、金属による神々しい装飾を失ってしまったら、あなたがたはどう思うのかと。ジュピターが法廷において座っているのは、確かに「金、銀、さまざまな宝石で飾られた王座」〔15〕であったから、これは裁判長ジュピターへの強力な訴えとなる。

この二つの比較的長い弁論の後、ジュピターは、これ以降の弁者に「簡潔にまとめて」〔22〕話すよう求める。以後、バッカスから、ペナーテスへ、そしてケレスへと、相互の応酬が展開する。鉱山開発によって荒れた山や畑地では、葡萄栽培や農耕が不可能になったとバッカス、ケレスが嘆き、ミネルヴァは、「この世の輝き」に心を奪われた人間たちの「知恵」の欠如を訴える。また冥界の主は、「地底世界まで槌の音が聞こえてきて、雷のようにどよめいている」〔34〕と怒っている。ナイアスとカロンは、地下水の汲み出しによって泉や冥土の川が勢いを失っていることを、そしてファウヌスは森林破壊の害を指摘する。

途中、メルクリウスは、なぜ神々のなかでお前だけが人間の側についているのかと、家と竈の神ペナーテスに尋ねているが、その答えは、「われわれを敬い、尊敬し、われらがために、家の中に祭壇を据えて祈る」〔23〕人間たちに「同情」〔31〕を感じるからだという。ペナーテスは、実に雄弁な、長い演説を二度にわたって行い、人間が「労働すること」、そしてその労働活動により「この地球世界を保護すること」〔29〕こそが、神の定める人間の存在根拠だと強調する。そして農業、商業、都市や神殿の建設といった人間の諸活動を「すべて合目的的に、完璧に」実現させるには、金属が姿を変えた貨幣が不可欠であると主張する。「人間は、自分に欠けているものは何でも、お金によって調達できる。」〔30〕

ジュピターは双方の話をすべて聞き終えた後、先述のように、判決を運命の女神フォルトゥーナに委ねてしまう。金銭に関わる運命は、ジュピターよりも、むしろこの女性の神のよく知るところであるらしい。裁判の経過が簡潔にまとめられた「ジュピターの書状」〔37〕には、「大地」側の神々にほとんど説得されかかっていたものの、人間の「実にすばらしい弁論」によって、ついに決断に窮する事態に至ってしまったと記されている。

「死すべきものたちの女王」〔38〕と呼ばれる、地上世界の支配者フォルトゥーナは、次のような判決文を返信としてしたためた。

山を掘り返すことは、人間たちの定めとする。人間たちは坑道を築き、畑地を耕作し、商業を営まねばならぬ。その際には、大地に不快を与え、学問を拒否し、冥府の神プルトンの邪魔をして、水の流れのなかにも鉱石を探さずにはおれぬ。しかし彼らの体は、やがて大地にむさぼり食われ、坑内ガスによって息の根を止められる。葡萄酒に体を痛められ、空腹に悩み、自らにとって最上のものをいつまでも知ることはない。――以上の事柄を含め、その他さまざまの危険が、人間の運命にして定めであるべし。(10)〔38〕

返信の手紙を受け取ったジュピターは、神々と人間に向けてこの判決文を朗読した後、閉廷した。

三　近世の自然観

フォルトゥーナの判決は、人間の滅びやすさに言及することによって神々の怒りに配慮しつつ、しかし同時に、人間の労働を神的な「定め」と捉えることによって、そこに明確な意義を与えている。フォルトゥーナは、この判決文に先立つ前置きのなかで、「人間たちは、たとえ夕べに死すべきものとわかっていても、しかし朝のうちには、なお意気高らかでいることだろう」[38]と述べ、「そのような性分に生まれついた」[38]人間の活動に、ある種の信頼を寄せている。ブレーデカンプによれば、これは別の有名な言葉、「たとえ明日、世界が滅びることがわかっていようとも、今日、わたしは林檎の木を植えるだろう」という、近世人ルターのものと伝えられる言葉——ただしルターの著作・語録には見つからぬという——と響き合い、堕罪以後の、人間にとっての労働の意味を再確認するものである。「地に満ちて地を従わせよ」(創世記一・二八)と原初において定められたごとく、近世の人間は、彼を取り巻く自然世界に働きかけていくことを定めとされる。近世の鉱山は、このとき、「人間と自然との包括的な対決の比喩」(11)となってゆく。

有機的身体のイメージのもとにある、「死すべきものたちの養い手」[16]としての自然、生命を育む「母なる大地」としての自然という古代的な姿と、前述の「貨幣」や「鍬」[25]に象徴される文明的有用性の対象物としての自然のあいだで、ニアウィスの鉱山は厳しい捩れにさらされている。C・マーチャントの『自然の死』には、いわゆる科学革命をもたらした近世十六／十七世紀が、有機的世界観から機械的世界観への重大な転換期であったと論じられ、しかもその変革は、女としての自然が、男としての技術文明の支配下で単なる死せる物質と化し、家父長制と資本主義経済のなかに埋没してゆく過程として描かれる。マーチャントははたしてニアウィスの『ジュピターの裁き』にも言及し、母なる自然が「慈母のイメージ」を喪失してゆく萌芽期の例としている。[12]ニアウィスの「母なる大地」は、もしこの裁判において公正な判決が下されず、彼女への搾取が止まない場合には、「わたしの使命をもはや果たすことはできません」[32]と述べ、地上のあらゆる生命力の枯渇を予言する。それは同時に人類の危機をも意味するから、近代の自然破壊とエコロジーに論点を向けるマーチャントにとり、この作品は格好の資料となる。

　西欧の歴史を長く支配してきた家父長的思考が、後に近代的技術文明の担い手を男性に限定したのだとすれば、一方、その技術的搾取の対象となっていく自然が、古来より多く〈女〉の表象のもとに捉えられてきたことも確かである。ただしここで想起しておきたいのは、「大地の豊饒性が女性的に理解されるのは、人間の女性の出産能力が大地の生産リズムへと説明の型として転用されたからではない。そうではなく、先行するのは大地のほうである」というH・ベーメの指摘である。人間とは、大いなる「コスモスのプロセス」を反復する存在の単なる一例にすぎず、「出産とは、人間女性が大地の母の聖なる出産行為を反復するミメーシス」なのであるという。[13]ベーメは、マーチャントに重なる問題意識のなかでニアウィスの作品を取り上げ、「近代的主体の自己意識化」を示す人間が、その超越的な保護者でありつづけてきた大母（マグナ・マーテル）への「最後の道徳的限定」を突破し、自然を、人間にとっての有用性の道具へと「脱聖化」する瞬間を見ている。[14]

　とはいえニアウィスの物語には、まだ中世的思考の放棄への「躊躇」[15]があるともいう。近代のフロンティア的存在として登場する、後の盛期人文主義者ゲオルク・アグリコラとは異なり、ニアウィスはなお「懐疑的な人間」[16]にとどまっている。そしてニアウィスのこの近世的著作には、近代市民社会における、あまりに

「自然」 銅版画、M. ファン・ヘームスケルク、1572年

濃厚な男性優位の構造に至る以前の姿、つまり、「〈女性的〉自然観と〈男性的〉技術文明とが必ずしも排除しあう必要のない、第二の自然克服の道」[17]が存在したという。近世的な、いわば別なる文明の可能性が存在したことを、ブレーデカンプとベーメの論考は示している。その別なる文明の象徴的な図像として、女性的な自然の身体の只中に内包され、女性の導きのもとに開かれる知恵と技術文明の可能性を示したファン・ヘームスケルク（一五七二年）とM・メリアン（一六一七年）の銅版画が紹介されているが、そのなかで人間の技術は、自然と対立するものではなく、むしろ「創造的で女性的な自然の力の延長」と考えられた[18]。ベーメが言うように、創世記冒頭のあの章句は、必ずしも近代的な自然支配の認可へ直結させる必要はないのである[19]。

過渡期に立つニアウィスの物語は、「大地と人間の宗教的関係を、そしてそれとともに、母なる大地《テラ・マーテル》の聖性と、〈地を従わせよ〉という人間の神的使命とのあいだの緊張[20]」を示している。近代の視点から回顧的に眺めるなら、それはたしかに、やがてアグリコラへと到達する「市民的自然観の凱旋行進の重要資料[21]」と呼ぶべきものであっただろう。しかしちょうど一五〇〇年頃のドイツには、鉱山をめぐるもう一つの重要な書物が存在し、自然の身体的・有機的な見方を提示していた。それを継承する『ジュピターの裁き』が、葛藤のなかで近代的な方向を指し示すのに対し、このもう一つの書物は、近世的な自然観を、古来の錬金術的な世界像のもとに素朴に示している。ただし文学作品ではなく、一冊の小さな鉱山実用教本であるのだが。

「母なる大地」の姿でニアウィスに流れこんでいる古き遺産を確認するために、ここでしばらく『ジュピターの裁き』とは別の場所へ目を転じてみることにする。およそ一四五〇年から一五五〇年に至るドイツ鉱山の「黄金期[22]」に、鉱山をめぐって生まれたこれらの二つの書物は、それぞれに独特の光彩を放っている。

四　教本『鉱山袖珍』

ニアウィス『ジュピターの裁き』のおよそ十年後、『鉱山袖珍[23]』という小著が刊行された。作者はウルリヒ・リューライン・フォン・カルフ（一四六五―一五二三）という。カルフというその名のとおり、南西ドイツ・シュヴァーベンの町に生を享けたこの近世人は、やがてライプツィヒ大学に学んだ人文主義者である。医学、数学、測地学、占星術など幅広い学問領域を視野に置き、一五一九年からは、近世ザクセンの代表的な鉱山都市フライベルクの市長を五年間にわたって務めた。彼の著書『鉱山袖珍』は、おそらく初版が一五〇五年、アウクスブルクで印刷され、ドイツで最初の鉱山学の概説書となった。始めと結びに付された対話形式の散文にはさまれる形で、全十章からなる鉱山学の概論が展開される。

「袖珍」というだけあって、表裏の表紙に加え、わずか四折版十六葉の小冊子にすぎない[24]。まさに『ジュピターの裁き』と同じ体裁であるが、他方、「ザクセンのプリニウス」[25]とも呼ばれ、同じく人文主義的博識者であったアグリコラが半世紀後に完成させる、近世鉱山学の百科全書的書物『デ・レ・メタリカ』(一五五六年)の壮大さに比べれば、それは実に対照的な外観と言うほかない。『鉱山袖珍』に付された一群の素朴な彩色木版画は、採掘と施枠の作業に勤しむ鉱夫たちを描いた一枚のほか、すべて鉱脈と方位の関係を図示するものである。

鉱脈の在り処が地理的方位との関係で論じられるのは、宇宙の天体から放射されてくる光の作用が鉱物生成に関与していると考えられたからである。リューラインは、くりかえし「賢者たちの考えによれば」と但し書きを入れ、あるいは「アルベルトゥス・マグヌス」の名を直接に挙げる。近世ドイツのこの奇覯書を一八九〇年に仏訳したA・ドーブレも言うように[26]、「賢者」とはすなわち錬金術師の謂である。

『鍛冶師と錬金術師』のなかでエリアーデ

『鉱山袖珍』巻頭図版

は、そのドーブレの仏訳に特別に言及し、この近世ドイツの鉱山書に深く注目している。「中世の終りにおける冶金術の伝統と錬金術の伝統との共棲」[27]を示すこの重要な資料は、「始原的で民衆的な伝統――大地母の多産性」[28]という観念を根底に有し、男の精子としての硫黄と女の卵子としての水銀の結合によって、大地の胎内に金属が誕生すると考えられている。さらにこの知的体系は、合計七つの貴金属と七つの星辰との占星術的対応という観念によって補強されており、星の「吐息」[29]がいかに地中の成分に作用するかという問題を、地形と方角の観点から――方位磁石の使用法を教示しつつ――論じている。

各金属について一つの章を割りあてる構成になっているが、最初に黄金／太陽ではなく銀／月を取り上げている点が土地柄を示している。著者リューラインいわく、その理由は、「鉱石に関するこの小著がこのほど構想されたマイセンの国では、あらゆる鉱石を賜っているにもかかわらず、とりわけ銀を最も多く恵まれているため」[30]だということである。「マイセン」の名で示されているこの近世ザクセンが、鉱山都市アンナベルクを筆頭とする銀鉱山の開発で栄え、ドイツ経済の牽引車的存在となったことはよく知られている。[31]そしてリューラインは、まさにこのアンナベルクやマリーエンベルクといった新設の鉱山都市の開発に携わっていた。

そのザクセンで後に完成する鉱山学の大著『デ・レ・メタリカ』は、先駆的なこのリューラインの著作について、鉱山学・冶金学の詳細を「汲み尽くして論じてはいない」と皮肉な言及をし、さらに錬金術師に関する懐疑的な論述を続けている。[32]たしかにリューラインの実用書は、時代の先端的問題を顕在化させた鉱山というトポスを舞台としながら、その錬金術的世界観において過去の神秘的伝承を根幹に置く不可思議な書物であり、近代人アグリコラにはおよそ満足のいかぬ代物であっただろう。リューラインの古さは、彼が書物の前後に置いた外枠の部分にも顕著に現われている。それは鉱山学の精通者「ダニエル」と若い弟子との対話形式になっているのである。

対話形式そのものは、エラスムスによるその名も『対話集』（一五一八―一五三三年）などに代表されるとおり、人文主義者たちが好んで用いた著述形式である。アグリコラ自身も、『デ・レ・メタリカ』に先立つ鉱山学の処女作『ベルマヌス』（一五三〇年）においてこの形式を用いている。ただし彼は、人文主義者一般がそうであったようにラテン語で執筆しているから、読者層は自動的に限定されてくる。またそこで対話するのは学識者同士である。

しかしリューラインの『鉱山袖珍』は、民衆語、すなわち初期新高ドイツ語で書かれていて、一般の鉱夫労働者に向けた実践的教本として構想されたと推測される。また西欧の対話体文学の系譜には、古典古代のプラトン、中世キリスト教のアウグスティヌス、そして人文主義時代のペトラルカという三つの節目が存在するが、そのなかでは、教師と弟子との対話という構図をとることが中世的な対話体文学の一特徴であったから、[33]リューラインの作品はその時代性に合致する。

さらに言えば、教師役である鉱山の指導者がダニエルという名前を持つことこそが、錬金術的な思考にも関わるもう一つの伝統、すなわち聖ダニエルへの聖人信仰の現われとなっている。聖アンナ、聖バルバラとともに、ダニエルは鉱山の守護聖人であった。[34]鉱山地帯チロルの都インスブルックに、聖アンナの記念柱が立っていることは、その種の民衆的信仰の存在と決して無関係ではないだろう。

ダニエルについては有名な伝説がある。あるときダニエルは夢を見た。天使が現われ、彼に話しかける。「あの樹木のもとへ行きなさい。すると木の枝に、黄金の卵がいくつも入った鳥の巣が見つかるだろう。」ダニエルは、さっそく当の樹木をめざして出発した。上に這い登り、予言された宝物を求めて樹幹を探しまわる。ところが、何一つそれらしきものは見つからなかった。すると天使がもう一度現われて言った。「樹木は、

鉱夫の窓　ヴィランダース（ヴィッランドロ、南チロル）の教区教会　1500年頃
上段左より聖ダニエル、聖母子、聖バルバラ

地下にも枝を生やしているではないか。」ダニエルは木を降り、「鉱夫のように」根元を掘りはじめた。やがて彼は、貴い金属の「巣」を発見する——。

卵は「黄金」ではなく「白銀」であったり、あるいは土掘りに「採鉱夫」の手助けを借りたりすることもある。鉱山伝承研究の草分け的存在であるG・ハイルフルト（一九〇九—二〇〇六）によれば、およそこのような「物語の骨格」[35]のもとに展開するダニエル伝承は、中世ドイツ以降の鉱山伝説のなかにきわめて意味深い位置を占め、チロル地方でフッガー家の経営拠点ともなっていた町シュヴァーツの鉱山書（一五五六年刊）の扉絵にも、やはりこの伝説が描かれている[36]。

ダニエルとは、もちろん旧約の預言者ダニエルにほかならない。ダニエル書第二章において、預言者は、バビロン宮廷ネブカドネツァル王の夢解きをする。というより、そもそも夢の内容さえ教えない王に対して、ダニエルはそれが金・銀・青銅・鉄の四種の金属と陶土——旧約に頻出する陶土もまた、「きちんとした結晶構造をもつ鉱物」[37]の一つである——からできた巨大な像にまつわる夢であったことを言い当てる。そしてこの夢を、やがて四つの国が興されては滅びた後に、「天の神」のもとに一つの国が到来することの予言として解釈する。

鉱物に関わる物語は第十章にも現われる。三週間にわたる節制の後、チグリス川の辺で、ダニエルは来るべき救世主の姿を幻視した。「見よ、一人の人が麻の衣を着、純金の帯を腰に締めて立っていた。体は宝石のようで、顔は稲妻のよう、目は松明の炎のようで、腕と足は磨かれた青銅のよう、話す声は大群衆の声のようであった。[38]」幻視のなかでダニエルは、鉱物を鋭く見定める。

鉱山の守護聖人としてのダニエル信仰は、こうした聖書伝承を基礎として成立する。さらにこの預言者には、姦計によって「獅子の洞窟」に投げこまれながら信仰の功徳によって無事に帰還したという有名な第六章の記述もある。地下奥深くでの危険な作業に従事する鉱夫たちにとって、ダニ

鉱夫の姿で樹上に宝物を探す聖ダニエル
ブーフホルツ（エルツ山地）の祭壇画、1515 年頃

エルは帰依に値する存在であった。スイスとチロルでは、十九世紀まで、鉱夫たちを「預言者ダニエルの子」と呼ぶ習わしだったという[39]。

この信仰の発端は、十世紀頃の中世北イタリア、フリウーリ地方にあるアクィレイア総大司教区にあったらしい[40]。教会組織の中心でありつつも、同時にこの地は、北方アルプス山中の鉱山地域と深く結びついた経済の中核都市だった。やがてアクィレイアは、その地位をヴェネツィアに奪われることになるが、それはやがてアルプス地方に数多く伝わる謎の山師〈ヴェネツィアびと〉伝承、すなわち、不可解な言葉と文字を用い、鉱脈の在り処に通じた〈ヴェネツィアびと〉とアルプスの土着民との神秘的な遭遇を描く物語群を生み出すことになる。教会の聖性と俗界の経済的利害が錯綜する空間から生まれた伝承である。

この〈ヴェネツィアびと〉イメージと同じ源から、山の富に関わる鉱山の守護聖人としてのダニエル伝承は生まれ、フリウーリ地方からアルプスへ、そしてさらにその北へと伝播していった。そして書物としてよりは、むしろ図像的な形で、鉱山地帯のとりわけ民衆層に浸透してゆく。〈ヴェネツィアびと〉伝承とともに、この聖書起源の伝承は近世土着民衆の世界観を示す重要な資料であり、ハイルフルトの示すところによれば、シュヴァルツヴァルトの鉱山都市ズルツブルクに、この信仰の最初期の例となる伝一二八三年の紋章があるほか、チロル一帯のアルプス地方、スロヴァキア、さらにはザクセンとボヘミア（エルツ山地）など、各地の教会の壁絵や祭壇画に痕跡を残しているという。およそこれらは、聖人崇拝、聖遺物崇拝が最盛期を迎える十五世紀後半から十六世紀初頭にかけての産物である。

リューラインの『鉱山袖珍』は、ダニエルへのこうした思いに貫かれた人びとによって、それもエリート的ラテン語とは無縁な民衆層のドイツ語使用者によって読まれた。貨幣経済と大規模な企業的経営の足音がすでに聞こえていた近世の鉱山では、それと並存する形で、聖なる山への古い信仰と畏怖が残存していた。

エリアーデが論じるように、大地母の胎内に踏みこむ鉱夫たちの行為は、人間を超えた高次の領域へのタブー的な侵入と捉えられ、その聖なる秘密は、厳格な儀礼――断食、禁欲、瞑想、祈禱など――を経た者にのみ明かされるのだった。大地母の秘儀的な力は、アンナやバルバラといった女性の聖人に対してはもちろんのこと、ダニエル伝承における不可思議な樹木の表象へも投影されただろう。

鉱山と山岳、無数の妖精と妖怪と幽鬼と精霊すべてを取り囲むあらゆる神話は、生命の地質学的層位の中に貫入する人々によって侮辱を加えられた聖なる現在の複合的な顕現《エピファニー》なのである。(41)（傍点原著者）

リューラインの実用的教本は、なおその種の「神話」の系譜上にありつづけ、山と地底の聖性を今日に伝えている。

五　貨幣経済と山

ニアウィス作『ジュピターの裁き』は、リューラインの『鉱山袖珍』に先立つ十五世紀末の成立でありながら、その自然観は、近世という過渡期的時代の様相そのままに、すでに新しい時代との結びつきを示している。とりわけ注目すべきは、貨幣経済への肯定的なまなざしである。人間／鉱夫とペナーテスが、物資の相互交換・取引と人間社会の繁栄のために貨幣がいかに有用であるかを強調していることはすでに見た。

中世カトリック世界には、ある意味では皮肉なことに、教皇庁を中心とした貨幣経済のシステムが早くから浸透していた。「教会堂その他の宗教施設の造営や聖職禄の受給、免罪符（贖宥状）の販売、各地の教会領からのさまざまな租税や献納金の送金」などにイタリア商人が関与していたところへ、ドイツのフッガー家が初めて加わったのは一四七六年であり、スウェーデンの免罪符売上金の送金業務を端緒に持つという[42]。やがて、このフッガー家とヴェルザー家を代表格とするドイツ商人が、鉱山開発と金融業においてヨーロッパ経済を牛耳り、宗教改革時代の動向に深く関わってゆくことになる。十五・十六世紀は、貨幣経済のヨーロッパ的拡大の時期である。

『ジュピターの裁き』の貨幣観は、こうした時代状況から生まれたものである。近代鉱山学の初の体系化を成し遂げる、もう一世代後のアグリコラが、貨幣経済に対してさらに率直な肯定を行うのは不思議ではないが[43]、ニアウィスにおいてすでに目を引くのは、古い自然観を示す〈母なる大地〉を登場させながら、彼女は人間に向かって、自然界の恵みがすべて「ひとえにおまえの実益（utilitatem）[44]のため」[33]、人間の利益と幸福のために生み出されていると強調することである。この点については、大地母を擁護する弁論の口火を切ったメルクリウスさえも、「ただ人間のためだけに」[16]自然界の恵みはあると述べて、同じ見方を示している。

人間と自然との関係において、大いなるコスモスの活動の一模倣者にすぎなかった人間が、次第にその地位を逆転させ、技術文明と貨幣経済に基づく世界の管理者の役目を担っていく。豊饒の女神ケレスは、高らかなる「自意識」（confidentiam ipsius）[45][27]の促すままに槌や鏨を使って大地を切り裂く人間たちを、苦々しげに非難しているが、労働活動の世俗的利益を自負するこの人間の姿は、自然ないし山岳が不可触の聖性を次第に喪失していく過程と実に対照的である。ルター派牧師J・マテジウスの『鉱山説教集』（一五六二年）では、当然ながらダニエルへの聖人信仰が懐疑の対象となり、有難い教訓が付けられている。すなわち鉱夫たるもの、「きちんとした道具」を使って作業すべきであって、「樹木の上に鉱石を探すべからず」と。[46]
　聖なる領域と世俗世界が切り離され、俗界はそれ自身の支配者を戴くことになる。最初の長い弁論においてメルクリウスは、「偶然」(Zufall) がこの世界を支配している」[19] と言うが、ここで「偶然」と抽象的に独訳されている原語は fortunam[47]、つまり作品の末尾で、究極の裁き手として登場する運命の女神フォルトゥーナと同じ語である。この両者は、互いに結びつけて読むべきものだろう。
　運命の女神フォルトゥーナは、また富の女神とも称される。近世の世俗世界を支配するのは、鉱山から産み出され、そして別の新たな鉱山を産み出す源ともなる貨幣である。最高神ジュピターが、貨幣と鉱山という近世的問題の審判を、ついにはこの世俗の女神に委ねてしまったのは示唆的である。そしてM・ヴェーバーの言うカルヴァン派的な世俗内禁欲が、やがて世俗的生活自体の聖化という形で経済的繁栄の原動力となってゆく端緒の時代、つまり近世では、フォルトゥーナの恣な振舞いに対する、世俗的存在としての人間の個人的な意志と徳が問われることになる。
　E・カッシーラーのルネサンス精神史論『個と宇宙』(一九二七年) は、「ルネサンス哲学における自由と必然」と題する章のなかで、ダンテの中世的フォルトゥーナとは異なる、新たな時代のフォルトゥーナ表象に言及している。「運命の輪を巡らす」恣意的な支配者ではなく、「今や帆をかけるフォルトゥーナが生まれ、そしてそこでは、彼女が船を帆行させるのみならず、人間自身がその舵を取る」のである。十六世紀、マキャヴェリの『君主論』第二五章に見えるフォルトゥーナ(運命)とウィルトゥス(強さ)の二項対立は有名であるが、カッシーラーによれば、さらにブルーノの倫理学にも看取される「強さ」(fortezza)、「総じて男らしさのもつ力、すなわち〈運命の統御者〉(domitrice della fortuna) となる人間的意志の力」が、ルネサンス的人間の指標となる。[48]「自由意志」というような表現だけならば、例えばドイツ中世末十五世紀の職匠歌人ミヒャエル・ベハイムが、ゲルマン民間信仰の運命神シェプフェンをめぐり、それに揺るがされぬ信仰者としての人間の救済の条件として述べている例もあるが[49]、ルネサンス人文主義者の意志は、そのような中世カトリック的な文脈から離れた「人間の偉大さ」、「人間の進歩」[50]をうたい始める。

聖なるコスモスに従属する一構成要素としての地位から、意気軒昂と自立してゆく人間の行く末が、それほど明るいものではないことに、近世という時代はすでに気づいていた。民衆本としてヨーロッパを席巻した、ドイツ起源と推測される小説『フォルトゥナートゥス』(一五〇〇年頃成立)は、キプロスの商人で市民階級の男性フォルトゥナートゥス——運命の女神フォルトゥーナの寵児としての——とその息子たちを主人公とする、まさに近代の富と貨幣経済の問題を中核に据える作品である。現存する最初の版は、一五〇九年にアウクスブルクで刊行されたものであり、フッガー家とヴェルザー家の興隆の時代を直接的に反映する資料である。そしてこの民衆本がまた、中世末から近世にかけてのフォルトゥーナ表象の重要な一例を成している。フランドルとイングランドで商売に失敗し、尾羽打ち枯らした姿で逃亡する主人公は、ブルターニュの深い森の中に迷いこむ。熊に襲われ、樹木の上に攀じ登ることで辛うじて難を逃れた彼は、しばし眠りに落ちた後、目覚めてみると、目の前に「ひとりの美女」がいることに気づくのだった。ほかならぬ運命の女神フォルトゥーナである。

彼女は言いました。「フォルトゥナートゥスよ、驚いてはなりません。わたくしは幸運の乙女です。天と星辰と惑星の定めによって、わたくしには六つの美徳が与えられております。惑星の時と支配に応じてそのうちひとつか二つ、もしくはそっくり人に分け与えることができるのです。それらは叡智、富、権力、健康、美、長寿。さあ、中からひとつお選びなさい。思案しているひまはありませんよ。幸運を授けるときはあっという間に過ぎ去ってしまうのですから」[51]

中世の表象伝統において女神フォルトゥーナは、島・山・園・館・宮廷という主に五つの書割のなかでしばしば登場するという。[52]「ボヘミアの森やテューリンゲンの森を思わせる大きな荒涼たる森[53]」に、突如として現われたこの民衆本の女神は、そのなかでは山と園のイメージにおいて、すなわち山の近寄りがたさと、高き頂からの墜落の危険、あるいは園に溢れる多彩な花々や果実という文脈において用いられたものであろう。危険だが豊かな恵みに満ちた森というフォルトゥーナ的トポスのなかで、女神の提示する六つの美徳から、人間の男フォルトゥナートゥスは、すぐさま「富」を選び取る。つまり主人公は、いわゆる魔法の財布を手に入れたのである。

この財布は、手を差し込むたびに金貨を十枚、しかもその土地に流通する通貨で与えてくれる。国際的な金融・鉱産物取引によるフッガー家の隆盛の姿が、当時の人びとに与えたであろう魔術的なイメージを、如実に示す小道具である。これ以後、主人公フォルトゥナートゥスとその息子たちが歩む変転に満ちた人生については、ここで詳しく取り上げる必要もあるまい。しかしニアウィスの『ジュピターの裁き』が示す時代性との関連においては、この近世民衆本『フォルトゥナートゥス』の結末は重要である。すなわち語り手は、すでに小説の冒頭でも予告的に述べられていたことではあるが、運命の女神フォルトゥーナに課せられた主人公の選択が、彼の人生を決定した最大の分岐点であったことを今一度喚起するのである。

この物語でお心に留めていただきたいのは、以下のことです。もし若きフォルトゥナートゥスが、森の中で幸運の乙女から富のさいふより高き叡智を選んでいたら、乙女は溢れんばかりの叡智を与え、誰もこの宝を奪うことはできなかったでしょう。叡智と分別をもってすれば、彼は現世の富、人に恥じない日々の糧を手に入れ、一財産築くこともできたでしょう。[54]

二つの事柄が注意を引く。まず最後の言葉が示しているように、一定度の富の所有は否定視されてはいない。貨幣の蓄積は、よき日常生活の前提となっているのである。経済力によって発言権を強めてゆく新興市民階級の生き方が主人公に投影されているというのは、この民衆本について常套句のように言われることである。もう一つは、「叡智」（Weißhait）[55]の強調である。そもそもフォルトゥーナが森の中で提示した六つの選択肢は、究極的には富と叡智という両者間の選択であり、残りの四つの幸福は、すべて金銭の力によって獲得可能な従属的項目にすぎないとする見方がある。[56]確かに作品中では、主人公の選択が正しかったのかどうか、「叡智」を取るべきではなかったのか、という問いかけが要所ごとに繰り返される。

小説前半部の主人公フォルトゥナートゥスは、財産保持のためのある種の抜け目なさ、言い換えれば、貨幣蓄積のために必要な知恵を物語の流れのなかで身につけていったように見える。それに対して、彼の死後、魔法の道具を遺産として受け継いだ二人の息子、すなわち小説後半の主人公たちは、問題の「叡智」をついに獲得することがなく、実に対照的な人生の結末を迎える。この民衆本『フォルトゥナートゥス』の主人公は、近代的な意味での一個人というよりも、むしろこの父子三者という三つの具体像のもとに示された近世市民という一つの典型、あるいは三つの顔のもとに示された一つの市民家庭そのものの行く末であるだろう。結末の教訓については、これは「富か叡智かではなく、富と叡智の双方」を獲得すべしという意味で解釈すべきであり、とりわけ「叡智」を、現実社会への「内省的洞察」と実践的な「狡知、機敏さ」という二つの意味で身につけることが、近世的な市民の条件として求められているのだという、かなり説得的な見方がある。[57]

「人文主義では、食べて行けなかった」からと、古典語研究の傍ら法律学にも手を出すほかなかったドイツ人文主義者たちの生活と相互交流のさまを――「事実に即した〈学術的な小説〉」とゴーロ・マンが評した――、オットー・フラーケの『フッテン』（一九二九年）が活写している。[58] そのなかでは、宗教改革時代の盛期人文主義者フッテンの『フォルトゥーナ』（一五一九年）という対話体の作品が紹介されており、作者自身を登場人物として、その対話相手に運命の女神が登場するという。フッガー家の財政を気にかけるフォルトゥーナの姿において、この大財閥の飽くことなき金銭欲が揶揄される一方、フォルトゥーナの支配下で、意のままにならぬ困窮の人生をフッテンはおくる。そしてついには、「救世主に、健全な身体に宿る健全な精神を祈願するしかなくなる」。[59]

古典古代の健康理想をキリスト教の神に向けて祈る人文主義者の折衷性を、まずは愉しく読むべきなのだろうが、彼ら人文主義者にとり、精神的美徳の

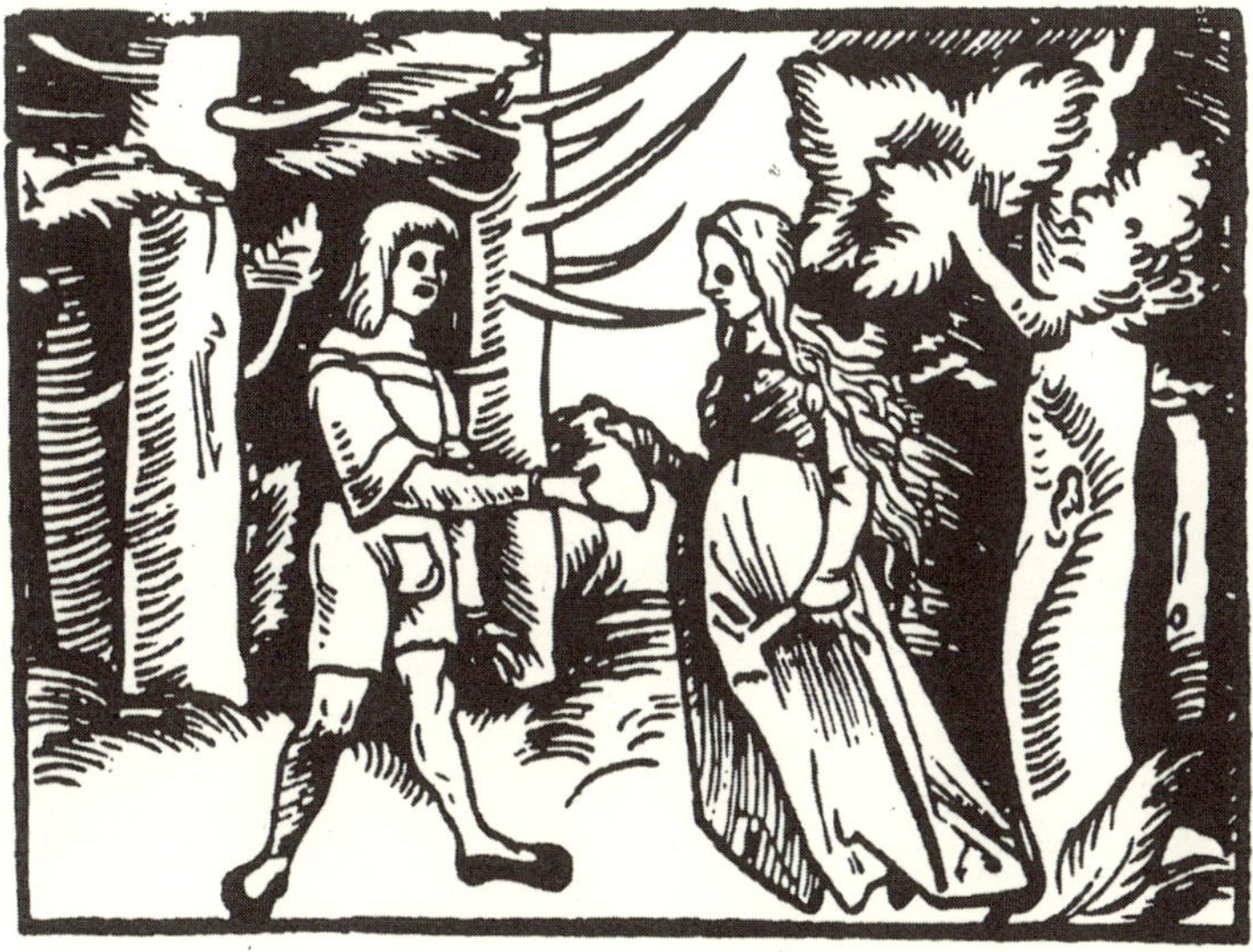

幸運の乙女からさいふを授かる主人公
民衆本『フォルトゥナートゥス』（1509年）挿画

維持は、金銭的生活の厳しい現実を前にして、確かに焦眉の問題であった。初期人文主義者ニアウィスの『ジュピターの裁き』には、貨幣経済システムの拡大を支える鉱山を主題として、すでにこの問題が取り上げられている。物質的繁栄と金銭的利益に邁進しようとする人間が、知恵の女神ミネルヴァに対する抗弁においてのみ、どこか鋭さを失っている箇所がそれである。最も優れた人間たちでさえも、神の賜物である至高なる叡智を等閑視し、鉱物の「無価値な、地上の輝き」に目を奪われている状態だとミネルヴァは訴える。それに対して人間は、叡智が最高神ジュピターの賜物であることを認めつつも、その叡智は今や「贋物」となり、「金持ち」こそが容易に手に入れる品物となっている。「ですから、この重大な問題を前面に押し出してさらに議論を進めることは避けましょう。」［34］

独訳者クレンケルは、ミネルヴァを中世「スコラ学」の象徴であると捉え、旧学問から未だ決然と脱しきれない「過渡期」的存在としてのニアウィスの立場が、口ごもる人間の姿に滲み出ているのだと解する。(60) しかしここでは、金銭と叡智の関係が、ほかでもない鉱山という意味深いトポスに関わって論じられていることを重視したい。ミネルヴァの恵みとして学識を享受する人文主義者ニアウィスが、ここで知恵の女神ミネルヴァに正面から反論を加えにくいことは自然である。しかしその一方で、貨幣経済と鉱山開発という新しい主体的人間の可能性も肯定したいという、アグリコラ的な流れもまたここには存在する。学識もお金次第である、という指摘は、畏れ多き知恵の女神に対して、新しい時代の悲しい真実を小声に告げた箇所ではないのか。「貧者よりも金持ちのほうが、容易に哲学者となる」という内容の格言は、人間側の主張として、作品中に二度［30／34］にわたって繰り返される。

フォルトゥーナの与える変転の運命を、強靱な意志によって振り切ろうとするルネサンス的人間は、まさにカッシーラーが抽出した新しい人間の方向性であるだろう。しかしその新しき人間はまた同時に、同じフォルトゥーナの仕組んだ貨幣システムに絡め取られていく。市民的な「叡智」が、その危険からどれだけ彼を守るのか。民衆本『フォルトゥナートゥス』における親子の相異なる結末は、市民的主体に開かれる明るい将来だけを表現しているのではない。中世における神的摂理の執行者としてのフォルトゥーナから、近世における、個的人間の主体的意思を切磋する存在としてのフォルトゥーナへ――この近世のフォルトゥーナには、同時にやはり富の、より正確には貨幣の女神としての相貌がある。

余談的に、ここで近世がいわゆる〈グーテンベルクの銀河系〉時代の発端であったことを想起するならば、古典語の熟達者であり、かつ書き言葉としての統一的国民語の育成に強い関心を抱いていた人文主義者たちは、この印刷と文字の時代にとってまさに象徴的な存在だったように思われる。マクルーハンは、活版印刷術と書字言語が、近代的人間における視覚中心の知覚様式とナショナリズムの形成に関与する過程を論じるなかで、その根本的な傾向として、世界の「非聖化」が生じたと述べているが、これは同時にエリアーデ――とりわけその『聖と俗』(一九五七年)――への批判という形をとってのことであった。[61]フォルトゥーナと鉱山の聖性が希薄化していく過程が、錬金術的鉱山書を取り上げたあのエリアーデと、マクルーハンとのあいだに見えている。『グーテンベルクの銀河系』(一九六二年)は、中世的自然観の核心である〈書物としての自然〉観が近世に大きく変貌していくさまを論じながら、中世の自然が「聖書のように観照を目的とされたのに対し、ルネッサンスのそれは応用のためのものであり、印刷活字のように用いられるべきものであった」と述べている。[62]

鉱山から採掘された金属は、まさにこの印刷活字の材料となり、そしてなかんずく貨幣の材料となることによって、鉱山地帯ザクセンのライプツィヒに繁栄をもたらすことになる。かつての聖なる鉱物は、もはや宇宙の見えざる力を帯びた霊的物質ではなく、視覚の全的な支配下に置かれ、合理的な操作と計算に服従する世俗的物質となる。貨幣は、数値化された相対的価値の具現として、恣にこの近代世界を流通する。

山本義隆の科学史的著作『一六世紀文化革命』は、ルネサンスとも人文主義とも異なる第三の潮流の存在を十六世紀に見て取り、とりわけ人文主義的アカデミズムとは無縁な、市井の技術者の経験的知が、しかもラテン語ではなく俗語による印刷物の形を取って広く公開されたこと——つまり内通者のためだけに隠された錬金術やギルドの知とは異なる、知の新しい媒介形式が採られたこと——が、十七世紀の科学革命と精密な実験科学の誕生を用意する重要な布石となったと論じている。その過程で重点的に論じられるアグリコラやルターは、しかしほかでもない人文主義的環境の只中に育まれた人びとであり、はたして山本の主張するような、人文主義者・知的エリート層と非学識者・手工業者層の峻別や、後者と新しい文化的潮流との関連づけがどこまで可能であるのか、という疑念は残る。むしろ手工業者のそのような経験的技能を評価しうる新しい機運そのものが、ルネサンスないし人文主義が象徴する時代のなかに胚胎されていたのではないか、とも思われるからである。

ただともかくも、ヨーロッパの全体を俯瞰する山本の有益な総括に従えば、この時代の金属は貨幣とともにもう一つ、銃砲火器生産という軍事目的から大きな需要を見たという。中世は、貨幣経済の拡大と戦争技術の変革という二つの事件を契機として終焉を迎えることになる。「定性的な錬金術から定量的な分析化学への脱皮」[63]という、世界認識の変容をを果たすこの時代、鉱山技術書もまた例にもれず変容を受けた例として、十六世紀初頭の『試金の栞』という冊子が紹介されている。それは、あのリューラインの『鉱山袖珍』と同じく教師ダニエルと見習いクナピウスの対話形式をとって書かれているのだが、鉱山師の実際的経験とともになお、「いにしえの哲学者たち」、つまり錬金術師の知的体系に依拠するダニエルに対して、弟子クナピウスは自らの「投資」と「利益」への希望をあからさまに語る。[64]

とはいえ貨幣は、その一見スマートな交換システムの裏側に、ある厄介な素性をも隠蔽している。人間を動物から隔てるものは墓と貨幣であり、その根底には「死の観念」があると述べたのは今村仁司だが、その言葉を借りれば、「墓が〈この世〉と〈あの世〉との媒介者であるのと類似の位置に貨幣は立っている」[65]。生と死の境に生起する直接性、非合理性は、人間の日常にとって破壊的に働きうるものだが、その境目に、ほかでもない墓と貨幣とが立ち、媒介形式として機能することによって、日常の円滑な進行が可能になっている。墓と貨幣に、言語という領域において相当するものは文字である。「文字は音声言語を記号化し、記号として書くように、貨幣は交換行為を記号化し、記号として書きとどめる。[66]」人間の哀しさは、媒介形式の慣習化のなかで、その形式の成立の生々しい起源をやがて忘れてしまうことにあった。ギュゲスの古代神話が示すように、「犠牲者が原初的媒介形式になり、それが物体化して制度をつくる。これ以外に人間は何もしてこなかった」[68]――。媒介であることが忘却され、媒介の制度だけが独り歩きをする。人文主義者たちは、文字・印刷文化時代の出発点に立ち、近代という文字専横の時代を準備した[68]。後の十八世紀、生きた音声言語の直接性を夢見るルソーの言語起源論は、物神化した文字への抵抗の試みであっただろう。

ニアウィスらドイツ・ザクセンの人文主義者たちは、奇しくも貨幣というもう一つの近代の物神を生み出す場所、すなわち鉱山に活動の拠点を置いていた。この人文主義者たちに、貨幣に関わる思索があったわけではなく、先に触れたように、彼らはただ金銭の欠乏に苦しんでいただけなのかもしれない。しかし新興の鉱山都市に職を得て、その地のラテン語学校の新設や教育、行政に関わったこの男たちの経歴は、初期近代、つまり近世ドイツの文明的変容に関わる特徴的な場面を示すように思われる。人間/男性による利己的な自然開発は、古来の母なる女神によっては押しとどめられず、別なる女神フォルトゥーナが現われて、この新しい流れを追認する。鉱山のフォルトゥーナは、彼ら人文主義者の上に君臨し、貨幣と活字の金属を供給することによって、近代の世俗的世界を到来させるのだった。

六　人文主義と伝承

最後に、『ジュピターの裁き』を構成する対話体について一言述べておきたい。これは、民衆語で書かれたリューライン『鉱山袖珍』のそれとは明らかに意図を異にし、むしろ先述のフッテン『フォルトゥーナ』と同じ文脈に属する、人文主義的な文学作法に基づいて書かれたものである。旧態依然たるスコラ学者たちが、人文主義者たち――とりわけクロートゥス・ルベアーヌスとフッテン――によって揶揄・諷刺の標的とされる『影の男たちの手紙』(第一部一五一五年、第二部一五一七年)には、ニアウィスがむしろ守旧派の一人として挙げられているらしいが、それは少々不当な扱いというものであろう(69)。諸家の指摘するように、ニアウィスを始めとする人文主義的対話体文学は、ルキアノスの豊かなる再生と見なすことができる(70)。多様な人物設定や喜劇性、諷刺性に富んだルキアノスは十五世紀中葉からようやく読まれ始めたらしく、例えば十四世紀における最初期の人文主義者ペトラルカには、まだその影響は見られない(71)。

人文主義的な対話体によるニアウィスの弁論部分は、同じく学生向けのラテン語教科書として執筆された、同時代のエラスムス『対話集』のごとき話術のトレーニングの場を確かに思わせる。ペナーテスの二度にわたる長大な演説や、問いかけと嘆願をたたみかける豊饒の女神ケレスの雄弁な演説は、作品中の弁論的実践の極みをなすものだろう。そして一方、「冗長になりすぎて、ひとをうんざりさせる」演説を戒め、「簡潔」[31]を求めるジュピターの姿は、個々の学生の弁論を吟味するラテン語教師のそれを思わせもする。

個々の弁者たちはみな、人間側も、地母神側も、くりかえし自らの行為が最高神の与えた「定め」に拠ることを訴えて、権威を笠に着た自己防衛を狙う。またお互いの論法の欠点を指摘することも忘れておらず、「一つの具体例」、「周知の事柄」〔25〕、「実際に存在する根拠」〔35〕の必要を述べたり、同じ内容の反復や「長談義」〔36〕を批判したりする。メルクリウスとペナーテスによる格言風の応酬もある。

メルクリウス　無駄に労苦を費やすこと、勉励刻苦にもかかわらず何も獲得できないことは、空っぽ頭のしるしなり。

ペナーテス　不相応なことを所望する者は、吐息を無駄に煩わせる。〔31-32〕

メルクリウスは、それを受けて、「そのとおり！」、無駄口をたたくくらいなら口を閉ざしているほうがいいとさらに遣り返す。結びの書状でフォルトゥーナは、彼女に由来するという人間の「雄弁」（eloquentiam）[72]〔38〕に言及しつつ、しかしそれを振り回しながら自己正当化を行うほかない人間の不確かな未来を予言する。

この作品が人文主義的な文学作法に色濃く染め上げられていることは、「黄金時代の人間」〔27〕と現在とを対比させる女神ケレスの言葉のほか、とりわけ冒頭のボヘミアの森の情景に、いわゆるlocus amoenus（魅惑の土地）のトポス[73]が認められる点からも知られる。冒頭にいわく、「麗しの谷にて」（in valle amoenitatis）[74]展開するというこの物語は、地名を悉くラテン語化している作品の流れからすれば、実在するほぼ同義のドイツ語地名Schönheideを示すとも考えられるらしいが[75]、いずれにしても春五月の暖かい陽射しのなか、草原や草花、森や小鳥たちのある楽園的情景は、例の古典的トポスと無関係ではありえない。

さらに言えば、鉱山活動に対する批判的な言説自体も、実は古典古代の著作からの引用である可能性がある。アグリコラの『デ・レ・メタリカ』は、その第一巻においてまずオウィディウスを始めとする古典作家たちの鉱山批判を引き、彼らへの抗弁を試みている。[76] プリニウス、セネカなどにも見られる、鉱山での人間の強欲と虚栄心の空しさへの非難は遠く十八世紀まで反響しつづけ、とりわけセネカの言葉は、ルソー『孤独な散歩者の夢想』（一七八二年）の〈第七の散歩〉にまで忍び込む。このような道徳的な形での鉱山反対論は、すでに十六世紀の人びとの「共有財」[77] であったらしい。だからこそ人文主義者アグリコラは、巨大な鉱山学書を執筆し始めるにあたってまずその反証に取り掛かったのであり、そして鉱夫には、農夫や商人その他の職業よりも高い地位を認めようとする。こうした鉱夫の擁護・礼賛はゲーテ、ノヴァーリスへと続く流れの先駆をなすものでもある。[78]

しかしこの『ジュピターの裁き』の法廷場面には、実はそれに先立って一つの前置きがなされていることを注記しておかねばならない。すなわち、作者ニアウィスからツヴィッカウの牧師シュテファン・ギュルデンへの献呈の書簡が作品の冒頭に付されており、この『ジュピターの裁き』成立の経緯を説明しているのである。それによれば、著者ニアウィスは、友人の学士ルペルト・ホレナウ・フォン・ゴッセングリューンなる人物からこの神々の裁判の物語を聞き知ったという。そしてこの学士ルペルトが言うには、彼の故郷の町で「ある噂」が流布していた。一人の隠者が、森の中で奇妙な裁判の情景を目にしたという噂話である。それは「もともと民の言葉で書かれていた」のだが、帰省中の学士ルペルトを見つけた町びとは、ラテン語に翻訳し世に広めるよう求めてきた。しかし内容のあまりの不可思議さに、困惑した学士ルペルトの作業は難航する。学生としての面目を保つためには仕事を放り出すわけにもいかず、そこで密かに彼は、ラテン語訳の仕事をニアウィスに依頼することにした、という何ともややこしい顚末である。ニアウィスは当初、「自分の能力を越えた」仕事であると固辞するが、結局は引き受けることにしたらしい。その理由は二つあり、まず「法廷文体による弁論は、学生たちにとってきわめて有用なものだから」[10]、そしてもう一つは、この物語が「わたくしたちの懸案の事柄」、つまり「金、銀を求めて、いま山の中で起こっていること」を題材としているため、読者に「愉悦」[11]を提供することができるからだという。「面白くてためになる」(docere et delectare) という古典文学の理想がほのめかされている。

ニアウィスは献呈書簡の結び近くで、この物語が信ずるにたらぬ「まったくの作り話であるのか、それとも、ここで詩的な形式により提示されたものに、やはりある程度までは賛意を表明すべきなのか」、それは「シュネーベルク山や周囲のほかの山々によく通じた」ギュルデン氏自身にご判断いただきたいと述べている[11]。ザクセンの鉱山都市シュネーベルクの荒涼とした風景[25]が作品中に描写されているほか、ハレなどでの岩塩坑労働者の厳しい現実をニアウィスは個人的に知っていたようである(79)。とはいえそれは、アグリコラのような専門家的視点からではない、近世ザクセンに住む人びとの日常的視点から時代の重要な出来事を選び出し、学生たちの関心に訴えかけたものであった。鉱山という、当時の「最もいきいきとした世界」(80)は、ニアウィスの教育的意図に何よりもふさわしい素材だった。それが今日から見れば、近世ドイツの日常の一端を知る文化史的な資料として残される結果となる。

作品の核心をなす裁判の場面について、鉱山伝承研究家ハイルフルトは、これがはたしてザクセン・ボヘミアの民間伝承の痕跡を示すものかどうかは、つまるところ定かでないと述べている(81)。しかし同時に、人文主義者ニアウィスの古典的書割のなかにも、山と地底に対する民俗的な畏怖の感情は確かに漂い出ている、と言い添える(82)。大地母神の領域を侵犯する近世ドイツ人の内的煩悶は、古典古代の神々とラテン語の端正な世界に包まれてはいるが、自然と人間との関係が変貌していく時代の軋みを確かに滲み出させているのである。

ニアウィスの伝記的論考を記したベーマーは、彼もまた、こうした人文主義的物語が事実に基づくのか、それとも芸術的創作であるのかは最終的に重要ではないとしながら、ハイルフルト同様、この話が「古い口頭伝承」に遡りうると述べている。そしてニアウィスにとっての「最も近い模範は、フランツィスクス・ペトラルカとレオナルドゥス・デ・アレティオだった。両者もまたくりかえし、民衆の言葉からラテン語へと、優美な物語を翻訳していた」[83]と指摘する。彼ら人文主義者にとって、民衆語の生きた音声、土着の口頭言語と、古典語の完成された記号体系とを有意義に媒介することは、双方の言語を活性化させる大切なプロセスだと思われた。ペトラルカは、ラウラへの愛をうたう俗語のソネットを書く一方で、例えばヴァントゥウ山頂での近代的な山岳体験――それとても事実と創作の両面を備えているらしい[84]――をなおもラテン語に移し入れる。初期のドイツ人文主義者に属するニアウィスは、厳として優越するラテン語の文字体系のなかへ、民間伝承という土着の言語の断片を織り込み、近世におけるラテン語表現のアクチュアリティを模索するのだった。さらに後代の人文主義者たちになれば、古典古代という源泉への回帰のなかで、やがて己れ自身の民族の源泉への意識を覚醒させ、単なる話し言葉として従属的な地位にあった俗語を、〈国語〉として捉える近代的な視点を獲得してゆく。その功罪はともかくとして、早くはペトラルカの俗語による愛国詩「わがイタリアよ」(『カンツォニエーレ』一二八番)[85]や、あるいは「祖国ドイツの国民のために、彼らの言葉で」書くと宣言したフッテンのナショナリズムが[86]、この人文主義的精神から生まれ出るのである。

ニアウィスの人文主義的特徴は、さらにまた別のところにも見えている。ジュピターの法廷における主役は、大地・自然という女から運命という女へと、いわば母親を取り代えたかっこうの人間/男であった。世俗性のなかに次第に完結し、近世から近代へと歩み入る彼に、しかしフォルトゥーナは、心地よい安息の場所を与えるわけではない。むしろ彼女は、人間の苦しみの継続を明言し、すべての成り行きを曖昧なままにして終わらせるのだった。人間／男の苦悩は終わらない。フッテンの対話体文学を思い起こすならば、そこに登場するフォルトゥーナもまた、「矛盾が明確に表明されたところで」議論を打ち切っている。独訳者クレンケルの言葉を借りれば、「鉱夫たちのあいだに流布していた著作に、古典的な衣装をかぶせる」ことによってニアウィスは、鉱山開発という厄介な問題に対する性急な立場表明の義務から逃れ、純粋かつ明快な問題提起に徹する作品を残した。[87] これは、まさに人文主義の表現原理に基づくものであるらしい。「古代は、何事も未決定のままに置いたのに反して、決定によって、キリスト教は成立し、神学は成立した」[88]——人文主義者フッテンの生涯を描いた二十世紀人フラーケは、このような対比を披露してみせる。独仏のはざま、とはつまり両者の辺境に生を享けたこのロートリンゲン人は、ドイツ的神秘性とラテン的明晰・合理性の調和を夢見ていたという。それゆえに彼は、いわゆるルター的な粗野と蒙昧さへの懐疑を露わにし、夭逝した人文主義者フッテンの成就されざる可能性へのオマージュを綴る。

十五世紀末から十六世紀初頭にかけての三つのフォルトゥーナを、大地母神的自然観に関わる一つの鉱山文献をはさんで概観してきた。ニアウィスのフォルトゥーナは、フッテンのフォルトゥーナに先んじて現われ、鉱山という近世ドイツの典型的トポスを舞台に、ドイツ人文主義の特徴を先駆的に示す一方、ドイツ鉱山表象の民俗信仰的な根元と、以後の近代的な自然観との結節点を形作っている。言い換えれば、大地母神の領域としての聖なる鉱山、秘儀的な山岳は、やがて女神フォルトゥーナと貨幣経済に翻弄される世俗的・公共的領域へと変貌してゆく。古典的教養の普遍性と、民衆語の土着性との境界線に立つ人文主義者、とりわけニアウィスというザクセン人は、そうした時代の波に洗われながら、変わりゆく山の姿を時宜よく作品のなかに捉え描いたのである。

註

（1）磯部欣三『佐渡金山』、中公文庫、二〇〇三年、一四五頁より。

（2）A. Böner: Paulus Niavis. Ein Vorkämpfer des deutschen Humanismus. In: Neues Archiv für sächsische Geschichte und Altertumskunde 19 (1898), S. 51-94. Hier S. 59.

（3）カールハインツ・ブラシュケ『ルター時代のザクセン　宗教改革の社会・経済・文化史』（寺尾誠訳）、ヨルダン社、一九八三年、六八―七二頁。

（4）Paulus Niavis: Iudicium Iovis oder Das Gericht der Götter über den Bergbau. Übersetzt und bearbeitet von Paul Krenkel. In: Freiberger Forschungshefte. Kultur und Technik D3. Hg. vom Rektor der Bergakademie Freiberg. Berlin 1953. S. 37. 以下、本書からの引用には本文中に頁数を示す。ラテン語原典は次の文献で参照できる。Paul Schneevogel: Iudicium Iovis. In: Hans Rupprich (Hg.): Humanismus und Renaissance in den deutschen Städten und an den Universitäten. Leipzig 1935. S. 239- 267.

（5）ブレードニヒ『運命の女神　その説話と民間信仰』（竹原威滋訳）、白水社、一九八九年、二七二―二七三頁。

（6）Vgl. den Artikel »Fortuna«. In: Enzyklopädie des Märchens 5 (1987), Sp. 1-6.

（7）ハワード・ロリン・パッチ『中世文学における運命の女神』（黒瀬保監訳）、三省堂、一九九三年、二〇頁。

（8）パッチ、四頁。

（9）アーロン・グレーヴィチ『中世文化のカテゴリー』（川端香男里・栗原成郎訳）、岩波書店、一九九九年、二一一―二一二頁。さらに十六世紀末葉、エリザベス朝期のイギリスにおけるフォルトゥーナ像を、『ヴェニスの商人』におけるポーシャなどに拠りながら思想史的に論じた著作として以下のものがある。Klaus Reichert: Fortuna oder die Beständigkeit des Wechsels. Frankfurt a. M. 1985.

（10）結末部におけるKrenkelの訳は、以下のH・ベーメの文献と前述のラテン語原典に従って適宜修正した。Hartmut Böhme: Geheime Macht im Schoß der Erde. Das Symbolfeld des Bergbaus zwischen Sozialgeschichte und Psychohistorie. In: ders.: Natur und Subjekt. Frankfurt a.M. 1988. S. 67-144. Hier S. 77.

（11）Horst Bredekamp: Der Mensch als Mörder der Natur. Das ›Iudicium Iovis‹ von Paulus Niavis und die Leibmetaphorik. In: Vestigia Bibliae 6 (1984), S. 261-283. Hier S. 268.

（12）キャロリン・マーチャント『自然の死　科学革命と女・エコロジー』（団まりなほか訳）、工作舎、一九八五年、七三―七六頁。

（13）Böhme, S. 90.

（14）Ibid., S. 76 und 78.

（15）Ibid., S. 78.

（16）Bredekamp, S. 275.

（17）Ibid., S. 269.

（18）Ibid., S. 270, 272f.

（19）Böhme, S. 67.

（20）Gerhard Heilfurth: Einleitung. 2. Spezielle Probleme der „Bergmannssage“ und einzelne Längschnitte. In: G. Heilfurth unter Mitarbeit von Ina-Maria Greverus: Bergbau und Bergmann in der deutschsprachigen Sagenüberlieferung Mitteleuropas. Band I-Quellen. Marburg 1967. S. 47-196. Hier S. 94.

(21) Bredekamp, S.278.
(22) Böhme, S.71.
(23) Ulrich Rülein von Calw: Eyn wohlgeordnet und nützlich büchlein, wie man bergwerk suchen und finden soll. Augsburg 1505. この書名の邦訳『鉱山袖珍』は、以下のアグリコラの邦訳書における訳語に依拠した。アグリコラ『デ・レ・メタリカ 全訳とその研究 近世技術の集大成』(三枝博音訳著、山崎俊雄編)、岩崎学術出版社、一九六八年、九頁。
(24) Vgl. http://www.cri.ensmp.fr/buechlein/buch.html.『鉱山袖珍』は、パリ国立高等鉱山学校(École de mines de Paris)所蔵の一五〇五年刊初版本が、フランスを代表する鉱山学研究組織である同学校の上記のサイトで閲覧できる。ここには、後述のドーブレの仏訳稿も掲載されている。Horst Kunze: Geschichte der Buchillustration in Deutschland: das 16. Und 17. Jahrhundert. 2 Bde. Leipzig 1993 にも、数点の図版とともに本書の簡単な紹介がある。
(25) Auguste Daubrée: La Génération des minéraux métallique, dans la pratique des mineurs du moyen âge, d après le BERGBÜCHLEIN. Extrait du Journal des Savantes Juin-Juillet 1890. In : http://www.cri.ensmp.fr/buechlein/daubree.html.(パリ国立高等鉱山学校)
(26) Ibid.
(27) ミルチャ・エリアーデ『鍛冶師と錬金術師』(大室幹雄訳)、せりか書房、一九九三年、五五頁。
(28) 同、五七頁。
(29) Rülein von Calw: Eyn wohlgeordnet und nützlich büchlein, wie man bergwerk suchen und finden soll. p.5.(註24参照)
(30) Ibid., p.17.
(31) R＝M・ハーゲン/R・ハーゲン「ザクセンの光輝と栄光」、同『名画による歴史探訪』(新井皓士訳)、岩波書店、一九九六年、一九一―二一〇頁所収、一九六頁。
(32) Georg Agricola: De Re Metalica Libri XII. Zwölf Bücher vom Berg- und Hüttenwesen. Wiesbaden/ Gütersloh 2003. (Nachdruck der Ausgabe Berlin 1928) S.XXVf.
(33) 近藤恒一『ペトラルカと対話体文学』、創文社、一九九七年、一〇、一三頁などを参照。
(34) Rosa Giorgi: Die heiligen Geschichte und Legende. Bildlexikon der Kunst Bd.2. Aus dem Italienischen von Suzanne Fischer & Karl Pichler. Berlin 2003 を参照のこと。また聖バルバラと鉱山との関係については、植田重雄『守護聖者 人になれなかった神々』、中公新書、一九九一年、八九―九六頁を参照。
(35) Heilfurth, S.81.
(36) Vgl. Ibid., S.85.
(37) 島田昱郎『聖書の鉱物誌』、東北大学出版会、二〇〇〇年、一〇六頁。
(38) 聖書の邦訳は、『聖書 新共同訳』、日本聖書協会、一九九六年に依っている。
(39) Vgl. Gerhard Heilfurth: Der Bergbau und seine Kultur. Zürich 1981. S.203-205.
(40) Heilfurth, 1981, S.202 und ders., 1967, S.81.
(41) エリアーデ、六八頁。
(42) 諸田實『フッガー家の時代』、有斐閣、一九九八年、一八―一九頁。
(43) Heilfurth, 1981, S.290.
(44) Schneevogel, S.262
(45) Ibid., S.257.
(46) Heilfurth, 1981, S.204f.

(47) Schneevogel, S.247.
(48) エルンスト・カッシーラー『個と宇宙 ルネサンス精神史』(薗田坦訳)、名古屋大学出版会、一九九一年、七七―八二頁。
(49) ブレードニヒ、二九三―二九四頁。
(50) Paul Krenkel: Nachwort des Bearbeiters. In: Niavis, S.46- 57. Hier S.54 und 57.
(51) 『幸運のさいふと空とぶ帽子』(藤代幸一ほか訳)、『ドイツ民衆本の世界IV 幸運のさいふと空とぶ帽子 麗わしのマゲローナ』、国書刊行会、一九八八年所収、六〇頁。
(52) パッチ、一〇四頁、またM・H・ニコルソン『暗い山と栄光の山』(小黒和子訳)、国書刊行会、一九八九年、八〇頁も参照。
(53) 『幸運のさいふと空とぶ帽子』、五六頁。
(54) 同、二三八頁。
(55) Fortunatus. Studienausgabe nach der Editio Princeps von 1509. Hg. v. Hans-Gert Roloff. Stuttgart 1996. S.194.
(56) Walter Heise: Die deutschen Volksromane vom Fortunatus bis zum Simplizissimus in ihrer poetischen Struktur. Diss. Göttingen 1952. [Masch] Aus: Fortunatus. S.257. (Hans-Gert Roloff: Materialien zum Verständnis des Textes)
(57) Walter Raitz: Zur Soziogenese des bürgerlichen Romans. Eine literatursoziologische Analyse des »Fortunatus«. Düsseldorf 1973. Aus: Fortunatus. S.261f. (Hans-Gert Roloff: Materialien zum Verständnis des Textes)
(58) オットー・フラーケ『フッテン ドイツのフマニスト』(榎木真吉訳)、みすず書房、一九九〇年、八七頁。後者の引用は「訳者あとがき」より、三八三頁。
(59) 同、二四〇―二四一頁。
(60) Krenkel, S.53 und 56f.
(61) M・マクルーハン『グーテンベルクの銀河系 活字人間の形成』(森常治訳)、みすず書房、二〇〇三年、一〇七―一〇九頁。
(62) 同、二八一頁。
(63) 山本義隆『一六世紀文化革命 1』、みすず書房、二〇〇七年、二九九頁。
(64) 同、二九〇頁。
(65) 今村仁司『貨幣とは何だろうか』、ちくま新書、一九九四年、二一七頁。
(66) 同、一六八頁。
(67) 同、二二一頁。
(68) ブラシュケ、一七三頁、一八〇頁。
(69) Bömer, S.73. (Anm.55)
(70) フラーケ、二四一―二四二頁、またKrenkel, S.50を参照。
(71) 近藤、一六〇頁。
(72) Schneevogel, S.267
(73) E・R・クルツィウス『ヨーロッパ文学とラテン中世』(南大路振一ほか訳)、みすず書房、一九九一年、第十章:理想的景観、二六七―二九三頁を参照。
(74) Schneevogel, S.239.
(75) Krenkel, S.59. (Anm.21)
(76) Agricola, S.4ff.
(77) Theodore Ziolkowski: Das Amt der Poeten. Die deutsche Romantik und ihre Institutionen. Aus dem Amerikanischen von Lothar Müller. München 1994. S.54.
(78) Agricola, S.21. Vgl. auch Ziolkowski, S.54 und 497. (Anm.65)
(79) Bömer, S.54f., 75 und 78f.
(80) Krenkel, S.56.
(81) Heilfurth, 1967, S.97.

(82) Ibid., S. 98.
(83) Bömer, S. 82f.
(84) 近藤、二〇九―二一〇頁。
(85) ペトラルカ「わがイタリアよ　美しきその五体が」、『カンツォニエーレ』(池田廉訳)、名古屋大学出版会、一九九二年、二二三―二二九頁。
(86) 山本義隆『一六世紀文化革命　2』、みすず書房、二〇〇七年、六〇一頁。
(87) Krenkel, S. 55.
(88) フラーケ、二四二頁。

第Ⅱ部　妖怪

【扉図版】
猛烈な風と黒雲になって、荒涼とした山肌を駆けぬけるリューベツァール
大いなる山の神は、バウデの山小屋にも覆いかぶさる
H. ヘンドリヒ画、20 世紀初頭

第一章　山姥ホレさま

Haec mihi non vani narravere senes
──オウィディウス／ヤーコプ・グリム(1)

一　白い山マイスナー

ドイツの中西部、ヘッセン地方に、ホーエ・マイスナーという標高七五四メートルの山がある。周辺一帯が好天のときにもしばしば雲に覆われ、山地特有の寒冷で変わりやすい気候をもつ。昨今の温暖化の影響がなければ、冬季にはかなりの積雪もあるようだが、快晴の折りには、北東方向にハルツのブロッケン山を、あの悪魔と魔女の宴のサバト伝説に包まれた神秘の山を遠望することもできる。双眼鏡を用いれば、向こうの山小屋の窓の数さえ数えられるという(2)。

このヘッセンの山ホーエ・マイスナーの、木立ちに囲まれた東側山中に、「ホレさまの池」(Frau-Holle-Teich)がある。言うまでもなくホレさま(Frau Holle)とは、グリム兄弟の『子どもと家庭のためのメルヘン集』第二四番(3)によってドイツ語圏に広く知られることになったドイツの女性の妖怪──さしあたりこう呼んでおく

――である。山に棲む女性の魔物として、日本の山姥に類似するものとでも考えればよいだろう。ホレさまを主題とする物語は、グリムのもう一つの重要な民間伝承集である『ドイツ伝説集』にも、冒頭の三つの鉱山伝説[4]に続いて五つ並べられている[5]が、一般の知名度を高めたのは、明らかに前者のメルヘン集のものである。

このメルヘンのホレさまは、地底の楽園に住み、善い娘と悪い娘にそれぞれ対照的な報酬を与える。アールネ／トンプソン『昔話の型』（一九六一年）の分類に従うなら、これは四八〇番の「親切な少女と不親切な少女」の話型に属する、典型的なメルヘンの一例である[6]。この話型を核として、グリム以外にも数多くの類話が存在することは、ボルテ／ポリフカの詳細な註釈にも明らかであり、そこにはヨーロッパ圏のみならず、アジア・アフリカ圏の類話も少しばかり紹介されている。日本の「舌切り雀」への言及もあるが[7]、いずれにせよ、この定型の広がり自体に視点を置くならば、個々の登場人物の担う意味合いなどは、ともすれば希薄なものに思えてくる。

『ドイツ伝説集』第一巻の序文に言われた、メルヘン（Märchen）が「より詩的」（poetischer）であり、伝説（Sage）が「より史的」

ホーエ・マイスナー遠景

(historischer)である[8]という、あのヤーコプ・グリムによる有名な定義を引き合いに出すまでもなく、メルヘンとは、そもそもの特性として、史的実在性や土着性とは基本的に一線を劃した夢幻の物語であるのだろう。ただしヤーコプの定義は、意識的な比較級の表現によって、両者の差異があくまでも相対的なものであることを示している。ヤーコプの同じ序文では、「ホラさま」、つまりほかならぬホレさまの別名を有する存在が、伝説とメルヘンの双方に登場することを例として挙げており、二種類の民間伝承を切り離すことなく考察する必要を感じさせる。[9]

ホレさまをめぐるグリムのメルヘンは、この定義の境目のニュアンスをなぞるかのように、ヘッセンの土着性を確かに残している。「あたしはホレだよ」と彼女が名乗るその前に、ヘッセン地方特有の俗信が紹介されるのであり、いわく世間で雪が降るのは、このホレの異界で布団をゆさぶり、毛を飛ばすためなのだという。グリムはさらに物語本文の欄外にも一つの註釈を施し、こう記す。「それゆえヘッセンでは雪が降ると、あのホレさまが寝床の支度をしておいでだ、などと言われる。[10]」

ホーエ・マイスナー山は、その奇岩景勝とカルスト台地、美しい森林と草花、そして冬のスキー場のみならず、とりわけこのホレさまの池を懐に抱えることで、〈ホレさまのふるさと〉、〈ホレさまの山[11]〉などと称されて、グリム・メルヘンの妖怪

寝床の支度をするホレさま
1920-30年代の絵葉書

を愛する観光客を集めている。しかし実のところ、この山をマイスナー（Meissner）の名で呼ぶことは、一五三〇年に初めて記録に登場する、どちらかと言えば後代の現象であった。歴史のいずれかの時点で最初の活字がひっくり返ったらしく、むしろヴァイスナー（Weissner）、もしくはヴィスナー（Wisner）、ヴィセナー（Wissener）というのがこの山の本来の呼称であった。近郊の尼僧院ゲルメローデの一一九五年の古文書に最初の記録がある。[12] この事情はヤーコプ・グリム自身の念頭にも置かれていたらしく、彼の手による多くの重要な書き込みがなされた『ドイツ伝説集』の自家用本（Handexemplar）には、「民衆」に一般的なこちらの呼び名のほうが「おそらく正しい」ものであろうと言われている。[13]

　現代ヘッセンの郷土史家コルマンの挙げる資料によれば、この二つの呼び名は、十八世紀末の地元の土地台帳においてもなお並行して現われている。また十九世紀中葉にヘッセン地方エシュヴェーゲ（Eschwege）市の歴史書を著した牧師J・シュミンケは、真正なるホレさま伝承の維持・存続を主張するなかで、古称であるヴァイスナー（Weissner）を一貫して用いている。[14]

　ヴァイスナーという名前の語源的考察には、「草原」（Wiese）の山であるとか、「予言者」（Weissager）の山といった説もあるようだが、周辺地域よりも早く雪を積もらせて冬の到来を知らせ、そして春遅くまで残雪を示すこの山の眺めからすると、形容詞「白い」（weiß）に基づく「白い山」、すなわち雪を冠した山という説明が最も信憑性を持つ。[15] 北陸の白山やヨーロッパ・アルプスのモン・ブランなど、世界に数多く見られる「白い山」[16]の一つということになるが、ホレさまの雪の俗信も、この山特有の相貌との関連において象徴的なものとなったことは事実だろう。白色は、この女性の妖怪の神的起源を論じる上できわめて大きな役割を担うことになるのだが、それについては後述する。

　山の名前についてさらに付言するならば、二十世紀初頭までこの山は、ホーエという装飾語をもたなかっ

ホーエ・マイスナー周辺（ヘッセン中央部）の古地図　ヨアン・ブラウ、1665年
カッセル、エシュヴェーゲの中間あたりにそれらしい山々が描かれているが、
マイスナー／ヴァイスナーの名は見えない

た。ホーエ（Hohe）、すなわち「高い／気高い」という形容詞を冠せられたのは、一九一三年十月十一・十二日に、この山中の丘で自由ドイツ青年団第一回大会が開催されたことを機縁とする。[17]ドイツ青年運動のなかに重要な位置を占める、この集団の歴史的・思想的意義については、とりわけ上山安敏『世紀末ドイツの若者』などに詳しいが、まず基本的な事柄として、この大会は、ちょうど百年を遡る一八一三年、ライプツィヒ諸国民の戦いでのナポレオンへの勝利に関わって企てられたものである。偉大なる戦勝からの百周年を祝う国家的な記念式典が、政府主導の下に企画されるなか、伝統的な学生組合の若者たちはそれに協力的な姿勢を見せる。しかしそれをよしとしないワンダーフォーゲルその他の新しい青年運動家たちが、既存の体制とは独立した形で祝賀の大祭を行うことを求めたのである。

空疎な物質主義と道徳主義に凝り固まる既存の市民社会、大人たちの俗物的生活を、この若者たちは嫌悪していた。ただし青年運動と一口に言っても、実際には多様な思想・立場の坩堝であったから、その緊張関係の中からかろうじて結成されたこの集会は、「ワンダーフォーゲルとハンブルクのワンダー団体とヴィネーケンの自由学校共同体の三極を中心にして、その周辺に右翼的グループからカソリック、左翼と様々の青年運動が集まっている」[18]という状況であったという。最終的に、「アルコールとニコチンの節制、これだけが紛争した論議の中での果実だった」[19]と総括される所以である。

E.ディーデリヒス

それにしても、理論的・精神的支柱となった人びとの顔ぶれは、当時の反体制的思想の反映という意味で関心を引く。「デューラー同盟」を組織して生活改革運動を起こす美術出版人フェルディナント・アヴェナリウス、独自の青年文化論を唱えたグスタフ・ヴィネーケン、新ロマン主義を標榜する出版社主オイゲン・ディーデリヒス、さらにはエッセイ「人間と地球」を当大会の記念誌に寄稿したルートヴィヒ・クラーゲス――寄稿を依頼したのは先のディーデリヒスであったという[20]――など、「ヘッケルの一元論の洗礼者」[21]たちが名を連ねている。小説の分野では、古代ゲルマン叙事詩や北欧神話の内容を織り込み、「北欧民族、ゲルマン民族への崇高な献身と文明汚染への徹底した糾弾」を身上とした新ロマン主義作家ヘルマン・ポペルト、また「キリスト教とドイツ人の深層に宿るゲルマン魂との相克」を話題作の主題とした南独の作家ヘルマン・ブルテなどが、当時の青年層に大き影響を与えていた[22]。

民間伝承の問題に話を戻すなら、出版社主ディーデリヒスの存在は重要である。オイゲン・ディーデリヒス（Eugen Diederichs）出版社は、近年では孫のウルフ・ディーデリヒス（Ulf Diederichs）――『メルヘン who's who』なる著作もある[23]――が制作に関わるドイツ語圏各地域別の包括的な伝説集シリーズや、後述する新編集のグリム『ドイツ伝説集』など、民話関係の出版を一つの根幹に置いていることで知られるが、すでにこの二十世紀初頭の時代、当時イエナに拠点を置いていた創業者オイゲンの下で、諸民族の文化、とりわけドイツ民族独自の文化の保護育成に強い力点を置く出版活動を展開していた。例えば重要な民俗伝承研究者であるフリードリヒ・フォン・デア・ライエン（Friedrich von der Leyen）とパウル・ツァウナルト（Paul Zaunert）の編集によって一九一二年に開始され、一九四〇年まで――創業者オイゲンは一九三〇年に没する――四十巻を数えることになる「世界文学のメルヘン」（Märchen der Weltliteratur）シリーズ、お抱えの書き手であったリヒャルト・ベンツ（Richard Benz）編集による、一九一〇年から六巻続いた「ドイツ民衆本」（Die deutschen

Volksbücher）シリーズ、そして先述のツァウナルト編集により一九二五年に始まる叢書「ドイツ民族のすがた」（Deutsche Volkheit）シリーズなどが陸続と出版された。

ホレさまという女の山の妖怪との対比で言えば、男性版の山の妖怪リューベツァール、すなわちドイツ東部ザクセンから東側辺境に位置するリーゼンゲビルゲ山地の代表的な妖怪をめぐる伝承集が、一九二六年にディーデリヒス社から出ている。叢書「ドイツ民族のすがた」の一巻、『山の神リューベツァール伝説集』[24]であるが、著者はこのリーゼンゲビルゲの北麓、同じ東部辺境のシレジアに出自があるヴィル＝エーリヒ・ポイカート（Will-Erich Peuckert）であった。ポイカートは、民俗学的著作のほかに、土着民俗の神秘的世界を表現する独特な小説や、近世ドイツの神秘思想家の伝記作品などを同社から出版して好評を博した。一九二〇年代のディーデリヒス社を代表する書き手である。近世人J・ベーメやパラケルススについての伝記[25]――後者は同じ「ドイツ民族のすがた」シリーズの一冊だった――は今なお一定の評価を維持しつづけている。「かくしてポイカートは、ディーデリヒス社お抱えのどの書き手にも優って、この十年間の文学的傾向を一身に体現していた。片や表現主義から、民俗学的なもの――歴史的なものと神秘主義的なものの双方とも――を経て、ついには汎神論的・ロマン主義的な書物に至るまで」[26]。この二十世紀のロマン主義、つまり新ロマン主義の流れを汲むポイカートは、また同時に東方辺境シレジアの郷土意識に強く満たされた人物である。とりわけ若い時代のポイカートは、当時の大半のシレジア人と同様、反ポーランド、反ロシア的な意識を共有していたとされる[27]。

辺境の郷土意識は、時代のナショナリズム、民族主義的意識と容易に結びつく。ディーデリヒスの関与した青年運動は、先に言及した当時の二人の話題作家たちが示すように、ゲルマン的伝統を強調する保守反動的、民族主義的な傾向を胚胎している。ディーデリヒス社の数々の叢書は、まさにその顕著な現われであった。ディーデリヒスはまた、「ドイツ的思弁」としての自然神秘主義[28]に大きな関心を寄せていたが、この精神的傾向を共有するポイカートは、ディーデリヒスにとって格好の存在であった。ヘルマン・ヘッセの助言のもとに新ロマン主義を宣言したというディーデリヒスは、「初めて出版人が知識人を組織する雑誌」である『タート』を指揮して、当時の青年層に大きな影響を与えることになる。ルター以来のプロテスタンティズムがなおドイツの「民族宗教」に成熟しておらず、「知識人向き」の宗教にとどまっていると考えたディーデリヒスは、「北方ゲルマンとキリスト教との内面的な結合」を求めて、非合理と神秘的体験の世界を数々の出版物に表現する[29]。

　ポイカートによる妖怪リューベツァール伝説集とほぼ同じ時期に、もう一つのリューベツァール本が出版されている。一九二〇年のヨハネス・プレトーリウス『リューベツァールのよく知られた／未だ知られざる物語』[30]であり、ディーデリヒス社と同じく新ロマン主義的な傾向を持った、ライプツィヒのインゼル社からの刊行であった。プレトーリウスは、ただし十七世紀ドイツのライプツィヒに居を構えた博識著述家であって、二十世紀の人間ではない。かつて一六六八年に出ていた骨董的な著作が、短縮・再編成の上で復刊されたものである。商都ライプツィヒを訪れる旅の商人などから聞き取りを行い、近世後期独特の関心のもとに無数の民間伝承を記録――ただし創作も織り交ぜながら――していたプレトーリウスの著作を、例えば十九世紀のグリムが『ドイツ伝説集』編纂のために幅広く活用

W.-E. ポイカート

した。ヤーコプの序文では、書承資料として「十六・十七世紀」の書物がとりわけ活用されたことを明言しており、そのなかで「最も重要」なのがプレトーリウスであったと、彼の名を強調的に挙げている。[31] メルヘン集と同様、原資料に施されたグリムの改変の跡をたどるならば、そこから興味深い洞察が得られることになるが、これについては次章で検討する。

ここで注目しておきたいのは、近世資料までも掘り起こすことによって出来上がった妖怪物語集が、ほかでもないこの二十世紀初頭の時期に連続して刊行されたという事実である。第一次世界大戦終結後のハプスブルク帝国解体に伴って、東欧ポーランドとチェコのナショナリズムは、世紀転換期から燻ってきたドイツ語圏との緊張をひときわ高まらせていた。[32] 辺境シレジアの土着伝承を出版するという行為は、こうした時代状況におけるドイツ側での民族意識の高揚の動きと決して無縁ではない。興味深いことには、山の神リューベツァール伝承の出版やオペラ化といった営みが、リーゼンゲビルゲの向こう側、すなわちチェコ・ボヘミアにおいても、十九世紀末から二十世紀初頭にかけて盛んに行われていた。[33] ドイツ語圏とチェコ語圏の境界をなす天然の要害、リーゼンゲビルゲの神は、二つの陣営の双方から腕を引っ張られていたわけである。

時代をさらに下った第二次世界大戦後、シレジア、ズデーテン地域を失ったドイツでは、「ノスタルジー」的な関心から、またもやリューベツァール関連の書物が次々と出版されることになる。[34] 妖怪の民族的出自を問うことで、その伝承を育む人間のアイデンティティを基礎づけようとする試みが、ここに繰り返される。山という異界、世俗の塵とは無縁な境に遊ぶ妖怪リューベツァールにとって、それは何とも迷惑な話であったはずなのだが。

ポイカートの名誉のために一言するならば、彼は偏狭な郷土意識やナショナリズムのなかに埋没して終わる人物ではなかった。その民族的かつ民俗的文化観には一筋縄ではいかないところがあり、むしろ後年にはナチズムへの迎合を拒んで、ブレスラウ大学の教授資格を奪われている。その功績を讃えてか、戦後はいち早くゲッティンゲン大学の民俗学講座に招聘を受け、当時の「ドイツ民俗学会の中心人物」[35]となった。一方で膨大な伝説資料の収集と分析に専心し、他方でパラケルスス、フランク、ベーメ、シレジウス、薔薇十字団といった近世神秘主義の研究を展開していたポイカート――ブレスラウやゲッティンゲンの大学では、魔女の膏薬の効能を試す自己実験を行い、ゼミで学生たちの歓心を買っていたらしい[36]――の、不可思議な関心の在り処について論じるのは、しかしここでの仕事ではない。

二　女神

ホレさまのもとに戻ろう。自由ドイツ青年団の記念すべき大会は、そもそもなぜマイスナー山を舞台として選んだのか。先述の上山安敏『世紀末ドイツの若者』には、「ゲルマン神話になじみがある」[37]ことがその理由であったと短く記されている。

マイスナー山には、タキトゥス『ゲルマーニア』第五五章の記述に関わるやもしれぬという奇岩遺跡「みずうみ石」(Seesteine)が存在するが[38]、長くホレの伝承を育み、十九世紀のグリム・メルヘン集以降、地元以外にも特にホレの山として広く知られるようになった事情からすれば、ゲルマン的伝統との関連は、この女性の妖怪の線上で考えるのが常識的であろう。

ヤーコプ・グリムの大著『ドイツ神話学』(初版一八三五年)には、古代ゲルマン女神からホレへと一貫する神的系譜が確信をこめて説かれている[39]。この著作は、『ドイツ伝説集』の発展的な仕事として位置づけることができる。そして一八一六年の初版刊行後、ほぼ反響のないに等しかった『ドイツ伝説集』は、約二十年を経た一八三五年、『ドイツ神話学』刊行後の国内外にわたる名声に伴ってようやく広い受容を受けることになった。[40]『ドイツ神話学』の各所に『ドイツ伝説集』が引用されているとおり、相互に参照しながら利用すべき、「組み合わせ」[41]の関係にある文献である。

『ドイツ神話学』によれば、このメルヘンの妖怪ホレさまは、実際にはホルダという名の古い女神であり、それはさらに古代ゲルマンのフリッグやフライヤという女神たちに遡行するという。時代と地域によって、さまざまな名称の女神たちの存在が確認されているが、[42]それらは、個別に分割して論じるべき性格を持つ男性神と異なって、「一つの共通する概念」(ein gemeinsamer begrif)のもとに包括され、「古代」(alterthum)[43]に由来する一つの「異教」[44]的女神であると言われる。この「古代」という表現には、カトリック的中世以前の時代という文字どおりの意味よりも、むしろ超歴史的な概念として、ドイツの民族精神を貫く古き心、すなわち「いにしえ」[45]そのものという含意が強く存在することを村上淳一が指摘している。およそ古代とは呼ぶことのできぬ、かなり新しい時代の資料も含め、種々の資料を渉猟しながら、グリムは、彼の今・現在ではないもの、反近代的なものを、この「いにしえ」という言葉のなかに思い描き、女神の姿を探る測深器とした。

ヤーコプの思い描く古来の女神は、『ドイツ神話学』の言葉に基づいて総括的に言うならば、「あたりを巡り歩いては、その姿を現わす、神々なる母たち」(umziehende, einkehrende göttermütter)[46]であるという。そして人間たちに、家事や農耕の技術を伝授する。先述のグリム・メルヘン集第二四番と『ドイツ伝説集』所収の五つの資料をも参照しながら、ヤーコプはさらに詳細な特徴を列挙しているので、以下にそれを抽出してみる。[47]ちなみに個々の番号はグリムによるものではなく、ここで便宜的に付したものにすぎない。

(1)天上の存在である。——大地を包みこんで空高くに在る。雪を降らせるという俗信はこれに基づく。雨や風の源とも見なされる。

(2)湖・泉を好み、白昼正午に白い姿で現われる。——タキトゥスの記録にあるネルトゥスと関連する。

(3)車に乗って現われる。——通りかかった農民に修理を頼み、作業で残ったおがくずが黄金の贈り物となる伝承がある。

(4)一定の時節に「荒ぶる軍勢」(das wütende heer)を率いて行進する。——とりわけ十二夜の時期に一帯を徘徊し、土地に豊饒をもたらす。主神ヴォータンに共通する特徴である。「軍勢」のなかには、魔女たち、あるいは洗礼を受けずに死亡した子どもたちの霊がいる。

(5)醜く恐ろしい容貌を持つ。——長鼻で、グリム・メルヘンにもあるような長い歯、長い縮れ毛をした魔女のごとき老婆である。子どもの躾けに持ち出される。近世十六世紀のエラスムス・アルベルスやルターに、この特徴でのホレの記録がある。

(6)糸紡ぎ・亜麻紡ぎの仕事を見張る。——仕事熱心な娘には、紡錘《つむ》などの贈り物をしたり、仕事の手助けをしたりするが、怠惰な娘には、糸巻き棒を燃やすなどの罰を与える。ホレが現世に現われるクリスマスには、糸巻き棒に糸をたくさん巻きつけて立てかけ、ホレが再びこの世を去る謝肉祭の季節には、糸紡ぎの作業をすべて終了して、糸巻き棒をホレの目に触れぬよう隠さなければならない。この義務と禁忌が守られているかぎり、ホレは繁栄をもたらす。ちなみに仕事道具を隠すという行為は、ホレの顕現する聖なる日として労働の休止と安息が求められたものであり、この観念は、レーン(Rhön)地方では、農耕作業の禁止という形で現われる。

(7)農耕の豊饒を司る「地女神」(eine erdgöttin)、「母神的存在」(eine mütterliche gottheit)である。——地母

神としてゲルマン女神フリッグに遡行しうる存在であるとともに、「荒ぶる軍勢」、別名に言う「野蛮な狩猟」の集団の導き手、すなわち狩りの先導者である。また狩猟とともに、水源、泉に関わる女神として、ギリシア女神アルテミスと一致する性格を持つ。

多様な地域と時代にまたがって示されるこれらの諸特徴から、統一的な一つの像をイメージすることは容易ではない。しかし最後の(7)の項目に至って朧ろげに見えてくるのは、このホレという存在が、単に古代ゲルマンの女神というだけでなく、それを含んでさらに時代を遡る、きわめて古い女神、豊饒と死を司る冥界の大母神の姿をとどめているということである。

数度にわたってグリムが言及している「荒ぶる軍勢」であるが、フランスの民俗学者C・ルクトゥとPh・ヴァルテルの基本的な定義によれば、これは「何らかの理由で、特定の時期に地上に現れる死者の群れ」[48]である。ヨーロッパ各地の伝承に共有されるこの現象は、とりわけ万聖節、クリスマスと公現節のあいだの十二日間、主の奉献の祝日、謝肉祭、聖金曜日、聖ヴァルプルギスの夜、聖ヨハネの祝日などに目撃される。[49]

キリスト教とは異質な死者崇拝の痕跡がここにある。十一世紀以後、中世の教会は、この厄介なる異教的信仰への対策に本格的に乗り出したが、その顕著な例としてクリュニー修道院は、万聖節の翌日十一月二日を死者の日と定め、「きわめて重要な、死者を記念する典礼の中心」[50]としてこれを定着させてゆく。この記念日は、死者ミサの制定とともに、一般の人びとの宗教生活に浸透していった。中世に完成する煉獄観が、まさにこの死者に対するキリスト教的戦略の一環として捉えうることは、J＝C・シュミットなどが明快に述べているとおりである。

ル・ゴッフ『煉獄の誕生』は、煉獄イメージ形成の基礎として、古代のいくつかの冥府像を概観している

荒ぶる軍勢
L. クラナハ《メランコリアの寓意》部分、1532年、ウンターリンデン美術館（コルマール）

が、なかでもユダヤの冥府シェオールを論じつつ、旧約詩篇五五・二四にある「滅びの穴」に言及したところで、余白的にホレさまのグリム・メルヘンを読者に想起させている。すなわち少女が落ち込んでいった泉とは、「あの世の入り口」として冥府的な性格を持っているのだと。[51] キリスト教的世界観に染まった中世アルザスの騎士の幻視では、改悛することなく死んだ者たちが、「ニヴェル近くの山の中」にある地獄へと堕ちていったともいう。[52]

マイスナー山とホレの伝承の背後には、古代より、山と地底とに付着してきた死者の世界、異界としてのイメージがある。[53] ホレさまとは、遠い古代における死者世界の女神の成れの果ての姿であり、古代から近代へと受け継がれた大いなる女神の系列を、その末端において構成している。古伝承のホルダが、山や森を住処とすることを、『ドイツ神話学』は随所に記述した。[54] ヘッセンの土着文化においてホレさまは、雪を冠するマイスナー山を聖所とし、異界としての山に女神として君臨するのである。

　とはいえ、このような認識はすでに定説ないし常識のように言われている事柄でもある。古代ゲルマンの偉大なる冥府の女神に遡りうる可能性をほのめかしつつ、しかし他方では、「紡績女工の取締」程度の民衆的観念にすぎないとも考えられ、「要するに正体は判明しません」[55]、と言う金田鬼一の軽妙かつ誠実な『グリム童話集』の解説は、それはそれとして味わいのあるものである。しかし例えばグリム・メルヘンの通過儀礼的構造をわかりやすく示した高橋吉文『グリム童話　冥府への旅』などでは、当然の事柄のようにして、「ゲルマンの豊穣と死の女神（大地母神）であるホレおばさん（山姥）[56]」という性格づけがなされている。

　糸紡ぎのモチーフは、この命の明滅を司る性格と当然ながら深く関係している。すなわち運命の女神としての特徴がホレさまに付随する。フランスの神話学者ヴァルテルによれば、機織りの営みを、「時間と密接に関連する活動」として捉えることができ、例えばホレさまの南

ホレさまあるいはベルヒタの巡幸　A. スティクス画、19 世紀

ドイツにおける対応形態であるペルヒタの語が、古ドイツ語における「紡錘」に関連を持つという。[57] M・エリアーデ『豊饒と再生』における「月と月の神秘学」と題された章では、中世の「織工の守護神」である女神ホルダが、豊饒と死に関わる「月＝地下的構造」を備えた神として叙述される。糸とその織物は、時間の区切りの象徴、つまり女神が測定し、織り上げる、この女神によって創造される現世の運命の象徴となる。[58]

こうした冥府と生命・豊饒の女神のイメージを、ケルト・ゲルマン以前のヨーロッパの古層文化にまで遡って追求したのは、先の高橋のグリム・メルヘン論にも根本的な知見を与えている、カルロ・ギンズブルグ『闇の歴史』(一九八九年)である。悪魔と魔女たちの夜の宴、すなわちサバト伝承の根源を探るこの書物のなかで、ギンズブルグは、太古の女神とシャーマニズムという主題に逢着し、その文脈のなかで再三にわたりホルダの名に言及している。

イタリア生まれのこのユダヤ系歴史学者は、キリスト教支配下の中世ヨーロッパで社会的周縁に位置することを強いられた存在、すなわちハンセン病患者やユダヤ人、異端者、あるいは魔女の名で呼ばれた人びとの裁判記録を取り上げ、その資料を構成する文化的多層性を明らかにしようと試みた。支配者層の言述を単になぞるのではなく、知識人文化と民衆文化の重なりを見てとり、あわよくば文化の「最古の層」[59]にたどり着こうとする。「支配的文化の解釈と修正、そして従属的文化のその受容という鏡の遊戯」[60]を資料のなかに嗅ぎつけるギンズブルグは、例えばディアーナという名の女神の記録から、それとは本来独立したものである土着の女神が、ローマ的に解釈された事実を推測する。また夜の行進と戦闘というアルプス山中の特殊な儀礼、サバトの嫌疑を受けた民俗儀礼の裁判記録からは、「動物への変身」と「夜の集会への飛行」とを特徴とする、一つの「深く遠い文化層」の痕跡に気づく。[61]

このサバトの事例をいま少し具体的に叙述すれば、これは以下の四つの要素、すなわち「a 定期的戦い、

b 恍惚状態での戦い、c 目的は豊作、d 魔女や魔術師が敵（あるいはその代役としての死者）[62]という特徴のもとに展開する夜の儀礼である。先述の「荒ぶる軍勢」という民俗的現象は、明らかにこれと関わる同系統のものであるが、ギンズブルグによれば、ここには太古のヨーロッパのシャーマニズム的文化の痕跡があるという。「戦い」の場所とは冥界であり、宗教的任務を負った特殊な人びとが、人間の日常性と隔絶した「動物」という「他者」に変身して、とはつまり恍惚状態となって魂を遊離させ、異界へと旅立つ。その神秘的な移動は、「飛行」のイメージで思い描かれる。

命あるものが現象しては消え去るこの日常世界に対して、どこか別の場所に、ひとつの隠された異界がある。「死者やいまだ生まれざるものの無定形の世界」[63]とギンズブルグが呼ぶこの世界、それは人間を無慈悲にその中へと拉し去り、死者の仲間へと引き込む恐ろしい空間である。しかしそれはまた、予告もなく、突如として命と豊饒をもたらす正反対の性格をも併せ持っている。ゲーテ『ファウスト』第二部の「母たち」の章句を題辞に掲げるギンズブルグは、この他界への旅、すなわち「他界へ行き、他界から帰ること」[64]の筋書きを、「存在可能なあらゆる物語の母型」[65]とまで言い切る。この物語の筋書きに乗って人間は、命の源の世界に降りてゆき、そこに鎮座する大いなる女神の力に預かろうとする。

銘記しておきたいのは、ギンズブルグのこの著作が、ヤーコプ・グリムの衣鉢を継ぐ形で、このドイツ人を強く意識しつつ書かれていることである。要所ごとにヤーコプの名に言及し、『ドイツ神話学』の関連箇所を引用しながら、ギンズブルグに言わせれば、ヤーコプ以後の研究者によって細分化され、見通しの悪くなったこの古き女神の主題を、もう一度適切な形で論じ直そうとする。「グリムがかいま見た統一的関連」[66]を見失うことなく、二十世紀のギンズブルグは、古代からの「文化的連続性」[67]をヤーコプのごとく追い求めている。

『ドイツ神話学』は、地上に顕現したホレさまが発するという言葉を引用し、その「古代的」（alterthümlich）[68]な響きに耳を傾けている。これはプレトーリウスの著作から採られ、『ドイツ伝説集』第五番にも記されていたものである。

あまたの糸のごと／あまたの善き年を
（so manches haar, so manches gute jahr!）
あまたの糸のごと／あまたの禍年《まが》を
（so manches haar, so manches böse jahr!）[69]

ホレさま　O. ウッベローデ画

ホレが古代の豊饒の女神であるとなれば、「ホレおばさん」という名前で、その老いたイメージを固定してしまうのは差し障りがある。グリムのメルヘン集では、たしかに「老婆」[70]だと描写されているから、この物語に限って言えば問題はないだろう。しかし後年、『ドイツ伝説集』のためにヘッセンの画家O・ウッベローデが付した情緒豊かな挿絵[71]などが示すように、この女神はうら若い乙女のイメージも重ねて持っている。生と死という両義的性格を持ったFrau Holle

の名称としては、「オシラサマ」や「観音様」などの日本の民俗における神的存在を念頭に置きながら、「ホレさま」とでも呼んでおくほかはない。

二〇〇四年七月、マイスナー山にあるこのホレさまの池の畔に、一体の巨大な彫像が据えつけられた。ほかでもないホレさまの像である。製作したのは、マイスナー山の北麓ヴィッツェンハウゼン（Witzenhausen）に住むロシア出身の彫刻家ドンハウアー父子であった。[72] 楡の木を使ったこの茶色の木像は、全長が三メートルを超える代物であり、この余りに目立つモニュメントが、古代の神秘漂う場所にそもそも相応しいものであろうかと、周辺の人びとの激しい議論を呼ぶことになる。設置者側の説明としては、駐車場から最も離れた場所でもあり、三メートルの大きさは目立ちにくい、しかも葦の草むらに包まれて見えるので、水浴を終えたホレさまが、あたかもちょうど池から上がってきたかのように見えるではないか、との回答がなされた。

議論を白熱させた問題は、しかし像の大きさだけではなかった。このホレ像は、若々しい娘の姿で、しかも極端なまでに胸の豊満さが強調された作品だったのである。地元新聞の投書欄には、「解放的な」女性たちからの抗議の文章が次々に寄せられ、「マッチョ党派」の男性的観念の現れだと厳しい批判の声が飛ぶ。地元民にとって好都合だったのは、この反対運動が近隣・遠方の人びとの関心を呼び、観光促進に一役買ったことであった。「奇跡の胸」（Busenwunder）、「セクシー・ガール」（Sexy-Girl）といった揶揄の言葉もやがて飛び交うようになる。

なぜこのような官能的な姿で作られたのかを説明し、一連の騒動に収拾をつけるために、「厳密に学問的な方法で」、「事実に即して冷静に」マイスナー山とその山の女神ホレの叙述を試みたと称するのが、すでに幾度か参照してきたヘッセンの郷土史家コルマンの著書である。マイスナー山周辺の詳細な地理と民俗が記された誠実な筆致の書物であるが、古代の女神からの連続性を、あまりにも素朴に唱えるその実直さは、男性中心の社会に怒る女性たちの過敏な心を、どれほど鎮められたものか。この地元の名士コルマンは、ホレさまの木像設置計画に、自らも助言者として関与していたという。古代の女神は、確かに今もなお、その神話的な力で老若男女を惑乱させつづけている。

三　三つの贈り物

ヤーコプ・グリムとギンズブルグが共に言う文化的連続性に基づいて、太古の豊饒と冥府の女神の姿を伝説伝承のなかに見つけ出すことは、ある意味では愉しい作業である。メルヘン集に比べてなじみにくい印象をもたれる『ドイツ伝説集』も、ヤーコプの神話学的知見を応用することによって、そのいくつかの物語が精彩を帯び始める。

例えば第五〇番「ウンタースベルク山の荒女」を取り上げてみる。オーストリア・ザルツブルク市の高台にある城砦から、アルプスの山並みを後景に、

マイスナー山中の
池の畔に立つホレさま像

美しく聳え立つ姿が遠望されるウンタースベルク（Untersberg）山は、本書のはじめにも述べたように、ドイツのマイスナー山やブロッケン山と同様、多くの伝説に取り巻かれた有名な山である。「ヴンダーベルク」（Wunderberg）、すなわち「不思議の山」という別称を持つこの山に特化した伝説関連の文献は少なくない。[73]グリムは、十八世紀末の資料にほぼそのまま依拠しながら、[74]同世紀中葉の地元民たちの話として伝わる、ウンタースベルクの「荒女」（die wilden Frauen）の所業について語っている。「荒い」（wild）という形容詞は、民衆の日常とは隔絶した異界の存在であることを示す言葉であり、すでに言及した死者の霊魂の群れ、あの「荒ぶる軍勢」の名称に用いられていたのと同じ形容詞である。

ヤーコプの編集によって、複数の断片的伝承が接続・列挙される形になったこの山の荒女たちの物語を、以下、個々の要素に分割してみる。

（1）山のほら穴の近くで家畜の見張りをしていた子どもたちに、「荒女たち」がパンを与えた。女は複数である。

（2）麦の刈り取り作業の季節に、「荒女たち」は、朝早くに山から下りてきて作業を手伝い、夕方には、一緒に食事を摂ることもなく山へ帰っていった。

（3）息子を連れて農作業に出ていた一人の父親のもとに、「荒女たち」が現われ、その子どもを奪っていこうとした。奇怪な山姥の出没についてすでに聞き知っていた父は、臆することなく抵抗する。それに対して荒女の一群は、村よりも彼女たちの山のほうが幸せな暮らしができる、しかも「あたしたち」はとても子どもが好きだから、決して悪い暮らしはさせないと説得する。それでも拒否する父親に対して、彼女たちはとうとう屈し、「はげしく泣きながら」山へと帰っていく。

（4）家畜の番をしていた子どもが、しかしある時ついに、「荒女たち」に攫われてしまった。行方不明になってから一年後、木の切り株の上に、緑の衣装を着て座っているところを、木こりたちによって発見される。翌日、知らせを受けた両親は子どもを捜しに山へ入るが、もはや見つからない。

（5）山の麓のアニフ村に、「一人の荒女」が現われ、あちこちに「穴」を掘って寝床にしていた。この荒女は、「踵に達するほどの、とほうもなく長い、美しい髪の毛」をしていた。あるとき一人の既婚の農夫が、「なによりもこの髪の毛の美しさのために」荒女に惚れてしまい、穴の寝床でついに共寝をする。ただしお互いにひと言も話をせず、また「不謹慎なこと」もせずにである。二日目の夜、農夫は荒女から、奥さんはいるのかと尋ねられたが、いないと嘘をつく。一方、この農夫の妻は、夜に家を出て行く夫を怪しみ、後をつけていく。すると野原の穴で、夫が荒女と一緒に寝ていた。驚いた妻は荒女に向かって叫ぶ。「あなたの美しい髪を、神さまがお守りくださいますように！」――。独身だと嘘をついていた農夫を荒女は非難するが、一方、農夫の妻が、荒女に対して怒りや憎しみを抱くどころか、むしろ優しい言葉をかけたことを褒め、以後は二人仲良く暮らすようにと教えを垂れる。「というのも、〈何びとも娶りし妻に忠節に暮らすべし〉と書いてありますからね。」さらに荒女は、農夫に「黄金の靴」をプレゼントし、家に帰るよう促す。最後に、「もう振り返ってはいけませんよ」と言い添えて――。

浮気をしでかしながら、男は妻の怒りを買うことがなく、それどころか妻は浮気相手の美しさを賞賛し、さらに男は浮気相手から高価な贈り物を受け取るという、ある種の人びとにとっては羨ましいかぎりの内容の物語である。最後の荒女の言葉は、とりわけ重要な意味を担っている。ある邦訳では、「もう、きょろきょろするんじゃありませんよ」[75]といううご親切な説教が置かれる形になっており、それはそれで愉しい道徳的物語にはなるのだが、山の異界性を解釈の基礎とするかぎり、ここではむしろ、グリム研究者H・レレケの注釈に言われる、オルフォイスとエウリュディケーの物語、すなわちあの神話的な冥府行のモチーフとの親縁性を見てとることが大切である。ちなみにレレケは、旧約聖書創世記一九章で主がロトに投げかける言葉にも、この神話的モチーフの広がりを見ている。[76]

農夫が赴いた山の穴とは、山の女神が支配する異界の象徴的表現である。女神の豊饒性、生命の源としての性格は、例えばパンや麦刈りといったモチーフに投影されているだろうが、同時に女神が冥府の主でもあるという両義的な性格は、子どもをさらうイメージ、しかも村よりも幸せだという山中の場所へ、一種の楽園へと「子ども」を連れ去ろうとするモチーフに見てとれる。そしてそもそも子どもとは、文字どおりの年少者であれ、あるいは、比喩的にその共同体の構成員という意味――ハーメルンの鼠捕り男伝説で犠牲になる百三十人の「子どもたち」の場合にも、同様の解釈が存在する[77]――であれ、基本的には、「死者やいまだ生まれざるものの無定形の世界」の近くに位置し、その異世界との交通、交流のなかにある者として捉えられる。

『ドイツ伝説集』の英訳者D・ウォードは、山の女が、この伝承に典型的に示されているように、しばしば官能的な魅力を持つ存在として描かれることを指摘している。豊かで美しい「髪の毛」のモチーフは、グリム・メルヘン「ラプンツェル」（KHM12）にも見えるように、豊饒に関わる性的なイメージとして存在するが、それはこの南ドイツ・オーストリアの伝説圏において、例えば「幸せの女たち」（die Saligen）と呼ばれる妖怪の属性の一つともなっている。[78]オーストリアの伝説研究者L・ペッツォルトによれば、すでに十三世紀の聖職者ベルトルト・フォン・レーゲンスブルクの記録に、felices dominae ――先のドイツ語とほぼ同じ意味のラテン語――という優美な女神たちが記されており、飲食物のお供えをする者に恵みを与えると信じられた。そしてこの「幸せの女たち」、または「荒女たち」と呼ばれる女性の神秘的存在において、美しい「髪」のモチーフと「永遠の贈り物」のモチーフとが有意味な結合を成して現われる。(79)

農夫は、山の女神との添い寝の後、「黄金の靴」を受け取っていた。この不可思議な贈り物は、その後いかなる効能をもたらすのか。伝説内に具体的な描写はないが、それはレレケ、ウォード、ペッツォルトらの伝承研究者たちがそろって指摘する、同系統の別伝承から類推することができる。すなわち『ドイツ伝説集』第七〇番の「はかり匙と指輪と盃」がそれであり、十七世紀の著述家E・W・ハッペルの書物から採られたこの伝説は、さらにこのハッペルが、一六六五年刊のフランス語の書物『バッソンピエール元帥の回想録』から採ってきたものである。(80) ゲーテ『ドイツ避難民閑談集』(一七九五年)のなかの二つの短編は、周知のようにこの十七世紀中葉の回想録から想を得て書かれたものであり、さらにその一つはホーフマンスタールの短編(一九〇〇年)へと生産的に受容されていく。ホーフマンスタールは、元来の近世回想録の存在を当然ながら知ってはいたが、短編の創作にあたって実際に参照したかどうかは推測の域を出ないようである。(81)

グリムの伝説に戻るならば、これは血筋の高貴さと特殊性を主張する、一貴族家の由来譚であり、超自然的存在の権威によって一族の繁栄を正当化しようとするものである。バッソンピエール(ドイツ名バッセンシュタイン)元帥の告白に基づくというこの伝説によれば、彼の祖先、具体的には彼の曾祖父であるロートリンゲン公国のフォン・オルゲヴィーラー伯爵が、結婚後も、「この世のものとは思われぬ一人の美女」と月曜日ごとに夜の密会を重ねていたという。「森で狩りの獲物を待ち伏せするために」と偽って、自宅の庭園内に建てられた館へと、数年にわたって通いつづける。ついに疑いの念を強くした妻は、ある夏の夜に、夫の後を追って庭園に入ってみる。と、そこに見えたのは、夫が、美しい女の腕に抱かれて一緒に「眠っていた」姿であった。妻は、しかし二人があまりにも安らかに眠っているために、二人を起こすことをためらい、頭に掛けていた自らのヴェールを取って二人の足もとに掛けておいた。やがて目覚め、足を覆うヴェールに気づいた女は、伯爵に告げる。あなたとはもはや会うことはできない、しかし三つの品物をあなたの三人のお嬢さんたちに差し上げるから、それを絶対になくさないように、と。そして表題にも挙げられている三つの贈り物の効力により、一族は安寧と繁栄を享受する。

この〈三つの贈り物〉は民間伝承に頻出するモチーフだが、[82]『ドイツ伝説集』には、この関連で参照を要するもう一つの伝説、第四一話「ランツァウ家の始祖の女」がある。「始祖の女」（Ahnfrau）とは、近く一族に死人が出るときに、それを予言するために現われる祖先の霊である。死者崇拝を嫌うキリスト教とは明らかに異質な伝承と言える。

ホルシュタイン地方の貴族ランツァウ家に、以下のような内容の話が伝わっている。ある夜、この家の祖母が眠っているところへ、灯りを手にした一人の小びとが現われ、彼女を起こして、「山の空洞の中へ」連れて行った。そこには「陣痛に苦しむ」（kreißend）女性がいた。彼女の指示に従うまま老婆が手を動かすと、具合は楽になったという。小びとは、再び邸宅まで祖母を送り、その三人の子どもたち、すなわち二人の息子と一人の娘のためにと、五十枚の計算コイン、一匹の鰊、一つの紡錘という三種の贈り物を与えた。それを大切に保管しなければ、一族は衰退するであろうという言葉を残して。

十七世紀後半の著述家ザイフェルトの奇談集から採られたこの短い物語の後、続けてグリムは、「完全さにより近く、さらに正確な」伝承だとして、十八世紀初頭、ブリュッセルで刊行されたフランス語の奇譚集に基づく、「あるドイツの出来事」と題されたもう一つの物語を置いている。[83]そこに登場するのは、デンマーク出身の新婚の伯爵夫人である。この女性がある夜、夫の横で眠っていると、「この世のものとは思われぬほど美しい」、一人の「小さな女」（Fräuchen）に起こされた。二の腕ほどの長さの身長で、灯りを持って立っている。彼女について来るように言われ、それに従うが、ただし行った先では「差し出されたものは何も食べないように」、また彼女が渡すもの以外は、「他のどんな贈り物も受け取らないように」と忠告を受ける。やがて二人は「地底へ」降りていった。彼らは、黄金と宝石、そして小びとの男女たちに溢れかえる部屋に到着する。すると小びとたちの王が現われ、伯爵夫人に対して、陣痛で苦しんでいる女王の手助けをしてくれと依頼するのだった。伯爵夫人は手際よく処置し、無事に男の赤ん坊が生まれた。お礼にと、王は盛大な宴会を催すが、夫人は小びとの忠告を守って、食事にも宝石にも一切触れない。そしてお開きの後に家へと戻される。

家に着いたところで、「小さな山女」（Bergfräuchen）[84]——グリムのテクストはここからこの名称を用いている——は、伯爵夫人に三本の木の棒を贈り、次のように語った。これを枕の下に入れておけば、翌朝には三本の黄金に変わっている。そうしたら、この黄金を材料にして、上述の三つの品を製作させるがよい。この三つの品を後生大切に保管し、またこの秘密を夫以外の誰にも口外しなければ、一族は安泰である。伯爵夫人には、やがて三人の子どもが生まれるであろうが、鰊を手にした子は「武運」を、計算コインを手にした子は「国の高貴な職務」を、紡錘を手にした子は「たくさんの子孫」を獲得して、それぞれ豊かな三つの家系を形作るだろう——。「小さな山女」の指示を守った一家は、その後、予言されたとおりの繁栄を体験した。一度デンマーク王からコインを所望された際には、渡した途端に、これまでそれを身につけていた一族の者が激しい腹痛を覚えたという[85]。

さまざまなヴァリエーションをとりながら現われる〈三つの贈り物〉のモチーフに、それぞれ決定的かつ具体的な意味をあてはめることは難しいだろう。しかし英訳者ウォードによる第四一番への注釈によれば、コイン／鰊／紡錘という贈り物の場合、明快な解釈が可能であるという。つまりこの三者は、統治権／戦争／豊饒という三要素の象徴となっており、これらはフランスの神話学者G・デュメジルが提示した、インド・ヨーロッパ語族の文化に通底する「三機能構造」を反映したものだというのである。[86] デュメジルは、インド・ヨーロッパ語族という言語的共同体――民族的、血統的なそれでは決してなく――のなかに、言語の共通性に基礎づけられた、ある一定の文化的構造が存在することに気づいた。古代インドの社会的階層をなすブラーフマナ／クシャトリア／ヴァイシャ、あるいは最古期ローマの三大神ジュピター／マールス／クィイリーヌス、北欧神話ではオーディン／トール／フレイといった例が示すように、祭司／戦士／生産者、すなわち聖性と主権性／戦闘性／豊饒性から成る三幅対が、神話や宗教、社会構造を形作る基本的な様式、いわゆる「思惟の鋳型」として存在する。[87] しかもこの三要素は、諸伝承のなかで、順に白／赤／黒（または濃青）の三色の組み合わせのもとに表現されるという。一例としてデュメジルは、『リグ・ヴェーダ』の讃歌一〇・二〇・九にある神への言葉を引用する。[88]

伝説に現われた女性の神格を論じている今、このテーゼを唱えたデュメジルの著書からは、さらに二つの有意義な示唆を得ることができる。一つには、この三機能構造が、ドイツ・アルプス地方で採取された十九世紀の伝説にも影を落としているらしいことである。ヨーデルの起源を語るこの伝承では、ギリシアのパリスの審判さながら、しかし「ギリシアの伝説とは明らかに独立した」形で、三人の兄弟それぞれに一つずつ、合計三つの贈り物の分配が行われる。[89]

もう一つは、三機能の構図における女性神の役割である。女神は主に第三機能の豊饒性に関わることが多いというが、ときに三つのすべてを一人の女性神が体現することがあるという。「三機能包括女神」という名称をデュメジルはそこに与えており、ヤーコプ・グリムも『ドイツ神話学』のなかで指摘していた、[90] 男神の「個別性」に対する女神の「全体性」なる特徴が作用する型である。先述のパリスの審判では、王子パリスの眼前に、ヘーラー／アテーナー／アフロディテーという明確な三機能を象徴する女神たちがいる。古代インドのヴェーダに見える河川女神サラスヴァティーは、清浄／英雄的／母的という三つの性格を持っていたという。また古代イタリア中部のラティウム地方では、女神ユーノーに対して「セイスペース／マーテル／レーギーナ」という、戦闘／母／女王の意味を持つ称号が与えられていた。ゲルマン神話でも同様のことが観察されており、大陸部ではフリッヨー女神、北欧神話ではフリッグやフレイヤなどがこの種の多義的な女神として同定しうるという[91]。

　三女神は、やはり同じくインド・ヨーロッパ語族に属するケルト世界にも見られる。ギンズブルグの先述の著書には、ケルトの遺跡に残された三女神の彫刻の興味深い図版があるが[92]、ドイツの研究者ゲトナー＝アーベントロートは、このケルトの三女神に関連づける形で、ホレさまの根源的な姿を模索する論考を書いている。ケルト・ゲルマンという父権的社会に対し、それ以前へと遡る、新石器時代の母権的社会（紀元前一万年―二千年頃）の神観の再構成ということが、この母権論者にしてフェミニストである女性の関心である。ヘッセン地方や、その東隣のテューリンゲン地方に残るホレさまの数々の伝承や古代遺跡、またマイスナー山、キフホイザー山、ヘルゼルベルク山といっ

ケルトの三女神
ヴェルトー（フランス）出土
シャティヨン・シュール・セーヌ
博物館

た有名な山々、さらには女神の乳房に比定される「等び山」(Gleichberge)という名称の一対の丘[93]に至るまで、実在する山地・山岳、さらには洞窟、地名、礼拝堂の宝物などを詳細に挙げながら、古き女神の姿を遠望している。

南チロル、バイエルン、中部フランケン、ストラスブール、ヴォルムス、ルクセンブルクなどのカトリック教会には、三人一対の女性を描いた中世の宗教画が今なお保存されているという。ゲトナー＝アーベントロートによれば、これらはケルトの三女神、具体的には三人のベト(Beth)女神への信仰の名残である。ベトの名は、祈る、呼びかけるという意味のbetenに語源を有し、今でこそキリスト教教会の意味で用いられる「祈りの家」、すなわちBethausというドイツ語も、中世においては、「ベトの館」として異教的信仰の場所を指し示し、キリスト教的な祈りの場とは異質な聖域として意識されていたという。ベト三女神は、Bor-bet(白)／Wil-bet(赤)／Am-bet(黒)の三者から構成されており、天上／地上／地底の三層から成る世界を分担して支配する。この白／赤／黒の三層は、順に、天候(光と風雪)／運命と時間／生命と豊饒に対応するという。カトリック世界は、これら三女神の観念

ペルヒト　H. ヴィントラー『美徳の華』挿画、1486年

を、順に聖バルバラ／聖カタリーナ／聖マルガレータ――地母マルガレータは、しばしば黒い龍とともに描かれる――の三聖女として受容した。また民間信仰の領域では、白の女神 Bor-bet の名は、南ドイツで信仰されるペルヒト (Percht) やベルヒタ (Berchta) といった女の妖怪的信仰対象の名前に残存してゆく[94]。中部ドイツのホレさまとこれらが同じ一つのものであることは、ヤーコプ・グリムが『ドイツ神話学』のなかで明言している[95]。

ゲトナー＝アーベントロートは、さらに続けて、「キリスト教的・父権社会的抑圧[96]」を受ける以前の、純粋なる母権的・女性的神観を求めて、天上（白）／地上（赤）／地底（黒）、すなわち光と雪／豊饒／死と再生という最古の三女神の予想図を提示している[97]。この部分は観念的にすぎて説得力を欠き、またデュメジルの三機能説の構図との不一致をうまく説明することができない。父権的体制化での変容というような説明がおそらくは付けられるのであろうが、ここではデュメジルの構図と一致する、比較的実証性の備わったケルトの三女神の説までを受け入れるにとどめたい。

ホレさまの多様な現象型からもわかるように、中世から近世へ、さらに近代へと時代が進むにつれ、伝承は相互に絡まりあい、結果、異なる時代と地域のモチーフが同一テクスト上に併存することになる。その多層性の歴史的な解析は多く困難を伴い、しばしば観念的な裁断を招くことにもなる。例えばデュメジル的な構図のもとに伝承を解析する際の一つの注意点として、「マトローヌ」ないし「母たち」と呼ばれるガリアの女神たちを視野に置きながら、神話学者ヴァルテルは述べている。当該の女神の三重化は、「単に強調を目的としたもの」と、「三人の各々が異なる価値を持っている」場合とがあり、適宜区別を必要とすると。「前者はいわば単一の神の最上級の形態であり、後者では、三人の各々が印欧語族の三機能のいずれかに対応するものだからである[98]。デュメジルの理論へと一息にすべてを収斂させるのではなく、あくまでも個々の伝承の独自性に即した分析を求めるかぎり、このヴァルテルの指摘は確かに重要な示唆を含んでいるだろう。しかし少なくとも、ホレさまという降雪と天候を司る女神がヴァイスナー、つまり「白い山」という名の山を聖域としたことは、このデュメジル的な構図を断片的にであれ示すことのできる、興味深い例だと思われる。

四　儀礼

『ドイツ伝説集』における異界の女神たちは、物語のなかでいかなる機能を担わされ、人間にいかなる恵みを与えているのだろう。このことをいま少し厳密に見定めてみることにする。第四一番「ランツァウ家の始祖の女」の三つの贈り物について、注釈者レレケは、ベヒトルト゠シュトイプリ編の『ドイツ俗信事典』(Handwörterbuch des deutschen Aberglaubens)(一九二七―一九四二年)に依拠しながら、「鰊」は「伝統的な縁起物」、「紡錘」は「主婦の美徳の象徴」だと記している。[99]「コイン」については、「計算作業の補助に使われる、貨幣に似た計算卓用金属板」だという事項説明にとどまっているが、もしこれが金銭的管理として人民への主権性に、そして鰊という「縁起物」が武運に、紡錘という「主婦の美徳」が子孫繁栄に関わるとするならば、英訳者ウォードが見ようとしたデュメジルの三機能説への関連は、ここでもまたそれなりの信憑性を帯びてくる。ゲトナー゠アーベントロートの母権論的なホレさま論では、「幸せの女」たちと「荒女」たちの民話的モチーフに言及し、「エロチック」で「子ども好きな」性格を持つこの女妖怪たちが、母権的時代の痕跡をとどめる、伝説伝承の最古層の要素だと言っている。[100]ヤーコプ・グリム『ドイツ神話学』の網羅的な記述のなかには、森や山に現われるこれらの女たちとホルダ、ベルヒタとの「完全な」類似についても記されているから、[101]ヤーコプの記述を信ずるかぎりは、ホレさまを古代の大母神に連続する存在として見ることの説得力は増す。

それにしても、第五〇番におけるウンタースベルク山の農夫は、美しき山姥との共寝において何を求め、夜に何を行っていたのか。山の「穴」の内部に閉じこもり、「眠り」の共有の果てに、「黄金の靴」という贈り物を受け取る男。以後、妻とともに幸せな余生を暮らしたであろうことを、この民話の結末は暗示するが、官能的なまでの大地母神の姿とその恵み深き性格からは、いささか唐突ながら、平安初期に著された仏教説話集『日本霊異記』の吉祥天にまつわる一説話が思い起こされる。

ヨーロッパの大地母神に対応する日本の女神としては、吉祥天よりも、まず弁才天を想定するのが自然なようだ。しかし平安期までは、この弁才天信仰をむしろ凌いでいたという女神吉祥天への信仰[102]の痕跡が、古代伝承の宝庫である『日本霊異記』に見えている。とりわけその中巻第十三縁における、和泉国の山寺に安置された土作りの吉祥天像と、一人の優婆塞の物語は示唆的である。この男は、聖なる吉祥天の姿に愛欲の心を起こし、この「天女」のごとき女と結ばれるようにと熱心に祈願する。するとその夜、彼はほかでもないこの吉祥天と交わる夢を見た。翌朝に目を覚ましてみると、天女像の裳裾は男の不浄に汚れていたという。この説話は、しかし人間／男の忌まわしい性根を戒める類のものではない。それどころか、「諒《まこと》に委《し》る、深く信《うやま》はば感《うご》きて応《こた》へずといふこと無し、と。是れ奇《あや》異しき事なり」と述べて、深き信心ゆえの功徳を教訓として掲げる霊験譚である[103]。

時代を大きく下って、第二次大戦直後の日本に視点を移すなら、当時、学徒動員のさなかに亡くした母親を偲び、その痛切なる思いのあまり、吉祥天像の胸元に手を触れようとした一人の若者がいたという。奈良東大寺三月堂に安置された、塑像の吉祥天を前にしての出来事であったらしいが[104]、戦争と肉親の死という非日常的体験の後で、この若者が女神に出会った場所は、東大寺三月堂という、決して広いとはいえない堂宇の閉ざされた空間であった。

西郷信綱『古代人と夢』に述べられる知見は、この日本の女神とヨーロッパアルプスの山の女とを接続してくれると思われる。俗界から隔絶された一つの空間に籠ること、そしてそこに眠る、ないし忘我の状態に陥ることによって、神的存在に、とりわけ女性的な神性に遭遇するという筋書きは、古代文化におけるインキュベーション（聖所籠り）とシャーマニズムに由来する。この「聖所の眠り」、いわば「聖なるものと交わる夢」は、古代的心性を有する人びと、すなわち「祭式的に夢がえられると信じていた人々」の宗教的実践そのものであり、「人里はなれた聖なる場所にこもることによって、散乱する魂を癒し鎮めようとする」営みであった。法隆寺夢殿の聖徳太子、あるいは京都六角堂での親鸞の体験を例として挙げつつ、ただし『日本霊異記』への直接の言及はないが、西郷は古代人の夢と現実感覚についてこうも述べている。「ある女を夢に見ることとは、その女の愛を手に入れるのとほぼ同義でありえた。少なくとも古代人の霊夢は、つねに現実に到達し、それと交わった。[105]」

典型的な例としてさらに言及されるのは、記紀神話に描かれるオオナムヂの根の国訪問と「室《むろや》」に幽閉された彼の数々の試練である。これはインキュベーションとシャーマニズムという宗教的体験の反映、恍惚状態のなかに訪れた幻視体験の名残だとされる。「成年式そのもの、ないしはそのシャーマン的形態」としての「死と再生の劇」を、オオナムヂという行者は演じ、やがて魂の再生を果たした彼は、俗世に回帰して王となる。ちなみに弁当の団子が穴に落ちてゆき、それを追いかけて地の底に降りていった老翁が、そこで出会った鼠たちのおかげで長者になるという昔話「鼠の浄土」は、オオナムヂ神話の「異伝」として扱うべき伝承であるという[106]。この昔話と、グリム・メルヘン「ホレさま」との構造的類似は、あらためて強調するまでもない。

記紀神話への言及のほかに、とりわけ説得的に論じられているのは、大和長谷寺の観音信仰である。観音は、周知のように古代インドの原型的信仰では女神だったとされるものだが、「こもりくの泊瀬《はつせ》」としばしば歌われる、長谷の深く奥まった山岳的風土を併せ考えることにより、西郷は、古代日本に息づいていた、他界としての山岳の観念と「母性原理」[107]との密接な関係を指摘する。日本の古き山の神は、多く女性的な観念のもとにある地母神的存在であり、山とはひとつの母胎であった。命はそこから生まれ、そして死者はそこへ帰ってゆく。地母神は、山岳を構成する岩と水をも支配するから、その母胎的聖性は、さらに凝縮された形で、とりわけ洞窟という空間に投影される。そこでは山の洞窟だけでなく、出雲や加賀の海岸にある洞窟もまた、同質の他界として捉えることが可能になるのだが、いずれにせよ、このように俗世と切断された母胎的空間に籠り、三昧境に入ることによって行者は、擬似的な死と魂の再生を体験した。そして地の豊饒を、あるいは後世におけるその変形としてのさまざまな現世利益——観音信仰に顕著であるような——を、女神に祈願するのである。

籠りのなかに聖性と利益を求める心性は、西郷によれば日本のみならず、古代的心性を有する、とりわけシャーマニズムに関わる世界各地の文化において随所に観察されるはずだという。すでに見てきたドイツの伝説伝承のなかで、女神とのある種の合一を可能ならしめる場所として、山の穴ないし洞窟のイメージが置かれていたことを重視するならば、グリムのメルヘン集第四四番「死神の名づけ親」における典型的な一場面が思い起こされる。二度にわたって死神を出し抜いた医者の男に対し、死神は、報復としてとうとう男の腕をつかみ、「地面の下の、どこかの洞穴の中へ」連れこんでゆく。

そこで目にはいったのは、なん千とも数知れない燈火が、見わたすこともできないほど、幾列にもならんでともっていることでした。大きいのもあり、中ぐらいのもあり、小さいのもあり、目ばたきをするまに、そのあかりが、いくつか消えるかとおもうと、また別のがいくつも燃えあがるので、小さな焔は、入れかわり立ちかわり、あっちこっちへぴょんぴょん跳びはねているように見えます。(108)

死神は医者に向かい、「これは人間どもの生命の燈火だ」と教える。冥界への導師であるこの死神が、男ではなく女として登場する類話もグリムによって記録されているが、(109)いずれにしてもギンズブルグの言う、「死者やいまだ生まれざるものの無定形の世界」の姿を、これほど具象的に描いた場面は少ないだろう。

ここには、異界と日常世界とのあいだにおける、命の交換の民俗的イメージがある。養老孟司／齋藤磐根の言い方を借りれば、死者を葬る、すなわち埋葬という儀礼行為は、人間というものの定義の根幹に関わる重要な営みでありうるが、これは、彼岸世界と死という不気味にして統御不可能なるものを、人間社会の安定した「交換」システムのなかに統合しようとする試みである。

死者も交換される。どこの誰と交換されるのだろうか。それは彼岸の彼方とか、あの世とか、呼び方はいろいろあるが、この世から見た「あちら側」のまだ見ぬ世界の、そしてまだ見ぬ「存在」と交換することになる。

その理由は、死んだヒトの代わりに、新しいヒトを得るためである。つまり死者を「あちら側」の世界に送り出すことで、新しい生命、すなわち赤ん坊を「あちら側」から送ってもらうのである。彼岸の

彼方と、ヒトを交換することになるわけである。(110)

異界との交換においては、死者が進物として差し出される。この論理を、あのアルプスの山中で美しき山姥と睡眠を共にした人間の男に適用することはできないだろうか。グリムの伝説資料では、一見したところ、人間が受領したものだけが語られ、人間の幸福の結末ばかりが強調される形になっている。しかしこれは、かつて原型的な形では授受双方を備えていたものが、いずれかの歴史的時点で片方の要素を欠落させ、人間の受けた贈り物と世俗的幸福のみを述べる形に平板化した結果である、と推測することができるかもしれない。そしてさらには、男が実の妻に対して――特に不仲な様子ではないにもかかわらず――不貞をはたらき、いわば日常的な関係を破棄した上で、眠りという仮死的な状態に入るという一連の行為の特殊性のなかに、異界に供される何らかの供物の民話的・象徴的な表現を見ることができる。

異界との交換のイメージを顕著に残す、さらに別の山岳伝説がある。『ドイツ伝説集』第九〇番「地底の二人の女」であるが、先述の近世の著述家プレトーリウスが、十七世紀の聞き書きとして伝える資料をグリムが採取したものである。ここでは異界の二人の女が、人間の新生児を、まるでボールのように山中で投げ合っている。彼女たちは、生まれたばかりで未だ洗礼を受けていない一人の赤ん坊を、深夜、ある家に侵入して連れ去ってきたのである。家には、いわゆる「取替え子」(Wechselbutte)が代わりに置かれるが、当の二人の山女たちは、「近くの山」に来たところで、子どもをめぐって突如「争い」になり、赤ん坊を互いに投げ返し合う。それではさすがに赤ん坊は泣き出すので、大声で目を覚ました女中が、キャッチボールをしている二人のあいだに割って入り、つまり赤ん坊をインターセプトするのである。俊敏なる女中は、赤ん坊を抱えて急いで家に走り帰り、先ほど置かれていた「取替え子」のほうを入り口に置いておく。取り戻しに来た「山女たち」[111]は、結局こちらを連れて再び山へ帰って行ったという。ちなみにこの出来事は、「深い眠り」にあった一人の女性の体験談として伝えられている。

英訳者ウォードは、この「山女たち」という表記について、山中に、つまり地上の山に住む「荒女」のごとき存在であるのか、それとも表題にあるような地底の存在であるのか、という差異にこだわり、ドイツ語の原語 Bergfrauen から、それを明確に定義することは難しいとしている。しかしグリム自身は、もともとプレトーリウスの原典では「山の女」とのみ記されていた箇所に、『ドイツ伝説集』への採取にあたって、表題のような「地底」の言葉を付加したらしい。つまりグリム自身は、「山の女」という表現から、地底的存在のニュアンスを感じ取っていたことになる。[112]この関連では、すでに取り上げた第四一番の「小さな山の女」を思い出すことができる。ウターの注記には、この伝説は十八世紀初頭の原資料に「従って」[113]書かれたと記されるのみであり、グリムの大きな改変の跡をたどる必要はなさそうだが、いずれにせよこの女性も、地底との深い関係を示すことは明らかである。

山の地面の上なのか、それとも地底なのかという区別は、ドイツ語圏の山岳伝承における死生観を主題とする今、実はそれほど重要なものではない。むしろ両者を強く繋げ合わせる基本的な要素を確認しておくことのほうが有益である。つまり山の下にある地底と、山の地表を形成する森とは、冥界の観念において深く重なり合っている。ドイツの民俗学者N・ナウマンによる日本の山の神の比較神話学的研究は、ドイツの伝承研究の知見も織り込んだ有益な著作だが、そこでは森の霊(樹木霊)ないし獣の霊と死者の魂との親しい関係が指摘されている。地中へと根を伸ばす樹木は、「冥界にいる者の住みかにまで届く」という『ドイツ俗信事典』の重要な知見を援用しながら、ナウマンは、山中と山の地底とを接続し、さらにはアルプスの北における女神アルテミス/ディアーナへの信仰、すなわち狩猟の神であるとともに「霊魂の案内者」でもある女神への信仰が、山岳世界に存在することを示唆する。[114]

オリンポスからアララト山までを俯瞰し、世界各地の山岳信仰と山中他界観をめぐって、宮家準が総括的に述べるところに従えば、「山は天から神が降臨したり、天に至る道という性格と、母なる大地がもりあがることによってできた母体ともいえる性格」との双方を兼ね備えている。すなわち天上・地上・地下の三層を結ぶ「宇宙軸」としての性格と、農業の守護神にして再生の神である「地母神」の性格とである。[115] この異界的山岳観を踏まえつつ、例えば古代日本の死生観に関する叙述を探索するならば、山折哲雄が言う、「山中の地下から地上へ下ってくる」、つまり「周縁の地下から中心の地上へ下ってくるという逆説的なイメージ」に出会う。これは中つ国と黄泉国の構造を論じた益田勝美の古事記論に依りつつ述べられたものだが、それによれば、「現世と他界との境界をなすヨモツヒラサカは、当時の観念としてはヨモツクニが高く、人間界が低い関係」にあるものとして感じ取られたという。[116] 辺境世界に具わる位置価値への細かな目配りに冴えたこの他界論は実に興味深いものだが、例えばグリムのメルヘン集でホレさまが降らせるという雪は、まさにこの構図のなかで理解することができる。ホレの異界は地底にあり、そこで布団をたたくにもかかわらず、雪は空から舞い降りてくる。平地とその地底は、その隆起としての母なる山と繋がっているからである。

ちなみに伝説第九〇番には、山女の具体的な意味合いとともに、曖昧な点がもう一つある。些細なことのようだが、赤ん坊をお互いに投げ合うのはそれを欲しがってのことなのか、それとも疎ましく思うためなのか、という問題である。原典には、子どもを「めぐって」(um) とあるばかりだが、お互いに押しつけ合うからこそ投げ合うのが自然な論理に思える。だとすれば、一旦は子どもを求めて連れ去った彼女たちの矛盾する行動は、豊饒の源泉であり、かつ無慈悲な死の支配者でもある大母神の両義性を、あるいは女神との交換の運動そのものを、具象的に表現するものなのだろうか。

子どもを投げ合うイメージは、ギンズブルグが提示している十二世紀フランス、ソワソンの異端審問記録にもある。異端と見なされたこの地域の「宗派のメンバーは火の回りに座り、乱交から生まれた子供を一人、火の上ごしに投げ合って、死ぬまでそうする」という。[117] 近親相姦的乱交と食人儀礼とは、かつて当のキリスト教がローマ帝国側から受けた烙印だったというが、[118] 今や同種の負のイメージが、教会側から異端者たちに向けられる。

ギンズブルグ的なスタンスから言えば、この記録のなか、つまり支配的なキリスト教的ヴェールの背後には、太古の死生観、冥府観の現実的な反映が見られる。神話・伝説という言語的伝承は、虚構を含む象徴的表現であることを核心とするから、言述内容をそのままの現実として受け取ることには危険が伴う。しかし西郷信綱の言うように、祭式というものが、「神話的空想をはぐくみそれに形を与える母胎」[119]であったとすれば、この内容に近似したある種の儀礼が、かつて行われていた、あるいは、このような姿の異界・冥府の観念が存在していたことは、グリムの伝説との共鳴からも十分に予想しうる。

周知のようにギンズブルグは、『闇の歴史』においてヨーロッパ太古のシャーマニズム研究へと沈潜していく以前、そこに至る重要な布石として、近世十六・十七世紀イタリア・フリウーリ地方の特殊な儀礼を調査していた。ベナンダンティと呼ばれた祭祀者たちの豊饒儀礼であるが、これを育んだフリウーリ地方は、純粋にイタリア的な視点だけでなく、ゲルマンやスラブの影響も混入した、[120] 汎ヨーロッパ的文脈の考慮をその分析に求める地域であった。ギンズブルグは、ここでも当時の魔女裁判の記録を資料とし、キリスト教的イデオロギーの背後に隠された民衆文化の古層を発掘しようとする。そのなかで彼が引証する十七世紀ドイツ・ヘッセンの魔女裁判の例は非常に重要なものである。

ただし魔女裁判といっても、それは女ではなく、ディーレ・ブロイル（Diele Breul）という男の魔術師に対して行われた一六三〇年の裁判であった。十七世紀前半、マイスナー山におけるホレさまの最初の記録が現われる少し前のことだが、いかがわしい魔術の嫌疑を受けたこのヘッセンの魔術師は、次のように答弁をした。[121] すなわち妻子を亡くし、意気消沈していた八年前のこと、「極度の虚脱状態にあった」彼は、そこからふと目覚めたときに、「フェヌスベルク」山にいたという。この山中でブロイルは、山の女神である「ホルトさま」(Fraw Holt)、つまりホレさまに出会う。その姿を描写する男の陳述によれば、

ホルトさまは、前から見ると、えらい別嬪さんなのですが、後ろから見ると、ざらざらした皮の、洞があいた樹のような方でございました。

命と死のコントラストが、ここには鮮明に描かれている。「水を満たした水盤に」、ホレさまは不可思議な映像を次々と映し出してみせたという。そのなかには「炎の中に坐っている」知人の死者の姿もあった。やがて彼は、自らが「荒ぶる軍勢」の一員になっていたことを知る。この出来事の後、ブロイルは年に四回、四季の斎日にくだんの女神の山へ詣でるようになり、そのたびに豊作を祈願したという。

これに関連するドイツ語圏の伝承としては、一五八六年のバイエルン・アルプス地方における羊飼いコンラート・シュテックリンに対する尋問記録[122]がある。これは、先のイタリア・フリウーリ地方の事例との濃厚な類似を示す例として注目すべきものである。さらにスイスのキュスナハトでは、一五七〇年代に「霊魂の母」(Seelenmutter)なる通称を持った女が火刑に処されている。[123]

ヘッセンの場合、火炎の只中に坐る人びとの姿は、まず中世の煉獄観に由来するものであろう。ホレさまは、「悪いことをした」罰としてそこにいるのだと説明したらしい。しかしこれは明らかにキリスト教的な

影響を示す表層的な言述である。結局ブロイルは、悪魔との関与を疑われ、後に処刑されたというが、ともかくもこの証言記録において注意すべきは、ある一定の時節に、人間が心神喪失状態に陥り、その上で死者と豊饒に関わる特殊な祭儀に参加していることである。

　ウンタースベルク山において山女と添い寝をした男の物語も、深夜の睡眠中に山の妖怪の訪問を受けた女たちの物語も、この山の女神の同じ問題系に属するように思われる。闇と眠りのなかで神的祭儀の恵みを受けるこの人びとからは、「死者をひきつれた女性神（アブンディア＝サティア＝ディアーナ＝ペルヒタ）と、富や豊かさとの関係[124]」という主題が浮かび上がる。霊能者ベナンダンティとは、胞衣《えな》に包まれて生まれた者たちであったというが、この胞衣は、ヨーロッパ各地の民間伝承において、日常世界と他界とを繋ぐ「媒介、かけ橋[125]」の機能を果たしている。「巻くもの、閉じ込めるもの、くるむもの」、具体的には「羊膜袋、あるいは胞衣／動物の皮、顔を覆うマント、あるいは帽子、あるいはヴェール」が、死者の世界への接続を実現すること、そしてそれは、ひいては命の再生に関わってゆくことを、ギンズブルグは後の著作『闇の歴史』のなかで指摘している[126]。だとすれば、夫の浮気にもかかわらず、二人の足もとに「ヴェール」をかけた妻の行為は、どこか象徴的である。彼女は、夫と共に大いなる母神の祭儀の進行に寄り添って、年の豊饒を祈ったのであろうか。

　女神の主催する生命の蘇りの儀式が、年ごとの農耕という循環的時間の営みに向けられた場合、豊饒儀礼は、こうした山岳伝説や近世の裁判記録のような形で伝承されるのだろう。それに対して、この命の再生の儀礼が、人間の一生という直線的な時間のプロセスに向けられた場合、それは通過儀礼という形態をとることになる。例えばグリムのメルヘン集第四三番に「トルーデおばさん」という話があるが[127]、この物語は一見したところ、わがままな子どもが両親の言いつけを守らなかったために、魔女から途方もなく残酷な罰を受けるという、至極道徳的な物語である。しかし「トルーデおばさん」という名称とその振舞いには、どこか本章のホレさまに似たものがある。

トルーデおばさんの家の噂が、とある娘の興味を強く刺激している。ホレさまの地底世界同様、そこは素晴らしい楽園であるのかもしれない。しかし両親は、絶対にそこへ行くなと言う。もし行けば、「二度とわたしたちの子どもになれやしない」、というのがその理由である。しかしメルヘンの常道に従い、娘は両親の言葉を、両親の愛と束縛とを無視して、家を出て行く。トルーデおばさんの棲家に着くと、娘はそこで次々に、恐ろしいものを見るのだった。順に列挙するならば、「真っ黒な男」、「まっさおな男」、「血みたいに真紅な男」である。原典に基づいてこれらの色彩を再構成すれば、黒(schwarz)／緑(grün)／赤(blutrot)となる。娘は最後に、トルーデおばさんの魔法によって木の棒に変えられ、火の中に放り込まれてしまう。その直前にもう一つ見た、「あたまに火の燃えてる鬼」と同じように、彼女もまた炎に包まれて燃える。魔女トルーデは、娘の炎で体を暖め、とても心地よさそうにしている。

トルーデおばさんは、この暖をとる最後の場面で、娘に炎となって「光っておくれ」(leuchten)と言っている。そしてメルヘンは、その光のあまりの明るさ——原典ではhell——をほめたたえる魔女トルーデの感嘆の言葉をもって効果的に結ばれる。「どうだい、おっそろしくあかるいじゃないか。」

この光と炎のイメージを、先述の洞窟の燈火と同種のものとして捉え、そして炎の娘から放射されるこの澄んだ光を、眩しいような白色として感じ取ることが許されるなら、ここには、デュメジルが挙げた三機能、すなわち白／赤／黒(緑)の三タイプが朧に浮かび上がってくる。つまり娘は、あの三つの贈り物を受け取った一族のように、生命力の神秘的な受け渡しの場所に立ち会い、大人への通過儀礼を受けたのである。通過儀礼には象徴的な死の儀式が置かれるものだが[128]、このメルヘンはその死／眠りまでのプロセスを印象的に描いたのだと言える。この擬制的な死の瞬間、冥界の主トルーデの喜びに満ちた表情には、再生する命としての娘の姿がオーヴァーラップする。黒(緑)から赤へ、そして白へ。すなわち生から死へ、そして再生へという儀礼の成就の瞬間、冥界の生命力が白色に沸き立つ。

トルーデという女の妖怪が、ほかでもない「白い山」の主であるホレさまと同類の存在であるのなら、その棲家はこれもまた山中であったのかもしれない。森の獣の霊が、通過儀礼の導師を務めるという民間の俗信を、先述のナウマンが伝えている。[129] 山と森の霊魂を司る母神として、トルーデおばさんと同様、グリム・メルヘンのホレさまもまた、紡錘を井戸に落としたあの娘に、地底での通過儀礼を施したのである。試練の行を修めた子どもは、やがて、大人の生に移行することを強いられる。大人として生きるための生命力、能力と義務、いわば「白」の刻印を、ホレ女神から受け取ったのだから。あのメルヘンの娘は、だからこそ、異界でのせっかくの楽園生活を捨てて、唐突にも「家に帰りたく」[130] なったのである。継母の待つ、およそ過酷なだけの現実の世界に。

註

（1）Aus: Will Erich Peuckert (Hg.): Die Brüder Grimm. Ewiges Deutschland. Ihr Werk im Grundriß. Leipzig 1935. S.15.「いにしえの人びとが物語った事柄で、わたしにとって空しいものは何一つない」というこのオウィディウスの言葉は、ヤーコプ・グリムが、『ドイツ伝説集』自家用本に書き記していたものである。

（2）Stiftung Hessischer Naturschutz (Hg.): Der Hohe Meißner. Unterwegs im Reich von Frau Holle. Mainz 2006. S.10.

（3）Frau Holle. In: Kinder- und Hausmärchen, gesammelt durch die Brüder Grimm. Vollständige Ausgabe auf der Grundlage der dritten Auflage (1837). Hg.v. Heinz Rölleke. Frankfurt a.M. 1985.（以下 KHM と略記）S.128-130.

（4）この伝説群については、本書第1部第1章で論じた。

（5）Deutsche Sagen. Hg. v. den Brüdern Grimm. Ausgabe auf der Grundlage der ersten Auflage. Ediert und kommentiert von Heinz Rölleke. Frankfurt a. M. 1994.（以下 DS と略記）S.39-42.

（6）Antti Aarne / Stith Thompson: The Types of the Folktale. Helsinki 1961.

（7）Johannes Bolte / Georg Polívka: Anmerkungen zu den Kinder- und Hausmärchen der Brüder Grimm. Bd.1. Zweite unveränderte Auflage. Hildesheim 1963. S. 207-227.

（8）DS (Vorrede), S.11.

（9）DS (Vorrede), S.17.

（10）KHM 24, S.129.

（11）Karl Kollmann: Frau Holle und das Meißnerland. Einem Mythos auf der Spur. Eschwege 2005, S.160.

（12）Stiftung Hessischer Naturschutz (Hg.), S.10.

（13）DS, S.734.

（14）Kollmann, S.30, 36-38, 59.

（15）Heide Göttner-Abendroth: Frau Holle und Frau Venus in Thüringen. Grosse Göttinnen des Matriarchats in Mitteldeutschland. In: dies./ Kurt Derungs (Hg.): Mythologische Landschaft Deutschland. Landschaftsmythologie der Alpenländer. Bd.2: Deutschland. Bern 1999. S.236-254. Hier S.238. Vgl. auch Stiftung Hessischer Naturschutz (Hg.), S.10.

（16）谷有二『山名の不思議　私の日本山名探検』、平凡社、二〇〇三年、七五頁。

（17）Stiftung Hessischer Naturschutz (Hg.), S.10.

（18）上山安敏『世紀末ドイツの若者』、三省堂、一九八六年、九四頁。なお三谷研爾「カウンターカルチャーの耀き——世紀転換期の青年たち」、同編『ドイツ文化史への招待　芸術と社会のあいだ』、大阪大学出版会、二〇〇七年、二〇五—二二三頁所収、二一〇頁には、マイスナー山に結集したワンダーフォーゲルたちの楽しげな踊りの情景を捉えた写真がある。

（19）上山『世紀末ドイツの若者』、八七頁。

（20）ヨスト・ヘルマント（編著）『森なしには生きられない　ヨーロッパ・自然美とエコロジーの文化史』（山縣光晶訳）、築地書館、二〇〇一年、二〇五頁。なお、この邦訳書は、訳者が「まえがき」で自ら述べているように、原典に対してかなりの加工を施している。それは残念ながら、常に適切とは言いがたい、恣意的な変更を多く含んでおり、学術的な誠実さを欠くと言わざるをえない。この引用箇所では、「ディーデリヒス」であるべきところを「ディートリヒ」と記されるなど、人名表記の間違いや、誤訳も目立つ。最終的には、以下の実に有用なる原典を参照するほかはない。Jost Hermand (Hg.): Mit den Bäumen sterben die Menschen. Zur Kulturgeschichte der Ökologie. Köln/Weimar/Wien 1993. Hier S.212. ちなみに「ディーテリヒ」(Dieterich)という名の出版社は実在し、これはグリム兄弟が『ドイツ伝説集』の出版を最初にもちかけた十九世紀ゲッティンゲンの書肆であった。Vgl. Heinz Rölleke: Grimms »Deutsche Sagen«. In: DS, S.709.

(21) 上山『世紀末ドイツの若者』、九六頁。

(22) 同、九〇―九二頁。

(23) Ulf Diederichs: Who's who im Märchen. München 1995.

(24) Will-Erich Peuckert: Die Sagen vom Berggeist Rübezahl. Jena 1926.

(25) Will-Erich Peuckert: Das Leben Jakob Böhmes. Jena 1924; ders.: Leben, Künste und Meinungen des viel beschrieenen Theophrastus Paracelsus von Hohenheim. Jena 1928.

(26) Irmgard Heidler: Der Verleger Eugen Diederichs und seine Welt (1896-1930). Mainzer Studien zur Buchwissenschaft, Bd.8. Wiesbaden 1998. S.631. オイゲン・ディーデリヒスとその出版社の活動については、比較的近年の文献としてさらに Justus H. Ulbricht / Meike G. Werner (Hg.): Romantik, Revolution und Reform. Der Eugen Diederichs Verlag im Epochenkontext 1900-1949. Göttingen 1999; Meike G. Werner: Moderne in der Provinz. Kulturelle Experimente im Fin de Siecle Jena. Göttingen 2003 などがある。

(27) Brigitte Bönisch-Brednich: Will-Erich Peuckert (1895-1969). Versuch einer Biographie. In: dies./ Rolf Wilhelm Brednich (Hg.): „Volkskunde ist Nachricht von jedem Teil des Volkes": Will-Erich Peuckert zum 100. Geburtstag. Göttingen 1996. S.15-32. Hier S.19 und 27.

(28) Rolf Christian Zimmermann: „Ich gebe die Fackel weiter!". Zum Werk Will-Erich Peuckerts. In: Peuckert: Das Rosenkreutz. 2., neugefaßte Auflage. (Pansophie 3) Hg. v. R. Ch. Zimmermann. Berlin 1973. S. VII-LI. Hier S. XXXI-XXXIII.

(29) 上山安敏『神話と科学』、岩波書店、一九八四年、四〇、一二四、一五六頁。ディーデリヒスと世紀転換期文学の関係について実に有益な叙述を行っている。

(30) Johannes Praetorius: Bekannte und unbekannte Historien von Rübezahl. Unveränderter Nachdruck der Ausgabe Leipzig 1920. Frankfurt a.M. 1966. 本書二五七頁の図版参照。

(31) DS, S.20.

(32) Hugo Weczerka: Geschichtliche Einführung. In: ders. (Hg.): Schlesien. Handbuch der historischen Stätten. Stuttgart 1977. S.XVI-XCIII. Hier S.XIXf. und LXXXIV-LXXXIX.

(33) Hennig Eichberg: Rübezahl. Historischer Gestaltwandel und schamanische Aktualität. In: Jahrbuch der Schlesischen Friedrich-Wilhelms-Universität zu Breslau 32 (1991), S.153-178, Hier S.163.

(34) Helmut Waibler: M. Johannes Praetorius, P.L.C. Bio-bibliographische Studien zu einem Kompilator curieuser Materien im 17. Jahrhundert. Frankfurt a.M. / Bern / Las Vegas 1979. S.59.

(35) 河野眞『ドイツ民俗学とナチズム』、創土社、二〇〇五年、四六七頁ほかを参照。ポイカートの関与した論争や著作についての紹介がある。

(36) Bönisch-Brednich, S.16; Zimmermann, S.XI; 上山安敏『魔女とキリスト教』、人文書院、一九九三年、七七頁。

(37) 上山『世紀末ドイツの若者』、八四頁。

(38) Stifung Hessischer Naturschutz (Hg.), S.30. この Die Seesteine

について は、Kollmann, S.107-110 も参照。

(39) Jacob Grimm: Deutsche Mythologie. Unveränderter Nachdruck der 4. Auflage mit Bearbeitung von Elard H. Meyer 1875-1878. Wiesbaden 2003.（以下 DM と略記）Bd.1. S.XIII, XVI, 221-222, 224, 237 und 252-253.

(40) Helge Gerndt: Sagen und Sagenforschung im Spannungsfeld von Mündlichkeit und Schriftlichkeit. Ein erkenntnistheoretischer Diskurs. In: Fabula 29 (1988), S.1-20. Hier S.13.

(41) Lothar Bluhm / Achim Hölter: Die „Quedlinburger Sammlung". Eine quellenkritische Untersuchung zu Grimms Deutschen Sagen. In: Fabula 30 (1989), S.257-270. Hier S.269.

(42) DM, S.XVI und XVIII.

(43) DM, S.IX.

(44) DM, S.237.

(45) 村上淳一「ヤーコプ・グリムとドイツ精神史〈フォルク〉の概念を中心として」、『現代に生きるグリム』、岩波書店、一九八五年、五七―一〇〇頁所収、八四頁。

(46) DM, S.207.

(47) DM, S.222-224.『ドイツ神話学』からの原文引用は、ヤーコプの意図に従って大文字書きをせずに行う。

(48) クロード・ルクトゥ「基調講演」、『比較神話学シンポジウム 荒猟師伝承の東西』、重見晋也編集責任、名古屋大学文学部、一九九九年、三―六頁所収、四頁。

(49) フィリップ・ヴァルテル「エルカン軍団の神話暦」、『比較神話学シンポジウム 荒猟師伝承の東西』、七―一一頁。

(50) ジャン＝クロード・シュミット『中世の迷信』（松村剛訳）、白水社、一九九八年、一七七―一七八頁。

(51) ジャック・ル・ゴッフ『煉獄の誕生』（渡辺香根夫ほか訳）、法政大学出版局、二〇〇三年、三九頁。

(52) シュミット『中世の迷信』、一八三―一八四頁。

(53) Vgl. den Artikel »Berg«. In: Handwörterbuch des deutschen Aberglaubens. Hg. von Hanns Bächtold-Stäubli unter Mitwirkung von Eduard Hoffmann-Krayer. Mit einem neuen Vorwort von Christoph Daxelmüller. Unveränderter photomechanischer Nachdruck. Berlin/New York 2000. Bd.1, Sp.1043-1056, bes., Sp.1048f.

(54) DM, S.359, 780, 795, 801 und 803.

(55)『完訳グリム童話集 一』（金田鬼一訳）、岩波文庫、一九八八年、二六一頁。

(56) 高橋吉文『グリム童話 冥府への旅』、白水社、一九九六年、四四頁。

(57) フィリップ・ヴァルテル「白い女神 動物の姿で示現するケルトの大女神（アーサー王物語を例に）」、『比較神話学シンポジウム 冥界の大母神』、重見晋也編集責任、名古屋大学文学部、一九九九年、五三―五九頁所収、五七頁。

(58) ミルチャ・エリアーデ『豊饒と再生』（久米博訳）、せりか書房、一九七四年、四二―四四頁。

(59) カルロ・ギンズブルグ『闇の歴史 サバトの解読』（竹山博英訳）、せりか書房、一九九二年、二一一頁。

(60) 同、一七二頁。

(61) 同、一三三頁。

(62) 同、二七〇頁。

(63) 同、四八三頁。

(64) 同、四九三頁。

(65) 同、四九四頁。

(66) 同、二二六―二二七頁。

(67) 同、二〇〇、二〇五頁ほか。

(68) DM, S.224.

(69) DM, S.224; DS 5 (Frau Holle zieht umher), S.40. グリム『ドイツ伝説集 上』（桜沢正勝／鍛治哲郎訳）、人文書院、一九八七年、九頁の邦訳「糸の数だけ／よい年つもれ／糸の数だけ／悪い年つもれ」は捨てがたい訳である。

(70) KHM 24, S.128.

(71) Deutsche Sagen. Hg.v. den Brüdern Grimm. Mit Illustrationen von Otto Ubbelohde. Bd.1. Frankfurt a.M. 1981. S.35.

(72) Stefan Forbert: Vorwort. In: Kollmann, S.5-6. 騒動に関する以下の記述もこれに基づく。

(73) 例えば以下の五点の文献を参照のこと：Im Schattenreich des Untersberges. Hg. und zusammengestellt von Christin F. Uhlir. Norrstedt 2004; Leander Petzoldt (Hg.): Sagen aus Salzburg. München 1993; Salzburger Landesinstitut für Volkskunde (Hg.): Sagenhafter Untersberg: die Untersbergsage in Entwicklung und Rezeption. Salzburg 1991/1992; Rudolf von Freisauff: Aus Salzburgs Sagenschatz. Salzburg 1993 (Nachdruck der Ausgabe Salzburg 1914); Lazarus Gitschner: Sagen der Vorzeit oder ausführliche Beschreibung von dem berühmten Salzburgischen Untersberg oder Wunderberg. Brixen 1782. (Faksimile-reprint)

(74) Brüder Grimm: Deutsche Sagen. Hg.v. Hans-Jörg Uther. München 1993.（以下 Uther と略記）Bd.1, S.297. この十八世紀末の文献とは、先の註に挙げた Lazarus Gitschner: Sagen der Vorzeit である。

(75) グリム『ドイツ伝説集 上』、五七頁。

(76) DS, S.751.

(77) Fanny Rostek-Lühmann: Der Kinderfänger von Hameln. Untersagte Wünsche und die Funktion des Fremden. Berlin 1995. S.33; 阿部謹也『ハーメルンの笛吹き男 伝説とその世界』、ちくま文庫、一九九七年、三四、一一〇頁などを参照。

(78) The German Legends of the Brothers Grimm. Edited an translated by Donald Ward. Vol.I. Philadelphia 1981.（以下 Ward と略記）S.335.; DS, S.751. (Einzelkommentar)

(79) Deutsche Volkssagen. Hg. und erläutert von Leander Petzoldt. München 1970.（以下 DV と略記）S.193-196 und S.420f. Vgl. auch DM, 358ff. (wilde Frauen)

(80) Uther, Bd.1, S.298. グリム自身と、グリムにそのまま依拠した二次文献では、一六六六年刊と誤記されている。

(81) DV, S.421. (Kommentar von L. Petzoldt) Vgl. auch Johann Wolfgang Goethe: Wilhelm Meisters theatralische Sendung; Wilhelm Meisters Lehrjahre; Unterhaltungen deutscher Ausgewanderten. Hg.v. Wilhelm Voßkamp/ Herbert Jaumann. Frankfurt a.M. 1992. S.1516-1519.; Hugo von Hofmannsthal: Erzählungen. Teil 1. Sämtliche Werke: Kritische Ausgabe. Hg. v. Rudolf Hirsch et al. Frankfurt a.M. 1975. S.222-223.

(82) DV, S.421. (Kommentar von L. Petzoldt)

(83) Uther, Bd.1, S.296.

(84) 桜沢・鍛治訳では「小人」（四六頁）と訳されているが、原典における山と地底のニュアンスを消去することは適切ではない。

(85) レレケは、この腹痛に「トーテミズム的モチーフ」を見ている。なお第二版ではこの後、自家用本に基づく類話の追加がなされる。DS, S.747 und 689 (A5).

(86) Ward, S.331.

(87) ジョルジュ・デュメジル『神々の構造 印欧語族三区分イデオロギー』（松村一男訳）、国文社、一九八七年、三二―三四、三九頁。

(88) 同、四三―四五頁。

(89) 同、四七—四八頁。

(90) DM, S. 207.

(91) デュメジル、九九—一〇二頁。

(92) ギンズブルグ『闇の歴史』、図版三頁。

(93) Göttner-Abendroth, S. 242.

(94) Ibid., S. 244-245.

(95) DM, S. 226.

(96) Göttner-Abendroth, S. 251.

(97) Ibid., S. 237-238.

(98) ヴァルテル「白い女神」、五六頁。

(99) DS, S. 747.

(100) Göttner-Abendroth, S. 252

(101) DM, S. 359.

(102) 中根千絵「弁財天と龍女」、『比較神話学シンポジウム 冥界の大母神』、七九—八六頁所収、七九頁。

(103) 『日本霊異記』新日本古典文学大系三〇(出雲路修校注)、岩波書店、一九九六年、八一頁。

(104) 入江泰吉『私の大和路 秋冬紀行』、小学館文庫、二〇〇二年、一一一—一一三頁。

(105) 西郷信綱『古代人と夢』、平凡社、一九九三年、五八、一〇六頁。

(106) 同、一二六、一三三頁。

(107) 同、八六頁。

(108) 『完訳グリム童話集 二』(金田鬼一訳)岩波文庫、一九八八年、四二—四三頁。

(109) 『完訳グリム童話集 二』、四四—四八頁。

(110) 養老孟司/齋藤磐根『脳と墓 I』、弘文堂、一九九二年、一七六頁。

(111) DS90, S. 144. この箇所もまた桜沢/鍛治訳では「妖女」と訳されているが、原典では山の異人のニュアンスが明確にある。

(112) Ward, S. 347.

(113) Uther, S. 296.

(114) ネリー・ナウマン『山の神』(野村伸一ほか訳)、言叢社、一九九四年、九七—九八、一一一頁

(115) 宮家準『霊山と日本人』、NHKブックス、二〇〇四年、五〇頁。

(116) 山折哲雄『死の民俗学 日本人の死生観と葬送儀礼』、岩波現代文庫、二〇〇二年、一一三頁。

(117) ギンズブルグ『闇の歴史』、一二五頁。

(118) 同、一二二頁。

(119) 西郷『古代人と夢』、一七二頁。

(120) カルロ・ギンズブルグ『ベナンダンティ 十六—十七世紀における悪魔崇拝と農耕儀礼』(竹山博英訳)、せりか書房、一九八六年、Ⅶ頁。ちなみにこの著作には、初版(一九六六年)と新改訂版(一九七二年)のそれぞれについて邦訳が出ている。その経緯については、初版に基づく『夜の合戦 十六—十七世紀の魔術と農耕信仰』(上村忠男訳)、みすず書房、一九八六年、三六九頁と、新改訂版(竹山訳)の三九六—三九七頁における、双方の翻訳者のコメントを参照されたい。本書の訳文は、新改訂版に基づく竹山訳『ベナンダンティ』に主として依ったが、必要に応じて上村訳を利用したり、変更を加えた箇所もある。

(121) ギンズブルグ『ベナンダンティ』、一〇一—一〇二頁。「ホルトさま」の容姿をめぐる描写は、同様にこの裁判に言及している以下の三つの文献から補足した。Kollmann, S. 11.; Beate Kellner: Grimms Mythen. Studien zum Mythosbegriff und seiner Anwendung in Jacob Grimms Deutscher Mythologie. Frankfurt a. M. 1994.

S.343（この文献ではDiel Breullと表記されている）; Will-Erich Peuckert: Deutscher Volksglaube des Spätmittelalters. Stuttgart 1942. S.101.

(122) ギンズブルグ『ベナンダンティ』、九三—九五頁。Vgl. auch Wolfgang Behringer: Chonrad Stoeckhlin und die Nachtschar. Eine Geschichte aus der frühen Neuzeit. München 1994. これはユーラシア的規模で語られるギンズブルグの遠大な主張を、近世十六世紀とドイツ・バイエルンの山岳地帯という歴史的に限定された視点から相対化し補完する、実に興味深い地域研究である。シャーマニズム、ケルトの神話的言説、そしてカトリック教会の宗教的・政治的言説に取り囲まれながら、自分なりの特殊な異界を夢想したひとりの羊飼いの生きざまが活写されている。

(123) 同、九三頁。ここでは上村訳に依った。

(124) 同、九七頁。

(125) 同、一〇七頁。

(126) ギンズブルグ『闇の歴史』、四二八頁。

(127) KHM 43, S.197-198. 以下の邦訳は、『完訳グリム童話集 二』、三六—三七頁に依った。

(128) ギンズブルグ『闇の歴史』、三一一頁。

(129) ナウマン『山の神』、一一八頁。

(130) KHM 24, S.129.

第二章　〈連続性〉と伝説研究

つねに歴史化せよ！
――ジェイムソン『政治的無意識』(1)

一　神話的古代とナチズム

死者を引き取っては、生者を溢れ出させる、いわば母なる山の観念は、例えばドイツ語圏の山岳伝説のなかでとりわけ有名な、キフホイザー山のフリードリヒ赤髭（バルバロッサ）王の伝説形成にも当然ながら作用している。

十字軍の旅の途上で落命したはずの皇帝は、実際にはドイツの山岳の地底に眠っており、最後の審判に際してこの世に復活するという。グリム『ドイツ伝説集』第二三番にもこの物語は採られているが(2)、類似の伝説は、ドイツ語圏各地の山々に付着している。そして山の主をカール大帝やフリードリヒ二世その他の王に変えることもあるが、興味深いのは、山の女神ホレさまがこの皇帝バルバロッサの「家政婦」として登場する伝承が存在することである(3)。前章で触れた母権論者ゲトナー＝アーベントロートによれば、これは父権的時代に強いられた屈辱的変容であり、より古い時代の世界観に従うならば、むしろ皇帝は大地母ホレの胎内に眠って蘇りを待つはずのものであったという。キフホイザー山の洞窟で発見された初期青銅器時代の発掘品は、そうした古代の祭儀と山岳観を示すものとされる[4]。

母なる山の観念は、例えばユングの弟子E・ノイマンの『グレート・マザー』にも紹介されている。山、あるいは山中にある穴や岩は、「大いなる女性の基本的性格」を体現する。「ただ生命の贈与者・保護者であるだけではなく、包みこむ者として、強く抱きしめて離さなかったり、連れ戻したりする者でもある。生命の女神であると同時に死の女神でもある」[5]。ノイマンは、山や洞穴以外にも、世界のさまざまな女性的象徴――と彼の考えるもの――を網羅的に図示した興味深い概念図を付している[6]。

このような女神観は、これまで参照してきたギンズブルグの立脚点にとって、一見きわめて相性がよいように思われる。しかしユング的元型論の立場は、ギンズブルグに、実際には強い懐疑を覚えさせるものであったようである。人間精神の「自明」なる「根本常数」として、特定の意味が先行的に与えられている元型論的解釈、とりわけ「人種中心主義的な心理学に着想を得た」とギンズブルグが表現する、ほかでもない〈グレート・マザー〉のような観念を、彼は断固拒否している。ギンズブル

キフホイザー山中に眠る皇帝
1880年頃

キフホイザー山遠景

グの自負する手法においては、厳密な「形態的相似」に基づいて資料の吟味と選定が行われ、「文化的文脈」が考慮に入れられる。それに対して、根本的に直観に依存する元型論は、実証性とおよそ無縁であり、たとえギンズブルグと「部分的に似た結論」が言われているとしても、それは神話と儀礼を総体的に捉えた水準のものではない[7]。別の論文では、非常に厳しい口調で、「ユングが神話の問題に与えた解答は、結局のところ、壮大なる労力のむだづかいにほかならない」と言っている[8]。

ギンズブルグは、その論文「フロイト、狼男、狼憑き」において、フロイトの立場とも袂を分かっている。サバトや狼憑きなどの民間信仰に、「個人のみならず、人類が遠い過去に体験した性的な心理的外傷の記憶」ばかりを見ようとするフロイトは、神話的伝承の豊かさを恣意的に単純化して捉えていると。個体発生は系統発生を繰り返すという、当時のヨーロッパに支配的だった公理を、フロイトは人間の気質に向けて投影するが、気質の系統発生的遺伝などは「証明不可能な推測」でしかなく、かの著作『トーテムとタブー』とて、「人類学的小説」以上のものではない。むしろ個人の夢や体験の数々を生成させている「文化的背景」を重視し、「実際に確認できるか、ある程度の確度で推測できる、歴史的な媒介、つまり、人間について語る男女、本、文書館の資料など」に基づくべきことを説いている。(9)

歴史家として、ギンズブルグがこのような主張を行うのは、ある意味で当然の事柄であるかもしれない。現存資料に基づく可能な かぎりの史的実証性と多様性に留意しつつ、彼は、太古の女神に関わる「長期持続的心性」(10)と呼ばれるものを追究していた。ところで戦後ドイツ語圏の民俗学者たちは、このユダヤ系イタリア人の歴史家が遠望するような、長期的に育まれつづけている心的観念の存在に、きわめて懐疑的である。

例えばギンズブルグは、シャリヴァリと呼ばれる、若者たちの乱痴気騒ぎの風習を、「荒ぶる軍勢」、すなわち死霊の集団に深い関係があるものと見なしている。(11)ドイツの民俗学者H・バウジンガーは、明確な儀礼行為であるシャリヴァリと、あくまでも虚構的・寓意的イメージにすぎぬ「荒ぶる軍勢」との単純な同一視は、およそ認めがたいものだとして反論する。さらにナチス時代の御用学者的存在であったO・ヘーフラーの立論との親縁性を指摘し、その観念的・没歴史的な見方を批判する。つまり、かつて戦前にヘーフラーが唱えていた、古代ゲルマンの英雄的祖霊崇拝とその長期持続性に関する立論は、ナチス時代の男性結社を、古代ゲルマン時代から続く超時間的な英雄的集団モデルとして位置づけ、当時の政治的イデオロギーとのあいだに共犯関係を成すものであると。(12)

ヘーフラー説との近さにもかかわらず、ギンズブルグの著作には、この厄介な研究者への言及がないことの問題性をバウジンガーは指摘する。それに対してギンズブルグが後年に回答したところでは、ヘーフラーに先行する別の研究者、K・モイリの引用によって十分と考えたためであったという。(13)しかしこのモイリにしても、ヘーフラーのナチス的世界観への接続を許す非歴史的な断定があったことを、やはりバウジンガーが指弾している[14]。

　ギンズブルグ批判は、スイスの民俗学者R・シェンダによっても展開されている。シェンダは一方で、ギンズブルグのユング・フロイト批判を高く評価しながらも、彼の狼男論は、なお論理的飛躍を残す仮説的なものにすぎないと述べる。十六世紀イタリアのベナンダンティに関する知見が、十九・二十世紀ロシアにおける狼男の夢の記録に、あるいはそもそも十七世紀ドイツの魔女裁判に対して比較可能であるためには、さらに厳密なる「文化的な周辺的状況」の吟味が必要であると言うのである[15]。

　ドイツ語圏の民俗学者たちが、ある心性の長期的な持続性の問題にきわめて注意深くなっているのは、ギンズブルグが、単に歴史家と呼ぶには余りにも奔放な、あまりにも見事にストーリーテラー的な文体を持つためばかりではない。バウジンガーによるヘーフラー批判に、隠し立てなく現われているように、ナチズムの過去とドイツ民俗学の癒着という歴史の傷跡が、この戦

シャリヴァリ
『フォーヴェル物語』写本挿絵
1316年　パリ、国立図書館

後の歴史学と民俗学の言論のなかに長く作用しつづけているのである。ギンズブルグとしては、古代ゲルマンをさらに遡る太古のシャーマニズムと女神、つまりナチス風には男性的と形容される古代ゲルマンの世界とは、いささか別のもののほうに重心を置いているのだが、大いなる連続性のなかで、古代ゲルマンとの接続も包括され、論証されてしまうことに変わりはない。

その大いなる太古に包摂されることは、しかし一般のドイツ人たちが、たいへん好むところでもあるらしい。バウジンガーは、先の論文だけでなく、近年に出版した興味深いドイツ人論においても、この国の人びとに観察される一つの特徴にくりかえし言及している。すなわちドイツ人は、「〈歴史的〉(historisch)という見出し語とともに、いわば歴史から脱落する」というのである。[16] 民家であれ、祭の仮面であれ、さまざまな事象の権威づけに、ドイツ人はこの形容詞を被せて悦に入っているが、それらはすべて非歴史的な、曖昧模糊とした太古に包まれたいという、不可思議な憧憬に基づく行為なのだという。とりわけナチズムの時代には、このドイツ的憧憬の充足のために、民俗学の知見が最大限に活用された。イデオロギー的な重荷を背負った研究文献の山を前にして、戦後の民俗学者たちは、この過去に長く苦しむことになる。

文化の「連続性」(Kontinuität)をめぐる戦後民俗学者たちの綿密な思索の一端は、一九六九年の論集『連続性とは』にまとめられている。バウジンガーも参加しているこの議論の全体については、B・ケルナー[17]と河野眞[18]による叙述を導入として参照されたいが、ここでは、この論文集に収められたドイツの代表的な口承文芸学者L・レーリヒの主張に、とりわけ耳を傾けておきたい。彼の寄稿した「民衆散文文学研究における連続性の問題」は、民衆文学研究の要諦を示すきわめて重要な論文の一つである。このなかでレーリヒは、まず連続性という概念そのものを取り上げ、ここに静的な不変性、恒常性を考えるべきではないこと、むしろ「ジャンルの変更、機能の変更、形式の変更、そして地理的広がりや社会的作用圏の変更」を伴った、さまざまな形の連続性が存在しうること、そして「民衆文化とは、決してそれ自体で成り立つものではなく、そのつどの上層文化の一機能である」ということを、基本的認識として述べている。民衆／フォルク／民族の文化が、独立した固有の価値として美化された時代を省みつつ、民衆文化概念の関係性、相対性を確認したわけである。

その上でレーリヒは、散文による民衆文学を大きくメルヘンと民間伝説（Volkssage）とに分け、まず前者のメルヘンについて、個々の伝承事例の歴史性を重視する立場から、安易に「原形式」（Urform）のような超時間的理念を措定せぬよう警告する。しかしその一方で、一メルヘンの全体ではなく、個別モチーフ——例えば〈歌う骨〉のような——が持ちうる長期的持続性、残存の可能性については容認している。ただしメルヘンという空想的な物語のなかの一要素である以上は、もはや信仰内容として存在するのではないこと、むしろ信仰を失って、物語上の単なる機能要素に変容していることを指摘する。[19] つまりメルヘンのなかに、ゲルマン魂や古来の信仰の残存などを安易に見ようとする傾向に対して、警鐘を鳴らしているのである。

次に民間伝説だが、このジャンルにはメルヘンよりも顕著な形で、相異なる歴史的時代の重層性が認められる。中世・キリスト教的な地層、地中海・古代的な地層、そしてゲルマン・異教的な地層の三つに大きく分類した場合、この三つ目の層を見定めることが最も困難であるという。「ヴォーダン」の名も、単なる最高神のレッテルとしてのみ存在する場合が多い。レーリヒの感慨では、グリム以後、百五十年にわたるドイツの伝説研究は、残念ながらそのようなゲルマン的古代の探索ばかりを自らの使命としてきた。そしてその成果は、実に乏しいものとならざるをえなかった。

しかし伝説には、真実に古代的な要素も存在するという。主要なものを挙げれば、運命の女たちの観念、狩猟的、シャーマニズム的、トーテミズム的観念などがある。例えば「動物の主」としてのアルプスカモシカの伝説や、骨からの再生を語る獣の霊の伝説などである。前章でも触れたナウマンは、レーリヒの伝説研究をたびたび参照しており、細部についての肌理の細かな議論で精彩を放っている。森と獣の信仰の古代性と長期的持続性について、基本的に肯定的な立場をとるレーリヒは、個々の事例がさらに古典古代に由来するのか、それともローマの支配下に入った土地の土着のものであるのかといった、より実証の困難な問いに思いを向けている。[20]

この骨とシャーマニズムの問題は、まさにギンズブルグが『闇の歴史』において、太古の女神の再構成の手がかりとしたものであった。レーリヒも認めているこの点に限っては、ドイツ民俗学からの批判も弱まらざるをえないだろう。ちなみにユダヤ系のギンズブルグ自身、ナチズムと学問との関係について、まったく無頓着であったわけではない。彼の論考「ゲルマン神話学とナチズム」[21]は、比較神話学の泰斗デュメジルの学説とナチズムの時代状況との関係を批判的に指摘するものである。デュメジルのゲルマン神話学には、ドイツ特有のものとしての戦闘的性格を述べた箇所[22]があり、この学説が示された時期とナチズムとの不可思議な同時性が見られる。デュメジルのナチス・シンパとの人的関係さえ指摘するギンズブルグに対して、デュメジルは没年の少し前に短い反論を行っている。いわく「当時われわれには、ナチズムとゲルマン古代との関係はまったく自明のものと思われていたのである」[23]と。

ギンズブルグの『闇の歴史』から、彼の史的連続性の観念がうかがえる箇所を引くならば、まずレーリヒと同様に、連続性とは不変の「同一性」[24]ではないことが強調されている。伝承の歴史的な腑分けの作業は、必然的に「推測的なもの」とならざるをえず、分析の目安として次の点の確認を求めている。

「最も古い」とは、「最も真正」（もし神話がそれを自らのものとする文化に常にかたまりとして受け入れられるのなら）

でも、そして「最も起源に近い」(神話の起源は、その定義からして、接近し難い)ことも意味しない。[25]

ギンズブルグは、このような認識を基礎としながら、例えばソフォクレスの『オイディプス王』に散在する跛行モチーフに着目し、それを、異界へと渡りゆく人間が身に受けた重要なしるしとして解釈する。父親殺しや近親相姦といった、いわばオイディプスの中核的な物語に対して、それを取り巻く細部を取り出し、古代的な通過儀礼の相貌を明らかにするものとして意味づけたのである。周辺的なものへのこのように独特な感度は、近世の魔女裁判記録を扱う際にも、また親ナチス的なヘーフラーの文献に対しても発揮されたはずである。ドイツの反ナチス民俗学者たちは、それなりの必然性をもって昔日の民俗学のナチス色を抉り出すのではあるが、そこに成立した文献の群れをすべて無価値なものとすることに対しては、ギンズブルグは懐疑的である。

歴史資料が、あるイデオロギー的選択にゆがめられていても、そのイデオロギー的選択のおかげで、収集が可能になった場合もあるのだ。麦と毒麦を分けるのは、内部からの批判によってのみ可能になる。もし長期持続的心性を人種(ヘーフラー)や原型(エリアーデ)によって説明する研究を、そのイデオロギー的判断から、前もって拒絶するなら、それは大きな誤りになるだろう。[26]

ギンズブルグは、この二人に続いてデュメジルの名を挙げ、その仕事を賞賛している。これは先に触れたギンズブルグのデュメジル批判とされる論考のほぼ結びをなす文章である。デュメジルの過去に難癖をつけることよりも、むしろこの点こそがギンズブルグの論考の眼目であったと思われる。

二　近世の伝承

すでに述べたように、ギンズブルグの伝承・習俗研究は、ヤーコプ・グリムへの深い敬意から、ヤーコプがつけた道筋の継続と完成を目指して行われたものである。ところでそのグリム自身は、古代的心性の手がかりであるべき伝説資料を、どのように扱っていたのだろうか。ギンズブルグが範としたグリムに、問題的なところはなかったのかどうか。

結論から言えば、そこにはかなりの恣意的な操作があったと見てよい。『ドイツ伝説集』編纂のために用いられた原資料の厳密な割り出し、そしてグリムが提示した文献情報と原資料との徹底的な比較対照を行った、一九九三年のH＝J・ウター／B・キンダーマン＝ビエリ編『ドイツ伝説集』三巻本[27]は、その刊行が当時の時事雑誌『シュピーゲル』の記事にも取り上げられ、かなりの話題を呼んだらしい。二巻であるはずの書物が三巻になっているのは、初版刊行後も伝説の収集と改稿を続けていたヤーコプの遺稿をもとに、新たにもう一巻がまとめられたためである[28]。出版元は、現在もなお別資本のもとに経営を続けるオイゲン・ディーデリヒス社であった。このウター版に付された長文の編者後記は、『ドイツ伝説集』研究の一里程標をなす重要な論考である。以下、それに依りながら、グリムの伝説集に見える人為的加工の跡を追ってみたい。

グリム兄弟は——というよりも、メルヘン集と違ってここではほぼ兄ヤーコプの単独作業によるのだが[29]——、ドイツ民衆の「神的な根源」を証明するという実に崇高なる動機に従って、伝説資料を包む文脈の削除、異版テクストの混合、大胆な短縮、カトリック的要素の軽減——兄弟は改革派プロテスタントであった

——、不都合な出典の隠蔽などを行った。グリムの仕事については、感傷的なフォークロリズムの精神から、民衆の生きた口承文化や古い信仰の宝庫であるという称讃がすぐさま語られる。しかしとりわけこの『ドイツ伝説集』には、過去の書承資料からの抜書き的な性格が濃厚であり、しかもその上に編者グリムによるテクストの加工が施されているのである。『ドイツ伝説集』のなかで、「口承の記録から」(mündlich)と明白に記されているのは全体の約一五パーセントにすぎない。しかもその「口承」という言葉とて、その証言者が厳密に誰であるのかは不明なままであったり、あるいは当該の伝説内容の信憑性を高める意図から、実際の書承資料を隠蔽して置かれたりしているという。[30]「口語り」の記録は、貴くも怪しげな光を放っていた。

『ドイツ伝説集』の原資料究明を求める声は、すでに一九七二年のレーリヒに見られ、[31]その後の『ドイツ伝説集』研究の乏しい進展状況のなかでも、個別の伝承に関しては、H・レレケの助手であったL・ブルームらによるテクストの検証と分析が行われている。ウター版も重視するこの先行研究には、グリムによる加工の詳細が明快に跡づけられている。ドイツ中部ハルツ地方の古都名をとって、「クヴェートリンブルク(Quedlinburg)資料」と呼ばれる、古めかしく荘重な響きの文書が、グリムの六つの伝説の原典として『ドイツ伝説集』に挙げられているが、これは実のところ一八〇九年、つまりグリムの同時代に出版されたハルツの観光旅行ガイドブックのことであったという。

グリムは、そこに収められた逸話を採取し適宜加工した。具体的には、物語に対する原著者の注釈的発言の削除、高雅な表現、あるいは心理的、性的表現の削除、接続法(間接話法)から直説法への変更、文章のモンタージュなどである。とりわけ第一八三番の山岳伝説「悪魔の水車小屋」については、先のブルームらによるシノプシス的分析が興味深い。このテクストは、初版に始まり、ヤーコプの没後一八六五年に出た第二版、さらに第三版へと大きく姿を変えていくことでまず目を引くのだが、まず初版テクストにおける実際の出典は、グリムの同時代人オトマーによるハルツ伝説集（一八〇〇年）であったという。この段階ですでに「クヴェートリンブルク資料」の出典表示が見られるが、これは実質的には何ら具体的な文献を指すものではなく、単に情緒的効果を高めるために記載されたものらしい。

続く第二版では、オトマーのテクストを簡略化しながら、とりわけ後半部分に、先の「クヴェートリンブルク資料」のテクストを実際に混合させ、そして第三版では同じ資料から、さらなる新たな追加が行われる。ヤーコプの死後になるこれらの追加作業は、弟ヴィルヘルムの息子で遺産管理人だったヘルマン・グリムが、ヤーコプによる自家用本の書き込みに基づいて施したものである。本来は同時期に由来するヤーコプの追記を、二度の版に分かれて利用、転記したために事情が複雑になっているが、いずれにしても、ヤーコプの自家用本への詳細な書き込みからは、メルヘン集と同様に、そのテクストを精錬しようとする彼の意図が濃厚にうかがえる。グリム兄弟は、『ドイツ伝説集』第一巻の刊行後もさらなる資料の収集を続け、多くのメモ書きと「自家用本」へのノートを四十年以上にわたって続けてゆくことになる。『ドイツ伝説集』の第三巻と注釈巻の出版も意図されていたようだが[32]、それは結局完成されることはなかった。その意味で『ドイツ伝説集』は、メルヘン集初版と同じく「学術的資料集成」としてスタートしながら、しかしメルヘン集とは異なって、学術書的な姿のままに終わる運命となった[33]。

「悪魔の水車小屋」の伝説は、前章の主題であったホレさまに関連がある。この第一八三番でヤーコプは、悪魔との契約期限を告げる際の、鶏の鳴き声を重視したテクスト改変を意図しているのである。これと同様の関心は、メルヘン集注釈巻の自家用本（一八五六年）にも見られ、二四番「ホレさま」への書き込みのなかで、雄鶏の鳴き声が持つ俗信的意味合いに注意を払っているという。ヤーコプによるこれらの加工と追記は、彼の主要な関心が『ドイツ神話学』と絡み合いつつ、何よりも個別モチーフにおける民間信仰の問題に置かれていたことを示すものである。(34) 物語まるごとの記録ということよりも、むしろ古代の信仰の痕跡であると彼らが信じたものを、言葉の錯綜した糸玉のなかから解きほぐし、取り出そうとしている。

『ドイツ伝説集』におけるホレさまの物語群もまた、これと同様の関心と加工の手続きに従っている。第四番から第八番にかけて列挙されるホレさまの伝承は、すべて書承資料に依るものである。第四については、実際に使用された十八世紀末の二つの書物のほか、(35)「古代」の語を含んでいるミュンヒハウゼンの著作（一八〇〇年刊）をわざわざ出典欄に付加するなど、先述のグリムらしい操作が感じられる。そしてこれらの出典群から目を引くのは、第四を除くすべての伝説の主要な出典となっているヨハネス・プレトーリウスという人物である。前章第四節で取り上げた第九〇番の伝説もこのプレトーリウスによるもの

Deutsche Sagen.

Herausgegeben

von

den Brüdern Grimm.

Berlin,

in der Nicolaischen Buchhandlung.

1816.

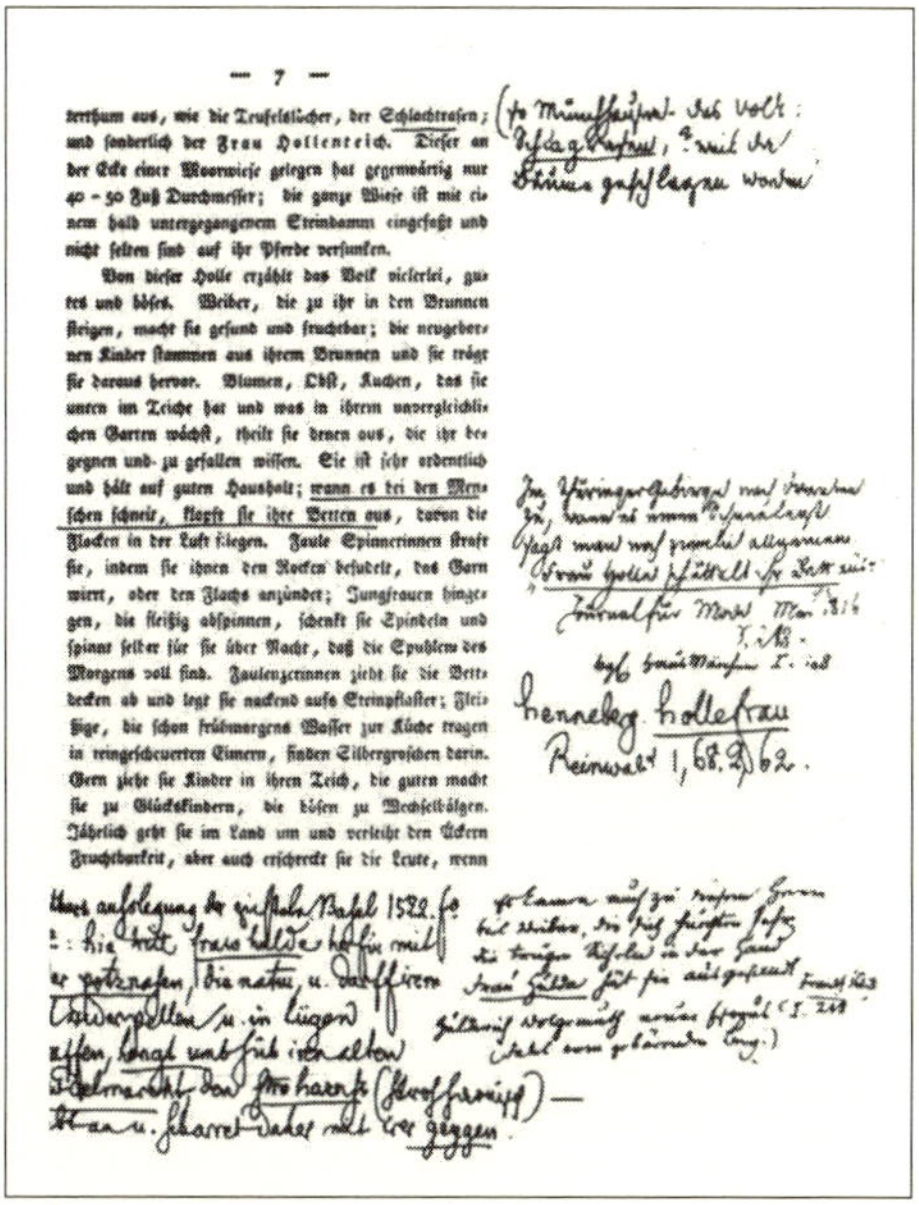

— 7 —

terthum aus, wie die Teufelslöcher, der Schlachtrasen; und sonderlich der Frau Hollenteich. Dieser an der Ecke einer Moorwiese gelegen hat gegenwärtig nur 40 - 50 Fuß Durchmesser; die ganze Wiese ist mit einem halb untergegangenem Steindamm eingefaßt und nicht selten sind auf ihr Pferde versunken.

Von dieser Holle erzählt das Volk vielerlei, gutes und böses. Weiber, die zu ihr in den Brunnen steigen, macht sie gesund und fruchtbar; die neugebornen Kinder stammen aus ihrem Brunnen und sie trägt sie daraus hervor. Blumen, Obst, Kuchen, das sie unten im Teiche hat und was in ihrem unvergleichlichen Garten wächst, theilt sie denen aus, die ihr begegnen und zu gefallen wissen. Sie ist sehr ordentlich und hält auf guten Haushalt; wann es bei den Menschen schneit, klopft sie ihre Betten aus, davon die Flocken in der Luft fliegen. Faule Spinnerinnen straft sie, indem sie ihnen den Rocken besudelt, das Garn wirrt, oder den Flachs anzündet; Jungfrauen hingegen, die fleißig abspinnen, schenkt sie Spindeln und spinnt selber für sie über Nacht, daß die Spuhlen des Morgens voll sind. Faulenzerinnen zieht sie die Bettdecken ab und legt sie nackend aufs Steinpflaster; Fleißige, die schon frühmorgens Wasser zur Küche tragen in reingescheuerten Eimern, finden Silbergroschen darin. Gern zieht sie Kinder in ihren Teich, die guten macht sie zu Glückskindern, die bösen zu Wechselbälgen. Jährlich geht sie im Land um und verleiht den Äckern Fruchtbarkeit, aber auch erschreckt sie die Leute, wenn

グリム兄弟『ドイツ伝説集』
初版本タイトルページ（左）と自家用本「ホレさまの池」の項への書き込み

であったが、この近世ドイツ人は、グリムの伝説集を考える一つの鍵となる人物である。

ヘッセンの現代の郷土史家コルマンは、前章で触れたホレさまをめぐる著書で、ヘッセンのマイスナー山におけるホレさまの最初の記録が、プレトーリウスの一六六三年の書物『サトゥルナリア』にあるとされた従来の通説に対し、実際には一六四一年のヘッセン＝ローテンブルク方伯ヘルマン（Landgraf Hermann von Hessen-Rotenburg）（一六〇七―一六五八）の記録に遡るという修正説を提示した。[36] これは先に言及したウターの原資料調査で、一六五六年のM・ツァイラー（Zeiler）による別資料へと修正されていたものを、[37] さらに再修正するという郷土史家ならではの堅実な功績だった。近世のドイツで数々の奇譚集を書いていたプレトーリウスは、彼自身さまざまな出典から過去・現在の物語を収集、加工していたのである。

ヨハネス・プレトーリウスの肖像

グリム兄弟がさまざまな書承資料を利用していたことはすでに述べたが、なかでもこのプレトーリウスを代表格とする中世・近世の資料――つまり古代の資料ではなく――に、とりわけ大きく依拠していたことは『伝説集』序文でも明確に語られている。[38] 近代、つまり先述のような同時代の旅行案内書（Reiseführer）や同業研究者の伝説集を別にすれば、中世の古文書類、年代記（Chronik）や宗教的な奇蹟物語集（Mirakelbücher）、あるいは近世の著作形態である拾遺物語集（Kompilationsliteratur）、またはそれを内容の観点から称した、奇譚集（Kuriositätenliteratur）、予兆物語集（Prodigienliteratur）――グリムの『伝説集』に数多く収められた予兆譚は多くここから採られている[39]——魔術物語集（Magicaliteratur）などの名称で呼ばれる、まさにプレトーリウスやツァイラーが自家薬籠中のものとしていたジャンルの書物がある。これらは互いに重なり合う概念でもあるが、基本的には、十六世紀から十八世紀にかけて出版された、主に娯楽目的の珍談奇談集成本であり、ときに知識人好みの形で学問的注釈の体裁をとることもあった[40]。ゲーテ『ファウスト』のサバトの場面に大きな詩想を与えたのも、ほかならぬプレトーリウスが書いた、ブロッケン山に関するこの類の書物である[41]。

十七世紀、北東ドイツ出身の著述家プレトーリウスは、ギンズブルグの『闇の歴史』にも大きな役割を果たしている。グリムにおけるホレさま伝承の典拠となったプレトーリウスの書『サトゥルナリア』は、ギンズブルグのために狼憑きや女神の夜の行軍の資料を提供した。ギンズブルグは、さらに近世資料の関連から、ルター派牧師で大学教授だったP・C・ヒルシャーによる「荒ぶる軍勢」論（一六六八年）[42]を紹介し、先の伝説研究者レーリヒに依りつつその重要性を強調している。プレトーリウスやヒルシャーとい

悪魔と魔女の宴
プレトーリウス
『ブロッケン山のいとなみ』
口絵、1669年

ったこれらの近世人たちに特徴的なのは、異教的・迷信的風物に悪魔の名を強制した中世的糾弾が、もはや見られない点である。ルター派牧師のヒルシャーなどは、明らかに反カトリックの立場にありながら、彼らを導くのはむしろ、周囲に見られる珍奇な出来事への「古代研究的性格の興味」と「科学的に距離を置く意図」であり、そこにはトマジウス的な啓蒙主義の萌芽を感じとることさえできる、とギンズブルグは言う。(43)

先に言及したグリムによる文脈の削除とは、具体的に言えば、当該の物語の信憑性に対して原著者の懐疑的なコメントが付されている場合、それらがほぼ確実に消去されたというような処理を指している。また接続法や伝聞体によって、発言内容の真実性を相対化しておこうと配慮した近世人のテクストを、グリムは直説法の事実の世界に変貌させる。近世人は、ある意味で中世的なキリスト教世界から醒め始めていた。しかし十九世紀のグリム、ドイツの民族・国民・民衆の文化の大いなる根源を探求したグリムは、伝承内容を、逆に「再神話化」(44)(ウター)したのである。

二十世紀末のウター編伝説集は、このグリム作の神話を、さらにもう一度、脱神話化したということになるだろうか。その学問的成果は認めるとしても、むしろ重要だと思われるのは、このように人びとの意識と歴史の流れのなかを移ろっていく一群の物語たちの社会的役割である。伝説とは、「現世的真実性」にではなく、「精神的真実性」にこそその本質を有する言説である、という旨のことを述べたのは、『ドイツ伝説集』第二巻序文でのヤーコプ・グリムその人であった。(45) ヤーコプが伝説研究から求めたのは、例えばハーメルンにおける失踪事件の背景をなす史実は何であったのかといった、歴史的事実の究明の作業ではなく、むしろ祖国の文化、祖国の個々の人びとの心に保存された——と彼の信ずる——「精神的」遺産、古代的信仰の名残を採掘することであった。

この意味における不変なるドイツの「精神的」真実性は、ウターの検証が示すように、グリムにかなり無理な学問的作法を強いたようである。これは唯一純粋なるドイツ性という、イデオロギー的なものの探索作業に転化していく可能性を確かにはらんでいた。しかしこのグリムの伝説定義を、多少なりとも読み替えてみることはできないだろうか。現世と彼岸、現実と幻想・奇蹟の中間領域に生かされる存在として人間を考えるとき、この中途半端さ、不確かさに由来する人間的な心の動揺が、伝説という伝承には記録されている。伝説研究に適切な指針を与えるイェックレの好論（一九八七年）が示すように、あるいはイェックレが模範的存在として言及している先述の民俗学者W＝E・ポイカートが述べるように、伝説という物語からは、史実の謎解きなどよりも、むしろ現実の出来事の「価値づけ」（Wertung）[46]の様を読み取ることがふさわしい。歴史と風土に条件づけられた、物語の心的な受けとめられ方それ自体に伝説の面白みはある。そしてその意味においてこそ伝説は「歴史的」なものであった。「より歴史的」なものが伝説であると、第一巻序文のグリムによる定義に言われたその意図は、決して地名や岩石や実在の人物など、特定の風物との密着関係を素朴になぞったものではない。そうではなく、ひとつの物語が、歴史的・地理的に次々に相貌を変えてゆく、その変幻のさま、生成変転の姿を捉えて言われた表現である。グリム兄弟、とりわけヤーコプが、異様なほどの徹底さで収集した資料の山は、彼の素朴な意図とは別に、そういう歴史的多様性へとやがて洞察を開くものになってはいないだろうか。

もちろん、このような好意的な読み替えによって、グリムの観念的前提を安易に美化することはできない。ともかくもグリムは、十九世紀前半の分裂・混乱するドイツを眺めながら、彼らの時代と風土にとって必要と思われた物語を、一貫して追求したのだろう。興味深いのは、彼らの異教的伝承の研究がその根底において、多神教的時代のさらに根源に存在したとされる、一神教という原点への強い信念に支えられていることである。

この根源的な一者と多神教、または汎神論との歴史的前後関係については、シェリング、シラーその他からの顕著な影響を指摘する研究があり、ドイツ観念論ないしロマン派の歴史哲学の系譜にヤーコプを位置づける試みとして評価しうる。(47) 私的な言述のなかでは改革派キリスト教への信仰を顕わにしながら、学問的著述では汎神論的感覚を示すなど、ヤーコプにおいては、一神教と汎神論との境界が実に「流動的」であると言われるが、(48) 加えて彼の多神崇拝は、より厳密にはデュメジルに先駆けた三対構造のもとに捉えられていることが重要である。ヤーコプが数ある自著のなかで「最良のもの」(49) と呼ぶ『ドイツ語の歴史』(初版一八四八年、四版一八八〇年)は、根源的一者への遡行的思考を典型的に示す言語史記述である。そこに論じられるところでは、古代インドに始まる「すべての異教」にこの三対構造が見られ、三柱の神々はそれぞれ「戦闘的/創造的/雷神的(大地に豊饒を与える)な力」として定義することが可能だという。また同書の母音体系を論じた箇所では、言語というものがそもそも性別や数詞、人称など三の構造(dreiheit)から成ることを指摘しつつ、母音の種類さえも、元来サンスクリット語やゴート語においてA/I/Uの三音であったと述べる。そして三者のなかでもとりわけAは、「最も高貴な、いわばすべての音素の母」として「原初の統一性」(anfängliche einheit)を指し示すものだと称揚される。(50)

実証性の彼岸で、いわば先行的に措定された根源的一者の存在を証明しようとするヤーコプは、「一神教を多神教の先行形態として想定」(51) している。そして過去・現在から未来への歴史的な見取り図を、『ドイツ神話学』に次のように述べる。

多神教はほとんどどこでも無意識的な無邪気さのうちに生まれたのであり、それはそこになにか柔和なもの、人間の心情に適うものがあるからなのだが、しかし精神が集中されるようになると、多神教はそのもともとの根源である一神教に還ることになる。[52]

聖人信仰や聖遺物信仰を繁茂させた中世末期のカトリック的なキリスト教史は、宗教改革を機に一変した。改革派プロテスタントであるヤーコプにとって、この宗教改革以後の歴史は、一神教への回帰が始まる発端の歴史だと信じられた。この一なるものへの回帰の思想が、十九世紀から二十世紀にかけていかなる功罪を生み出したか、それをここで単純に問うことはできない。しかし、この大いなる統一を夢想するヤーコプを模範としたあのギンズブルグ、ユダヤ的出自を持つ歴史家ギンズブルグの古代的シャーマニズム論にはまた、「統一的ユーラシア神話[53]」を夢想する章句が見えるという事実を、純粋に学問的な動機のみで説明することはできない。

現代が成すべき伝説研究のために、根本的な歴史的批判意識を求めるH・ゲルントは、「このわたしたち、つまり自然文学（Naturpoesie）など信じられず、また現存する伝承からドイツ的な神話学を再構築する可能性を信じてもいないわたしたちにとって、グリム兄弟には有用だったものが、必ずしも用をなすとはかぎらない[54]」と言い放つ。そして先述したところの、歴史的に形成されたものとしての精神的・心理的な真実性を伝説のなかに捉えることを、現代になお巣食う多くのグリム・エピゴーネンたちに求めるのである。[55]

ゲルントの指摘のなかでとりわけ興味を引くのは、グリムの『ドイツ伝説集』を、近世から十八世紀にかけての拾遺物語集（Kompilationsliteratur）の系譜において眺めてはどうかという提案である。近世十六・十七世紀の膨大な著作群を念頭に、W・ブリュックナー[56]が注意深く規定したこの概念は、ひたすらなる収集と陳列という「バロック時代の伝統[57]」を示す一群の近世的書物を捉えたものである。ゲルントは、これと同質の構造をグリムの『ドイツ伝説集』に感じ取っている。十七・十八世紀の精神史的前提として、古代からの神話的連続性の観念は当時すでに広く共有されていたというデネケ[58]の重要な指摘とともに、グリムの伝説集を、書物それ自体の構成が持つ歴史性から捉え直すことが求められている。

『ドイツ伝説集』と同様、その発展的著作である『ドイツ神話学』を脱神話化する試みも当然ながら存在する。B・ケルナーの著書（一九九四年）は、古代ゲルマンとの連続性をめぐるヤーコプ・グリムの論証方法を、精密な資料精査によって検証し、ヤーコプの思弁性と資料的な問題点を指摘している。ロマン主義的思考に浸されたこの十九世紀人には、現存する資料の如何におよそ関わりなく、唯一の理想化された古代的ドイツ像、「虚構の神話的体系」が念頭にあり、個々の断片的な資料は、地域的・時代的な文脈を無視してその体系内へ押し込まれる。大著『ドイツ神話学』とは、論理的飛躍を隠蔽するために、「加算的」方法をひたすらに貫いた、ドイツ的な一つの神をめぐる壮大な空中楼閣であった[59]。ケルナーは、はたしてデュメジルの神話論にもかなり懐疑的である[60]。

各資料が持つ歴史的文脈からの逸脱と恣意的な利用は、ホレさまの伝承においても観察される。「野蛮な狩猟」、すなわち死霊の集団の導き手であるという特徴が『ドイツ神話学』に記されていたが、これへの関連資料として挙げられる十六世紀人ヨハネス・アグリコラの俚諺集には、集団の随伴者として「忠実なるエッカルト」の姿こそあれ、肝腎のホレそのものは、どこにも登場しないという[61]。欠落を承知の上であったのかどうか、あえてホレさまの論証にこの資料を挙げるヤーコプの手法には、確かに無理がある。また前章で言及した十七世紀ヘッセンの裁判記録に、「ホルトさま」の前面と背面の対照的な容貌を述べた言葉があったが、これをヤーコプは、彼一流の図式に基づいて、本来完全に善神であった異教の神が、キリスト教による悪魔化の影響を中途半端に、つまり半分まで受けた結果であると説く[62]。

ケルナーはここに、近世ドイツの神話学的思考とヤーコプとの近しい関係を指摘している。近代史学の厳密な資料考証はまだ求めるべくもなく、むしろ特定のトポスを中心に置いた、アナロジー的思考に基づく類似資料の羅列を行い、説得性を高めてゆくという手法は、フォシウス、シェディウス、ショッパーといった「後期人文主義」の神話学者たちのそれを思わせる。またヤーコプの唯一神論的かつ汎神論的思考は、「始祖ゲルマン人たちの多神崇拝を、根源的な唯一神崇拝からの退廃として説明することにより、その始祖たちの名誉回復を試みていた」、まさに初期近代ないしバロック時代の神話論者たちの系譜に位置づけることができるという。民間の奇習を異教の神の信仰で説明しようとする近世・バロック人の学識の戯れがここには見られるが、なかでもプロテスタントに属した人びとは、眼前にあるカトリック的信仰と民間の俗信とを多神教的退廃の結果として一括し、それを批判すると同時に、遥かな原初と未来に設定された根源的一者との楽園的な調和を夢見ていた。[63]

近世という時代は、『ドイツ伝説集』のために、プレトーリウスを筆頭とする拾遺物語集によって数多くの資料を提供しただけでなく、その近世的な思考様式と神話観においても重要な役割を果たし、書物構築の枠組を与えたのである。[64] このことは、グリムの伝説集を範として陸続と著された十九世紀ドイツの伝説集においても、近世の神話的思考が残存していったことを暗示している。[65] 近世の文化が近代に対して持つ一つの射程として念頭に置くべき事柄であろう。

三　グリムにならいて

マイスナー山の周辺を、グリム兄弟はそれぞれ個別にではあるが、直接に幾度か探訪したらしい。ヴィルヘルムによる一八二一年七月二十一日の日記には、繁茂する草と流入する土砂のため、「年ごとに小さくなっていく」というホレさまの池を、「壮麗なブナの森をぬけて」訪れた由が記されている。ヤーコプもまた一八一九年の夏に、マイスナー一帯へ三日間の散策旅行に出かけている。美しい景観に魅せられた彼ではあったが、その本来の目的は地元民からの伝説の収集であった。そして友人ヴィガントへの書簡によれば、この地域は残念ながら「伝説に乏しい」土地である、というのが彼の下した結論であった。(66)

マイスナー周辺でのフィールドワークの成果があまり芳しいものでなかったことは、ヴィルヘルムもまた述べている。マイスナー山と周辺の村々をくまなく訪ね歩いたが、「ヘッセンとテューリンゲンのおよそどこでも」語られていて、「数多くの書物に印刷されている」類の物語しか採取できなかったという。それゆえ「この地域の純粋な、偽りのない民間伝説(それはきっと大昔にはここに花を咲かせていたにちがいありません)を、なお探し出し報告してくださる方があれば、祖国の古代文化に通じ、それを愛する人びとからの感謝を必ずや受け取られるでしょう」(67)と、伝説収集への協力を呼びかける。

ヴィルヘルムがこのような感慨を洩らしたのは、一八一九年にK・Ch・シュミーダーという人物が出版した、ホレさまを中心とするヘッセン民話集についての書評上だった。このシュミーダーの民話集は、古来の伝承に対してかなり自由な文学的装飾を施し、実在する地名に恣意的な語源解釈を行うなどして、虚構の物語を捏造したものだという。例えば材木が切り出された場所、または放牧に関わる場所を指すと想定される地名Schlagrasenの元型を、資料的根拠もないまま、「戦いの園」という意味のSchlachtrasenだとし、そこに古代ゲルマンの古戦場の情緒を思い描くといった風である。グリム兄弟の否定的な感触とは対照的に、シュミーダーは、マイスナー地域の民話の豊かさを高らかにうたっている。

このような作法に対してヴィルヘルムは、「作り話」(Erdichtungen)にすぎないものだと強く否定的な評価を与えるのだが、世の常として、この種の加工品は好調な売れ行きを示すものである。結局、その後のホレ伝承の一般的イメージに多大な影響を与えることになったこの書物を、例えば現代ヘッセンの郷土史家コルマンもまた、唾棄すべき代物だと論じている。しかしこのコルマン以前にも、すでに十九世紀半ば、シュミンケという地元の牧師が、真正なる伝承の保存を訴えて、シュミーダーに対する断固とした非難の声を上げている。(68) ここで民間伝承の保護に熱意を傾けているのが、純粋な民衆ないし大衆層ではなく、この階層と社会的上層との境界に位置する地方聖職者であるのは興味深いことである。伝承の主要な一翼を担う民衆層は、物語の変容を案外積極的に、あるいは従順に受け入れてゆくものである。

十九世紀における民話の創作者／捏造者と単純に同じ範疇に入れるのは適切でないのかもしれないが、現代のホレ伝承の決定版であることを自負する、民俗学者K・ペートーの『ホレさま』（一九八六年）においても、創作の要素は皆無ではない。民俗学者として長年にわたり調査を行い、ヘッセンのバート・エインハウゼン（Bad Oeynhausen）にある民話博物館を統括して、第四室「ホレさまの部屋」にさまざまなホレ関係の所蔵品を展示した彼が、同時に彼のホレさま伝承集の後書きでは、物語の執筆に際して、少なからぬ手心を加えたことを堂々と白状している。生の記録の段階では、それぞれの話者の「知識と教養のレベルによって」、不均整な物語にとどまる可能性がある。そこでペートーは、「この民族の一員」であり、土着の民話と民俗の専門家である者としてホレさま伝承の「根本の形態」を提示することを意図したという。創作性の許容という点では、かのグリム・メルヘンの著名なる注釈者ボルテ／ポリフカも彼と同様の見解であったのだから、とペートーは言い添える。(69)

しかし同じ後書きで明らかにされているように、彼の最大の模範はほかでもないグリム兄弟であった。ドイツのメルヘンが、彼らとりわけヴィルヘルムの手によって次第に「改良」されていったように、ペートーはその顰に倣って、現代のホレ伝承を正統な形で語り直すことを願った。真実唯一の物語、「根本の形態」というようなことを素朴に口にする彼は、例えばゲルントのような戦後の批判的民俗学者たちからは、必ずや厳しい批判を受けるだろう。一九〇三年に生まれ一九九二年に没したというこの旧世代の民俗学者については、ナチズムとの親縁性を噂する声もある。

彼の政治的信条はともかく、このホレさま物語集は、民話の生きた変化を体現する一例として念頭に置くべき書物ではあるだろう。いくつかの箇所における気取りと冗長さを別にすれば、読みごたえのある美しい物語を確かに含んでいる。あえて言うなら、この書物はいわば『本当は恐ろしいグリム童話』(70)のような戯作、あるいは『ルートヴィヒ革命』(71)のようなグリム・メルヘンのパロディ漫画から、それほど遠い場所に立つわけではない。伝説やメルヘンが人びとのあいだに生命力を保ち、活用／悪用されていることの証としてこれらの産物は存在するのであり、またそれ以上の何か特別な、崇高な意味を持つわけでもない。

ところで、グリム兄弟の精神に回帰しようとする姿は、ナチズムのタブーが残りつづけるドイツのなかで、あえて自説を展開しようとする一人の民俗・歴史学者にも見える。それはすなわち二〇〇三年刊のE・ティムによるホレ論であるが、「ヤーコプ・グリム没後百六十年／ゲルマン学の視点からの考察」という副題が付されたこの書物は、主張内容そのものとしては、グリムの『ドイツ神話学』と現代の母権制研究者ゲトナー＝アーベントロートの著作に述べられていた事柄を、彼女なりの手法から繰り返したものである。ホレ、ペルヒタ、その他さまざまの名称で呼ばれるいくつかの地域的信仰対象が、キリスト教以前の一つの古代ゲルマン的女神へと収斂させられる。(72)ちなみにヤーコプ・グリムの立論への補足・修正として、南ドイツのペルヒタについては南ヨーロッパ的な民間信仰の影響が見られると、地域的多様性の吟味が行われている。

この著作の長所は、何よりも古代・中世の言語資料の網羅的調査にある。膨大な古文書資料を精査した論証部分と、その結果を地域的分布図としてまとめた付属のドイツ地図は、学問的成果として十分に認められるものである。ゲトナー＝アーベントロートにおいては観念的で実証性に欠けていた主張を、歴史学者としての彼女が、文献資料的に厳しく基礎づけようと試みたものとして位置づけることができる。

このティムの著作には、グリム以後、二十世紀に至るまでのドイツ民俗学研究に対する、ある種の呪詛が込められている。例えば七世紀フランケン地方における「ヴュルツブルクのディアーナ」として知られる女神の記録を、すでにヤーコプ・グリムは、その『ドイツ神話学』のなかで明確に取り上げ、ドイツにおける女神のきわめて高い地位を示す資料として議論の俎上に乗せていた[73]。しかし以後の研究者たち、すなわちW・ミュラーからジムロック、マンハルト、フォン・デア・ライエン、デュメジル、ド・フリースといった人びとによる数多のドイツ宗教史の記述は、ヤーコプの先の一節をおよそ考慮することがなかったと批判する。憤りに近い感覚さえ漂わせるティムの論述によれば、これはゲルマンの宗教が「男性に力点をおく」という先入観に囚われた男性研究者たちによる観念的産物にほかならない。「男性神たちの崇拝を第二位に押しやるような、一人の女性神の崇拝が行われている地域」を想定すること自体が、彼らの「意識下」の作用によって禁じられたのだ、とティムは言う[74]。

「荒ぶる軍勢」の俗信についても、一般には、ゲルマン言語圏の男性神に率いられた現象という解釈が大勢を占めるなか、ティムは、本来この死者たちの率い手は「古ヨーロッパの（死と豊饒の）女神」であったとする。男性神が記録として現われるのはようやく十一世紀からであり、これはケルトとゲルマンの接触に始まる「ヴォーダン化」、つまり男性神の優位化と父権社会化が徐々に進行した結果であるという。男女神の力関係が次第に交代してゆく時期として、ティムは四世紀から七世紀のあいだを考えている[75]。

父権化してゆく教会・聖職者に比して、そもそも始祖イエスその人は、女性や弱者に深い理解があったのだという言説さながらに、民俗学の礎を築いたグリム兄弟は、このフェミニストの著書のなかで、例外的に高く賞賛されている。ちなみに先述のペートーについても、「グリム以上に強力に」[76] 古代女神論を支持し、一般向けに著作を残した人物として余白的に言及されている。ともかくも現在では、総じて「混沌」[77] の状況にあるというホレ像について、ティムは圧倒的なまでの資料精査に基づきながら、そろそろ議論に終止符を打ちたいと考えたようである。しかし彼女のその思いも空しく、「ドイツの異教」との接続性を探るグリムの神話的思考は、「ツンフト的」[78] なドイツ民俗学のなかで、なお根強い拒否に遭っている。こうした状況の一端は、すでにバウジンガーとギンズブルグの場面でたどったところである。[79]

ところでこのティムが、自らのホレ論において最も問題視、ないしは敵視しているのは、実のところ、そうした父権的思考の権化とされる民俗学者たちではなく、むしろ彼らとはいささか外れたところに立っている人物である。ティムの表現を借りれば、それは異教的ゲルマンとの接続を嫌い、ホレの由来をできるかぎり新しい時代に求めようとした研究者たちの代表格である。ティムの序文では、ギンズブルグ、ルクトゥ、ヴァルテルといった非ドイツ系の人びとによる近年のヨーロッパ文化古層研究を列挙し、古代という文化的淵源を明らかにした諸研究の重要性が確認されている。それに対し、このような新しい模範的研究に先立って、真っ先に名指しされ、その欠陥を指摘されているのは、例のヴィル＝エーリヒ・ポイカートである。

ポイカートの代表的な文化史的著作である『大転換期』（一九四六年）によれば、ホレさまが歴史上に登場するのは、古代どころか、近世十六世紀になってようやくのことである。ドイツ民俗学が「行き着くところまで行った」[80] とティムが酷評する、このポイカートの見解はどのような文脈から出ているのだろうか。ティムによれば、ヤーコプ・グリム『ドイツ神話学』刊行以後に発掘された重要資料が十一点存在するのだが、ポイカートを含めた大半の研究者はそれらを念頭に置いておらず、しかもポイカートに至っては、グリムと同じ資料の前提に基づきながらグリムの立論を否定するという暴挙を犯している。つまり「グリムの素材を用いて、グリムより賢くあろうとしている」のだと。そしてポイカートが恣意的に打ち立てた reformatio／renovatio（改革／再生）なる文化史的図式へと、無理矢理にホレ像を押し込んでいると言う。[81]

今ここでは、このポイカートのヨーロッパ文化史論に深く立ち入ることはできない。しかし例えば、先述のギンズブルグの女神論にポイカートの文献がしばしば言及され、肯定的な参照がほぼ大半を占めていたことは銘記しておきたい。ただし彼の「人種的偏見」[82]の弊害は指摘されており、「男性的ゲルマン人種」と「女性的地中海人種」を区別するという特異な立説において、ポイカートの時代的限界が示唆されている。

このギンズブルグの指摘との関連では、戦後ドイツ民俗学界に起きた小さな論争を思い起こしてみることもできる。ナチズムへの服従を拒みぬき、戦後早々に学界への復帰を果たしたポイカートは、やがて「民俗学界のリーダー」とも目される存在となるのだが、彼の独特の民俗学、「ポイカート流の〈射程の長い文化哲学〉」と称される学問的姿勢は、彼とはおよそ逆に、厳密な歴史的記述に徹していた民俗学者H・モーザーからの強い批判を受けることになった。ポイカートが展開する「ヘルダーの文化哲学と同様の観念的裁断」は、ナチズム民俗学に関与したO・ヘーフラーと同列に扱われるべき、そして戦後ドイツ民俗学が何としても克服すべき対象であると。ギンズブルグもその幾つかの著作でしばしば参照しており、ドイツの民俗学者が神経質にならざるをえなかった、あのヘーフラーである。ポイカートのほうは、モーザーの研究手法について、「〈ズボンのボタンやトランプ札の名称を、学問の名のもとに玩んでよしとする〉瑣末主義」だと皮肉り、ヘルダーで結構、名誉なことだと、わずかながら反論したらしい。[83]

ポイカートの代表作『大転換期』は、第二巻の副題を「精神史と民俗学」としている。[84] 民俗学を、過去の遺物の単なる記録簿に終わらせないために、彼は「精神史」としての民俗学を志したという。無味乾燥な実証主義に対する敵意は、彼の晩年の伝説研究にも露わにされているが[85]、この姿勢はそもそもディーデリヒス出版社の看板執筆者としてスタートした彼の経歴を思い起こさせる。上山安敏『神話と科学』に叙述されている、M・ヴェーバーが対峙した時代の学問状況においては、「批判的歴史主義と批判的合理主義」を核心においた大学の知性に対して、「人間の根源的なもの、全体知をとり戻そうとする神話化への方法」が、例えばこのディーデリヒスの周囲において模索されていた[86]。ポイカートのどこか特異な学問性は、この世紀転換期の思潮に一つの源があることを思わせる。

以下、本章の結びとして、ポイカートの代表的著作である『大転換期』と、そしてほぼ同時期に戦争とナチズムの苦境に屈することなく完成された『中世後期ドイツの民俗信仰』（一九四二年）の二つの著作を参照しながら、ホレさまに関する彼の見解を素描しておきたい。

『大転換期』第一巻の副題は、「黙示録的世紀とルター」という。ポイカートの精神史的記述によれば、近世という時代の発端に、黙示録的な破壊と再生のモメントが存在する。近世十六世紀は、一方で宗教改革（reformatio）を実現しつつ、同時に神話的・世界観的な再生（renovatio）を志した、ヨーロッパ文化の再出発の時であった。この変革の場面には、「農民」的人間と「市民」的人間、すなわち古い時代と新しい時代との対峙と緊張――ある意味では陳腐に響くこの二分法への違和感は認めるとして[87]――が存在したという。この再編成のエポックに、「通常の時代推移においては隠れたままでいる人間社会の骨格の部分や基底の仕組み」、「原初的・初発的なもの」[88]が表面化してくる。「小びと」（Kobold）などのさまざまな妖怪（dämonische Gestalten）と並んで、ホレさまが、この時代の人びとの新しい神話として登場してくるのはこの瞬間である。「ホレさまとリューベツァールという、よく知られた妖怪をここで二つだけ付け加えるならば、これらは十六世紀の開始以前に、いかなる場所でも存在を証明することはできない。」[89]

『中世後期ドイツの民俗信仰』と題されたもう一つの著作では、「樹木にいる女」(Die Frau am Baum)と題する章で、ホレさまを中心的に取り上げている。[90] 樹木のそば、または樹木の下に現われる一群の女の妖怪たちは、「森の女」(Waldfrau)と総称すべき存在であり、地底と樹木との接続から、地底の死者の世界とも深い関わりを持つ。ギンズブルグ的に言えば、古代的な相貌を有するはずのこれらの森の妖怪たちの一員として、ホレさまは筆頭に言及されている。そしてポイカートは、古代の女神の諸特徴として前章第二節に総括した諸要素を提示するにあたり、十一世紀のヴォルムスのブルカルト、十三世紀のベルトルト・フォン・レーゲンスブルク、またギンズブルグの論証に大きな役割を果たした十五世紀のヨハネス・ヘロルト[91]など、近世以前の資料を次々と挙げていく。

彼の「精神史」によれば、それら古代・中世的なイメージの核心部分は、十五世紀末から十六世紀にかけての時期から「次第に忘却され」、「メルヘン」化していったという。そして子ども相手のお化け(Kinderschreck)風の存在か、そうでなければ魔女の形へと二極分解する。[92] 前者は、やがてグリムのメルヘン集第二四番に結実するような、微笑ましい、しかし単なる虚構の存在となり果て、後者は、近世の魔女迫害という過酷な現実に繋がっていく。[93]

古代との素朴な連続性の立場は、ここでは明らかに採られていない。「ナチス好みの古ゲルマン・中世連続説を否定[94]」したものであることは確かである。しかしかといって、近世以前の資料を少なからず列挙するポイカートの筆致は、古代との完全な断絶を言うのでもないように思える。ひとたび構築されたものが崩され、古いものと一まとめに、再構築の材料となる。メルヘン化したホレさまは、例えば十九世紀のグリムにおいて、また二十世紀への世紀転換期におけるヘッセンのマイスナー山頂において、なおもその古代的・神話的影響力を発揮していた。ポイカートやディーデリヒスは、まさにその渦中に立っていたはずである。近世という動乱期にホレさまが誕生したとする説は、やがて第二次世界大戦という徹底的な破壊の過程を目にしたポイカートが、自らの郷土のために思い描いた歴史の道筋だったのではないか。

ナチス政権獲得後、二年が経った一九三五年の末に、ポイカートは一冊のグリム読本を出版している。教授資格を剥奪されたのは同年春の五月十三日、すなわち彼の四十歳の誕生日の二日後であったらしいから、グリム兄弟に関するこの著作は、シレジアの僻村ハーゼル（Haasel）での隠遁生活のなかで完成されたことになる。(95)

ポイカートに対するナチスの政治的処置については、二つの理由が推測されている。まず一つは、彼の初期の代表作『プロレタリアートの民俗学』（一九三一年）によってマルクス主義者の嫌疑を受けたことである。「民俗学とは、民衆のあらゆる要素について消息を伝えるものである」(96)という断固とした信念がポイカートにはあった。ナチズムに親しい姿へと美化された農民層のみが学的関心の対象となる風潮を批判し、むしろ工場労働者、機械工、臨時労働者、日雇い労働者などの「精神的世界」こそを解明すべきだと唱えていたのである。(97)

もう一つは、むしろこちらのほうが決定的であったと思われるのだが、『プロレタリアートの民俗学』の翌一九三二年に出版された、『ドイツ俗信事典』第四巻におけるポイカートの寄稿項目「ユダヤ人」を理由とするものである。このなかで彼は、「スラブ圏におけるドイツの言語と文化の担い手であった」東方ユダヤ人の存在を、ドイツ文化の正当なる一員として位置づけている。(98)

近代産業社会における下層民やユダヤ人のような辺境的存在に向けてポイカートが注ぐ目配りは、『グリム兄弟――永遠なるドイツ』と題された、先述のグリム読本を編む動機ともなっている。当然ながらポイカートは、当時の支配的イデオロギーと化していた古代ゲルマンへの連続性を主張することのうちに、グリムの功績を見てはいない。社会の中心に座す「王侯の歴史」、「特別な男たちの営為」にではなく、何よりもドイツの「フォルク」の歴史、「真実にドイツの歴史である」ところの、ドイツの民族と民衆の歴史を彼らが追求した点に、まずは肯定的なまなざしを向けている(99)。

それにしても、「永遠なるドイツ」という書物の副題は、ナチスドイツ当時の国粋主義・民族主義的な立場に、ともすれば唱和するものと捉えられかねない。しかしポイカートの序文を注意深く読むならば、それはむしろ意図的になされたナチスへの挑発の表現であったようにも思われる。序文の終わり近くで、とりわけヤーコプ・グリムを話題にし、この人物こそルターに始まり、コメニウス、ニュートン、ライプニッツ、ゲーテといった人びとに代表されていくヨーロッパの「市民的文化」のドイツ的精華であったと述べられる。「市民的文化」というこの概念は、当然ながら「農民」のそれとの対比で用いられたものであり、すなわち後年の代表作『大転換期』にやがて結実する図式が、この書物のなかですでに示されているのである。市民と農民という二項対立は、何よりもまず、当時称揚された「血と大地」のナチス的「農民」像に対するアンチテーゼとして言われたものであろう。ポイカートは、「農民」に比して「今日では蔑視的に」見られている「市民の世界」を、「もう一度より正当に」観察することを求める。ドイツの「市民的」志向性の具体的な現われは、超越的一者の精神的な探求という営みにこそあり、ルター以後三百年にわたるこの「市民的」営為こそが、現在のドイツの根源であると力説されている。農民的ドイツではなく、市民的な「このドイツからわたしたちは生まれたのである。このドイツにこそわたしたちは根ざしている」。

彼がことさらにこのグリム選集を編んだのは、すでに「古びて」――とポイカートは明言している――乗り越えられたはずの、グリムの知識体系の内部に安住するためではない。そうではなく、ヤーコプのごとく、「生成流転」(Werden)してきたそれぞれの歴史的時代への「畏敬」の念を抱くこと、そして神的なものへの「探求」（Suchen）と「憧れ」（Sehnsucht）という、恩寵とも呪いともつかぬ宿命を受けたドイツ的市民として、「生成流転」する世界の細部に視線を注ぎつづけたヤーコプの生きざまを模範とすることを、当時のドイツに求めたのである。ポイカートは一九三五年のこのグリム読本の序文を、「『ドイツ神話学』の百周年に」と結んでいる。[100]

ポイカートの著作は、ある意味ではヤーコプ同様、少なからず論理の飛躍を含み、多分に思弁的である。それゆえ先述のティムのように細かな資料精査を行う歴史学者からは、厳しい批判を受けることになる。ところでこのティムの目的は、古きドイツの女神の連続性という、ある意味では実に素朴な学説を資料的に実証することであった。興味深いことに、このティムと同じく古文書の徹底的な検証を自負する別の研究者が、グリムの言うゲルマン的女神説の幻想性を指摘している。ティムには、九年前の関連文献としておよそ見過ごすとは思われぬ、この中世学者ケルナーへの言及がない。

北欧神話エッダに比肩する形での、純粋にドイツの土地に関わる神話資料は、実はほとんど存在しない。その基本的な事実に基づいて、グリムの恣意的な論証の盲点をつくケルナーの著書は、決して安易なグリム批判に耽る類のものではなく、十九世紀の学術史、思想史のなかにグリムを位置づけようとする誠実な試みである。多様な伝承が「網のごとく」[101]織り重なり合っているホレさま伝承の複雑さと、民俗学・神話学内での錯綜する議論を見ながら、古代ゲルマン人、原初のドイツ人の宗教観なるものについて、そもそも「最終的な解答を与えることなどできるのかどうか」、とケルナーは根本的な懐疑の念を表わしている。[102]

資料の厳密な読みを身上とするケルナーは、それに対してかなりの程度に思弁的なポイカートとのあいだで、不思議に意見を等しくしている点がある。南部のペルヒタと中部のホルダ／ホレの単純な同一視に慎重さを求めるなかで、少なくともホルダ／ホレが、明確な女神ないし妖怪の姿をとって記録に現われるのは、ようやく十五世紀ないし近世にかけてのことだったと、そう彼女は言っているからである。[103] 例えば、行列に遭遇した人間がホレさまから恵みを受け取るというモチーフは、ようやく十六世紀に記録として登場するものであった。[104] ケルナーによれば、中世カトリック的な伝承観のなかへ、近世を境に、新しい神話学的伝承観と自然科学的・合理主義的な伝承観が流入し、この二者ないし三者が拮抗・重層し合う状況を迎える。[105] 近世特有の新しい神話学的伝承観は、民間信仰とカトリック信仰を一まとめにして、古代的異教性のカテゴリーのもとに捉え、それらを批判的検証の標的とするプロテスタントの学識層によって主に担われたが、他方、その発展的な形として現われた後者、すなわち自然科学的・合理主義的な伝承観は、伝説的な出来事を物理・自然現象として、合理的に説明しようとする人びと、つまり啓蒙主義の先駆け的な人びとが形成していった。近世を、ポイカートが「市民的」という言葉で表現した新たな言説世界への移行の時代、神話的再構成の時代として捉えることは、ホレさま伝承の文献学的検証からも、どうやら正当化されるようである。

ここで今一度想起したいのは、シレジア生まれの若きポイカートが世紀前半に著した、シレジア土着の山の妖怪をめぐる伝承集である。彼の膨大かつ多彩な伝説記録については、資料提供者、原記録者の合理化するコメントを削除するなど、グリムと同様のテクスト改変の事実が指摘されている。[106] もしそれが、この妖怪リューベツァールにおいても同様に認められるとすれば、それは何を意図してのことだったのか。シレジアという東方辺境に生まれ、シレジア土着民としての独自性の意識を濃厚に持ちながら、しかし同時に〈ドイツ〉という一者、全体性をポイカートは志向しつづけている。辺境と中心の文化的力学をめぐる彼の思索は、なお綿密な検討を要すると思われる。

ポイカートはその伝承研究において、ホレさまとリューベツァールとが揃って、近世の時代に初めて姿を現わすという説を提示していた。この後者である男の妖怪、ドイツを代表する山の妖怪の相貌を、とりわけ近世の言説空間に位置づけてみることで、ドイツの山の民俗的・古代的観念、あるいはドイツの山のイデオロギーの姿はさらに明瞭なものとなるはずである。リューベツァールと一対を成す、女の山の妖怪ホレさまについて、その周辺を縷々たどってきたのは、そのための長い往路であった。

註

(1) フレドリック・ジェイムソン『政治的無意識』（大橋洋一ほか訳）、平凡社、二〇一〇年、一〇頁。

(2) Deutsche Sagen. Hg. v. den Brüdern Grimm. Ausgabe auf der Grundlage der ersten Auflage. Ediert und kommentiert von Heinz Rölleke. Frankfurt a. M. 1994.（以下DSと略記）S.55-56.

(3) Karl Paetow: Frau Holle. Volksmärchen und Sagen. Husum 1986. S.30f. und 32f.

(4) Heide Göttner-Abendroth: Frau Holle und Frau Venus in Thüringen. Grosse Göttinnen des Matriarchats in Mitteldeutschland. In: dies./ Kurt Derungs (Hg.): Mythologische Landschaft Deutschland. Landschaftsmythologie der Alpenländer. Bd.2: Deutschland. Bern 1999. S.236-254. Hier S.240.

(5) Erich Neumann: Die Große Mutter. Die weiblichen Gestaltungen des Unbewußten. Düsseldorf 2003. S.56. 邦訳は、エリッヒ・ノイマン『グレート・マザー　無意識の女性像の現象学』（福島章ほか訳）、ナツメ社、一九八二年、六〇頁（英語版からの訳書）に依った。

(6) Erich Neumann, S.64. 邦訳では六一頁。

(7) カルロ・ギンズブルグ『闇の歴史　サバトの解読』（竹山博英訳）、せりか書房、一九九二年、三八九—三九〇頁。

(8) カルロ・ギンズブルグ「フロイト、狼男、狼憑き」、同『神話・寓意・徴候』（竹山博英訳）、せりか書房、一九八八年、二六一—二七六頁所収、二七五頁。

(9) 同、二六六、二七〇、二七三—二七六頁。

(10) ギンズブルグ「ゲルマン神話学とナチズム」、同『神話・寓意・徴候』、二二七—二六〇頁所収、二五九頁。

(11) ギンズブルグ『闇の歴史』、三一一—三一二頁。

(12) Hermann Bausinger: Traditionale Welten. Kontinuität und Wandel in der Volkskultur. In: Zeitschrift für Volkskunde 81 (1985). S.173-191. Hier S.178-179. ヘーフラーとナチズムの関連については、河野眞『ドイツ民俗学とナチズム』、創土社、二〇〇五年、五六二—五六三頁にも紹介がある。

(13) ギンズブルグ『闇の歴史』、三二七頁。

(14) Hermann Bausinger: Zur Algebra der Kontinuität. In: ders./ Wolfgang Brückner (Hg.): Kontinuität? Geschichtlichkeit und Dauer als volkskundliches Problem. Berlin 1969. S.9-30. Hier S.13f. この論文は、以下の邦訳もある。ヘルマン・バウジンガー「民俗文化の連続性をめぐる代数学」（河野眞訳・解説）、愛知大学教養部『一般教育論集』三（一九九〇）、八九—一〇九頁所収、九二—九三頁を参照。

(15) Rudolf Schenda: Ein Benandante, ein Wolf oder Wer? In: Zeitschrift für Volkskunde 82 (1986). S.200-202.

(16) Hermann Bausinger: Typisch deutsch. Wie deutsch sind die Deutschen? München 2000. S.77. Vgl. auch ders.: Traditionale Welten. Kontinuität und Wandel in der Volkskultur. S.177.

(17) Beate Kellner: Grimms Mythen. Studien zum Mythosbegriff und seiner Anwendung in Jacob Grimms Deutscher Mythologie. Frankfurt a.M. 1994. S.8ff.

(18) バウジンガー「民俗文化の連続性をめぐる代数学」、一〇五—一〇九頁を参照。

(19) Lutz Röhrich: Das Kontinuitätsproblem bei der Erforschung der

Volksprosa. In: Kontinuität? S.117-133. Hier S.120.
(20) ネリー・ナウマン『山の神』(野村伸一ほか訳)、言叢社、一九九四年、二二一頁。
(21) 註10を参照。
(22) ジョルジュ・デュメジル『ゲルマン人の神々』(松村一男訳)、国文社、一九九三年、八二頁、また同『神々の構造 印欧語族三区分イデオロギー』(松村一男訳)、国文社、一九八七年、一〇八—一一一頁を参照。
(23) ジョルジュ・デュメジル「学問と政治 カルロ・ギンズブルグへの返答」(福井憲彦訳)、『思想』第七五四号、一九八七年四月、一八二—一八八頁所収、一八三頁。『思想』同号には、ギンズブルグによる先のデュメジル批判の論考が、フランス語版からの翻訳として併載されている。デュメジルの反論は、このフランス語版に対してなされたからである。ただし訳者福井憲彦の付記によれば、ギンズブルグ自身に由来すると思われる、重要な箇所の誤訳があり、議論を錯綜させている。なおデュメジルの邦訳者によるデュメジル擁護の試みとしては、松村一男「神話と政治 ギンズブルグのデュメジル批判をめぐって」、和光大学象徴図像研究会『象徴図像研究』一(一九八七年)、六四—七二頁のほか、『デュメジルとの対話』(松村一男訳)、平凡社、一九九三年の訳者あとがき、また先述のデュメジルの各訳書の訳者解説などを参照されたい。
(24) ギンズブルグ『闇の歴史』、二〇五頁。
(25) 同、三六八頁。
(26) ギンズブルグ「ゲルマン神話学とナチズム」、二五九頁。
(27) Brüder Grimm: Deutsche Sagen. Hg. v. Hans-Jörg Uther. 2 Bde. München 1993 (以下 Uther と略記); Brüder Grimm: Deutsche Sagen. Bd.3. Hg. v. Barbara Kindermann-Bieri. München 1993.
(28) Der Spiegel. 23/ 1993 (9. Juli 1993), S.224-225. ちなみにこのUther 版の成果について、一方の代表的な口承文芸学者レレケはかなり懐疑的である。第二版以降のテクストの変更を不完全なまま反映させていること、グリム自身による出典表記を削除したこと、未完成の原稿と見なすべき自家用本のメモ書きを本文テクスト中に取り入れていること、さらにはグリムの遺稿をもとに『ドイツ伝説集』第三巻なるものを恣意的に作成したこと、などが主な理由のようである。DS, S.723f. レレケの弟子筋と見られる研究者からの酷評としては、Ulrike Marquardt / Johannes Barth / Lothar Bluhm: Viel Schatten, wenig Licht. Zu einigen neueren Publika-tionen der Grimm-Forschung 1992/93. In: Wirkendes Wort 43 (1993). S.337-362
(29) ただしDS50などのウンタースベルクに関する伝説は弟ヴィルヘルムによるものと推測されるらしい。Vgl. Uther, Bd.2, S.551.
(30) Uther, Bd.2, S.545-583, bes. S.561-563.
(31) Lothar Bluhm / Achim Hölter: Die „Quedlinburger Sammlung". Eine quellenkritische Untersuchung zu Grimms Deutschen Sagen. In: Fabula 30 (1989), S.257-270. Hier S.257f.
(32) DS, S.712.
(33) Bluhm / Hölter, S.263-268.
(34) Ibid., S.269.
(35) Uther, Bd.1, S.294. Vgl. auch Kollmann, S.32. コルマンは、グリムに先立つホレの貴重な記録であるミュンヒハウゼンのこの文献を、グリム兄弟は実際に利用したという立場である。
(36) Karl Kollmann: Frau Holle und das Meißnerland. Einem Mythos auf der Spur. Eschwege 2005. S.9-10 und 25-27.
(37) Uther, Bd.1, S.294.
(38) DS (Vorrede), S.20.

(39) Uther, Bd.2, S.554. Vgl. auch Leander Petzoldt: Einführung. In: Jacob und Wilhelm Grimm: Deutsche Sagen. Forschungs-ausgabe. Abteilung III. Gemeinsame Werke. Bd.46. Deutsche Sagen Erster Teil. Neu hg. v. L. Petzoldt. Hildesheim / Zürich / New York 2005. S.5-44. Hier S.20. このペッツォルトの解説文も要を得た有益なものであるが、グリムの伝説集に、とりわけ中世末期から近世にかけての書承記録のサンプルとして積極的な評価を与える点が目を引く。

(40) Uther, Bd.2, S.555, 559 und 567.

(41) ギンズブルグ『闇の歴史』、二二六頁、ならびに以下の文献を参照のこと。Albrecht Schöne: Götterzeichen, Liebeszauber, Satanskult. München 1982. S.134.

(42) 邦訳では一六八八年となっているが、レーリヒの文献における一六六八年の指示に従った。ギンズブルグ『闇の歴史』、二四六頁、ならびに以下の文献を参照。Lutz Röhrich: Sage. 2., durchgesehene Auflage. Stuttgart 1966. (SM55) S.24.

(43) ギンズブルグ『闇の歴史』、二二五、二四六頁。Vgl. auch Kellner, S.278f.

(44) Uther, Bd.2, S.568.

(45) DS (Vorrede zum zweiten Teil), S.388.

(46) Utz Jeggle: Die Sage und ihre Wahrheit. In: Der Deutschunterricht 39 (1987), S.37-50. Hier S.40. Vgl. auch S.37f. und 41f.

(47) Otfrid Ehrismann: „Die alten Menschen sind größer, reiner und heiliger gewesen als wir". Die Grimms, Schelling; vom Ursprung der Sprache und ihrem Verfall. In: Zeitschrift für Literaturwissenschaft und Linguistik 16 (1986), S.29-57. Vgl auch Kellner, S.37ff., 50f. und 62ff.; 木下康光「自然文芸―民衆文芸 J・グリムのゲルマニスティクの理念について」、西川富雄編『叢書ドイツ観念論との対話2 自然とその根源力』、ミネルヴァ書房、一九九三年、一七八―二〇一頁所収、一九四頁。

(48) Kellner, S.38.

(49) Jacob Grimm: „Ein Lebensabriss Jacob Grimms". In: Zeitschrift für deutsche Philologie 1 (1869), S.489-491. Hier S.490. Vgl. auch Maria Herrlich: Einleitung. In: Jacob Grimm: Geschichte der deutschen Sprache. Bd.1. Forschungsausgabe. Abteilung I. Die Werke Jacob Grimms. Bd.15. Neu hg.v. Maria Herrlich. Hildesheim/ Zürich/ New York 1999. S.1-19. Hier S.1 und 15.

(50) Jacob Grimm: Geschichte der deutschen Sprache. Bd.1. S.84 und 191. Vgl. auch Kellner, S.62.

(51) 木下康光「神・言語・民族――ヤーコプ・グリムの仕事と思想の再検討」、三島憲一・木下康光編『転換期の文学』、ミネルヴァ書房、一九九九年、一三九―一五九頁所収、一四七頁。

(52) Jacob Grimm: Deutsche Mythologie. Unveränderter Nachdruck der 4. Auflage mit Bearbeitung von Elard H. Meyer 1875-1878. Wiesbaden 2003.（以下DMと略記）Bd.1. S.XXXIX. 訳文は木下（前註参照）による。

(53) ギンズブルグ『闇の歴史』、四一六頁。

(54) Helge Gerndt: Sagen und Sagenforschung im Spannungsfeld von Mündlichkeit und Schriftlichkeit. Ein erkenntnistheoretischer Diskurs. In: Fabula 29 (1988), S.1-20. Hier S.17.

(55) Gerndt, S.19.

(56) Vgl. Wolfgang Brückner: Historien und Historie. Erzählliteratur des 16. und 17. Jahrhunderts als Forschungsaufgabe. In: ders. (Hg.): Volkserzählung und Reformation. Ein Handbuch zur Tradierung und Funktion von Erzählstoffen und Erzählliteratur im Protestantismus. Berlin 1974. S.13-123.

(57) Gerndt, S.15

(58) Bernward Deneke: Zur Tradition der mythologischen Kontinuitätsprämisse. In: Bausinger/Brückner (Hg.), S.47-56. Bes. S.48.

(59) Kellner, S.345, 351 und 361.

(60) Ibid., S.136-138 und 209.

(61) Ibid., S.256.

(62) Ibid., S.312.

(63) Ibid., S.271-274, 290-291, 362-363.

(64) 近世ドイツ語圏の物語伝承については、以下の文献を参照のこと。Rudolf Schenda: Die deutschen Prodigiensammlungen des 16. und 17. Jahrhunderts. In: Archiv für Geschichte des Buchwesens 4 (1962), S.637-710; Rudolf Schenda (Hg.): Sagenerzähler und Sagensammler der Schweiz. Studien zur Produktion volkstümlicher Geschichte und Geschichten vom 16. bis zum 20. Jahrhundert. Bern / Stuttgart 1988; Hans Wagener: Eberhard Werner Happel – Vernunft und Aberglaube im Spätbarock. In: Hessische Blätter für Volkskunde 59 (1968), S.45-56; Dieter Martin: Barock um 1800. Bearbeitung und Aneignung deutscher Literatur des 17. Jahrhunderts von 1770 bis 1830. Frankfurt a.M. 2000; Artikel »Prodigien«. In: Enzyklopädie des Märchens 10 (2002), Sp.1378-1388; Gerhild Scholz Williams: Ways of Knowing in Early Modern Germany. Johannes Praetorius as a Witness to his Time. Ashgate 2005.

(65) Kellner, S.313.

(66) nach Kollmann, S.23 und 35-36

(67) Wilhelm Grimm: Frau Holle. In: Jacob und Wilhelm Grimm: Werke. Forschungsausgabe. Abteilung II: Die Werke Wilhelm Grimms. Bd.32. Kleinere Schriften 2. Neu hg. v. Otfrid Ehrismann. Hildesheim / Zürich / New York 1992. S.234-235. Vgl. auch Uther, Bd.2, S.563.

(68) Kollmann, S.28 und 36.

(69) Paetow, S.137f.

(70) 桐生操『本当は恐ろしいグリム童話』、ＫＫベストセラーズ、二〇〇一年。

(71) 由貴香織里『ルードヴィヒ革命 1』、白泉社（花とゆめコミックス）、二〇〇四年。

(72) Erika Timm unter Mitarbeit von Gustav Adolf Beckmann: Frau Holle, Frau Percht und verwandte Gestalten. 160 Jahre nach Jacob Grimm aus germanistischer Sicht betrachtet. Stuttgart 2003. Vgl. z.B. S.287.

(73) DM, S.237.

(74) Timm, S.302-303.

(75) Ibid., S.271 und 297.

(76) Ibid., S.11.

(77) Ibid., S.13.

(78) Ibid., S.VII.

(79) 戦後ドイツ民俗学におけるバウジンガーの革新性については、先述のヘルマン・バウジンガー「民俗文化の連続性をめぐる代数学」に付された河野眞の解説のほか、Kellner, S.9f. また坂井洲二『ドイツ民俗紀行』、法政大学出版局、一九八二年の第六章などを参照のこと。

(80) Timm, S.VII.

(81) Ibid., S.13.

(82) カルロ・ギンズブルグ『ベナンダンティ 十六―十七世紀における悪魔崇拝と農耕儀礼』（竹山博英訳）、せりか書房、一九八六年、二五五、二九三頁。

(83) 河野眞『ドイツ民俗学とナチズム』、五六二―五六三頁。Vgl.

auch Wolfgang Jacobeit: Will-Erich Peuckert „Die große Wende". Ein Beitrag zur Wissenschaftsgeschichte der deutschen Volkskunde nach 1945. In: Brigitte Bönisch-Brednich/ Rolf Wilhelm Brednich (Hg.): „Volkskunde ist Nachricht von jedem Teil des Volkes": Will-Erich Peuckert zum 100. Geburtstag. Göttingen 1996. S.141-164. Hier S.156-157.

(84) Will-Erich Peuckert: Die große Wende. Bd.1: Das apokalyptische Saeculum und Luther. Bd.2: Geistesgeschichte und Volkskunde. Hamburg 1948.

(85) Will-Erich Peuckert: Sagen. Geburt und Antwort der mythischen Welt. Berlin 1965. S.5.

(86) 上山安敏『神話と科学』、岩波書店、一九八四年、三五九、三六一頁。

(87) Rolf Christian Zimmermann: „Ich gebe die Fackel weiter!". Zum Werk Will-Erich Peuckerts. In: Peuckert: Das Rosenkreutz. 2., neugefaßte Auflage. (Pansophie 3) Hg. v. R. Ch. Zimmermann. Berlin 1973. S. VII-LI. Hier S. XXI-XXII.

(88) 河野眞「永遠なる〈グリムのメルヒェン〉」、『ユリイカ 特集グリム童話』、一九九九年四月号、青土社、六四―七三頁所収、七二頁。この論考にはポイカートの簡便な紹介がある。ただし『大転換期』は、「次第にテーマが拡散し焦点がぼけてゆく」ポイカートの、不首尾に終わった思索の道程を示すものとして挙げられている。

(89) Peuckert: Die große Wende. Bd.1. S.277.

(90) Will-Erich Peuckert: Deutscher Volksglaube des Spätmittelalters. Stuttgart 1942. S.97-118.

(91) ギンズブルグ『闇の歴史』、一六六頁。

(92) Peuckert: Deutscher Volksglaube des Spätmittelalters. S.111f.

(93) 北欧型と南欧型を区別するポイカートの独特な魔女論として以下のものがある。Will-Erich Peuckert: Ergänzendes Kapitel über das deutsche Hexenwesen. In: Julio Caro Baroja: Die Hexen und ihre Welt. Stuttgart 1967. S.285-320. バロッハの著作の独訳版に付された、ドイツとヨーロッパの魔女現象に関するこの概説は、ラウール・マンセッリ『西欧中世の民衆信仰』（大橋喜之訳）、八坂書房、二〇〇二年、一四頁（原註五）で肯定的に参照されているほか、上山安敏『魔女とキリスト教』の第五章では、このポイカートの論旨に依拠した叙述が行われている。しかしポイカートの魔女論の根底には、ギンズブルグからの批判点として先に言及した人種的区分の発想と、そしてヘーフラーなどに顕著に現れていた男性結社（Männerbund）と戦闘性とを主特徴とする男性的ゲルマン文化観が秘められている可能性がある。ドイツ語圏の魔女現象全般に、これが実際にどの程度適用可能なものであるのか、それについてはまた別の検討を要する。

(94) 河野眞「永遠なる〈グリムのメルヒェン〉」、七二頁。

(95) Brigitte Bönisch-Brednich: Will-Erich Peuckert (1895-1969). Versuch einer Biographie. In: dies./ Rolf Wilhelm Brednich (Hg.), S.15-32. Hier S. 25-26.

(96) Will-Erich Peuckert: Angewandte Volkskunde. In: Schaffen und Schauen 6 (1929), S. 4-6, Hier S. 4.

(97) Bönisch-Brednich, S. 22-23.

(98) Artikel »Jude, Jüdin«. In: Handwörterbuch des deutschen Aberglaubens. Hg. v. Hanns Bächtold-Stäubli unter Mitwirkung von Eduard Hoffmann-Krayer. Mit einem neuen Vorwort von Christoph Daxelmüller. Unveränderter photomechanischer Nachdruck. Berlin/ New York 2000.（以下 HdA と略記）Bd. 4, Sp. 808-833, bes. S. 809 und 827. Vgl. auch Christoph Daxelmüller: Vorwort. In: HdA 1,

S.1-62. Hier S.41. 上山安敏『魔女とキリスト教』、六二―六三頁にも言及がある。

(99) Will Erich Peuckert (Hg.): Die Brüder Grimm. Ewiges Deutschland. Ihr Werk im Grundriß. S.3 und 5.; Vgl. auch Jacobeit, S.146.

(100) Peuckert (Hg.): Die Brüder Grimm. S.13-15.

(101) Kellner, S.336.

(102) Ibid., S.366.

(103) Ibid., S.342-343.

(104) Ibid., S.254.

(105) Ibid., S.317.

(106) Ingrid Tomkowiak/ Susanne Ude-Koeller: „...weil niemand die alten Chroniken und Kompendien mehr aufschlagen will“. Will-Erich Peuckert und die „Niedersächsischen Sagen“. In: Bönisch-Brednich/ Brednich (Hg.), S.125-140. Hier S.130.

第三章　悪魔リューベツァール

> 悪魔は、光の天使にも姿を変えるのが常ではありませんか。[1]
>
> ――マルティン・オーピッツ

一　ヤーコプ・グリムが残したもの

あらためて確認するなら、グリム兄弟編『ドイツ伝説集』全二巻は、ドイツ民間伝説（Volkssage）研究の道程に、初めて根本的な基礎を与える書物であった。一八一六年に出たその第一巻の序文は、ほぼ兄のヤーコプが筆を執ったものと推測されており、その後半部分に、したがってやはりヤーコプによるのだろう、次の言葉がある。

> なお、ここではっきりと言い添えておくべきことがある。わたしたちは、リューベツァールにまつわる多種多様な伝説と、そしていくつかのライン伝説には、意図的に手をつけずにおいた。その理由は、リューベツァールについては別に一巻の物語集を編むことが適切と考えたからであり、ライン伝説につい

てはフォークトが今年のうちにも、フランクフルトで出版するつもりだという報を受けたからである。[2]

東方辺境の山岳地帯リーゼンゲビルゲに棲み家を持つという、山の神リューベツァール。この『ドイツ伝説集』刊行後、しかしグリム兄弟は、リューベツァールについての書物をついに編むことはなかった。引き続きヤーコプが主導的な役割を担ってゆく伝説や古伝承の研究に限定すれば、『ドイツ神話学』（初版一八三五年、第二版一八四四年）、『ドイツ法古事誌』（初版一八二八年、第二版一八五四年）、そして『判告録』（第一・二巻一八四〇年。没後の一八七八年に出る第七巻まで続く）といった著作が、この分野での中心的な仕事となってゆく。そして管見のかぎり、『ドイツ神話学』の二か所、すなわち「小びとと妖精」（Wichte und Elbe）を取り上げた第一巻第一七章とその補遺（第三巻）においてわずかな言及をしているほかは、この山の神をめぐって、およそヤーコプは著作や記述の類を残していないようである。

『ドイツ神話学』におけるその言及箇所では、リューベツァールの基本的性格を「森の神」（Schrat）として捉え、モラヴィアの民間伝承を傍証に、「スラブ起源」[3]の神ではないか、という推測をして

リューベツァール像
シュヴィントの挿画（326頁）に基づくもの
シュライバーハウ（リーゼンゲビルゲ）旧在

いる。また補遺では、リューベツァールに類似する人名が、すでに一二三〇年の文献に確認されることを指摘する一方、この山の神の「英雄、半神」[4]的性格が表れている複数の資料――そこには十七世紀ドイツ、シレジアの詩人マルティン・オーピッツの詩作品もみえる――を列挙している。しかしリューベツァールについてのヤーコプ・グリムの仕事はここまでであり、その本格的な研究は、この後、二十世紀初頭から、ヤーコプの衣鉢を継いだ、主にシレジア土着の民俗学者たちの手に委ねられることになった。

とはいえヤーコプは、リューベツァール研究の重要な手がかりを、すでに『ドイツ伝説集』の内にも残している。というのも、先に引用した一節の直前に、「プレトーリウス」という名前が見えるからである。出典資料の詳細を論じる先の序文の第六節は、いくつかの具体的な人名に言及するに際して、誰よりもまずこの人物を取り上げている。しかも「書承資料のなかでは、ヨハネス・プレトーリウスの著作が、われわれには最も重要なものであった」[5]のだと。

グリム兄弟の『ドイツ伝説集』は、ヨハネス・プレトーリウス（一六三〇―一六八〇）というこの近世ドイツ人から、実に多くの養分を得ていた。数多くの奇譚や逸話、巷の言い伝えなどを集成した彼の書物は、周知のようにゲーテ『ファウスト』の「ヴァルプルギスの夜」にも素材を提供する。同時代、つまり十七世紀のグリンメルスハウゼンはもちろん、近代のシラー、ブレンターノらの作品にも利用されてゆくプレトーリウス。「バロック文学受容史の未だ書かれざる一章」[6]がここにあると言われる。

リューベツァールとは、そもそもいかなる相貌を具える神的存在であったのか。十七世紀のプレトーリウスの後、十八世紀のムゼーウスによる物語を通じて、ドイツ語圏の外にも知られる存在となってゆく――英訳（一七九一年）、仏訳（一八四四年）が出ている[7]――山の神。ビーダーマイアー期以降は、特に大衆性を強め、子ども向けの演劇や笑い話、童話、オペレッタなどの素材として用いられる。[8]現代の子ども向けメディアの

（左頁）左上にライプツィヒ、その右にマイセン、下には鉱山都市アンナベルク、マリーエンベルクとエルツゲビルゲの山々（右頁）左端下にプラハ。右側やや下にリーゼンゲビルゲの峰々と山麓の町グライフェンベルク、ヒルシュベルク、トラウテナウなど（28–29頁の地図も参照）

マイセンからボヘミア・シレジアにかけての古地図　ヨアン・ブラウ、1665 年

《リーゼンゲビルゲ》 C. D. フリードリヒ画、1835年、ベルリン美術館

中に定着してゆくこの流れを、二十世紀の児童文学作家O・プロイスラーは少なからず懐疑的に眺めていた。彼が望むのは、リューベツァールを「子ども部屋の視野の外に取り出すこと、元来のスケールへともう一度高めること、あのボヘミアとシレジアの国の境に広がる土地に、その支配者として君臨する彼にふさわしい偉大さへと」[9]——であった。

ボヘミアを故郷とし、リーゼンゲビルゲ山中のさまざまな伝承に抱かれて成長したプロイスラーは、自らの生涯に深く関わるこの山の妖怪との原体験を求めて、物語集『ぼくのリューベツァールの本』(一九九三年)を書いた。そこにはプレトーリウスその人も登場する。奇妙奇天烈な物語を彼が量産していく機縁となった、山の神との不思議な遭遇の出来事を、プロイスラーは実にコミカルに描き出している。[10]

本章の大きな目的は、このプロイスラーの顰に倣いつつ、時代を遡ってリューベツァールの原像を探し求めることにある。どの時代に、どのような環境において、そしてどのような姿でこの妖怪は誕生したのか。グリムが重視した近世ドイツ人J・プレトーリウスを案内役とすることで、このリーゼンゲビルゲの山の神が最初に大衆の共有財となった、つまりドイツ語圏の伝説形象として最初に広く流布・定着した近世十七世紀中葉における、東方ドイツの伝承群に焦点をあててみたい。

二　プレトーリウス

プレトーリウスの書物には、例えばこのような物語がある。ある山間の村で、村長の娘と賤しい作男とが、秘かに仲睦まじくなった。やがて娘は妊娠し、二人は勇を鼓して、親たちにそのことを打ち明ける。親たちははじめに、二人をひどく詰ったものの、世間の目を気にして、急ぎ結婚式を挙げさせることにした。結婚の十日後、娘が産気づくと、そこへ一人の老婆が現われる。自分は産婆であり、ぜひともお助けいたしましょうと。夫である作男は、この老婆に出産の世話を委ねることにし、さらに親類や近所の女たちを部屋に呼んで、出産に立ち会ってもらう。まもなく娘は子どもを一人、無事に出産した。ところが不思議なことに、その後も次々と、とどまることなく赤ん坊が生まれ出てくる。終わってみるとその数は十九人。驚き果てた部屋の人びとは、この子らをどうしたものかと途方に暮れる。ともかくも洗礼を施すために、教会から司祭を連れてきて、元気な赤ん坊たちに一人ずつ指で触れてもらった。すると赤ん坊は次々に、一体の人形と化してしまう。わずかに最初の子どものみが人間の姿のままで、無事に洗礼を終えた。老婆はすぐさま姿を消したが、またいつやってくるかわからない。この老婆こそ、知る人ぞ知る山の神リューベツァールである——[11]。

プレトーリウスは、ドイツ北東部アルトマルク地方ツェトリンゲンの生まれであり、一六五四年にはライプツィヒ大学で修士の学位を得ている。本名はハンス・シュルツェというが、近世ヨーロッパの知識人にふさわしく、それをラテン語化した名前で一般には知られる。学位取得に際しての公開討論のテーマは、冬至にまつわる習俗についてであったらしい。一六五九年には桂冠詩人に叙せられた。一六五八年から一六六一年のあいだ、プレトーリウスは、ライプツィヒ大学で手相術や占星術、地理学に関するいくつかの講義を担当したことがわかっているが、それ以降は大学に職を得た形跡もなく、主に自由な著述活動によって暮らしを営んだと推測される。驚くべき多筆家にして売れっ子作家であったが、とりわけ一六六〇年代から後、ラテン語ではなくドイツ語で書いた一般ドイツ人向けの一連の著作が、彼の名声を確固たるものにした。そしてこの種の書物の一つが、ほかでもないリューベツァールをめぐる物語集であった[12]。

『シレジアのリューベツァール妖怪学』(Daemonologia Rvbinzalii Silesii)と題する伝承集は、まず一六六二年に初版が出た後、その大きな反響に応える形で同年に第二巻が続き、さらに第三巻が一六六五年に出る。そして一六七二年には、『森の神サテュロスの語源考』(Satyrus Etymologicus)(以下『サテュロス』と略記)という続編的な書物が出版され、このなかではリューベツァール伝承と並んで、その妖怪の名前の語源をめぐる百通りの珍説が披露される。

一六六二年に出た最初の著作の表題について付言すれば、原題にあるDaemonologiaという言葉は、近世の言論・世論に大きな影響を与え、魔女迫害の理論的支柱ともなったDaemonologiaの著作群、つまり一般には「悪魔学」と邦訳される出版物のカテゴリーにも重なり合うものである。民話・妖怪研究の現在に接続する意図から、仮にここで「妖怪学」と訳しておいた山の怪異／デーモン Daemon としてのリューベツァールは、同時にキリスト教神学的な「悪魔」の相貌を色濃く持つのである。このことは後節の重要な主題となるだろう。

第四作の表題はいささか風変わりに響くが、これについては同書のなかで、プレトーリウス自身による説明がある。それによれば、（1）一般にリューベツァールが、山羊に似た半人半獣の、まさに「サテュロス」の姿でイメージされていること、（2）この書物は、「リューベツァール」という名前の自由な語源解釈に基づいて多種多様な物語を紡ぎ出す形になっており、著者はそれによって、悪徳に満ちた世相を批判的に諷刺（Satire）しようと考えていること――プレトーリウスの時代には、森の精「サテュロス」と文学ジャンル「サタイア」のあいだの語源的な親縁関係は、まだ信じられていたと思われる――、以上の二点が表題にこめた意図だということである。[13] しかし「語源考」というこの表現には、同時にまた、例えば七世紀の教父セビリアのイシドルスが書いた『語源考』[14]に示されるような、百科全書的性格の暗示を読み取ることも可能かもしれない。博識の大学人プレトー

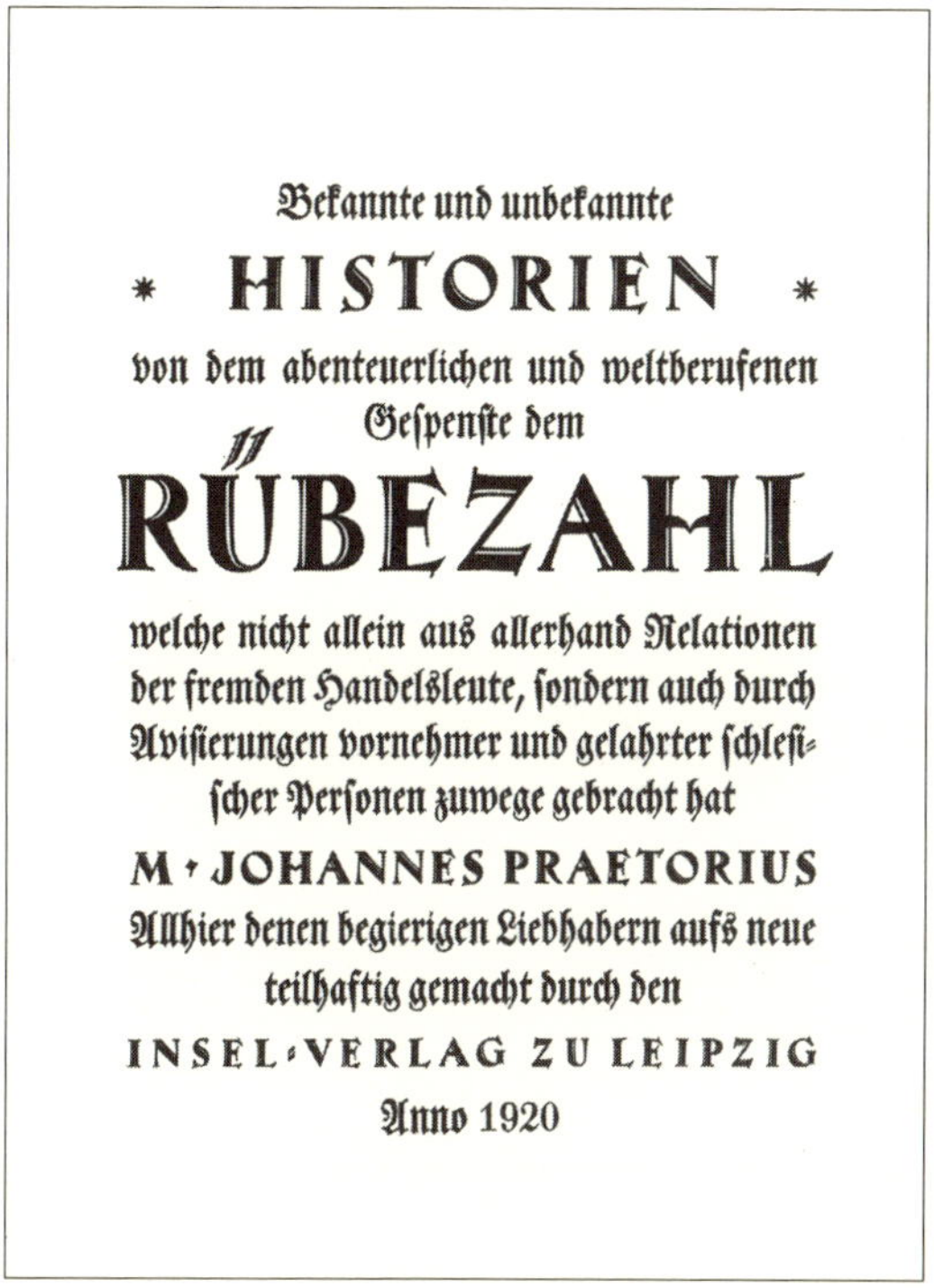

プレトーリウスのリューベツァール伝承集
インゼル版（1920年）タイトルページ

リウスは、この含意を念頭に置きつつ、遊戯的にではあれ、一種のリューベツァール大全を企図したのである。

この合計四点の書物は、リーゼンゲビルゲの山の妖怪をめぐって古今最初に成立した伝承集であった。それまでローカルな魔物にすぎなかったリューベツァールが、これらの書物を通じてリーゼンゲビルゲの外へと知られてゆく。ちなみに四作目の『サテュロス』を最たる例として、プレトーリウスの著作は、およそ厳密な意味での民俗学的資料と呼べるものではなく、彼自身の創作・加工を自由に混入させている。そのことは彼自身が、伝承集の序文で堂々と述べているところでもある。(15)

グリム兄弟『ドイツ伝説集』の序文は、プレトーリウスにおける「無趣味ではあるが洞察に富む学識」と、「伝説と俗信に対する感覚」との結合を賞賛して、そのおかげをもってこそ「市民の暮らしの中から直接に」、伝説伝承を収集することが可能になったと述べている。プレトーリウスの危うくも自由奔放な

2. Rübezahl verbietet
zween vornehmen Jägern das Jagen im Gebürge.

Auf eine Zeit wurden zwei vornehme Jäger, die ſich in Warmbrunn des Bades bedienet, miteinander einig, das Gebürge durch Jagen und Hetzen zu beſuchen, damit ſie einiges rares Wildpret möchten anſichtig und habhaft werden, ſolches als eine ſonderbare Rarität mit nacher Hauſe zu nehmen. Derowegen ließen ſie ſich ihre zwei beſten Winde zum Jagen nachführen und machten ſich alſo getroſt auf den Weg nach dem Gebürge zu. Sobald ſie nun desſelben ein gut Teil zurücke geleget und an einen ſchönen Wald kamen, ließen ſie ihre Pferde an einen Baum binden und einen von ihren Knechten dabei bleiben, gingen drauf in den Wald hinein, blieſen in ihr Hörnlein und wollten mit ihren Winden gleich einen Verſuch tun. Plötzlich

プレトーリウスの伝承集インゼル版（1920年）本文より

振舞いは、どの程度ヤーコプ・グリムに意識されていたのだろうか。ともかくもグリムの机上に、つまり十九世紀初頭の民俗学者の眼前に、プレトーリウスの書物ほどに巨大かつ珍妙な資料集はほかになかった。

奇譚の収集家であり、かつその創作者でもあったプレトーリウス。彼は、バロック期の奇譚集（Kuriositäten-literatur）を手がけた「代表格」的存在であり、また同時に、「都市フォークロア収集の先駆者」とも呼ばれている。[16]古典古代から同時代までの膨大かつ多種多様な文献を渉猟しつつ、同時に、商業都市ライプツィヒを主なフィールドに、聞き取りと記録収集の作業を積極的に行った。彼の著作では、書承資料・口承資料・詩的創作の三つの素材が渾然一体となって展開する。主に都市の読者層を念頭に置き、娯楽性と教訓性、あるいは幻想性と学術性の二兎を追ったプレトーリウスの作品は、「通俗ジャーナリズムと学問性の境界を傷つける」[17]玉虫色の書物であった。しかしまたそのゆえにこそプレトーリウスは、十七世紀から十八世紀初頭にかけての読者に、まさに大好評をもって迎えられたのである。E・ノイマイスターによる十七世紀末の詩人録でも、「学問上の小さな仕事」と並んで、「数々の滑稽な著作」が彼の業績として挙げられる。[18]

興味深いことだが、プレトーリウスを民俗資料の「仲介者」としてグリム的に称賛するよりも、むしろ市井の読者を魅了する娯楽性に満ちた語り口を重視し、「真正の語り部」として再評価しようとする向きが、昨今の研究では見られる。[19]市井のことわざやラテン語の語句を遊戯的に交え、[20]下品な、いわゆるグロビアニズム的な事柄——つまりは排泄物——[21]や、男女の卑猥な[22]交渉も遠慮なく筆にのせる。そして変幻自在の山の神が気ままに繰り出す魔術の数々に、右往左往する善人と悪人たち。プレトーリウスの真骨頂たる道化的な文体[23]は、その様子を生き生きと描き出す。

奇譚集（Kuriositätenliteratur）というこの作品カテゴリーは、中世に重要な起源がある。幽霊像の社会史的研究において不可欠の文献であるJ＝C・シュミット『中世の幽霊』によれば、ティルベリのゲルヴァシウス『皇帝の閑暇』（一二一一年）に象徴される「驚異譚」（mirabilia）のジャンルがある。聖人伝的な性格を濃厚に持ち、教会のイデオロギーに直接的に奉仕する「奇蹟譚」（miracula）とは異なって、「驚異譚」においては、原因不明の不可思議な出来事が無数に記述される。説明不可能な出来事を前に、人間の理性は最終的に屈するほかない一方で、同時にそれは現世への「知的好奇心」（curiositas）と、出来事の根拠を探求する「科学的精神」をも呼び覚ます。「石や植物、歴史や地理ばかりか、精霊や妖精、死者の出現にいたるまで、広範な領域に応用」されてゆくこの蒐集の精神は、とりわけアングロ・ノルマン王国に開花し、プランタジネット朝の聖職者たちに、多くの口承伝承や民話を記録させることになった。(24)

近世人プレトーリウスが著した奇譚集も、また同種の精神から生まれた。教会と神学の枠組をときに逸脱するような、現世に向かう深い好奇心がそこにはある。現世にも、一定程度の独立した意味と構造を認めようとするこの精神は、ルネサンス的なものと言えるだろう。例えば中世十二世紀が、またひとつのルネサンスと呼ばれるように。そしてプレトーリウスは、この十七世紀中葉に、ドイツの東端に生きる一知識人として、二五〇点近い異教の妖怪の伝承を蒐集し叙述した。すでに述べたように、これらはリューベツァール伝承史において画期的な位置を占める。なかでも『シレジアのリューベツァール妖怪学』全三巻は、一六八三年までに、各巻で四版ないし三版を数える売れ行きとなった。彼以前にはおよそ言及すべき物語集は存在せず、逆に彼の書物が出て後は、幾多の文筆家によって参照・引用・加工の対象となり、山の神にまつわるさまざまな物語がドイツの各地で紡がれていった。「プレトーリウスとともに本来の民間伝承としての時代が終わり、文学的創作の時代が始まる」、と言われる所以はここにある。(25)

口承資料の提供者として、プレトーリウスは何人かの人物に言及している。ヒルシュベルク（シレジア）の薬剤師、リーベンタール（シレジア）の配達人、またライプツィヒ、ゲルリッツ、グライフェンベルク（シレジア）の市民などであるが、そのうちの一人、ヒルシュベルクの薬剤師は、二十世紀初頭の研究者デ・ヴィルの資料考証（一九〇九年）によって、ヒエロニムス・サルトリウス（Hieronymus Sartorius）という、十七世紀シレジアに実在した人物だったことがわかっている。そしてさらにこのサルトリウスは、グライフェンベルク、ゲルリッツといった都市に関わる別の資料提供者とも同一人物である可能性が高いという。[26] プレトーリウス自身は、リーゼンゲビルゲに一度も足を踏み入れたことはなく、山中の正確な描写は、ひとえにこれらの資料提供者たちの記録によるものである。[27]

「恥知らずな嘘は、どうか持ち込まないでくださるように」、と但し書きを入れながら、リューベツァール伝承集第一巻の序文は、広範な読者にさらなる資料提供を求めている。その願いは見事に功を奏して、以後、分量的にも大きな続巻を出してゆくことが可能になるのだが、ファン・インゲンの有用なプレトーリウス論（一九八八年）によれば、まずもってこの伝承集の出版には、プレトーリウス自身の経済的事情が深く絡んでいたという。ライプツィヒ大学で教壇に立った記録は一六六一年までしかなく、おそらくその時点で、安定した大学の職場を獲得することは難しくなっていたのだと推測される。

リューベツァール伝承集第一巻が出たのは、その翌年であった。価値の低い「おしゃべり」だと自ら序文で卑下し、真の学術的著作と峻別しながら――もちろんここには、バロック期の著作に見られる謙譲の常套句、captatio benevolentiae の要素もあるが――、プレトーリウスは大衆受けのする滑稽かつ神秘的な物語を自由奔放に紡いでいった。序文はさらに言う。「ああ神よ、お助けください。これ以上わたくしが、このような侘しい暮らしをせずにすみますように。［……］わが子と妻を養い、家賃を支払い、あなたの栄誉のために研究を続けていかれますように。[28]」

脱線の多いこの序文には、妻が見たというある夢の記録もある。博覧強記のプレトーリウスが、あるとき、本を取ろうと書庫の高い場所に梯子で登っていくと、その梯子がふいに倒れて、夫は真っ逆さま。すがる場所もなく、果てしない深みに転落してゆく夫の姿に驚愕して、妻は目を醒ましたという。[29] 当時の夫妻の暮らしぶりがかいま見えるエピソードではある。

三　真偽の問題

プレトーリウスの後に書かれたおよそすべてのリューベツァール伝承は、意識的・無意識的に、彼の伝承集の濃厚な影響下に誕生した。十八世紀のJ・K・A・ムゼーウスによる山の神の失恋物語、つまり娘の策略にはまって、いつまでも「蕪」(リューベ)を「数えて」(ツァール)いるうちに娘に逃げられてしまうという、あの最も有名な物語も、その名前に関わる語源解釈自体はプレトーリウスに遡るものであった。またJ・G・ビュッシング(一八一二年)とJ・G・T・グレッセ(一八七一年)が編んだ十九世紀の重要なドイツ伝説集、二十世紀初頭に出版され、そして第二次大戦後、つまりリーゼンゲビルゲがドイツ語圏の外に置かれた時代にも、一九六六年、一九六七年、一九七七年と、再三にわたり版を重ねたリューベツァール伝承集など、これらはみなプレトーリウスに依拠し、これを再録ないし大衆的な趣味に合わせて語り直した物語である。

以上の記述は、ドイツ民間伝承研究の基礎的文献である『メルヘン百科事典』(Enzyklopädie des Märchens)第一一巻(二〇〇四年)に掲載された、イネス・ケーラー゠ツュルヒによる「リューベツァール」の項目に依っている。[30] これはリューベツァールに関する最近年の文献として、簡便かつきわめて有用なものの一つである。このなかでヤーコプ・グリム以後、とりわけ二十世紀初頭に突如、活発化したリューベツァール研究の総括が行われている。第一次大戦前夜からその終結後、二〇年代にかけての時期に陸続と現われた数々のドイツ語研究文献は、山の神をめぐる伝説集出版の動きと併せ、チェコ、ポーランドの民族主義と対峙しつつ、この東方地域のドイツ性を問う、まさに政治的な意味合いを担っていたもののはずである。[31] そしてその意味で、ドイツ人ヤーコプ・グリムが、この山の神を「スラブ起源」と推測していることは注目に値する。そのヤーコプの衣鉢を継ぎ、リューベツァール研究にも大きな足跡を残した二十世紀初頭の民俗学者W＝E・ポイカートは、自身シレジアに生まれたドイツ人であるが、彼もまたゲルマン・スラブ双方における、この妖魔の「ナショナリズム的」利用の実情を見据えつつ、最終的な判断を慎重に保留している。[32]

近代ドイツの時代性との関連を問うならば、A・ベーアによる資料集（一九八六年）も有用である。この書が編まれた二十世紀後半の当時、

古代ゲルマンの主神ヴォーダンのイメージで捉えられた、雲間をゆくリューベツァール
H. ヘンドリヒ画　20世紀初頭

もっぱら子ども向けの童話の主人公に落ちついていたリューベツァールだが、ベーアはむしろ老若男女すべての世代に語りかけうるアンソロジーを目指したという。近世から現代までのリューベツァール像を数多くの記録・出版資料でたどるなか、とりわけ目を引くのは、A・クビーン――世紀転換期のオーストリア・ボヘミア生まれの画家で、二十世紀初頭、プレトーリウスのリューベツァール伝承集の復刊（一九二七年）に際して挿絵を提供した[33]――の素描画を始めとする豊富な図版と、そして十九世紀末から二十世紀まで、とりわけ第二次世界大戦後に出版された一般大衆・子ども向けの書物の紹介である。シレジアからのドイツ人追放後、リューベツァールは、「捨て去りし故郷の心の友[34]」として機能したことが、そこからは如実にわかる。

しかし今は、ここでの主題であるリューベツァールの近世の原像へと話を戻そう。『メルヘン百科事典』のケーラー＝ツュルヒによれば、リューベツァールに言及する最古の確かな記録は、十六世紀半ばにさかのぼる。彼女の記述に依りつつ、二十世紀初頭の研究者たちが提示した、この妖怪の起源的特徴に関する諸説を以下に整理してみる[35]。

（1）起源と本質

・ハルツないしチロルの鉱夫がもたらした、鉱山の精（Bergwerkgeist）である。

・土着の（名前を持たない）山の精（Berggeist）ないし森の精（Waldgeist）である。そのイメージは、中部ドイツからの移民と鉱夫、イタリアの山師たちの影響を受けて後に変質した。

（2）民間伝承としての真正さ

・民衆の信仰対象であったことは一度もない。鉱山の消滅後、この伝承のさまざまな担い手の利害・関心に応じて変容した。例えばイタリア人鉱山師の場合、山の宝物の守り主として地上に出没する妖怪となり、ひとを山から遠ざけることが期待された。薬草採りやその取引人たちの場合、希少植物の守り神として宣伝に用いられた。また近世の一六九〇年代にスタートする観光業では、山の主として宣伝に利用される。観光ルートでは、「悪魔」（Teufel）の名のつく地名がリューベツァールのそれに変更される。

・十六・十七世紀におけるシレジア土着の口承伝承を、十七世紀のプレトーリウスが収集し、後世への仲介を果たした。文学的翻案の時代は、ようやく彼の後から始まる。

・リューベツァール伝説とは、民衆・詩人・学者という三者の相互作用のもとに形成され、常に変容にさらされてきた言説群である。このプロセスは肯定的な意味で捉えるべきものであり、リューベツァール像の将来の展開にも適用しうる。

（3）一九〇〇年頃の民俗資料における信仰対象として

・フィールドワークの記録に基づくかぎり、リューベツァールは確固として民衆の心に生きている物語存在である。

・物語資料を俯瞰するかぎり、民衆は、リューベツァールを学校教科書や読本のなかでしか知らず、リューベツァールについて語り合うこともなく、つまりは観光客向けに作られた虚構の物語だと見なしている。

ここにも言及されているように、プレトーリウスは起源的伝承の重要な仲介者であった。そして彼は同時に、そこに自由奔放な創作の手を加えた。プレトーリウスの膨大かつ雑多なリューベツァール伝承から、その原像を捉えるための手がかりは、どのようにして取り出すことができるのだろうか。

「プレトーリウスとともに本来の民間伝承としての時代が終わり、文学的創作の時代が始まる。」すでに引用したこの言葉は、デ・ヴィルのプレトーリウス論からのものである。直接に手に取ることが困難なプレトーリウスによる十七世紀の刊本の概要を、デ・ヴィルの文献は見事に再現する。リューベツァール研究史ではとりわけ重要なものの一つである。四つの伝承集の詳細な書誌的情報と、プレトーリウスが依拠したと思われる数多くの原資料が挙げられ、さらに彼が聞き取りをしたと思われる幾人かの人物の特定が試みられる。また伝承集にある二五〇近い全ての物語の表題を列挙し、その個々について、真正の民間伝承であるか、創作であるかの判定を施している。デ・ヴィルによれば、判定の基準は、プレトーリウス自身によって二つの著作の序文のなかにこっそり開陳されている。この話は「これでおしまい」(doch genug)——このひと言が末尾に添えてあるならば、その物語は彼個人の創作ではなく、実際の聞き取りに基づくことの記しだというのである。

ちなみにこの基準が万能でないことは、デ・ヴィル自身がすでに承知している。伝承集第一巻と第四作『サテュロス』には、この文句がまったく見えないからである。この重要な開陳が行われた文章の一つである『サテュロス』序文は、「これでおしまい」という仕掛けを施したことを、はじめの三つの巻すべてを念頭に置いて述べているように見える。ところが第一巻には、その仕掛けのことばの影も形も見あたらないのである。

山羊に乗るリューベツァール
A. クビーン画

リューベツァール伝承集の嚆矢となった記念すべき第一巻は、とすると例の一句がない以上、すべてがプレトーリウスの個人的な創作ということになるのだろうか。また既刊書の好評を受けて出された第四作『サテュロス』も、同様の理由から、すべて嘘八百ということになるのだろうか。

留保しつつではあるが、結論的にデ・ヴィルは、第一巻と第四作の物語はすべて真正のものである、少なくともそのように扱われることをプレトーリウスは望んでいる、という見方をとっている。[36] いずれにしても、素朴にこの手がかりを当てはめていけるのは、第二巻と第三巻のみということになる。

第一巻執筆以後、第四作『サテュロス』までにプレトーリウスが入手・参照したと思われる文献群をデ・ヴィルは列挙している。また全四作にわたる資料提供者たちの一覧的な記述もある。[37] 彼の検討結果を以下にまとめてみると、

- 第一巻の全一三話は、最終的には、その真偽について判断を留保するほかない。ただし、少なくともプレトーリウスの主張としては、すべて真正のものとして扱うべきである。ちなみに資料提供者の指示があるのは第十一話のみであり、それはグライフェンベルク出身の身分賤しからぬ人物によるものだと記されている。
- 第二巻全一〇三話のうち、真正と考えられるのは計三三話、そのうち資料提供者を明示するのは計一三話である。
- 第三巻全八九話のうち、真正と考えられるのは一四話、資料提供者を明示するのは、そのうち計一一話である。（また序文にのみ登場する一編の物語については、資料提供者がわかっている。）
- 第四作『サテュロス』の全三七話のうち、資料提供者を明示するのは計一四話である。ただしこの最

終作は、いささか特殊な事情のもとに成立した。すなわち好評を得た前三作の濃厚な影響下に、いわばそれらを発想の源として、事後的に生まれた物語が大半だと推測される。前三作の物語を読んだ一般の読者たちが、例えばその後リーゼンゲビルゲに赴いて、実体験と伝説の混じり合う類似の物語を量産した。プレトーリウスに報告されたのは、多くはその手のものであった可能性がある。（第九話は、もともと第三巻に入れようとして編集に間に合わなかったものだが、遅れて書かれたその第三巻の序文には言及されており、その記述から資料提供者の存在が判明している。）

・資料提供者を記してはいるが内容的に創作と考えられるものが、第二巻で計一八話、第三巻で計一四話ある。これらは資料提供者自身による創作と思われる。

山の神の伝承の真偽を問うといっても、なかなか一筋縄ではいかないことがわかる。ともかくも第一巻の全一三話については、デ・ヴィルの考証によっておよそ一二点の、プレトーリウスが実際に使用したと考えられる原資料の特定がなされている。それらは主に、同時代の地誌、年代記、奇譚集などであった。読者の愉しみのために少なからず創作を加えたと、著者自身がこの第一巻序文で断っていたことは忘れずにおきたいが、ともかくもこの第一巻を執筆する基礎となった原資料群から、ここで一定のリューベツァール像を抽出することができる。デ・ヴィルの総括に依って、以下にその要点を列挙してみる。[38]

・ボヘミアの森と、リーゼンゲビルゲの山中で、しばしば旅人のもとに現われる。
・修道僧の姿で旅人に近づき、道に迷わせた後、木の上に飛び上がって高笑いをする。
・悪魔（サタン）である。

・この山の妖怪はそもそも、吝嗇で強欲な性格のために、死後、山の宝物の見張り人として山中に封じ込められたフランス貴族の男であった。
・さまざまな姿に変身する。山の小びととして、あるいは修道僧や鉱夫の出で立ちで、あるいは立派な馬、ロバ、雌牛、ヒキガエル、ワシミミズク、雄鶏、カラスなどの姿で現われる。
・山中に隠された貴金属の宝物の所有者であり、誰にもその宝を譲り渡さない。
・馬鹿にして笑ったりしないかぎりは、誰にも危害を加えない。しかし嘲笑する人びとには、突然の猛嵐、雷、雹などで罰を与える。
・医術に通じた者の性格を持つ。

デ・ヴィルは、この総括に続けて言っている。原資料に見えるリューベツァールは、このように「プロテウスのごとき」、多種多様な相貌を具えているが、動物類を中心に、変幻自在に姿を変えるこの多様性と、そして何よりも、この山の神は悪魔であるという観念が、プレトーリウスをして、元来この山の神とは無関係な、さまざまな民間伝説との混交をなさしめたのだろうと。[39] そこには粉挽きやパン屋、仕立て屋などをめぐる職人諷刺の物語、あるいは夜の狩人、鬼火、夢魔などの登場する妖怪譚も含まれる。[40] 悪魔のイメージを

リューベツァールと森の材木運び
A. クビーン画

入り口として、悪魔伝説が内に抱える多種多様な伝承が、山の神に流入する。
民間伝説の悪魔は、まさに変身の魔物として存在し[41]、弱き信仰者たちを、その都度さまざまな試練にかける。また悪魔と山の妖怪一般を結びつけること自体は、すでに十六世紀中葉、人文主義者にして最も著名な鉱山学者であるゲオルク・アグリコラの著作（独訳版）や、鉱山都市ヨアヒムスタールに活動したルター派牧師マテジウスの説教に見られる。そこに「山の悪魔」（Bergteufel）という呼び名が誕生した。アグリコラは、一種の妖怪論とも見なせる論考「地下の生物について」のなかで地底のさまざまな生物を分類しているが、鉱山学的・科学的立場から、モグラその他の動物に並んで、地下の妖精的存在を挙げている。その妖精は、嘲笑しないかぎり人畜無害なタイプと、害を及ぼす危険なタイプとの二種類に分けられるのだが、「山の悪魔」の呼び名を受けているのは当然ながら後者である。この後、山の精と悪魔伝承との融合が進んでいくことになる[42]。

アグリコラもマテジウスも、ドイツ東方の鉱山地帯に深く関わる十六世紀のドイツ人であった。「山の悪魔」について彼ら近世のドイツ人たちが共有した観念は、続く十七世紀、同じく東方のライプツィヒに居を定めたプレトーリウスにも流れこんでいるように見える。プレトーリウスの物語に深い影を落としている、近世ドイツの悪魔伝説を参照することによって、リューベツァールの原像と、その生成に大きく関与したプレトーリウスの物語の主特徴が明らかになってくると思われる。

四　終末論と悪魔

一六六二年の第一巻序文でプレトーリウスは、山の神などただの迷信にすぎないと言い張る、当時の開明的な人びとに対して、ヨブ記四〇を引用しつつ、リューベツァールの力をレヴィアタンの猛威に喩えている。教会の終末論的言説において、レヴィアタンはおよそ悪魔の顕われと解された。そして十七世紀中葉のドイツでは、まさに一六六六年という年が、世の終末の到来する時として――「六六六」は、周知のように黙示録一三・一八に言及される終末的な「獣」の数字である――目前に迫っていたのである。

終末論的時代に生きた近世ドイツのプロテスタント、プレトーリウスにとって、悪魔とは一つの実在であり、そしてリューベツァールとは、生身の身体を持つ悪魔そのものであった。この捉え方は、同時代のシレジアの詩人オーピッツにも、そして前世紀の宗教逸話集（初版一五六八年、ライプツィヒ刊）の著者アンドレアス・ホンドルフにも共有されている。[43] この点に基づいて研究者ファン・インゲンは、近世ドイツのとりわけプロテスタント層に広く受容された、予兆物語集（Prodigienliteratur）の出版ジャンルにプレトーリウスを関連づける。つまりこの山の神の伝承集は、キリスト教的終末観に裏打ちされた、悪魔の乱舞する時代の到来を警告する書物だったのだと。予兆物語集の作者たちは、主に書承の資料に依りながら、もしそれが量的に十分でない場合には自らの創作を奔放に加えて一巻を作り、そして教訓的・道徳的性格を前面に押し出すことを特徴とした。[44]

プレトーリウスの伝承集がそこから逸脱する点があるとすれば、教訓臭の少なさにおいてのみであろう。彼の物語は滑稽かつ娯楽的な性格が強い。しかしこの点についても、近世の予兆物語集の枠内で説明することが可能だと言われる。近世の宗教説話に詳しいW・ブリュックナーの研究（一九七四年）によれば、予兆物語集は、とりわけ悪魔が多種多様な幻影によって人間を愚弄するような場面において、しばしば笑い話（Schwank）に接近していくというのである。

悪魔に関わる話でありながら、なおかつ笑いを醸し出す物語としては、確かに巷間の民話にも、例えば人間の狡知に悪魔が敗れ去るという、いわゆる「だまされる悪魔」（geprellter Teufel）型の滑稽譚が見られる。日本の輸入民話「大工と鬼六」の原型であるヨーロッパ伝説、すなわち教会の建設に関わる大工の親方と、彼の策略にだまされる悪魔の伝説――一例として、ミュンヘンの聖母教会内にある「悪魔の足跡」伝説が挙げられる(45)――などは有名である。そもそもが民間伝説を素材とするゲーテの『ファウスト』においても、第二部の最後で悪魔メフィストは、天使たちの放つ薔薇の花びらに恍惚となっているうちに、ファウストの魂を天上へと持ち去られてしまう。古来の悪魔伝説における滑稽な悪魔の姿がそこに重なって見える。

プレトーリウスに話を戻すなら、彼は近世ドイツの物語文学の滑稽さを代表する語り部の一人であったわけだが、しかし予兆物語集という宗教的ジャンルを成立せしめていた、近世特有の深刻な終末観と、悪魔への恐怖の感情とをやはり忘れてはならない。近世において悪魔は一つの実在として怖れられ、その観念の強度を、魔女裁判の調書や数々の民間伝説が増幅した。悪魔の観念と、それを伝える口承・書承の物語との相互作用のなかで犠牲者が積み重ねられた。悪魔を怖れつつ、しかしその状況を、あえて哄笑、嘲笑のなかにおいても描こうとする二重の心性を、ブリュックナーは、信仰の確信に基づくルター的な悪魔観から説明している。悪魔の実在は恐ろしい。しかし確かな信仰のもとに、それを笑い飛ばすのもまたよい。

> これは典型的にルター的な特徴である。つまり一個の人の形をした霊的存在として、実在すると信じられた地獄の軍勢の王、これを屈服させるには、嘲りをもってすればよいのである。誇り高い悪魔は、しかもこの時代に特有のグロビアニズムを受け入れることができない。こうして少なからず魔女裁判と笑い話文学（Schwankliteratur）とは、十六世紀を通じて、仲むつまじく隣り合うことになる。双方とも、伝

説ジャンル風の事実報告と内容のなかで悪魔の姿を描いている。つまりサタンとは、誘惑者でありながら、かつ同時に惑わされる者であり、強大であるが弱々しく、怖れられながら、嘲笑されるのである。(46)

プレトーリウスのリューベツァールは、ルター的な神学のもとに理解され、神の支配下に置かれてゆく。近世人プレトーリウスは言う、リューベツァールは、神の力なしには何ら成しえぬ存在であると。

神に与えられ、許されたのでなければ、何一つ成し遂げることはできない。地の割れ目や鉱脈を造りだし、貴い金属がその内部で大きく育つようにしてくださったのは、主なる神である。神こそが、その金属を、リーベン《（ママ）》ツァールやあれこれの悪霊どもの手に入らぬよう取り計らい、人間の用に供してくださった。魔術や悪魔祓いの儀式、あるいはお化けや山の小びとのがらくた道具に頼らず、正しい方法でそれを探し出し、掘り出し、溶かし、感謝の念をもって使用するよう慮られた。(47)

経済的な事情から、読者の好奇心をくすぐる娯楽的書物を書く一方で、リューベツァールと悪魔との同一視から、終末論という同時代の切迫した問題にも言及せざるをえない。この揺れ、ないし矛盾は、近世の作家プレトーリウスを悩ませるものではなかった。たぐい希なる語りの才能を発揮して、彼は倦むことなく、次から次へと珍妙なる物語を羅列する。際限なく個物を積み上げ、みるみる膨張していく近世の奇譚集に、全体の統一性などを求める必要はなかった。例えばリューベツァール伝承集第一巻において、山の神とはまったく無関係な奇譚も数多く併載されており、しかもその割合は、全体の三四三頁のうち実に二五九頁を占めるほどである。(48)また第四作においても、リューベツァールのことなど忘れたかのように、シレジアの興味深い風物を次々に列挙・紹介してゆく。[49]

二五〇近いリューベツァール伝承群のなかで、起源的なリューベツァール伝承と見なしうるものの数は、デ・ヴィルの考証に依るかぎり、かなり限定されてくる。そしていみじくもファン・インゲンとデ・ヴィルの論考は、リューベツァール伝承が、プレトーリウスの段階で、キリスト教的な悪魔伝説と混交した可能性がきわめて高い、という帰結において一致している。ドイツ民間伝説には、史実上のファウストやパラケルスス、あるいはオイレンシュピーゲルなど、多種多様な伝承のるつぼ、凝集点となっていく人物が存在し、しかもそこに、ほかでもない悪魔の姿が重ね合わされることが多いのだが、この山の神リューベツァールも、ドイツ語圏に特徴的な、そうした伝説形象の一つということになる。

音楽を奏でる山霊リューベツァール
A. クビーン画

悪魔伝説については、ドイツ民間伝説研究の少なからぬ蓄積が存在する。特筆すべきは、先述の民俗学者ブリュックナーとR・アルスハイマーによる十六世紀悪魔伝説に関する論考（一九七四年）[50]、そして先述の『メルヘン百科事典』における第一三巻（二〇〇八年）の「悪魔」[51]の項目だが、プレトーリウスのリューベツァール像を主題とする本章にとって、悪魔伝説の領域にこれ以上立ち入る必要はないだろう。いずれにしても、プレトーリウスの濃厚な影響下に誕生し、現代にまで伝わる数多くのリューベツァール伝承は、その主要な特徴として、近世ドイツにおける悪魔伝説の要素を具えていることが確認されたわけである。近世のキリスト教が適用した悪魔特有の表象が、山の神の伝承群に混入している。具体例としては、悪魔による娘の誘惑、地主貴族（Junker）を懲らしめる悪魔、三本脚のリューベツァールといった物語を挙げることができよう[52]。また本章第二節の冒頭で要約的に紹介した、不思議な産婆にまつわる物語、つまり男女の不道徳につけこむ妖魔と、それを祓うキリスト教的儀礼の物語も、近世的な悪魔観の如実に反映した物語例と見なせるだろう。生殖と多産、性と欲望という人間的・生物的営みに、悪魔のヴェールが掛けられる。ここではリューベツァールが、産婆という女性として登場するが、悪魔の特性として男女両性に自由に変わりうることは、同じプレトーリウスの別の奇譚集『ブロッケン山のいとなみ』（一六六八年）に収められた悪魔譚からも明確に知られる[53]。

もちろん悪魔伝説の影響は、プレトーリウス以前のリューベツァール伝承、つまりプレトーリウスの創作の素材となった伝承にもすでに確認される。前世紀、すなわち十六世紀中葉の宗教逸話集の著者A・ホンドルフの名はすでに挙げた。近世ドイツの物語伝承では、さらに彼と並んで、同種の宗教的書物を著したW・ビュトナーの名を忘れてはならない。またプロテスタント的性格を濃厚に持つR・ヴィトマンのファウスト民衆本にも、言及に値するリューベツァール伝承が含まれている。そして彼らの著作はみな一様に同一の伝承を共有し、引用しているのだが、それは低地シレジアの人Ch・イレネウスが一五六六年に記録した一つの出来事であった。リューベツァールはそこに悪魔として登場し、リーゼンゲビルゲ山中の温泉地ヴァルムバートに、修道僧の姿で出没しては、旅人を道に迷わせ、哄笑したという[54]。

言語的伝承ではなく、図像としてならばさらに古い資料がある。近世ブレスラウの学識者M・ヘルヴィヒによる一五六一年のシレジア公国の地図には、尻尾を持ち雄山羊の脚をした、明らかに悪魔的特徴を具える妖魔が、「ルーベンツァール」の名でリーゼンゲビルゲ山中に記されている。(55) 雄山羊の脚を持つ悪魔的な山の神のイメージは、さらに十八世紀前半のC・G・リンドナーによるリューベツァール伝承集(一七三六年)においても、素朴な木版画の形で頁を飾っている。(56) ちなみにヘルヴィヒによる最古の図像は、まさに現代のドイツ東部、シレジアの西端に位置する古都ゲルリッツで、リューベツァールの名を冠した博物館のシンボルマークとなっている。(57) この博物館を開設したのは、ポーランド地域からのドイツ系追放民であったイングリット・フェッティン＝ツァーン(一九三八―二〇〇六)という女性である。リューベツァールをめぐる古今の詩歌・民謡を集めた興味深いアンソロジーを編んでいる。(58)

十六世紀に培われた悪魔としての山の神のイメージは、十七世紀中葉、時代を席巻する終末論的感情のなかで、プレトーリウスのリューベツァールとし

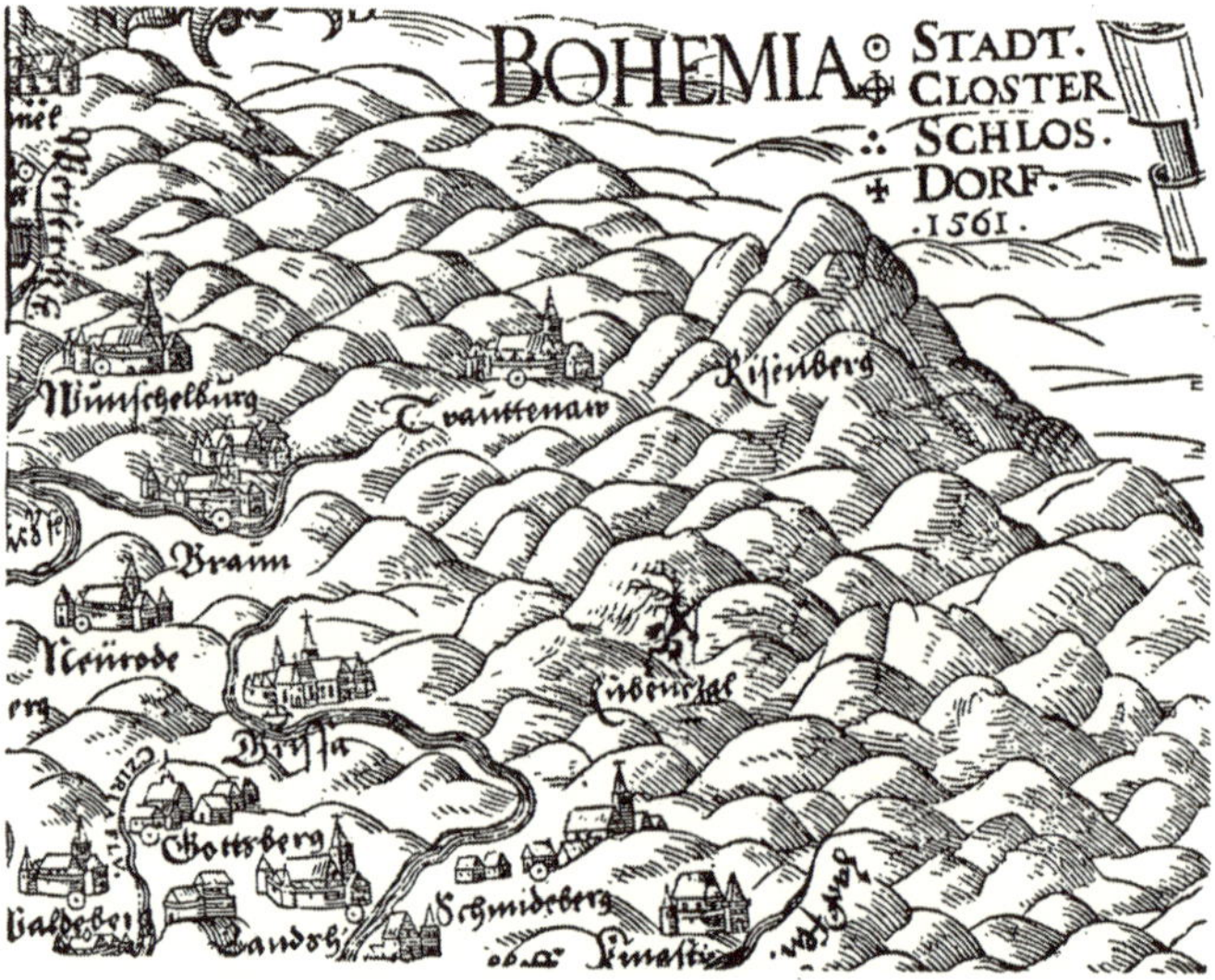

最古のリューベツァール像　ヘルヴィヒの地図（1561 年）

て産み落とされる。道化的で愉悦に満ちた語りを展開しつつ、同時に、罪に汚れた俗世の終わりが間近いことを警告するプレトーリウス。このある種の分裂性を、ゲルマニストのファン・インゲンは、その語り部としての才能を最大限に評価しつつ、「公然たる金稼ぎの目的と、覚醒を求める宗教的・教訓的なアピールとのあいだの振り子運動」[59]と呼んだ。また民俗学者ハイルフルトは、プレトーリウスに認められる同様の二義性に、「科学的態度と大衆的傾向の中間位置」[60]という表現を与えている。悪魔を含む妖魔の諸現象一般に、そもそも何ら疑いを抱かず、好奇心のかぎりを尽くして語る一方で、個々の現象の細部については、視覚の頼りなさや間違いやすさを言い添えたりもする。[61]

　この意味で、啓蒙主義的十八世紀の手前に立つとも見なせるプレトーリウスの伝承集を、他方、十六世紀宗教改革に始まるヨーロッパの精神史的変革期の一資料として位置づけたのは、すでに言及したシレジアの民俗学者ポイカートであった。単なる実証主義的研究や、偏狭な起源研究に終始する同時代のリューベツァール研究諸家[62]とは一線を劃しつつ、しかし同時に彼は、神智学など、ヨーロッパのオカルト的伝統の研究にも没頭した、いわば「アウトサイダー」[63]的な学者であった。彼の民間伝説研究は、主著『伝説――神話的世界の誕生と応答』[64]（一九七二年）などにも濃厚に現われているように、R・オットー的な意味での神秘・絶対的体験を、伝承の行間に見定めようとするものである。十六世紀宗教改革を、近代ヨーロッパに向かう大きな分岐点と見なす彼は、「中世から近代への移行期」に生じた民間信仰を、近世というこの過渡期に変容・生成した、「神話的思考に基づくヌミノーゼの経験形式」として捉える。[65]

最古のリューベツァール像
右の拡大図

宗教改革以後の精神史的変革を詳細に論じているのは、前章でも紹介した彼の代表作『大転換期』（一九四六年）である。近世十六世紀は reformatio と renovatio すなわち、旧来の世界像の再形成と刷新が試みられた時代であるというのが、彼の根本的な歴史観だった。この変革の時代には、「通常の時代推移においては隠れたままでいる人間社会の骨格の部分や基底の仕組み」、「原初的・初発的なもの」[66]が人びとの意識に現われ、その再構成の結果として、「小びと」（Kobold）や「ホレさま」（Frau Holle）といった、今に知られる妖怪たち（dämonische Gestalten）の生成と定着が起こる。そして、「ホレさまとリューベツァールという、よく知られた妖怪をここで二つだけ付け加えるならば、これらは十六世紀の開始以前に、いかなる場所でも存在を証明することはできない」[67]。

古代と中世における妖魔ないし神的存在のイメージは、ポイカートによれば、十五世紀末から十六世紀にかけて「次第に忘却され」、「メルヘン」化していったという。そして「ホレさま」に類する女の妖怪たちを例にするならば、それらは子ども相手に脅しとして用いられるお化け（Kinderschreck）風の存在に逢着するか、そうでなければ、教会の敵視する社会悪、すなわち魔女の実体化へと二極分解する[68]。前者はやがて、グリムのメルヘン集第二四番に見えるような、微笑ましくも、単なる想像上の

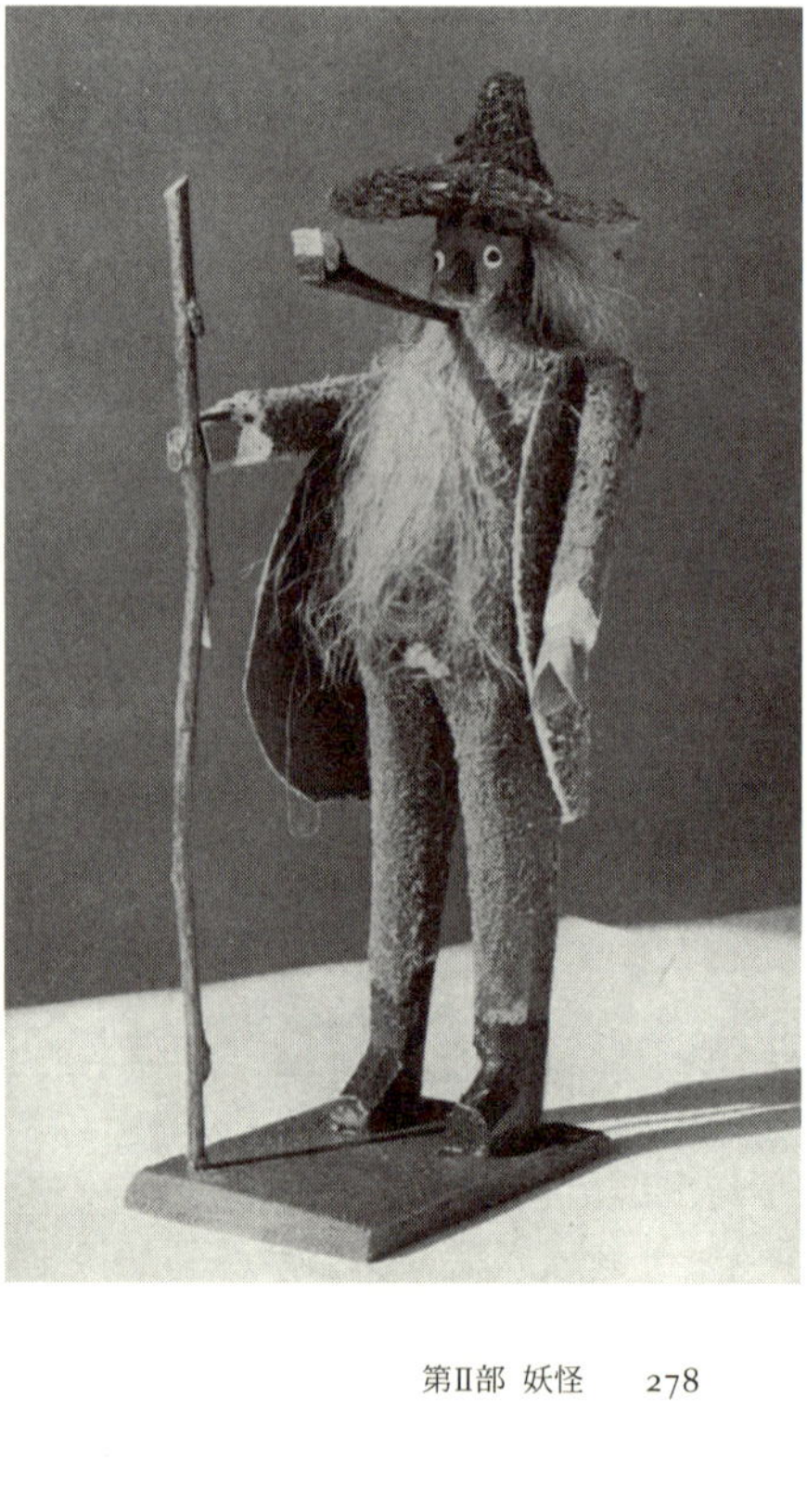
リューベツァールの民芸品
ポイカートの著書より

存在となり果てる一方で、後者は、中世末期からの魔女迫害という歴史的現実に結びつく。

プレトーリウスの伝承集は、近世に生成したリューベツァール伝承の大いなる総括だった。果たして「ホレさま」の二極化現象は、このプレトーリウスによる近世リューベツァール伝承のなかにも同様に認められる。それは先のファン・インゲンやハイルフルトが述べたプレトーリウスの中間的な在り方とも関わるであろう、〈子ども〉向けと〈大人〉向け、あるいは信仰・俗信と科学的精神との二極性であった。そしてポイカートの意図を推測するならば、彼は、近代のこの分裂のプロセスにおいて〈子ども〉向けに退化し、矮小化した神秘体験を、今一度強烈な形で現代に想起することを求めていたのではないかと思われる。

『大転換期』とほぼ同時期、戦争とナチズムの苦境に屈することなく完成されたポイカートのもう一つの主著『中世後期ドイツの民俗信仰』（一九四二年）では、リューベツァールを主題とする一節において、いささか詳細にプレトーリウスを論じている。「脱魔術化」を特徴とする近代の黎明期にあって、プレトーリウスは明確にその洗礼を受けており、揶揄的な語りによって、山の神の神秘性を減縮させる箇所が少なからず見られる。しかし同時にプレトーリウスは、近世の終末論的感情に基礎づけられた、奇譚への異常な関心によって、近代への流れを「差しとめ、妨げる」抵抗者でもあったのだと。

ポイカートの端的な表現を借りるなら、そもそも「山中の森に棲む地域土着の妖怪」(Lokaldämon des Bergwaldes) にほかならぬリューベツァールを、「十六・十七世紀のシレジアの時代」が思い描いていたそのままに保存する貴重な書物、それがプレトーリウスの伝承集であった。ポイカートの論述からは、この近世ドイツ人への深い感慨が読みとれる。二十世紀を生きた彼が「子ども時代からよく知っていたリューベツァールの物語」の数々を、四つもの書物に書き残してくれたプレトーリウス。その娯楽的で奔放な語りは、ときにこの山の妖怪の姿を歪曲してしまうこともあったにせよ、しかしその歪みこそが実は、この妖魔にまつわる

シレジア特有の味わいを形作っていたのだと、ポイカートは愛着をこめて語っている。(69)

五　課題

リューベツァール像が生成してゆく過程の発端で、決定的な位置を担ったプレトーリウスの奇譚集は、中世から近代への過渡期において、俗信と科学的精神の奇妙な混合体を成している。そしてその俗信の部分において、とりわけ近世ドイツの終末感情と悪魔伝説を色濃く反映させているということが、以上の検証から知られた。別の表現をすれば、この山の神の原像を抽出するにあたっては、近世ドイツの原資料から、まず悪魔伝説の要素を除外して考察を先に進めることが可能になったわけである。そこで念頭に浮かんでくる別の視点を、今後の課題として二つ指摘し、本章の結びとしたい。

一つ目は、「獣の主」(Herr der Tiere) の観点である。熊、狼、猪、鹿など、山岳に生息するさまざまな獣たちの支配者、守護者として君臨する一体の動物が山中に棲むというこの古代的観念は、伝承学者L・レーリヒによれば、プレトーリウスの伝承集にも明らかに観察される。結論的にそれが、プレトーリウスの恣意的な創作にすぎないのか、それとも真正のリューベツァール伝承として扱うべきものなのか、この点についてレーリヒは、慎重を期しつつも、わずかに後者に傾く結論をとっている。なぜなら先述のヘルヴィヒによる十六世紀の図像では、明らかに鹿の角と推測しうるものがリューベツァールの頭部を飾っているからである。ただしデ・ヴィルが著書の一部で主張する、いわゆる「荒ぶる狩人」(der wilde Jäger) との関連性は明白に否定している。そもそも「獣の主」とは、狩人の敵対者としての観念だからである。(70)

「獣の主」が、山の動物たちの命の源泉を管理する一種の霊的存在であるのなら、シャーマニズムというもう一つの古代的観念にも連想がゆく。エリアーデやギンズブルグなどに依りつつ、リューベツァールの空中飛行や動物への変身のモチーフに、天界ないし霊界との接触を試みるシャーマンの姿を見ようとする論者もいる。[71] この場合リューベツァールとは、至高の霊そのものではなく、その境を目指した行者たちの精神的痕跡だということになるだろう。

もう一つの観点は、G・ジンメルや小松和彦、赤坂憲雄などが展開した、いわゆる異人論の観点である。プレトーリウスが数多くの伝承を取材したのは、ほかでもないライプツィヒという商業都市であり、そこに集まる商人たちからであった。市（Markt）の立つ広場という、異種交流の空間においてこそ、リューベツァールは、山岳から都市へと侵入したのである。流浪の商人や学生たちは、また物語の登場人物としても、山の神にたびたび遭遇するが、異界の主であるリューベツァールは、都市と山とを行き来するそうした非定住民たちの共有する信仰だったようにも思われる。リーゼンゲビルゲの風土として特筆すべきは、シレジア側山麓のクルムヒューベルに拠点を置いていた、近世の薬草採りや薬師たちとの関わりであろう。十七世紀ライプツィヒの大市（メッセ）を訪ねてゆけば、プレトーリウスの言葉にいわく「いかさま薬師たち」の露店に、「守護神、家霊（Spiritus familialis）、もしくは家の神として」[72]、リューベツァールの絵図が飾られているのを目にすることができたという。

異人リューベツァールの伝承を通じて、ライプツィヒという都市共同体の日常と非日常の境目をたどることができるかもしれない。しかしそれは、章を改めた上での作業になる。

註

（1） Martin Opitz: Schäfferey von der Nimfen Hercinie (1630). Aus: Konrad Zacher: Rübezahl-Annalen bis Ende des 17. Jahrhunderts. Breslau 1906. S.89f. Hier S.90.

（2） Deutsche Sagen. Hg. v. den Brüdern Grimm. Ausgabe auf der Grundlage der ersten Auflage. Ediert und kommentiert von Heinz Rölleke. Frankfurt a. M. 1994.（以下 DS と略記）S.22f.

（3） Jacob Grimm: Deutsche Mythologie. Unveränderter Nachdruck der 4. Auflage mit Bearbeitung von Elard H. Meyer 1875-1878. 2 Bde. Wiesbaden 2003. Bd.1. S.397.

（4） Ibid., Bd.2. S.139.

（5） DS (Vorrede), S.20.

（6） Ferdinand van Ingen: Das Geschäft mit dem schlesischen Berggeist. Die Rübezahl-Schriften des M. Johannes Praetorius. In: Daß eine Nation die ander verstehen möge. Festschrift für Marian Szyrocki. Amsterdam 1988. S.361-380. Hier S.366.

（7） Karl de Wyl: Rübezahl-Forschungen. Die Schriften des M. Johannes Prätorius. Breslau 1909. S.5.

（8） Hennig Eichberg: Rübezahl. Historischer Gestaltwandel und schamanische Aktualität. In: Jahrbuch der Schleischen Friedrich-Wilhelms-Universität zu Breslau. 32 (1991), S.153-178. Hier S.162.

（9） Otfried Preußler: Ich bin ein Geschichtenerzähler. Hg. v. Susanne Preußler-Bitsch und Regine Stigloher. Stuttgart / Wien 2010. S.199.

（10） Otfried Preußler: Mein Rübezahlbuch. Zwei Dutzend und drei Geschichten vom Herrn des Riesengebirges. Stuttgart / Wien 1993. Bes. S.41-46. 邦訳として、オトフリート・プロイスラー『わたしの山の精霊ものがたり』（拙訳）、さ・え・ら書房、二〇一一年がある。

（11） Johannes Praetorius: Nr.133 »Rübezahl lässet sich für eine Wehmutter gebrauchen.« In: ders.: Bekannte und unbekannte Historien von Rübezahl. Unveränderter Nachdruck der Ausgabe Leipzig 1920. Frankfurt a.M. 1966. S.121f.

（12） Ines Köhler-Zülch: Prätorius. In: Enzyklopädie des Märchens（以下 EM と略記）10 (2002), Sp.1230-1239. Hier Sp.1231.

（13） Nach: De Wyl, S.4.

（14） ジャン・セズネック『神々は死なず』（高田勇訳）、美術出版社、一九七七年、一六、一七二頁を参照。

（15） Nach: De Wyl, S.9; Vgl. auch Van Ingen, S.369.

（16） Köhler-Zülch, Sp.1233f.

（17） Van Ingen, S.364.

（18） Ibid., S.366.

（19） Ibid., S.367.

（20） Vgl. z.B. Praetorius, Nr. 55, 76, 82, 121 u.s.w.

（21） Vgl. ibid.,Nr. 23, 31, 88 u.s.w.

（22） Vgl. ibid., Nr.121-125 u.s.w.

（23） Vgl. ibid., Nr. 82, 110, 112, 113, 125 u.s.w.

（24） ジャン＝クロード・シュミット『中世の幽霊 西欧社会における生者と死者』（小林宣子訳）、みすず書房、二〇一〇年、一一一—一一三頁。

（25） De Wyl, S.6.

（26） Ibid., S.38ff.

（27） Nach: De Wyl, S.34; Vgl auch Zacher, S.41.

(28) Van Ingen, S. 370.
(29) Ibid., S. 373.
(30) Ines Köhler-Zülch: Rübezahl. In: EM11(2004), Sp. 870-879.
(31) 本書第二部第一章第一節、ならびに拙論「妖怪の故郷を語る　オトフリート・プロイスラー『ぼくのリューベツァールの本』」、『希土』三五号、二〇一〇年、二一―二五頁所収、七頁を参照。
(32) Will-Erich Peuckert: Rübezahl. Nach: Albrecht Baehr: Rübezahl im Wandel der Zeiten. Würzburg 1986. S. 22.
(33) Johannes Praetorius: Rübezahl-Buch mit Bildern von Alfred Kubin. Augsburg 1927. Neudruck Kassel 1980.
(34) Baehr, S. 7 und 130.
(35) Köhler-Zülch, 2004, Sp. 874.
(36) De Wyl, S. 9f.
(37) Ibid., S. 28-34.
(38) Ibid., S. 25.
(39) Ibid.
(40) Ibid., S. 41.
(41) Marco Frenschkowski / Daniel Drascek: Teufel. In: EM13 (2008), S. 383-413. Hier S. 396.
(42) Gerhard Heilfurth unter Mitarbeit von Ina-Maria Greverus: Bergbau und Bergmann in der deutschsprachigen Sagenüberlieferung Mitteleuropas. Band I- Quellen. Marburg 1967. S. 115 und 121.
(43) Van Ingen, S. 375.
(44) Heinz Schilling: Job Fincel und die Zeichen der Endzeit. In: Wolfgang Brückner(Hg.): Volkserzählung und Reformation. Berlin 1974. S. 326-393. Hier S. 334; Vgl. auch Van Ingen, S. 376.
(45) Vgl. Gisela Schinzel-Penth: Sagen und Legenden von München. 3. erweiterte Auflage. Frieding 2000. S. 69-73.
(46) W. Brückner und Rainer Alsheimer: Das Wirken des Teufels. Theologie und Sage im 16. Jahrhundert. In: Brückner (Hg.), S. 394-430. Hier S. 408.
(47) Nach: Van Ingen, S. 378
(48) De Wyl, S. 24.
(49) Van Ingen, S. 378.
(50) 註46を参照。
(51) 註41を参照。
(52) Köhler-Zülch, 2004, Sp. 871.
(53) Johannes Praetorius: Hexen-, Zauber- und Spukgeschichten aus dem Blocksberg. Hg.v. Wolfgang Möhrig. Frankfurt a.M. 1979. Nr. 61 und 99.
(54) Köhler-Zülch, 2004, Sp. 870; Vgl. auch Brückner (Hg.), S. 460, 499 und 680.
(55) Baehr, S. 11; Vgl. auch Wolfgang Neuber: Rübezahls Wanderungen. Die narrative Migration des Luftgeistes und die Leipziger Fassung durch Johann Praetorius. In: Mirosława Czarnecka und Wolfgang Neuber (Hg.): Wrocław-Berlin. Germanistischer Brückenschlag im deutsch-polnischen Dialog. II. Kongress des Breslauer Germanistik. Bd. 2: Literaturgeschichte: 17. Jahrhundert. Wrocław 2006, S. 76-83. Hier S. 77f.
(56) リンドナー版の挿絵は、後の二十世紀初頭、プレトーリウスの名のもとに出版された代表的なリューベツァール伝承集（註11参照）にも転用されている。そして実のところ、挿絵の木版画だけでなく、六点のリンドナー版の物語をも混ぜ入れたことが、F・Bなる人物の記した後記に明かされている。鈴木満訳、ムゼーウス『リューベツァールの物語　ドイツ人の民話』、国書刊行会、二〇〇三年、四〇七頁における解題文への補足としたい。Vgl.

Köhler-Zülch, 2004, Sp.876.

（57） 同博物館のウェブサイト：http://www.ruebezahl-museum.de を参照。

（58） Ingrid Vettin-Zahn: Rübezahl. Gedichte und Lieder. Husum 2004.

（59） Van Ingen, S.379.

（60） Heilfurth, S.152.

（61） Ibid., S.153.

（62） Eichberg, S.166.

（63） Ibid., S.172.

（64） Will-Erich Peuckert: Sagen. Geburt und Antwort der mythischen Welt. Berlin 1965.

（65） Köhler-Zülch, 2004, Sp.875.

（66） 河野眞「永遠なる〈グリムのメルヒェン〉」、『ユリイカ 特集グリム童話』、一九九九年四月号、青土社、六四—七三頁所収、七二頁。

（67） Will-Erich Peuckert: Die große Wende. Hamburg 1948. Bd.1. S.277.

（68） Will-Erich Peuckert: Deutscher Volksglaube des Spätmittelalters. Stuttgart 1942. S.111f.

（69） Ibid., S.65f.

（70） Lutz Röhrich: Europäische Wildgeistersagen. In: ders.: Sage und Märchen. Erzählforschung heute. Freiburg i.B. 1976. S.142-195. Hier S.158.

（71） Eichberg, S.167-170.

（72） Nach: De Wyl, S.26.

第四章

山霊と薬草

結構な御薬の採れます場所は、また御守護の神々仏様も、出入をお止め遊ばすのでございましょうと存じます。

——泉鏡花『薬草取』(1)

一 リューベツァール研究史

奥深い山中に出没するというリューベツァールは、一つの定まった顔を持たぬ、変幻自在の妖怪である。騎士、狩人、炭焼夫、放浪の旅びとといった、山中に徘徊する特徴的な人びとの姿で現われる。しかし性別を越えて、貴婦人や娼婦、産婆の姿をとることもある。また動物、車輪、丸太や石、はたまた突然の暴風、豪雨となって出現することも多い。

かつてのドイツ語圏の東部、現在のチェコ（ボヘミア）とポーランド（シレジア）の境に位置するリーゼンゲビルゲ（リーゼン山地）に、この山の神の由来はあると推測されている。この山中に土着の神霊的存在であったリューベツァールは、十七世紀のJ・プレトーリウス、十八世紀のJ・K・A・ムゼーウスらが手がけた物語集を通じて、山国の外部にも広く知られるようになった。

この山の妖怪は、元来どのような性格を持つ神霊的存在であったのか。その起源については、近世以降に散在する古資料を見るかぎり、実のところ判然としない。ドイツ人、チェコ人、ポーランド人が混在するこの地域をめぐり、十九世紀末から、おそらくはナショナリズムの高まりのゆえもあって、民俗学者たちの研究が活発化する。そして数多くの研究文献が著されることになるのだが、そのなかではこのリューベツァールが、天候・嵐の神であるのか、鉱山の精霊であるのか、あるいはスラブ起源なのか、ゲルマン起源なのか――つまりは雷神ヴォータン／トールの末裔として――、さらには仮にゲルマン的起源だとしても、この神は真実にリーゼン山地の土着のものであるのか、それともむしろ、チロルやハルツ山地から移入してきた鉱山労働者たちの輸入伝承が、この山の神の形成に深く関わるのではないか、といった数々の論点を残したまま、ついに決着を見ることがなかった。

ここ二十年ほどの比較的新しい研究では、泥沼化しやすいこうした起源探究のスタンスをあえて捨て去り、この山の妖怪を、歴史的変容と多元性の観点から包みこもうとしている。主要なものとして

子連れの貧しい母とリューベツァール
L. リヒター画、1848年

は、F・ファン・インゲン[2]（一九八八年）、H・アイヒベルク[3]（一九九一年）、W・ノイバー[4]（二〇〇六年）の三者を挙げることができる。以下、この三つの研究の概要をまとめておこう。

ファン・インゲンは、近世ドイツの悪魔伝説と終末論の文脈にリューベツァール伝承を接続した。伝承の重要な仲介者である十七世紀人プレトーリウスは、ドイツ東部有数の商都であり大学都市であったライプツィヒで、修士の学位[5]を持つ学識者であった。その彼があえて大衆向けの妖怪本を書いた理由を、大学について定職を得ることができず、日々の生計に苦心していたという経済的状況に求めている。しかし同時に、プレトーリウスの切実な思いはもう一つあり、すなわち現代では奇譚集（Kuriositätenliteratur）と総称される、市民識字層向けの大衆的メディアを通じて、近世の終末論的な不安にうったえかけることにあったという。世の終わりには悪魔が跳梁跋扈する。リューベツァールは悪魔の具現として想像され、その結果この山の神の物語に、宗教改革以後のドイツに流布した数多くの悪魔伝説の内容が混入することになる。プレトーリウスは、近代の民俗学者さながらに伝承の聞き取りを熱心に行い、その記録を書物に伝えているが、同時に、彼自身による自由な創作も遠慮なく加えている。

リューベツァールの容貌の変幻自在性は、同じく変幻自在に姿を変える悪魔像との接続によって、かなり説明可能になることは事実である。このファン・インゲンの論述と少なからず近接するのが、続くノイバーの論考であり、彼はリューベツァールを、近世キリスト教神学の精霊論に基づいて、風の精霊の範疇に組み入れている。イエズス会士M・デルリオの精霊論（一五九九／一六〇〇年）によれば、悪魔視されている自然界の四大の精霊のうち、変幻自在な性格で最も際立つのが風の精霊である。また白昼に出現する妖魔として、デルリオは雄山羊の足をしたサトゥルヌスにも言及している。この二つの精霊理解はリューベツァール像の基層を成し、やがてプレトーリウスの物語集へと流入するのだという。そしてプレトーリウスはさらに一歩進んで、読者の興味、好奇心を刺激するべく、自由奔放に変身譚を創作していくのだと。

近世キリスト教の悪魔・精霊観を参照する二つの論考に対して、古代的・異教的な観点からこの妖怪を捉えるのがアイヒベルクである。近世十六世紀から二十世紀までの山霊像の変遷を簡明に整理する有益な論考において、彼はとりわけ、H・P・デュルの『夢の時』（一九七八年）におけるシャーマニズム的な分析に注目している。「山の男や、根菜と薬草を掘るのをつねとする人」が、白昼、山でリューベツァールと言葉を交わす、というプレトーリウスの物語を引用しながら、デュルは書いている。

このプレトーリウスの話から十分察せられることだが、山の精霊リューベツァールのデモーニシュな性格は真昼に現われ、そのとき根菜採りの男や野草つみの女たちは、「我を忘れ」たり、そのほかの苦しみを受けたりする危険に陥った。(6)

山霊は、異界へのシャーマン的な導者として存在するらしい。「根菜採りの男や野草つみの女たち」は、山という異界で、非日常的世界と日常との境目をたどり歩く人びとである。そこには命の大きな危険と恍惚とが混在する。デュルの著作は、近代ヨーロッパの形成過程における非文明的要素、野生的なるものの痕跡をたどり、野生と文明、異界と日常の境界線を意識化する。そして近代人が呑気に忘れがちなこと、つまり非文明的要素は死に絶えてはおらず、その両者が紙一重に近接していることを、溢れかえるような資料をもとに解き明かす。

シャーマニズム的体験をめぐり、伝承との関連で特筆すべきことは、しばしば人が動物の姿に変身し、それによって異界へと飛翔するという点であり、そしてそれが通過儀礼的な機能を担うことである。(7) アイヒベルクは、リューベツァール伝承のいくつかの主要な特徴を、「空飛ぶ治癒者」(8)であるシャーマン的性格から説明できると考える。確かに説話では、リューベツァールが嵐となって空を駆けめぐり、またしばしば獣の姿に変身する。

この文脈において指摘すべきは、山の精霊を生み出した近世リーゼンゲビルゲに特有の風土、そしてそこに栄えたひとつの産業である。それはすでに先の引用にも言われていた、薬物としての「根菜」と「野草」を扱う職種であった。稀少な薬草類が群生するこの山国では、それを採取するべく訪れる多くの職業的な人びとがいた。山の草や根を材料に、薬を自ら製造して販売する「クルムヒューベルの薬師」と呼ばれた人びとがとりわけ有名である。前章で述べたようにリーゼンゲビルゲの薬は、十七世紀のライプツィヒで大市(メッセ)まで運ばれ、そこで商いをする小店には、宣伝広告としてリューベツァールの絵が飾られたという。プレトーリウ

リューベツァールの薬草園　H. ヘンドリヒ画、20世紀初頭

スの記録である。

　この山霊にまつわる最初期の重要な記録として、さらにアイヒベルクは、プレトーリウスよりも以前のカスパル・シュヴェンクフェルトという医師が、シレジアのとある温泉とその治癒効果について書いた書物を紹介している。中世の聖人信仰のなかで、病を癒す泉、霊験あらたかな水への信仰は、とりわけ洗礼者ヨハネに投影された。リーゼンゲビルゲもその例外ではなく、治癒者の象徴として、薬草類にも多くヨハネの名前が与えられた。注目すべきは、リューベツァールの別称として「ヨハネスさま」という名前が存在したことである。洗礼者ヨハネへの民間信仰としては、フランス、スカンジナヴィア、スラブ圏において、このヨハネにまつわる祝祭のなかで、シャーマニズム的な舞踊や狂乱が行われたことが知られている。(9)

　以上が、比較的新しい研究のなかから抽出した代表的な三つの論考のあらましである。グリム『ドイツ伝説集』冒頭の鉱夫伝説を皮切りに、いくつかのドイツの山岳伝説を論じてきた本書は、最後に、このドイツ語圏で最も典型的な山の霊であるリューベツァールの物語を素材として、異界の妖怪と市井の人びとの生活の関わりを具体的に叙述してみたい。そして近世ドイツ民衆が抱いた山中他界観を、その特徴的な性格とともに描き出したいと思う。それはアイヒベルクないしデュルが提起した、近年のシャーマニズム的リューベツァール研究に、いささかの学問的な補足を果たすことにもなるだろう。

熊と山羊に薬草を運ばせる
リューベツァール
インゼル版伝承集（1920年）
の挿画（＝以下＊印で略示）

伝承資料として主に参照するのは、最初期における最も重要な記録者となった十七世紀のドイツ人プレトーリウスの著作である。プレトーリウスがライプツィヒという都市において、特にその市民層に向けた、大衆的書物を書いたということ、そしてライプツィヒは、この地域随一の商都であったということ。この二つを基本的な立脚点として論じていきたい。

二 商都ライプツィヒと伝承

1―商人と山

近世のライプツィヒは、ヨーロッパ的規模の遠隔地商取引を担う、ドイツの一大商業都市だった。「フランクフルト大市《おおいち》と並ぶ帝国を代表する大市」(10)を持つ町である。北のバルト海からアルプスを越えてイタリアへと抜ける「帝国の道 via imperii」と、そしてパリからフランクフルトを経由し、東のポーランド、チェコ、さらにロシア方面へと続く「王の道 via regia」という、これら二つの交通の大動脈が、このザクセンの町で交差する。十二世紀から記録があるという大市(見本市、メッセ)は、とりわけ一四五八年以降の数度にわたる特許状獲得を経て、現代までその名声を維持してきた。新年、復活祭後第三日曜日、そして聖ミヒャエルの日(九月二九日)を基点とする三度の開催を基本として、十五世紀末にはそれぞれ一週間、十七世紀中頃には延長されて、ほぼ三週間の長きにわたる行事となった。

近世ライプツィヒの市は、きわめて国際的な「異国趣味」の強いものだったという。ドイツの諸都市はもちろん、フランス、フランドル、イギリス、ボヘミア、ポーランド、リトアニア、ロシア、オーストリア、イタリア、またアメリカなどからも品物が入った。ライプツィヒの産物としては、市の南東エルツゲビルゲ山地の鉱物（銀・銅）、それから毛織物が特筆すべきものである。前者については、フライベルク、シュネーベルク、マンスフェルトその他の有名な鉱山が、周辺地域にいくつも存在することを想起したい。第一にライプツィヒは、このドイツ東部における鉱産物資源の集散地として成長した。

銅の取引には、かのフッガー家が大きく関与しており、製錬所を所有するハンガリー産の多くの銅が、ライプツィヒを経由してアントウェルペンへ、すなわちフッガー家の「西欧における一大拠点」であった西の商都まで輸送されたという。

ケルン、フランクフルトといった「ロンドン・アントウェルペン枢軸」の延長線上にある商業都市と連絡されることにより、ライプツィヒは、ヨーロッパ世界経済の心臓部ともいうべき地域と結ばれ、東欧各地と西欧との間の通商を媒介する結節点ともなったのである。[11]

大市の開催中、各国から到来する商人たちには特別な保護が与えられ、同時に国境や市門の警備は強化された。必要書類を揃え、場所代を支払って、手早く店の設営にとりかかる商人たちもいれば、まずは仲介業者（Makler）のもとを訪れて地元商人との取引契約を結ぶ者もいた。自由な取引で賑わったライプツィヒだが、さすがに一六八四年、復活祭の大市で、トルコ人の干した首が売り出されたときには大騒ぎとなり、商人たちは投獄、品物は差し押さえの処分になったらしい。[12]

その成長と繁栄の歴史にひとつの暗い影を落としているのが、十七世紀の三十年戦争である。[13] 皇帝軍からも、また同じプロテスタントの信仰を持つはずのスウェーデン軍からも、食料などの徴発で甚大な被害を受ける。また数度にわたるペストの蔓延があり、一六三七年には市民の五分の一が命を失ったという。商業路の安全が確保されない以上、ライプツィヒを訪れる商人は激減する。

市《いち》と戦争は、相反するもののようである。古代ギリシアの都市国家において、市の開催期間中には「すべての敵対行為が中止される」（傍点原著者）ことになっており、また十世紀イングランドの市では、商品を積んでくるすべての船に——たとえそれが敵国の船であっても——「平和」な航行が保障されたという(14)。

近代的な最初の国際戦争とも呼ばれる三十年戦争は、一時の平和を叶えるべき市の古代的アウラでさえも、難なく破壊してしまったということだろうか。この戦争が終結した十七世紀後半からのライプツィヒは次第に回復の道をたどり、十八世紀の第三半期には「東西間商業の頂

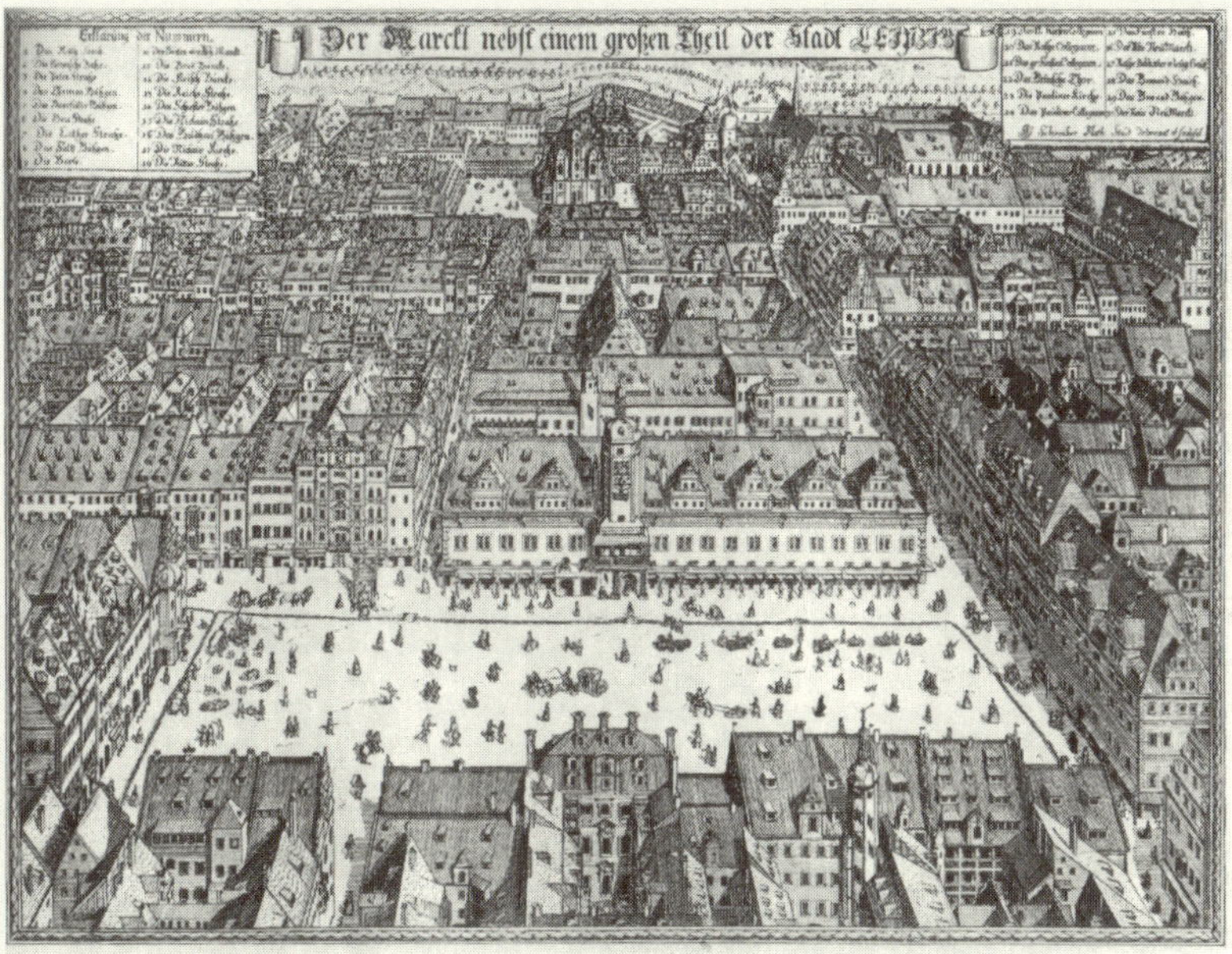

ライプツィヒのマルクト広場　銅版画、1712年

点」[15]の時期を迎える。

プレトーリウスがライプツィヒ大学の門をたたいたのは一六五二年、二十歳すぎの時である。その二年後に修士の学位を得たが、しかし大学の定職を手にすることはできなかった。文筆家として糊口をしのがざるをえなくなった彼が、一連のリューベツァールもの（全四作品）を書いたのは、一六六二年から一六七二年にかけてのことだった。これは書籍取引において、まもなくライプツィヒがフランクフルトから首位の座を奪っていくまさにその時期にあたる[16]。

戦争と伝染病の記憶がなおも疼くなかで、人びとの商業的交流がもう一度少しずつ動き出す。三十年戦争の破滅的な結果を味わった時代の意識は、未来の復興と終末意識とのはざまを揺れ動いた。一六六二年、一六六六年——ヨハネの黙示録一三章に言われる破壊的な「獣」の「名の数字」、六六六に基づく——、一六六七年、一六七二年など、次つぎと世界の終わりの予言がなされた時代である[17]。

プレトーリウスによる山の妖怪の物語集は、そうした社会不安を背景にして売れ行きを伸ばしたもののようである。悪魔と同一視されたリューベツァールの奇想天外な物語たちが、悪魔の存在を身近に感じる市民たちの恐怖と好奇心を刺激する。

すでに述べたように、著者プレトーリウスは、自由な創作を加えたことを堂々と開陳しながらも、しかし同時に、都市に集まる人びとを自ら訪ね、方々にフィールドワークをしてまわった。そんな彼の横顔を今に伝える資料として、没後九年が経った一六八九年、同業者とも言える博識著述家E・W・テンツェルによって書かれた、次のような記録がある。

というのもプレトーリウスは、ライプツィヒのあちこちを歩き、なにか目新しいことはないかね、と尋ねてまわる風変わりな男であったから。それで、たくさんの人びとが、とりわけ何軒もの商人の店で、陽気な若者たちが何やらひねり出し、彼に喋って聞かせた事柄を、何から何までプレトーリウスは、見まがうことなくいつも道すがら携帯していた自分の書写板に書きとり、そして後から、そんな話の数々で飾り立てた珍妙な書物を作り出した。だからこそ、そこには真実の出来事の記録よりも、くだらぬ作り話のほうが満ち満ちているのである。あのリューベツァールを考えてみればよい。百分の一でも真実が含まれているなら、「これでおしまい」(doch genug)だ。プレトーリウスがいつも使う決めの文句で言うならば。[18]

最後に言われる「決めの文句」とは、プレトーリウスの物語集で、実際の聞き取りに基づく物語の末尾に、創作とそうではない真正の伝承とを読者が見分けられるようにと、著者自身が付していた言葉のことである。デ・ヴィルの検証によれば、それは少なくとも第二巻・第三巻については有効な物差しとなるという。[19]

一六六二年に出た物語集第二巻には、「リューベツァールは医学教授《プロフェッソル・メディキナエ》なり」と題する話がある。「世に広く伝わるうわさによれば」、リーゼンゲビルゲに来る「すべての根草掘り、実験者、宝石探しの者たちはみな」、山の主である山霊を教師と崇めることでその恩恵にあずからねばならない。この山中に、クレプスという名の年老いた男が住んでいたが、彼もまた山の神から、山の貴い薬草を用いた医術を学び、人びとの病を治したという。ただしこの男はかなりの曲者で、とりわけ身分高い人間たちは剣呑に扱った。大金を積んだり、「クレプス博士《ドクトル》様」と十回呼ばなければ」、治療を施そうとしなかった。ある男爵が、治療を求めて使いを寄こしたときにも、「閣下は、わしのケツの●●●でも舐めておかれるがよい。わしに何の関わりがあろうや、と返答したという。しかしこの話は、これでおしまい(Doch genug)」(伏字は原文による)。[20]

上流階級、貴族への仕打ちは、その下で虐げられた低い階層の思いが代弁されているようで痛快だ。しかもラテン語が点在する、一定程度の教養を前提とした物語を、肛門領域に属する、ドイツの「全国的に最もポピュラーな（そして侮蔑的な）挑発の文句」[21]がしめくくる。市民読者の公共空間への配慮として施された伏字ではあろうけれども、粗野な抵抗の思いと哄笑とが、そこから聞こえてくるようである。

物語の発生において、この話と深い関係にあると推測されているのが、同じ第二巻の第四話「リューベッツァールはスレート掘りなり」である。

あるとき、リーゼンゲビルゲの最高峰シュネーコッペの山中で、シャフゴッチュ男爵が家来とともに狩りをした。すると麓の方角に、立派なスレート岩をせっせと掘り出す一人の鉱夫がいる。鉱石を所望する男爵は、家来をやって、大声で鉱夫に語りかけるが、男はつっけんどんに拒絶した。男爵は、それがリューベッツァールだと悟って、スレートを諦める。「さて、これでおしまい。」

以上の二つの物語には、「牧人クレプス」[22]（Schäfer Krebs）と「スレート掘り」（Schiefer = Gräber）が、それぞれよく似た実に無愛想な人間として登場する。メーパートの検証によれば、この二つのドイツ語は、ザクセン（つまりライプツィヒを含む）地方の方言ではきわめて似た音声になるのであり、おそらく後者は、音の類似をもとに後から形成されたものである。ライプツィヒの大市にやってきたシレジアの亜麻糸商人や御者たちによって、好奇心溢れる市民に語って聞かせられた物語が、このような形で分化したと考えられる。スレート掘りの物語が、プレトーリウス以外の文献には見あたらないことも論拠になる。[23]

クレプス家は、仕立て屋、山の案内人、奇蹟の医術師として、シレジアに広く名を知られていた。プレトーリウスによるリューベツァール物語集の第四巻『サテュロス』（一六七二年）は、その長い序文で、クレプス家にまつわる一つの重要な資料を引用している。

それは「イタリアびとの書」（Walenbuch）と呼ばれる山の案内書で、山中の貴い鉱石の在り処を見つける方法と道順が克明に描かれている、秘伝の書物のカテゴリーである。十五世紀以降、ドイツ語圏の鉱山地帯には、ヴェネツィアを初めとするアルプスの南側から多くの鉱山師が流入した。山中で鉱石を見出すイタリア人たちは魔術を使うものと畏怖され、その神秘的なイメージが、この書名を生み出すもとになった。やがて「イタリアびと」（Wale）は、実在の鉱山師から独立した、一種の妖怪的な存在にもなる。[24]

プレトーリウスがこの資料を手にしたのは、伝承集の四冊目をちょうど書き終えた時点だったので、かろうじてこの資料の一部を、最後に執筆した序文で引用できたのみであった。しかしそれは今日においても、伝承史の重要な一段階を証するものとして残っている。

そこに登場するのは、南ドイツのレーゲンスブルクに住まいを持つハンス・マンという、これもまた商人である。プレトーリウスの引用するところによれば、この商人マンは、レーゲンスブルクでの商売に失敗し、

リューベツァールの領地で薬根と貴金属を探す二人の男＊

ザクセンの鉱山師たちが用いた略号
埋蔵された金属の種類などを示すもの

極貧状態に陥ったところで、一人の年老いたイタリア人からくだんの書物を受け取る。それを読むと、シレジアの山中、ヴァルムブルンという村からさらに奥へ行き、モミの木や石に刻まれた文字を頼りに、定められた作法を守って進んでゆくならば、山の隠された宝物にたどりつくことができるという。それを信じてシレジアに旅してきたマンは、二度も富を増やすことができた。ただし三度目には、「いとわしき悪魔リューベツァール」の怒りを買い、地震と雷鳴、炎と雹を浴びせられて逃げ帰ったという。(25)

クレプスが登場するのは、この顛末の結びの段落である。仕立て屋にして山の案内者、そして医術者であるクレプス。「フェッタースドルフに、クレプスという名の男が住んでいた。生業は仕立て屋。それとは別に、人びとのしつこい疾病を治療することを常とする。山中へ人びとを案内していくのは、この男であった。息子はなおも存命である。名をクリストフ・クレプスという。問い合わせは彼に。一六一五年。」(26)

十七世紀中葉のライプツィヒに住むプレトーリウスが、この「イタリアびとの書」を手に入れたのはゲルリッツのある薬屋からであったというが、この重要な人物についてはまた後に述べたい。

プレトーリウスに送付されたという「イタリアびとの書」に、クレプスの名は、その末尾でわずかに出てくるにすぎない。しかしこの一家の痕跡は、第四巻『サテュロス』の別の個所に、明確に記されている。「リューベツァールは自分の庭で盗みを許さぬ」というその物語には、クレプスのもとを訪問する「四人のワロン人」が登場する。彼らはリーゼンゲビルゲの山中で、薬草と鉱石を探しているという。とりわけ欲しいのは「マンドラゴラ」[27]である。山の神の怒りを畏れるクレプスは、それだけはやめておけと忠告するが、一人のワロン人は、耳を貸すことなく鶴嘴を持って出ていく。そして最初にそれを振り下ろした瞬間に、「炭のように真っ黒になって」倒れ、即死してしまった。それを見た残りの三人は、他の鉱石をもって我慢することにし、仲間を葬ったという[28]。

都市の住民たちが請い求める商品を、各地を遍歴する商人たちが都市の外部から持ち来たり、市で売りさばく。神秘の山の薬草となれば、ライプツィヒの大市でも、たくさんの買い手がついたであろう。そしてその商品とともに、物語もまた、都市の外部から侵入してくる。

2 伝承の提供者たち

リューベツァール伝承のちょっとしたブームを惹き起こして、三冊もの続刊を後に生み出すきっかけになった一六六二年の第一巻。著者プレトーリウスは筆の赴くがまま、悪魔伝説など他領域の数々の民話モチーフを混入させつつ物語ったのだったが、そのなかで「唯一ほんとうの意味で新しく、独特で、ゆえに貴いもの」は、大市のために旅してきたリーゼンゲビルゲの根草掘りとライプツィヒの薬草商人たちの語りの記録であるという意見がある。[29] 第一巻に点在するその例を、以下にいくつか列挙してみたい。

- 「リューベツァールの宮殿から秘薬を取ってこなくてはならない」人びと、つまり根草掘りや薬草採り、雌牛の医者に歯医者、あるいはその他さまざまな商売のために、通りで声を張り上げる人びとは、決して「リューベツァール」という名をそのまま呼んではならず、「ヨハネスさま《ドミヌス・ヨハネス》」あるいは「リーゼンゲビルゲの偉大なる支配者よ」、といった荘重な呼び方にしなければならない。
- 「信頼すべき多くの証人たちの言葉によれば」、それはまた、鉱夫たちにとっても同様である。
- 「出てこい、リューベツァールよ！」、「リューベツァールよ、これこれしかじかのことをしてみせよ」、などといった挑発的な物言いは断じてしてはならない。
- 「もぐりの医者たち、薬草掘り、テリアク売り[30]、歯医者、その他さまざまな商売のために通りで声を張り上げる人びと」は、リューベツァールの医術の力を信じて疑わない。「彼らが自ら言うところでは」、彼らの医術はシュネーコッペ山に赴き、そこで山霊から恵まれたものである。彼らはリューベツァールを崇高な名前で呼び、兄弟固めの杯を交わす。山霊は薬草や根を出してみせると、その適切な使い方を説明してくれさえする。それどころか掘るのを手助けしてくれることもある。その場合にはもう「リューベツァール」と呼んで差し支えない。
- ライプツィヒの大市では、もぐりの医者たちの露店に、リューベツァールの姿を描いた板が置いてある。リューベツァールは、この民間の医術者たちの「守護者、家精（spiritus familiaris）もしくはなじみの偶像神として」崇められている。

医者としての山霊のイメージは、十七世紀シレジアの詩人であり、そして十七世紀ドイツ文学それ自体をその詩学書によって新しい地平にもたらした、かのマルティン・オーピッツの詩にも見える[31]。

自身は一度もリーゼンゲビルゲの土を踏んだことのないプレトーリウスが、この物語集全四巻では、山の状況をきわめて詳しく、そして正確に描写している。これは明らかにシレジア出身の人びとの聞き取りによるものと推測されるのだが、そのうちの何名かは具体的に跡づけることが可能である。

プレトーリウスによる第四書と、同時期の別の著作『占い杖』（一六六七年）をもとに、ここで最も重要な人物として浮上するのは、シレジアの都市ヒルシュベルクで薬局を営んでいたヒエロニムス・サルトリウスという男である。デ・ヴィルの考証によれば、プレトーリウスはこのサルトリウスから得た五点の物語を、第三巻に載せている。そこにはすべて「ヒルシュベルクの薬局店主」によるものと記されていて、例の結びの文句も付いている。第八八話には、サルトリウスと思しき薬局店主との出会いが詳しく述べられており、プレトーリウスの物語集をよりよいものにするべく、「一六六二年六月六日と七日、ライプツィヒにおいて」、プレトーリウスの住まいを訪ねてきてくれたのだという。「リューベツァールの宮殿からわずか二マイルしか離れていない」シレジアの町に生まれた、「かなりに年をとった男」だったとか。

デ・ヴィルによれば、第四書の序文に言われる「イタリアびとの書」をプレトーリウスに送った人物というのも、ほかならぬこのサルトリウスであろうということである。書物はゲルリッツから送られてきた、という記述がそこにはあったが、一旦はヒルシュベルクに店を構えたサルトリウスが、一六五四年からはゲルリッツ近郊の町に実際に住んでいたらしいということも、十七世紀の年代記と公文書の検証から明らかにされている[32]。

プレトーリウスは、ライプツィヒの一市民を仲介して知り合ったというこの薬師サルトリウスのほかに、いくつもの語り手の名を挙げている。第一巻では、大市の商人と根草掘り、グライフェンベルクの貴人、ライプツィヒの市民を挙げているが、その成功を受けてプレトーリウスが素材の収集にいそしみ、急ぎ完成させた第二巻以降では、語り手の言及が激増する。そのすべてが真実であるかは定かでなく、また重複の含まれている可能性もあるにせよ、プレトーリウスの書物に現われる語り手をすべて列挙してみると、そこからは、商都ライプツィヒの賑わう雑踏の空気が感じられてくる。すなわち、シレジアの使者、ある学識者、リーベンタールの使者――この人物は、リーゼンゲビルゲの風土と住民について、サルトリウス以上に詳細な情報を提供したらしい――、リーゼンゲビルゲの山岳地帯を旅した金箔師、ヒルシュベルクの人、手工業職人の若者、シレジアの年老いた御者、シレジアの年老いた市民、ハレの塩運搬人、ハレの毛皮職人、理容師の職人、大学生、大工、浴場の女中、馬具職人、博労、薬局の職人、ライプツィヒの錠前職人、ハンガリーの貴人、ブレスラウの友人、シレジアの牧師、春秋に富んだ老シレジア人、シレジアの大学生、シレジアの

リーゼンゲビルゲの絵葉書、1898年

学識ある貴人、そしてライプツィヒの新年の大市にやってきたシレジア人たち――。

　薬師サルトリウスは、そのなかで最重要の協力者であった。彼の存在こそが、プレトーリウスの伝承集に厚みと迫真性を与えた。伝承集とは別に、同時期の『占い杖』のなかにも、シレジアとリーゼンゲビルゲの簡潔な紹介文がある。明らかにサルトリウスからの聞き取りに依拠して書かれたと思われるその文章は、実に具体性に満ちたものである。山霊の住まう山中では、「平地のそれよりも二倍の太さと大きさがある」薬根やすばらしい薬草、果実の類が無数に見つかるという。例えば、青い毒草のナペッルス（とりかぶと）、「平地のそれよりも美しい赤色の果汁を含む」すぐりの実――別名「聖ヨハネのベリー」――、またそのすぐりの仲間で、梨のような形をし、きわめて豊潤な味わいを持つ特別な品種、さらには「薬師たちが熱心に買い求める」という、大きくて分厚い野薔薇の花びら、あまどころ（Weisswurzel）、つづらふじ

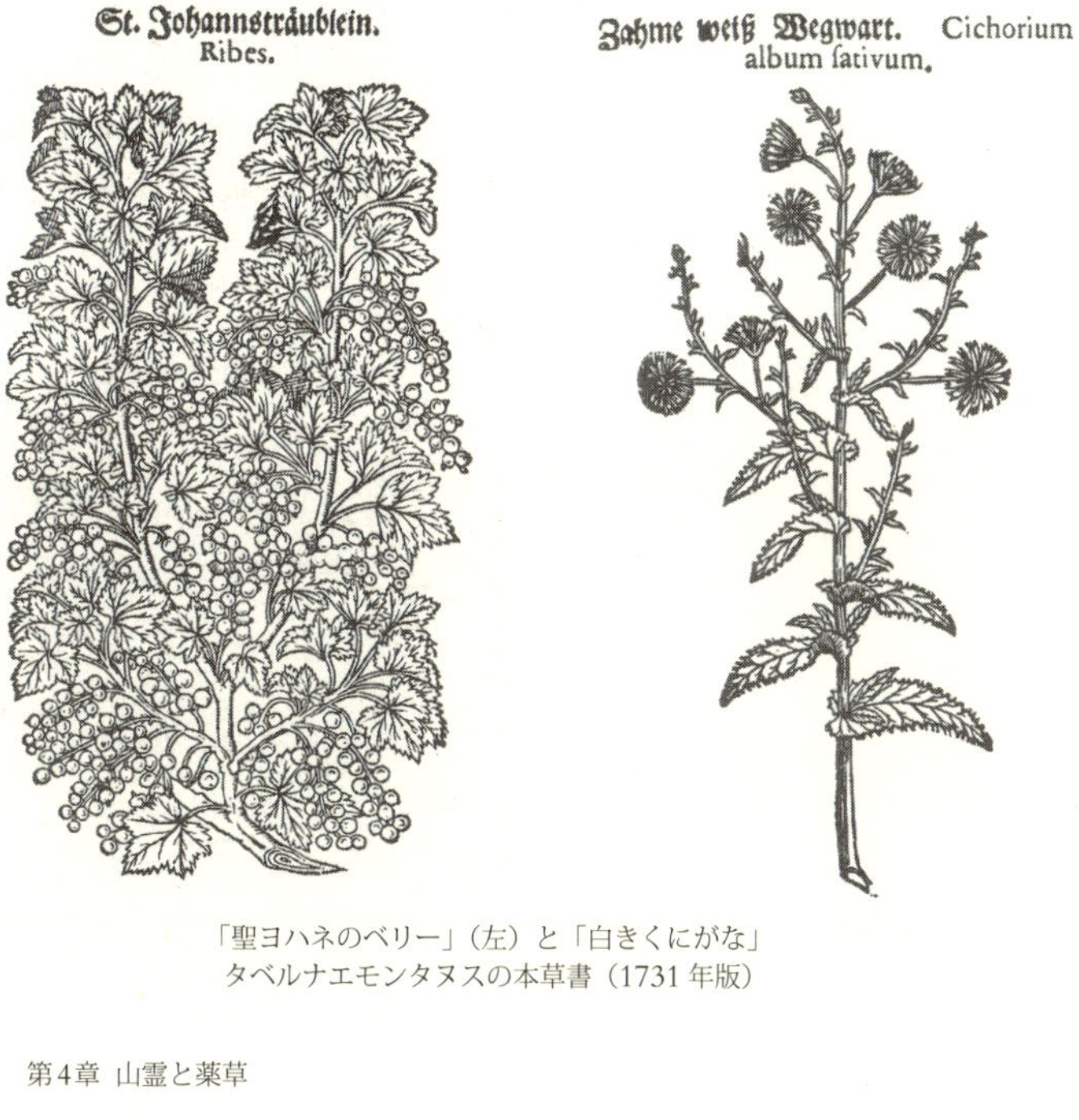

「聖ヨハネのベリー」（左）と「白きくにがな」
タベルナエモンタヌスの本草書（1731年版）

(Mondenkraut)、マンドラゴラ(Springwurzel)、白きくにがな／チコリー(weisse Wegwart)、みそはぎ(Hindleufte)などなど。(33)

ボヘミアに向かって山を少し下った場所に、「悪魔の谷」と呼ばれる場所があり、リューベツァールはそこに自分の薬草園を持っている。山の貴重な薬草を手に入れるためには、人間はリューベツァールの許可を得なければならず、もし無理やりに、あるいは「共謀」して——ここはラテン語 conjurationes が用いてある——奪い取ろうとするならば、命の危険を覚悟しなければならない。(34)

三　聖ヨハネと薬草

ポーランド南西部、リーゼンゲビルゲのシレジア側山中にカルパチという町がある。最高峰シュネーコッペを間近に見上げる麓にあり、比較的大きな町であるヒルシュベルクからは二〇キロほどの距離にある。この町の原型となった小さな集落は、十四世紀にはすでに鉱山業に関わる集落として存在したらしい。ドイツ語ではクルムヒューベルと呼ばれたこの町が、初めて記録に現われるのは一五九九年。やがて十七世紀からは、薬の製造で大きく栄え、遠くロシアにまで商売を展開させた。

「クルムヒューベルの薬師」(Krummhübler Laboranten)の名で知られた、この町の薬草採りと薬製造の専門職人たちは、リーゼンゲビルゲの古い製薬業を代表する存在である。十八世紀までは「蒸留屋」(Destillateur)という呼び名も受けた。十七世紀に始まるこの村の産業については、次のような由来伝説がある。三十年戦争の中期、一六三一年から三六年にかけての頃に、近郊の町グラッツが皇帝軍に占拠された。この町の市参事会員を務めていた薬剤師のG・ヴェルナーは、ルター派の信仰のために、当初はスウェーデン軍のために果敢に協力をするのだが、形勢悪しくついに息子とともに逃亡する。そしてシュネーコッペ山の麓まで来たところで、力尽きて倒れこむのだった。

そこへ犬を連れた森番の男がやってきて、二人をクルムヒューベルの村に保護する。治療の甲斐あって健康を取り戻した二人は、お礼にと、この家の家畜の世話を手伝うのだが、そのときふと乾草のなかに、無数の芳香漂う薬草を発見するのだった。薬剤に詳しいヴェルナーは、ここに製薬所を設けることを決心する。やがて有能な助手も見つかり——その男は、後の二十世紀初頭にもなおシレジアの山中に多く生息した蝮(Otter)を捕え、その油脂を売る仕事をしていたという——、こうして山中に一種のコロニーが形成される。

リーゼンゲビルゲの最高峰シュネーコッペ(標高1603メートル)

領主シャフゴッチュ家による許可状を持たない、秘密裏の経営ではあったが、やがて偶然なことから、領主の息子の病気――重篤な便秘であったという――を薬草によって治し、後に公式の認可を受ける。こうして根菜を掘る男たちや薬草を摘む女たちがこの後いく人もこのコロニーに集まり、この地で調製された薬は各地に広まっていった。一九世紀末まで続くこの村の産業の跡は、ここに恰好の避暑地を見出し、幾度となく滞在したドイツ人作家Th・フォンターネの小説『最後の薬師』（一八九一年）にもたどることができる。[35] リーゼンゲビルゲの薬草業自体は、もちろん次の世紀にも受け継がれ、ライプツィヒの大市に運ばれつづけた。[36]

良質な薬の製造を支えたのは、もちろん、この山地に育まれる多種多様かつ豊富な薬草である。興味深いのは、この山地にパラケルススの自然科学・医学が浸透していたらしいという事実である。パラケルススは、自身も一五四〇年頃にこのリーゼンゲビルゲとシレジアに滞在したようで、後にその遺産を受け継ぎ、グライフェンベルクにこの地域で最初の薬局を開いた人物が、カスパル・シュヴェンクフェルト（一五六八―一六〇九）という学究肌の男だった。彼は有能な自然科学者であり、ヒルシュベルク市の公認医師を務めた。先に述べた村の創立者ヴェルナーは、このシュヴェンクフェルトの弟子とも推測されている。[37]

プレトーリウスが一六六〇年代から伝承を集め、記録していたのは、このクルムヒューベルの薬草業のまさに勃興期にあたるわけである。ライプツィヒの大市に、東方の山村から商人が品物を携え、意気軒昂と旅してくる姿が想像される。

ここで、しばらくプレトーリウスから離れて、一六〇七年のシュヴェンクフェルトによる著作『リーゼンゲビルゲの麓なる、シレジアはヒルシュベルクのヴァルムバートを簡明に論ず』（Hirschbergischen Warmen Bades in Schlesien unter dem Riesen Gebürge gelegen kurtze und einfältige Beschreibung）に目を向けてみる。[38] これはプレトーリウス以前における最も重要な記録であり、十七世紀初頭における伝承の大半はこれに遡る。

この著作は、第四部において当地の薬草と鉱物を論じており、ここで最高峰シュネーコッペを紹介して、そこに住む山の霊、「鉱石と宝物の主にして所有者」であるリューベツァールに言及している。ただし彼は基本的にキリスト教信仰の篤い人物であり、すべての山の富はキリスト教の神ひとりによる賜物であって、人間はそれを感謝しつつ世のために利用すべきである、したがってリューベツァールは、地元民の「迷信」にすぎないという立場をとる。時代性を示す事実として興味深いのは、ここでシュヴェンクフェルトが、リューベツァールという妖怪の性格を説明するにあたって、十六世紀ドイツの偉大なる鉱山学者アグリコラの精霊論を参照していることである。[39] これについてはすでに前章で言及した。

医師シュヴェンクフェルトが著した書物は、ヴァルムバートというシレジアの古い温泉保養地の効能を説くことに目的があった。ヴァルムバート（現在のポーランド語地名ではチェプリツェ）は、別名ヴァルムブルン、いずれにしてもそのまま「温かい泉」という意味の町である。狩猟に出ていた貴族が、手負いの鹿を追いかけた末、傷を泉に浸して休んでいるのを発見した。そしてそこに聖ヨハネを讃える礼拝堂を建立した、という一一七五年の出来事が伝説として残る。[40]

キリスト者シュヴェンクフェルトの著書には、長大な祈禱の章句が織りこまれており、湯治客たちには、湯浴みの前ないし後にそれを唱えることが推奨された。温泉地の医師として、彼が湯治客たちに処方するのは、この町の南に広がるリーゼンゲビルゲの薬草類である。クルムヒューベルの薬師たちが活躍し始める約半世紀前、シュヴェンクフェルトは、地元の薬師たちと知己になり、数々の妙薬の知識を受け取ったことだろう。彼の著書に記された薬草学の一端はメーパートの文献に再現されている。[41] そしてかのプレトーリウスが手にした「イタリアびとの書」にわずかに出てきた、山の案内人であり民間医術者であったクレプスという名の男は、シュヴェンクフェルトが交流を持った、まさにその種の地元の治療師、薬師の一人だったはずである。[42]
シュヴェンクフェルトは否定するとしても、地元民の意識のなかでは、これらの山の富はすべて山の主リューベツァールの所有するものである。ヨーロッパの異教的伝承がしばしば受けてきたキリスト教的解釈（interpretatio christiana）の例にもれず、この妖怪もまた「ヨハネスさま」という別名を頂いていたことはすでに冒頭の研究史の概観で触れた。リューベツァールにはまた、ボヘミアに言う「パン・ヤン」、ドイツ語圏の「ルーペルト・ヤーン」という呼称もある。どちらも後半部分にヨハネの響きが認められる。

　薬草や有益な植物の類には「ヨハネ」の名がしばしば付属させられる。はたしてこのヨハネのイメージには、福音史家と洗礼者の両者が区別しがたく混交している。前者は中毒と蛇の咬まれ傷から守る守護聖人であり、蝮（Otter）の生息するシレジアの山中では深い信仰を集めた。しかし水に関わる守護聖人としては洗礼者ヨハネ――イエスは、ヨルダン川で彼から洗礼の水を受けた――を措いてほかにない。シュヴェンクフェルトの例の著書は、

ボヘミア側の山麓の町、ヨハニスバート（現ヤンスケ・ラズニエ）にあるリューベツァール像

ヴァルムバートにまつわるいくつかの民間信仰を紹介している。いわくこの温泉地は、聖書にある奇蹟の癒しの池、あの「ベトサダの池」でかつて天使が行ったように、[43]聖ヨハネ自らがここに到来して水を動かしたことで効能が生まれたのだと。そして病を治す聖水の力は、聖ヨハネの日にとりわけ高まる。同じ民間信仰によれば、薬草の効能もこの聖人の日に高まるという。ただしシュヴェンクフェルト自身は、近代の自然科学者の萌芽的性質を備えてもおり、これらはみな市井の民の「迷信」にすぎないとも言い切っている。[44]

山中に身をおいた近世の一知識人が書き残した書物に、当時の民間信仰の断片をこのように見出すことができる。リューベツァールという妖怪は、リーゼンゲビルゲ地方の民衆が抱いた、人間の身体と健康に関わる数々の俗信の結晶点であった。別名の一部にある「ルーペルト」は、有名な薬草である「ループレヒト草」と関わりがあり、これは根が止血薬に、また眼を健やかにする薬にもなるという。[45]リューベツァールに投影されたこの健康と治癒への願いは、やがてこの山中を出て、薬の職人と運搬人、商人たちを通じ、商都ライプツィヒへと運ばれる。

プレトーリウスが著した伝承集の第二巻第四五話には、「リューベツァールはカブ《リューベ》を掘り出す」という話がある。根菜、薬草掘りの営みが、ここに反映している可能性は高い。また第一〇二話には、「リューベツァールはおしろいを売るなり」という小話がある。当時のおしろいは、「白い根」(Weisswurzel)という名を持つ薬草あまどころの根で作られた。[46]プレトーリウスの物語集のなかに、東方の山国の生活世界が映し出されている。それはあの山の案内人にして民間治療者であったクレプスのような、実在の人間のイメージを一つの基礎にしながらも、もう一つ、聖ヨハネという聖者の土着的神秘性を伴って、都市の市民のもとに届けられる。

ライプツィヒという都市から、大市という空間を通じて、あの山国はどのように見え、そしてライプツィヒの日常に、あの山国の物語はどのような機能を果たしたのだろうか。

四　市と異人の思想

G・ジンメルの『社会学』（一九〇八年）に、「異人についての付論」という小論がある。[47] 幾多の異人論で参照される根本的なものだが、このジンメルの異人観における議論の最も重要な対象はユダヤ人であり、そして商人という存在である。地球人にとって遠い惑星に住む宇宙人は、またギリシア人にとってのバルバロイは、互いに何等の共通項を持たず、関係性そのものが存在しない対峙者であるかぎり、ジンメルの論点に関わる異人とはならない。そうではなく、「近さと遠さの統一」された存在として、共通項と差異との緊張を身にまといながら、まさに共同体の一員として、その共同体を外部の領域と接続させる境界的存在こそが、ジンメルの重視する異人である。交易は、移動手段を持たぬ一生産者、一購買者には想像もつかない、物と人との「無限の結合」を可能にする。

東方の山中と、ライプツィヒの大市とのあいだを行き来する交通者、すなわち商人、職人、学生たちを、このジンメル的な異人の観点のもとに眺めることができる。そしてもちろん、彼らがプレトーリウスに伝えた、彼ら遍歴者の背後にひかえているリューベツァールという山霊こそ、ライプツィヒ市民共同体にとっての異人である。本章冒頭、研究史の概観において、アイヒベルク/デュルのシャーマニズム的解釈に言及したが、以下ここからは、このシャーマニズム的世界観と、ジンメルらによって展開された商人・異人論とを有機的に結び合わせてみたい。そしてリューベツァールという山の異人の物語伝承と、そこに内包されたシャーマニズム的・呪術的な異界のイメージが、近世ドイツという時代における、具体的にどのような生を生きた人びとのために存在していたのかを考えてみようと思う。

ジンメルの異人・商人論と、折口信夫、岡正雄らの仕事に依拠しながら、赤坂憲雄は、市という空間の特性を次のように表現する。「日本の市の起源は、山人（山の神人）と里人との〈交通〉の場である冬祭りに」あり、ゆえに市とは、「〈異界〉へむけて開かれた窓、その賑わいと雑踏の底で見知らぬ〈異人〉たちと交換＝交歓することのできる、非日常の時空」であったのだと。そして柳田國男の『山の人生』（一九二六年）などに見られる、山人と里人との交易を描く民間伝承には、里の共同体という「特権的な内部とわれらのまなざしによって染めあげられた、根源的な他者のイメージ」(48)（傍点原著者）としての山人があると。

一九八〇年代半ば、赤坂と同時期に書かれた小松和彦の異人論も参照してみよう。異人・山人とは、あくまでも相対的な関係概念であり、「〈ある集団にとって〉という固定化を図ることによって」初めて、ひとつの異人の姿が現われてくる。そして多くの場合、共同体という安定した組織と、他方、政治的・宗教的・経済的に弱者の立場にある異界からの訪問者とは、「不均衡」な関係そのものである。ただし強者であるはずの共同体の成員はまた、その保護の恩恵を思えば思うだけ、またふと自らが旅の途上にあり、共同体の保護を失った場面を想像することにもなる。その心的動揺と憧れが、数々の遍歴放浪や異界訪問の物語を生み出す。「共同体は、そうした、自分たちが共同体を出て異人となったときの期待や恐怖を、さまざまなフォークロアに表現してきた。」(49)

同じ小松による著書『異人論』は、そうした異人フォークロアの個別の襞に分け入った労作である。彼自身の言葉にあるように、これは異人論の「各論」（傍点原著者）の試みであり、個々の時代、個々の社会における異人の具体的な相貌を明らかに示してくれる。そして小松が、今後待たれる異人の個別的研究を進める上で参照すべき「異人論の総論」[50]（傍点原著者）と呼んでいるのが、山口昌男のいくつかの著作である。

山口は言う。ヨーロッパにおいてカーニヴァルという祝祭の舞台として広場があり、その広場を舞台として、年に数回の大市という、これもまた一つの祝祭的・非日常的行事が行われる。「市は、町の中心部、それも教会前の広場にありながら、外界へ、物質的にも、情報の衆参のセンターとしても機能している。」[51]そして市の経済的機能を考えるとき、次のような、市のいくつかの象徴的イメージを列挙することができる。

市場は何よりも、閉鎖性に対立する。誰でもそこへ行くことが可能であるから、従って「開かれた世界」のイメージを持つ。[52]

以下、市のさらなる象徴性として、「自由な接触」のイメージ、等価物の所有と交換の原理に基づく「平等、または対等」のイメージ、人の移動する「流動性」のイメージ、所有物の喪失と変容に基づく人間のアイデンティティの変化すなわち「変貌」のイメージ、そして普段は見慣れぬ雑踏の「非日常」のイメージが挙げられる。

これらのイメージが分ち難く融合されて、市場の「象徴性」が成り立つはずであり、それは日常生活を支配する「分けられた」「距離感を主軸とする」「固定的な」「変ることのない」生の形式と対立するはずである。

山口の異人論は、このカーニヴァル空間に出現する異人、すなわち道化・ヘルメス的存在が、それを迎え入れる共同体の静的な、安定した権威を動揺させ、活性化させてゆく力学を論じる。共同体の中心から離れた、もしくは離れることを強いられた末端的、周辺的存在の、むしろ積極的な機能が活写されるのである。

山口が深く参照するバフチーンのラブレー論は、年四回開かれる有名なリヨンの定期市の情景が、ラブレーの小説にいかに見事に織りこまれているかを示している。しかも「パンタグリュエリヨン草」なる不可思議な植物が登場するこの小説で、ラブレーは、市場のいんちき薬売りや大道芸人たちの繰り出すカーニヴァル的弁舌を見事に再現している。(53)

ヘルメスは、移動する民、旅人、商人の守護神であった。ライプツィヒを訪れる旅の商人、遍歴の職人たち、そしてその異人たちが語る山の神リューベツァールは、いわばヘルメスのアウラを身にまとって、市というカーニヴァル的空間を徘徊する。十八世紀初頭、市内に建てられたライプツィヒ市長の邸宅は、その中庭を商業活動のために開放し、中央扉の上にはヘルメスの頭部が装飾として置かれたという。(54)

山口によれば、ヘルメスはシャーマン的相貌を備えた存在である。異界と日常世界とのあいだを移動し、接続する「魂の導者」としてのヘルメスは、病の治癒者でもある。(55)この世で病に苦しむ人びとを、異界にそびえ立つ世界山、生命樹の霊力にあずからしめることによって治癒する。

プレトーリウスが諸伝承をまとめ、それが喝采を受けた近世ライプツィヒは、すでに述べたように、終末観に色濃く支配された時代だった。共同体公認の社会制度として存在してきたキリスト教教会が、宗教改革以後の分裂・対立と、三十年戦争の混乱、ペストの蔓延によって、人間の救済の担い手としての信頼を失い、共同体の構成員に深い動揺を与えたときに、いわばもう一つの宗教、新しい伝道者として、市場に現われたのが商人であり、妖魔リューベツァールだったのである。この山霊には、薬草と湯治の神としての特徴があることはすでに述べた。

L. クラナハ《メランコリアの寓意》(173 頁に部分図)
1532 年、ウンターリンデン美術館(コルマール)

福音書に、多くの病気を治す物語が含まれていることをここで想起したい。そもそもキリスト教自体が、古代における萌芽の時、すなわち紀元一世紀から二世紀にかけての時代に、すでに世を席巻していた病気治しの神アスクレピオスへの信仰と対峙する形で、治癒神イエスの宗教として登場したと言われる。そして「若い神キリストは、アスクレピオスとの競合の過程で、驚異の治癒神が身に帯びていた死と再生の花婿のしるしを、はっきり刻みこまれ」てしまい、「敗北した神々は、彼らの存在のしるしをキリストに刻みつけて、歴史の舞台から去っていった」[56](傍点原著者)。

キリスト教の危機に直面して、異教の自然神が、ドイツの片隅で今一度、病気治しの神として蘇る。それこそがリューベツァールであったのかもしれない。異教とキリスト教との大きな枠組みで考えれば、近世初期、つまりルネサンスと宗教改革の時代に、ヨーロッパでは古典古代の、すなわち異教の占星術が大きく復活した。宗教改革期に、例えば最も恐れられたのは土星の力であり――デューラー『メレンコリアＩ』はその表現の一例である――、この魔神は、わが子を喰らうギリシア神話のクロノスの姿のもとに「擬人的に」表現され、版画として世に流布した。宗教改革という、まさに「キリスト教の支配体制の変動期」に入ったヨーロッパが、不安と混乱の説明のために、異教のイメージ記憶を持ち出すのである[57]。

リューベツァールもまた、近世後期という精神史的に同じ状況下で、民衆の動揺を説明し、鎮めるためのイメージ的手段として誕生する。興味深いのは、このリューベツァールの誕生、ないし非キリスト教的イメージの復活が、市という、ある種の宗教性を帯びた場所を経由していた、ということである。商いに専心する市の雑踏は、一方できわめて世俗的なものであるが、他方また、世俗と日常に飽いた者たちが、それを超越し、刷新しうる何ものかを探し求めて、広場の隅々を動きまわる場所でもある。すでに述べたように、自由に異国人が出入りし、トルコ人の干し首さえ、売りに出された場所なのであるから。

日本語の市の語源としてイック（斎）が想定され[58]、またドイツ語の大市（メッセ）の語源としてキリスト教のミサが想定されているように[59]、市の起源と宗教的祭祀との関係は深い。ヨーロッパの市の広場には町の教会が立つ。聖人を祀る祝祭日に、教会に集まった人びとの交流から、市が次第に確立してゆく[60]。

古代日本の市の原型は、奈良の海石榴市《つばいち》のように、むしろ「共同体と外部を分かつ境界[61]」に置かれたようだが、それはまさに二つの異質な世界が接し合う場所だった。定住民と漂泊民との相互作用から生成される文学を射程においた「境界の物語論[62]」として、広末保の論考「遊行的なるもの」がある。そこで広末は、日本の宗教的・芸能的遊行民を念頭に、「封鎖的な共同体的生活のなかでは処理しえない不安・動揺・恐れといったものを、にない・になわされるという関係を通じて、遊行民は、定住民に対していった[63]」と述べる。

プレトーリウスの伝承集が好評を博した原因は、時代の宗教的・救済論的欲求の空隙にうまく滑りこんだことがあるのだろう。ライプツィヒという市民共同体が否応もなく抱いた、終末と死への恐れ、あるいはそれに伴う好奇心を、悪魔にも見立てられる山霊を通じて、刺激し充足させる作家。

三十年戦争の終結後、徐々に復興を果たしてゆくライプツィヒにおいて、例えば一六五〇年における世界最初の日刊新聞『新着ニュース』紙（Einkommende Zeitungen）の発行は、書籍見本市で今なお名声を博すこの町にとって象徴的な出来事であった[64]。当時のライプツィヒでは、プロテスタントの都市であることもあずかってか、大学には行かない一般市民の子弟も、ほぼ読み書きと計算をマスターしていたようである。つまりドイツ語圏の諸都市において、この時期に一定の読者層が形成され、プレトーリウスが著述活動をするための環境は整っていたのである。娯楽の物語集であった山霊の伝承集。これを執筆するに至った背景には、プレトーリウス自身の困窮生活があったとしても、しかし彼は結果として、社会史的・民俗史的・文学史的な意味で、実に稀有な資料を残すことになった。

大学を求めて北東ドイツからやってきた、つまり自身もライプツィヒ土着ではないプレトーリウスは、そのフィールドワークによって遊行民の語りを記録しながら、いつしか自らが遊行の異人になり変わり、自らの即興も加えて筆を進めた。というよりも、むしろ共同体と外部世界との中間に立つ、まさに境界人として両者を繋いだ。市民の欲求と不安に、プレトーリウスが真摯に寄り添おうとしたかぎりは、彼の個人的創作とされる部分もまた、当時の人びとの心性を探る確かな資料になりうるのかもしれない。

五 商都の異界譚

1―山霊謹製の薬

十六世紀フランスの市場に取材したラブレーの小説に、「魔法の草についての地方的なフォークロア的伝説の痕跡」[65]が観察されるように、十七世紀ドイツの商都ライプツィヒにおいてプレトーリウスがまとめた伝承集も、近世ドイツの民間信仰をめぐる多くの重要な記録を含む。後の十九世紀、ヤーコプ・グリムが『ドイツ伝説集』を編纂する際に、これに大きく依拠したとおりである。

プレトーリウスによる各伝承の表題を一つずつ見てゆくと[66]、商都に取材した結果として当然とも言うべきか、「リューベツァールはお百姓から麦を買う」、「リューベツァールは蜜蜂の巣箱を売る」、「リューベツァールは馬商人を騙す」など、商売に関わるものが非常に多くあることに気づく。また表題に明示されていなくとも、山霊が相手にする人物や[67]、山霊自身の変身した姿として、商人や遍歴の職人が登場する物語は無数にある。そしてこのさすらいの人びとが、「山を越えて」(übers Gebürge) 行く、という表現が物語のすべり出しをくりかえし飾る。[68]

東方の山国の情景を平地の商都に伝達する、当時としてエキゾチックな趣を湛えた物語の例をいくつか読んでみよう。

第二巻三七話「リューベツァールはたっぷりの陶器をたたき毀す」[83][69]に、陶工の妻が登場する。彼女は「春の始まり」の季節、つまりようやく山中の雪も溶け始めた頃に、「シレジアの大市」へと、夫の作った商品を売りに出た。その旅の途上に出現した妖怪は、大量の陶器が乗せられた車をひっくり返し、すべてを台無しにしてしまう。

同様に、ボヘミアの名産であるガラス製品を、商人がすべて破壊されたり(第一巻二話)[82]、あるいは群れから離れ、リューベツァールの住まうシュネーコッペ山に思わず入りこんでしまった雌牛が、「とつぜん宙に持ち上げられ、山から突き落とされ、幾千もの肉片に」、つまり粉みじんになって殺された(第一巻一話)[9]、というような話がある。峻厳で危険な山道の交通を考えれば、そこで頻繁に生じていたであろう事故や事件を素材にして、このような伝説が形成されたことは容易に想像しうる。

ガラス製品をのこらず壊す＊

動物ではなく、人間が命を失う話もある。第四巻九話[18]では、貴重な薬草を求めて「悪魔の谷」に入った薬草採りが、リューベツァールに二度までは採取を許してもらえたものの、三度目には怒りを買って「八つ裂きになり」、宙に放り捨てられた。残ったのは、毛皮でできた上着の片袖のみであり、それを父に同行していた一三歳ほどの息子が家に持ち帰ったという。そしてプレトーリウス自身も、「その現物をこの目で見た」と書いている。

第三巻三話もよく似た話である。薬草や薬根に「好奇心」を持つ「医学生」——ここはラテン語で、気取って表記されている——が、山中に入り、山霊による二度の詰問も意に介さず、しかもリューベツァールという名前を呼んではならないというタブーを呑気に侵したために、首の骨を折られて死ぬ。

その後、「旅の人びと」がこの死んでいる学生を発見したと物語には書かれているが、おそらくはむしろ逆に、この学生らしき何者かの死体が、同じく山を遍歴してゆく人びとによって偶然に発見されたという、そのことを発端として事後的に説話が形成されたものだろう。第三巻四〇話をはじめとして、リューベツァールのいたずらのために山中で道に迷った、という話はきわめて多い。迷った挙句、山道を踏み外して惨い死に方をした人は少なくなかったはずであり、それは何よりも、生きている者たちに深い記憶の傷を残しただろう。この妖怪は、端的に、そうした人間の悲しみと不安の記憶を整理する道具でもある。

しかし山の異界は、危険と恐怖だけでなく、ここにしかない恵みをも与えてくれるようだ。

第三巻八八話「リューベツァールは木の葉をドゥカーテン金貨に変える」[56]などは、山霊の恵み深さを伝える最も流布した物語の一つだが、この山中が、薬草や根草を採集する人びとの行きかった場所であることを思

木の葉を金貨に変える＊

えば、「木の葉」などという最も卑近なものと、喉から手が出るほどに欲しい金貨の山との対照性は際立ってくる。この物語は、「一六六二年六月六日と七日、ライプツィヒにて」、ヒルシュベルクの薬師――つまりあのサルトリウス――が、プレトーリウスの著作を支援しようと、彼の自室をわざわざ訪ねて話してくれたという。この説話は、薬根についた土を払い落とし、それを丁寧に束ねていくという薬草採りたちの具体的な作業を記録している点でも目を引くが、さらに特徴的なのは、主人公の貧しい薬草採りの女に、リューベツァールは何とせっかくの根をすべて捨てよと命じ、代わりに何の変哲もない木の葉を強制的に受け取らせることである。真に貴い植物は、山の主のみが知っているということだろうか。

メーパートの文献では、この山中に蝮（Otter）が多く生息したことが指摘されていた。はたして第二巻二九話［19］には、足の痛風（Podagra）の薬を探し求める薬草掘りが登場し、リューベツァールのいたずらで、実は生きた毒蛇をつかまされる。びっくりした痛風患者はベッドから飛び起きて立派に走り出し、つまり病気が治癒した一方で、薬を持ってきた男は蛇に頭を咬まれて死んだ、という笑話である。先の第一巻二話でも、月明りの下、山中を歩き疲れた旅人が、偶然見つけた大きな木切れに腰を下ろそうとするのだが、それは実は大蛇だったという。妖怪の魔法によるいたずらである。

いたずらは、日常の論理の攪乱として機能する。リューベツァールは山中を旅してゆく人間たちに、さまざまな取引を求めるが、それは日常の商取引とは異質な、ある意味で転倒したものであり、しばしば取引という行為自体を、悪い意味でも良い意味でも空無化する。例えば大衆酒場の主人に与えられた先の「蜜蜂の巣箱」は、後に、人間の大便にまみれた籠であることが判明する。百姓に売った豚は「麦わら」であり［102］、ボヘミアの金持ちの婦人が買った寝具は「雌牛の糞がたっぷりつまった」石炭袋であり［103］、年の市でリューベツァールが売りまくった靴とブーツは、これもまた「雌牛の糞」にまみれている［105］。

ライプツィヒその他の都市共同体における正常な市・商取引と、リーゼンゲビルゲの山の妖怪が主催する異常な取引が対峙する。山口昌男『文化と両義性』は、主として『常陸国風土記』（八世紀）の検討から、共同体外部の存在――例えば「夜刀の神」や「土蜘蛛」、「夷」――が、いかなる物語素のもとに表現されるかを簡明にまとめている。すなわち「文化＝秩序」に対する「自然＝反秩序」の対立項のもとに、共同体とその外部との関係を考えることができ、そして「夜刀の神」のような異形の存在は、まず基本的に後者に属する。この対立項をさらに具体的に表現するならば、

- 温和／凶暴（抑制の欠如）
- 境界尊重／境界感覚の欠如（差異性の無視）
- 交通／交通の妨害・窃盗（交換の拒否）
- 地面／地面を拒否（穴居・樹居）（自然）
- 正常な運動／動物のごとく敏捷
- 恩義／忘恩（交換の拒否）
- 直面／逃走（ルール欠如）

といった定式化ができる。これらは山口が挙げている全十五の項目の一部だが、プレトーリウスの伝承におよそそのまま適用できるものばかりである。例えば山道を苦労して歩く旅人を見下ろすように、リューベツァールはしばしば空中を飛行したり、あるいは樹上に佇んでいたりする。(70)

しかし山口の指摘としてさらに重要なことは、この対立項の両者を仲介するものとして説話がある、とい

う点だろう。十五の項目を、「抑制の欠如」、「差異性の欠如」、「交換、ルールの拒否」、「反文化性＝自然性」という、さらに抽象度の高い四つの特質にまとめた上で彼は言う。

征伐の主人公と荒ぶる神の司祭が、両者の仲介者として、対立項の双方の属性を兼ね備えていることを我々はすでに確かめてきた。たとえば日本武尊や素戔嗚尊はほとんどこの四つの属性を備えているといってよい。したがって我々は、説話および儀礼は、本質的に「仲介」的機能を持っていることを知る。(71)

プレトーリウスの山岳・異人伝承も、ライプツィヒの市民共同体と山の異界との隔たりを明示し、その区別においてこそ両者を仲介する境界の物語として機能していると考えられる。仲介とはすなわち、ライプツィヒの日常性を安定させる装置として妖怪の山が措定されるということである。東方の山とその妖怪は、共同体にとっての他者——危険であり、かつどこか魅力的でもある異物——の投影である。

この境界線上を揺らぐ人間の不安と好奇心は、例えばすでに挙げたような、日常の商取引を空無化する説話群がよく示している。リューベツァールの取引は、とりわけ悪徳商人や世俗の権力者である貴族、聖職者を相手にしたとき、彼らが牛耳っている歪んだ日常を痛快なまでに破壊してくれる。(72)またそれとは逆に、山霊からもらった、常識的には何の価値もないもの——例えば「木の葉」や「馬糞」——が、最終的に途方もない富を人間にもたらすことにもなる。

この両者を総合したような例であり、そしてまさに異界と日常との価値観のはざまをたどる説話の典型が第三巻三九話［95］にある。「ハレの信頼すべき毛皮職人」が語ったというこの話には、リーゼンゲビルゲの旅の途上で山霊に遭遇したという三人のタオル商人が登場する。リューベツァールは彼らからタオルを購入するのだが、そのときに彼が支払った「ドゥカーテン金貨」は、物語の進行につれて、おもちゃのコインになったり、また元の金貨に戻ったり、かと思えば、また石のかけらになったりと、変幻すること極まりない。塵芥と富、常識と超現実のあいだを、異界の奇蹟と日常のペテンのはざまを、まさにこの物語の旅人たちが通過している。

第二巻三二話［94］には、貨幣経済に支配された平地とは独立した、山中の不思議な村が登場する。温泉保養地ヴァルムバートから山に入り、長い山道を登ったところにあるホーエ・エルベという村（実在）がそれである。大河エルベの源流に近く、そしてとても古くからあるというこの集落の住人は、「背の小さな人びと」であり、「お金をまったく持たず」、山に来る商人とのあいだで、チーズ、毛皮、家畜その他のものと平地の商品とを「物々交換」しながら暮らしている。とはいえ、あえてこの村に近づく商人は少ない。

ある時ここに平地の商人が入っていくのだが、その前に現われたのは、ホーエ・エルベの村人、つまり「背の小さな鉱夫」に変身したリューベツァールであった。鉱山資源の見張りをしている、典型的な山の小びとの姿である。商人は鉱夫姿の妖怪からいくつもの「羊乳チーズ」を受け取って麓に帰るのだが、いつしかそれは石ころと粗砂の詰ったいくつもの小箱に変わっていた。怒り心頭の商人はそれを捨て去るが、彼の娘がそれを拾ってきて家で開けてみる。すると中には手のひら一杯の純金が入っていたという。

平地の取引とは別の原理によって動く村との取引で、そこから得た商品が玉虫色に姿を変える。異界と日常との狭間を揺らめく、先の第三巻三九話と類似の性格を持っている。これは異界との取引として、日常の市にとり実に大きな魅力となりうるものだった。ちなみにこの物語の全体は、伝聞の助動詞 sollen と間接話法の語りが一貫している。つまり言語表現のレベルでも、事実と夢の境を漂流させられているわけである。

はたしてライプツィヒの市場の薬屋には、山霊の絵が飾られているということだった。そこへ例えば、第四巻一二話〔17〕にあるごとく、無謀にもリューベツァールの薬草園に入りこんだ「ワロン人」が、「炭のように黒くなって、突如として死んだ」というような説話が加われば、医薬品のアウラはいや増しに高まる。

ライプツィヒの市壁の内部で、同じく異国の商品のアウラを高める物語として機能したと想像される、第二巻二八話〔52〕がある。これは薬草採りたちの成功譚としても典型的なものである。

シレジアの町ヒルシュベルクの人がプレトーリウスに伝えたというこの話では、一人の乞食が思いがけず妖怪に遭遇し、わずかなパンを求めたところ、パンはあいにく持ち合わせがないので、とリューベツァールは言って、大きな根を数本取り出すのだった。これを食べよ、そして余った分は保管して適宜利用せよ、という指図どおりに行動した乞食は、やがて空腹を満たしただけでなく、後にこの山の根を売って大きな財産を手にする。

「シレジアの大学生」から聞いたという第四巻二一話〔55〕では、やはり同様に「貧しい」女性――その学生の妻だという――が、リューベツァールの山で薬草採りをしており、そこへ山霊が百姓の姿で近づいてくる。女は「貧乏なせいで」、こんな山中まで一人で登ってきて薬根を探している、そしてそれを「薬局で売る」のだと告白する。するとリューベツァールは、女をとある「穴ぐら」が地面に開いている場所に連れて行った。そこには「ドゥカーテン金貨ばかりがたっぷりと」積みあげられていた。こうなれば存分にお金を持ち帰ることもできただろうが、しかし「恐れ」のあまり、女はたいした収穫もなしに逃げ帰った。(73)

植物と黄金・金銭とが、民話的想像力のなかで一つに溶け合う。第二巻九五話〔65〕においては、「薬草・香辛料を入れる小箱」(eine Kräuter oder Gewürzschachtel)の中に、すでに「ドゥカーテン金貨」が詰めこまれている。これはもともと、リーゼンゲビルゲの山中を行く貧乏な遍歴学生に、商人姿で現われた山霊が手渡した一冊の書物であった。本を買うお金もなく、学業の続行にも希望をなくしていた若者は、この書物を持って北ドイツの大学町ロストックに向かい、そこでこの本が、実は金貨の詰まった薬草箱であることを知る。やがて彼はこの地で数年間学び、博士となって大成したという。

2 ― 娯楽の異界

ここで、冒頭に提示したH・P・デュルの『夢の時』が述べているシャーマン的なリューベツァール像に目を向けてみたい。

この妖怪を異界への導者として捉えるための特徴は、プレトーリウスの伝承中にありありと見出すことができる。例えば第二巻九〇話［66］では、「放浪者」の姿で現われた山霊が、同じく遍歴の身である数名の「貧しい大学生たち」に、一本の立派な「杖」を与える。山中を歩く大学生の目の前を、突如として大きく深い川がさえぎったのだが、リューベツァールに与えられた杖を用いると、いとも簡単に渡ることができた。彼らはその後、「幸福に先へと進み、巡礼の旅をやりとげる」。山中の大河は、もちろん山霊による魔法のいたずらである。

旅人・商人・盗人の守護神であるヘルメスを思わせずにはいない「杖」の持物は、十九世紀ドイツの画家M・フォン・シュヴィントが手がけた、比較的よく知られているリューベツァール像（一八五九年、ミュンヘン・シャックガレリー所蔵）にも描き込まれている。(74)

さらにこの妖魔は、空中を飛行したり、(75)凍っていない湖面をこともなげに橇で通過したり、(76)あるいは獣に、とりわけ尋常でない大きさの鹿や狼に変身したりする。(77)馬を連れた御者として登場することも含め、(78)これらはどれもシャーマンに特有のイメージでありうる。身体の解体のモチーフも、(79)この関連で忘れてはならない。

また妖怪の仕業のために、リーゼンゲビルゲを旅する男が突如として見知らぬ遠い国に来ていたり、あるいは行方不明になったりする話がある。例えば第四巻二五話〔118〕では、旅の御者に変装したリューベツァールが、シレジアのヒルシュベルクからボヘミアのプラハまで行きたいという裕福な貴人を乗せるのだが、気がつけばローマ——あの鉱山に出没する異人「イタリアびと」の神秘のイメージが、イタリアという国に付随している——に来ている。貴人は捨て置かれ、金の足りるかぎりでドイツまで郵便馬車で戻ってくるが、そこからプラハまでは乞食をしながら、徒歩でたどりついたという笑話である。[80] また第一巻一三話〔34〕では、「スペインやフランス、オランダ、アラビア、インド、ギリシアで育つ珍しい果物」や新鮮な「香辛料」、「さまざまの花や香り芳しい、すばらしい薬草」を客に提供する宿屋が、突如として奥深い山中に現われる。その主人はもちろんリューベツァールである。

リューベツァールと杖
M. v. シュヴィント画、1828 年

どこかへ導かれ、連れて行かれるのではなく、山霊が訪れたその家がまるごと、その住人も含めて行方不明になる、という例もある。第一巻七話〔87〕がそれであり、「脱穀人」に扮したリューベツァールは、百姓から労働の報いとして、「一度に持てるかぎりのものを」持って行ってよいぞと言われる。そ

こで彼は、「納屋も百姓も」すべて抱えて、どこかへと行ってしまった。

もちろんこれは、山中を旅する人びとや山に暮らす人びとのあいだに、実際に生じた遭難事故などを起源として作り出された可能性がある。しかしここで重要なのは、伝説の起源よりもむしろ、種々の伝説を生み出しそれを享受した人びとの想像力の性格である。そこにおいては、例えば異界への旅という、古代的・民話的想像力に特有のモチーフが残存している。先述の、山中の不思議な場所に人を誘導してくれるという物語と対を成す形で、伝承中に同時に散見されるのは、山中で人を道に迷わせるという物語である。(81) これもまた異界への飛翔ないし失踪の物語と関連する説話群として読むことができるかもしれない。

シャーマニズムとの関連で、C・ギンズブルグは「荒ぶる軍勢」(wildes Heer) ないし「荒ぶる狩り」(wilde Jagd) と呼ばれる民間信仰に言及している。大晦日と新年をはさむ二週間など、一年の特定の時期に出現して、夜の空や山中を駆けめぐるという死者霊の集団のイメージ。ここにおいて、民衆は霊界と日常世界の境界に立つことになる。ギンズブルグの挙げる資料によれば、この観念はプレトーリウスの時代、近世十七世紀のドイツになおも生きつづける俗信であった。(82)

リューベツァール伝承には、この「荒ぶる軍勢」を思わせるものが少なくない。第二巻七八話［1］の「リューベツァールは狩人の親方なり」では、「夜の狩人」と呼ばれるリューベツァールが、奇妙な声を立て、獣たちの呻き声とともに山中を走りまわる。騒ぐ子どもたちを静かにさせるために、親たちはこの「夜の狩人」の接近を脅しとして口にしたものだという。第四巻二話「リューベツァールは山に一匹の犬も許さぬなり」［8］では、妖怪は山で狩猟をする権利を自分以外の誰にも認めず、ある貴族が遣わした狩猟犬に気づくと、それをずたずたに切り刻んで木に吊るす。

リューベツァールの起源を、「荒ぶる軍勢」や「荒ぶる狩人」の俗信に置くことに対して否定的な見地に立つのは民俗学者L・レーリヒである。彼はヨーロッパの動物霊伝説（Wild-geistersagen）を論じた有益な一文でこの山の霊に触れ、「猪」に橇を引かせるリューベツァールの図像を示しながら、上述の第四巻二話における特徴を「獣の王」（Tierherr）、すなわち山中の動物たちの生死を総べる霊的存在として定義づける。したがってリューベツァールを「荒ぶる狩人」の俗信に由来すると説いたデ・ヴィルの説は批判の対象となり、そもそも「獣の王」であるこの妖怪は、それを獲物とする狩人とは真逆の立場に立つものであって、両者は厳密に区別されるべきだと言う。[83] レーリヒの見解では、「獣の王」の要素が流入した起源は、「自然界の巨人的存在」としてのその特徴にある。

　巨大な鹿や狼の姿を取ったリューベツァール[84]は、たしかに狩人の側ではなく、山の動物たちの頭領的存在として現われている。また巨大な山をさらに大きく覆い尽くして吹き荒れる、暴風雨そのものとしても出現する。プレトーリウスの創作ではない、真正の聞き取りであることを示す結びの言葉が付された第三巻八九話〔23〕では、山霊の名を叫び、「ケツをなめてみやがれ」との罵り言葉を口走った向う見ずな男が、「最後の審判が来たかと」思われるほどの大嵐にとつぜん襲われる。リューベツァールはこの物語で、「風の王」（Luftfürst）と表現されており、レーリヒが言うとおりの、山の自然界そのものを象徴する大いなる存在である。

猟犬を切り刻む＊

　しかしレーリヒの処理には少々問題がある。彼はプレトーリウスの第四巻のみを参照してこの類推を行なったようであり、上述の第二巻七八話は明らかにレーリヒの主張と齟齬をきたす。またレーリヒが参照している次世紀のリンドナーによる伝承集（一七三六年）には、猪に引かせた橇に乗るリューベツァールの物語があるが、また同書の別の物語には、明白に「狩人」として山霊が登場しており、一頭の猪に跨って、狩猟犬とともに森のさまざまな禽獣を追いかける。そしてこの山霊だけに許された禁猟区に貴族たちが侵入すると、彼らはにべもなく追い払われる。[85]

第二巻九三話［3］では、貧しい百姓が山中でリューベツァールに出会い、猪肉のご馳走を受ける。[86] 同七一話［5］では、指物師の職人たちが山を歩いていると、遠くで「一人の狩人」が獣を追い立てる物音がする。すると彼らのもとへ、深手を負った一頭の雄のノロジカがやってきて倒れた。職人たちはこのノロジカを手に入れ、その日の宿で解体してみると、体内から「三つの巨大な黄金の鉄砲玉」が出てきたという。[87]

狩る側にも、狩られる側にも、分け隔てなくこの山霊は現われるようだ。先述の第三巻四七話、リューベツァールが大鹿として出現する物語では、人間によって銃で撃たれる。仕留めたと信じた人間は急いで鹿の場所へ行ってみるが、そこに鹿の姿はなく、代わりに見つけたのは、鹿の姿が刻印された百枚のドゥカーテン金貨だった。先のノロジカの物語との親和性はきわめて高い。

つまりリューベツァールは、山という異界で「獣の王」としての役割を、獣の守護者としての役割を担うのみでなく、同時に逆の機能を、すなわち

山中の池の水面を
猪の橇で走りまわる＊

獣の命と肉を奪う「狩人」として、人間世界に通じる回路を形成している。
リーゼンゲビルゲという山中他界は、ギンズブルグの言い方に倣うならば、「荒ぶる狩人」によってこの世に通じる、死霊たちの世界である。この死霊たちは、民衆的な想像力において、「特に古い年と新しい年の間」の十二日間に現われ、彼岸へと人を拉し去る恐ろしい存在であると同時に、この世に命の「繁栄」を、命の再生をもたらす「両義的」な存在であった。[88] すなわちリューベツァールとは、人の命が寄せては返す、山の異界と日常との境目を行き来して、両者を隔てつつ結ぶ魂の導者なのである。ライプツィヒの大市に並んだ薬草は、三十年戦争の殺戮とペスト禍を経たドイツに生きる人びとの命への思い、健やかな生への絶望的な願いを一身に浴びる。はるか東方の聖なる山の使者がもたらした、聖なる秘薬として。
不可思議な鹿との遭遇にまつわる、聖エウスタキウスの聖人伝がある。ウォラギネの『黄金伝説』にも収められた、狩人や山番の守護聖人の物語だが、この人物を十五世紀のピサネッロが、あるいは十六世紀のクラナハやデューラーが印象的な絵にしている。トラヤヌス帝の時代、ローマ軍の最高司令官である男が、ある日のこと狩りに出る。そのとき男は一頭の鹿に出会い、「深い森のなか」へと追いかけてゆく。そして「切りたった岩の頂上」に鹿が立ったとき、その角の間に聖なる十字架を、そして主イエスの姿を見出すのだった。そこからはこんな声が聞こえてくる。「わたしは、あなたがそうと知らずにうやまっているキリストなのである」——。その日の晩に男は、家族とともに洗礼を受け、エウスタキウスという名前を名のる。そして以後数々の試練にさらされながら、異教徒の皇帝ハドリアヌスの前で殉教する。[89]
かつての山や森の内部、つまり昨今の俗化された山中とは全く次元を異にする、日常から厳しく隔絶された空間で、人がそれまでの日常を相対化する神秘的な体験をする。一頭の鹿と、ふたりきり向かい合った静寂の瞬間に、古い日常の膜が破れる。聖人伝の神秘の鹿は、男に向かって、「あなたは、自分が鹿を追いか

ピサネッロ《聖エウスタキウスの幻視》
1436-38年、ロンドン、ナショナル・ギャラリー

けているつもりなのでしょうが、じつはこの鹿によってわたしに捕えられたのです」と言ったという。男と鹿は一対の、互いに向かい合い、求め合う関係にある。

山に入った者が見る幻視としては、古代日本の『記紀』における、奈良葛城山での一言主神の顕現にも思いあたる。雄略天皇の狩りの一行[90]が山を歩いていると、自らにそっくりの、まるで鏡像のような姿が向かい側に現われ、そしてこちらが誰何するのと同じ言葉を返してきたという。丸山顕徳によれば、この説話は、中国神仙思想の影響を受けた古代日本が、奈良盆地の西に聳える「天に近い山」[91]であり、水銀鉱山もある葛城山を神仙境に見立て、この場所での神と天皇との交流を描くことによって、自らの呪力とカリスマ性の高揚を願った記録である。

葛城山はこの後、役小角、いわゆる役

行者の修行の場所となる。『日本霊異記』上巻第二十八縁には、この山中で修業をし、「五色の雲に乗って、深く広い大空の果てに飛んでゆき」、「仙人の宮殿に集まる客の仙人と一緒になり、一億年たっても変らない園（仙人界）に遊び」、「花でおおわれた庭園に休息して、心身を養う霊気を吸ったり食べたりすることを願った」、という役行者の姿がある。霊山の妙薬と人の健康との関わりが、この古代日本にも観察できる。霊的世界に通じた呪術者、仙人・シャーマン的存在として、(92)役行者は、まさにリーゼンゲビルゲの山霊と並べて考えたい人物である。やがて秘術を会得した役行者は、葛城の山の神であり、元の支配者であったはずの一言主神を「呪縛」して服従させたという。(93)

元来「大和の土着の山の神」(94)であった一言主は、農業と狩猟という自然の恵みを司る典型的な山の神だった。この点では、まさに一言主の神こそがドイツのリューベツァールの同族でありうる。そしてこの古い地方神が、後続の呪術的仏教によって支配下に置かれるという構図は、ヨーロッパにおける、既存の民間信仰に対するキリスト教の浸透のそれに似て、「自然宗教と普遍宗教との対立、後者による前者の支配と抑圧」(95)の関係を示している。

しかしこの山の新しい支配者となった役行者は、一言主の神とはまた別の点でリューベツァールと重なる性格を持つ。『日本霊異記』の役行者説話は、仏法の効験の偉大さを表現するものである。西郷信綱によれば、当時、仏法の力は何よりも「病を癒す験力」に求められた。役行者によって、葛城山は「今や農作に水を供する山の神、あるいは狩猟の神の棲家ではなく、仏道と仙道の秘術を修すべき新たな霊山」となる。そしてその霊的な功徳は、「里方の日常生活の強い否定」として山岳が思い描かれたことから生成した。(96)役行者はこの点で、東部ドイツにおける山中他界としてのリーゼンゲビルゲ、そこに棲む異人としてのリューベツァールが担った医薬・医術者的役割と重なり合う。そして日常と非日常とが組み合う一対の構図が、この古代日本の山岳にも見られることがわかる。

プレトーリウスに戻ろう。山霊は、あたかも雄略天皇の前に示現した一言主の神のごとく、山を歩く者の分身のように現われる。第二巻一一話［41］の冒頭にはこうある。

> まことにしばしば耳にすることだが、リューベツァールはどんな種類であれ、それぞれの旅びとたちの身なりのとおりにふるまい、自分を装うのだという。

ここでは、とある粉挽き職人のもとに、同じ粉挽き姿のリューベツァールが接近し、旅の道連れとなる。一緒に歩いていると、この見知らぬ男の鼻がにょきにょきと伸び始め、頭からは二本の巨大な角が生えて、「恐ろしいサテュロス」に変身したという。この山羊の妖怪はどこかへと飛び跳ねて去っていった。旅びとは「神に」、助けを請うて助かった。

キリスト教の「神」と異教神との緊張関係を感じ取ることも可能なこの話は、キリスト教という日常から見た、山の異界に対する神秘的なイメージを伝えている。自らの分身、それも自らの職業の分身に出会い、しかもその正体が恐ろしい変化を成す妖魔だというのは、身分・職業をアイデンティティの核心とした当時の人間にとって、きわめて動揺させられる出来事であっただろう(97)。日常世界における同業者間の関係は、同業組合などの厳密な規定によって保護・管理されていたがゆえにこそ、この人里離れた山中に、一対一で遭遇する分身的な同業者の姿は不気味である。

第一巻五話［76］においても、同じ社会的身分の分身として現われる。Studiosus Quasimodogenitus とラテン語で仰々しく表現される、すなわち何も知らない「うぶな大学生」が山中でリュートを弾き、ふしだらな求愛の歌をがなりたてて歩いている。そこへ同じ大学生の姿で現われたリューベツァールは、リュートを貸してくれるように言い、しばらくは心地よい音楽を奏でているのだが、一本の木のそばに来たところで、突然枝に飛びあがり、恥知らずな醜い歌をうたい始めるのだった。驚くやら、腹が立つやらの大学生は、ともかくもリュートを返してくれと頼みこむが、妖魔は樹上から楽器を地面にたたきつけて、粉々に壊してしまった。大学生は愕然とするが、しかしよく見ると楽器は無事であり、そして妖怪はどこかに消えていた。これ以後大学生は、旅の道中のふるまいをあらため、ふしだらな歌ではなく「キリスト教の歌」を口にするようになったという。

キリスト教的な日常と山の異界とが、この説話においても、分身のモチーフを通じて対峙し合っている。H・P・デュルは著書『夢の時』のなかで、山の神秘体験としてのリューベツァールに言及していた。それはデュルが言うように、アルカロイド系の薬草を、すでに薬草採りたちが口に含んだせいであったのかもしれないが(98)、しかしたとえ薬物に依らずとも、山中の過酷な労働のなかで、そうした集団的幻想が生じることはありえただろう。また、その集団的幻想が、たとえ薬草採りたちや商人たちによる、かなりに意識的な創作であり、薬草の商品的価値、薬草のアウラを高める策略であったとしても、その物語は、彼らよりさらに日常世界の側に立つ、例えばライプツィヒの都市市民・消費者たちにとっては、きわめて魅力的な商品となったはずである。プレトーリウスはその間隙を繋ぐ。

プレトーリウスの書物を受容する市民読者層は、そういう異界の幻想から次第に離脱し、啓蒙主義的十八世紀へと接近していく時代の人びとである。しかし興味深いことには、プレトーリウスはそうした古来の異界観に対して、つまり啓蒙主義的な言い方では迷信と呼ばれるものに対して、必ずしも一義的に批判的な態度をとっておらず、むしろ非常に遊戯的な関係を保っていた。

一度言及した第二巻三七話「リューベツァールはたいそうな量の陶器をたたき毀す」[83]は、この点で参考になる。そこには山霊によって、貴重な商品をすべて破壊されてしまう陶工の妻がいた。山の季節は「春の始まり」であり、このとき彼女は、「こうのとりが初めてカタカタと鳴くのを聞いた」。

そのとき女は、古い迷信によって(nach dem alten Aberglauben)こう言いだした。「あれ、まあ、それじゃあ今年はたっぷりと器を作りましょうねえ」

リューベツァールが女の前に現われるのは、この言葉を耳にしてすぐのことである。お前の家では、今年の分の陶器はすでに作った、それでも新たに作りたいというのなら、これをみな壊してやろう。そう言って妖怪は彼女の荷物を滅茶苦茶に破壊する。女は絶望し、泣き喚きながらその場を去った。ところがその後しばらくして、車から地面を見下ろすと、黄金の詰まった布袋が落ちている。つまり山で女は、あの器を市場で売るよりもずっと多くの利益を得たのである。リューベツァールのいたずらと恵みを伝える典型的な話である。

ふと口にした罵り言葉が、そっくりそのまま現実化してしまう、というのは民話の一つの定型でもあるが、重要だと思われるのは、「古い迷信」と言われるものが山霊の介入を通じて、その有効性を更新させられていることである。[99]こうのとりは「春の使者」とされ、この鳥が家の屋根に巣作りをしたり、あるいは春に最初の鳴き声を耳にしたりすることは、ドイツの俗信では、多産と富の到来を告げる吉兆として好まれた。なかでも、春からの新しい年を占う次のような言い伝えは、この説話との関連で興味深い。

一人の娘が、こうのとりが飛んでいるのを見れば、その娘は働き者になり、カタカタと鳴くのを聞けば、たくさんの器を割ることになり、じっとしているのを見るなら、怠け者になる。[100]

これは少なくともライプツィヒを含む、ドイツ北中部の俗信として確認されていることのようである。こうのとりという、この地域にはきわめてなじみ深い動物についての俗信であり、東に接するシレジア、ボヘミアのドイツ語圏にも同様の観念が存在したと想像することは許されると思うが、ともかくも問題の物語では、リューベツァールの手を通じて、あたかもこの迷信をなぞるかのように、確かに陶器が粉々にされる。そして吉兆の鳥らしく、最後に大きな富をもたらす。

「迷信」に従って動く女を、妖怪はここで始めにからかい、そして最後に恵みを与えた。いわばリューベツァールは迷信と戯れ、そしてその有効性を再確認、更新している。迷信というものを、日常に介入する魔術的力と解するならば、異界の住人としてそれは自然な役割であろう。こうのとりが、とりわけ新しい命の誕生を告げる鳥として想像されたことを思えば、器が割れるという事柄にも、損害の意味よりは、むしろ命の再生、物の再生産を促す積極的な意味がそこに含まれているかもしれない。[101]民話的思考において、家の子孫繁栄と富の増大は、家そのものの繁栄の徴として、しばしば同じカテゴリーに属する。

リューベツァールが守護する迷信と魔術の世界。山中の遭遇は、富や秘薬の形をとって平地の民に恵みをもたらすだろう。こうした迷信、俗信の世界をプレトーリウスの読者たちは、もしひどく健康を蝕まれ、リューベツァールの薬草の効験を得たいと切望しているのでないとすれば、続いてもう一つの、すなわち「好奇心」というスタンスから鑑賞、享受することになる。

この点を考えるために、先述した第一巻七話［87］を取り上げてみたい。これはリューベツァールの仕業によって、屋敷もろとも、百姓がどこかへと失踪してしまう話であった。人を日常の境界の彼方へ、魔界へと連れ出す、シャーマンとしての山霊への畏怖を伝える話である。この話の後半部分には、語り手プレトーリウスによる、次のようなコメントが付されている。

というのも、わたしはただこのとおりに聞いたのであり、信頼できるいくつかの筋の方々からも、これ以上に詳しい話は聞くことができなかったのである。それゆえまた、良心に則る分析家《アナリスタ》ないしは歴史家《ヒストリクス》である[102]わたしは、この話をまことしやかな作り話に、だらだらと引き延ばそうとも思わなかった。ただしもちろん、好奇心溢れる御方（ein kurioser Mensch）なら、ここで立ちどまってこう問うてみることもできるだろうけれども。つまりこの話は、いったいこの後どうなったのか、と。リューベツァールはウソ偽りなく、まさしく納屋とともにどこかへ走り去ったのかどうか、そしてリューベツァールはどこへ行ったのか。もしかしてリューベツァールは自分の棲み家であるシュネーコッペ山に登って、あの物語に出てきた百姓の麦を荷降ろしさせ、広げているのではないかと。

この語りは、読者の「好奇心」を刺激こそすれ、それを日常道徳的・宗教的・科学的観点から否定したり抑制したりするものでは毛頭ない。近世ドイツの商都ライプツィヒに、一躍名を成した娯楽作家として、彼は読者の求めたものを実によく心得ている。

プレトーリウスの伝承集には、この説話のほかにも「好奇心」に関わる表現が点在しており、登場人物の好奇心、つまり物好きな性格が物語を前に進める重要な動因になっていたり、あるいは先の引用のように、語り手が読み手の「好奇心」に直接うったえかける[103]。

後の近代における伝承研究のなかで、このプレトーリウスの伝承集をはじめとする近世の数多の物語集が、「奇譚集」（*Kuriositäten*literatur）という呼び名で総称されていることを思い起こしたい。直訳するならば、それはすなわち「好奇心をそそるものごとの本」である。近世は、アウグスティヌス以来のキリスト教的世界観のなかで厳しく断罪されてきた「好奇心」（curiositas）[104]の価値を肯定的なものへと転回させ、それによって現世への視界を少しずつ変質させていった時代である。

プレトーリウスの伝承集は、そのヨーロッパ的変容の跡を伝える重要な史料であった。安定を求め、良くも悪くも凝り固まりがちな日常の世界を、近世の好奇心は、例えばリューベツァールという異人を通じてときに破壊し、ときに瑞々しさを与えて再生させる。商都に集まる流浪の民たちの集団幻想と、そして必ずやそれを大いなる養分として育まれたはずのプレトーリウス自身による創作／幻想は、四巻のリューベツァール伝承集の形をとって、近世の読書市民たちの日常という機構を軋みなく動かす潤滑油となった。日常の活性化のためには、非日常との接触面を意識化し、それによって日常のシステムの細部と全体の回路を再確認することが必要である。それは確かに、娯楽というものが担うひとつの貴い機能のはずであった。

六　山中他界の今

ボヘミアの北東部、リーゼンゲビルゲ山脈にほど近いところにトルトノフ、ドイツ語名でトラウテナウという町がある。ウーパ（アウパ）河畔の谷沿いの町で、十九世紀には織物業で栄えた。かつてはチェコ人を抑えて、ドイツ系の人びとが多数派を成す町だったが、ともかくも共存を果たしてきた。

一九一八年、T・マサリクの指導下にチェコスロヴァキア共和国が誕生して以後、そこからナチス・ドイツの侵攻へと至る時代は互いの民族主義が高まりを見せ、この町でも民族間の対立が強まった。そして大戦中、ナチスの支配下では多くのチェコ人が町を去ることになり、またドイツが敗色濃厚となった大戦終結の直前からは、逆に大量のドイツ人たちが町を後にしていった。あえてこの地に残った約九十世帯のドイツ人家族は、チェコ人たちから厳しい報復を受ける。

共産主義国家としてスタートした戦後、一九六八年には「プラハの春」の動乱が起こるが、改革を求める民衆が鎮圧されて後は、この町にもソビエト軍が駐留した。市役所の前には、第二次世界大戦におけるナチス・ドイツ支配からの解放をなおも記念して、往時のソビエトの戦車が置かれたという。

この共産党支配の体制が、一九八九年のいわゆるビロード革命で終わりを告げる。そのとき町の古く美しい中央広場は、大戦後に付けられていたクレメント・ゴットヴァルト広場という名前を取り払われ、昔ながらの名前に戻されることになった。このゴットヴァルトというのは、チェコスロヴァキア共産党の戦後最初の指導者で、首相、大統領を歴任した人物であった。一九八九年秋、プラハでの大規模デモを受けてトルトノフの町でも決行された最初のデモは、まさにこの古い広場を舞台とした。そしてついに、大戦後のソビエト的な名称から解放される。

東ドイツやポーランドでの革命とは異なり、「勝者と敗者、昨日の権力者と今日の主人とが、すばやく妥協し合った」[105]この国では、革命の成果が遅々として浸透せず、真に民主主義的な社会の形成の見通しは五里霧中の状況である。ボヘミアの地方都市トルトノフを一例に、そうチェコ人たちの悩ましい現状を伝えたのは、ドイツの週刊時事雑誌『シュピーゲル』における、ビロード革命翌年春の記事である。

この記事をもう少したどってみよう。ナチス・ドイツが侵攻してくる以前のこと、このファシズム国家との対立を深めるプラハの政府は、一九三五年から二年をかけて、リューベツァールの棲み家であるリーゼンゲビルゲの尾根筋に、大規模な要塞線を建設したという。それは無数に散らばる地下壕から成っていた。戦後、今度はそれを共産党政権が再利用するのだが、それは劇薬、毒物の最終廃棄場所としてであった。ビロード革命後の調査で、山中の各所の土壌が砒酸カルシウム、カドミウム、ダイオキシン、電気絶縁油などに汚染されていることが判明する。砒酸カルシウムは、じゃがいもの病害虫の駆除のために、旧ソビエトから一九五〇年に贈られた品物だった。市民たちは愕然とするほかなかった。

リューベツァールの薬草園は、外部から持ち込まれた毒物によって、俗世の汚濁をもろに浴びることになったわけである。しかし異界の山への恐怖は、皮肉にもそれによってさらに強化されたとも言えようか。ところでビロード革命の頃、このトルトノフの町で反体制運動の蜂起の場所となったあの中央広場は、昔ながらの名前に戻されたのだった。古くから親しまれていたというその名前、そして町の未来の希望を託されたとも言える新しい名前は、ほかでもない「リューベツァール広場」であった。

リーゼンゲビルゲを望む谷あいの町で、リューベツァールは、こうして市民たちの集いの場所に、あらためてその名を残しつづけることになった。山の精は、リーゼンゲビルゲの高みから、この人間たちの所業をどんな思いで見つめているのだろう。少なくとも近世ドイツにおいて、この山はひとつの恵みの楽園として存在していたように思われる。商都ライプツィヒに運ばれる貴い薬草の数々は、楽園のアウラによってこそ効能を発しうるものであった。

山中、山岳を舞台とした泉鏡花の一連の小説を、「山中ユートピア」の観点から論じた川村湊の小文がある。鏡花の小説世界の基底には、北陸の霊峰白山をめぐる山中他界のフォークロア、民俗的信仰が横たわっている。その上で、泉鏡花という近代小説家の意義は、そうしたフォークロアの語り手ということではなく、あくまでも時代と社会の共同の幻想を、その個的な、きわめて〝私〟的な夢幻の中に反照させてみたというところにあるのだ[106]。

これを逆に言えば、「個人のもっとも深奥にある幻想を突き詰めてゆけば、それがそのまま時代や民俗の共同の幻想として拡散化してゆく回路のあることを原型的に示してみせた、稀有な近代小説[107]」、それが鏡花の作品であったということになる。川村は鏡花を出発点に、中里介山『大菩薩峠』その他の、日本文学における「山中ユートピア」小説の系譜をたどる。そして現実に対する反世界の想像が、多く「山中」のイメージをとる事実に、日本文学の「一種の定型的な思考回路」を見る一方、それが同時にしばしば、連合赤軍による山中のアジトのごとき、母胎回帰願望と退行性を露わにすることはないかと問いかけている。

プレトーリウスのテクストに、鏡花のような近代的個人の想像力の跡を見ようとすれば、それはもちろん時代錯誤になる。ハルツのブロッケン山における悪魔と魔女の狂乱、『ファウスト』におけるヴァルプルギスの夜の描写のために、プレトーリウスの書物を参照、引用した近代人ゲーテについてならば、そのような山の表象についての思索も可能になるだろうけれども。

十七世紀のドイツ、商都ライプツィヒに身を置く大学人としてプレトーリウスが成し遂げたものは、同時代の市民の想像力と欲望、日々の願いに自己を重ね合わせ、そのカタルシスのために山霊の伝承を首尾よく利用することであった。大市に集まってきた商人、遍歴の民たちへの聞き取りに依らない、つまり彼自身の創作とされる物語群も、その意味では無下に考察の視野から外すべきではないと思われる。プレトーリウスは、読み手の求めるものを敏感に感じ取り、それを手際よく表現しただけのことなのだから。そして彼自身も一面においては、この商都を構成するれっきとした一市民であった。ただしあくまでも、外部から来た知識人層の人間として、ライプツィヒ共同体の周縁部、境界とその外に広がる世界を常に意識しながら。

プレトーリウスの作品群を、これもまたきわめて近代的な人物である柳田國男の作品に倣って、近世ライプツィヒの『遠野物語』などと呼ぶとしたら、それぞれの歴史性を曖昧にすることになるだろう。しかしプレトーリウスの卓越した筆さばきと彼の行動力は、多くのフォークロアを保存し、再生させることに成功した。再生とはつまり、その都度の時代の歴史的現実に、その物語が深く関与してゆくことである。それがたとえ、革命後の将来を託された、町の広場の名前一つであろうとも。

民話の本質が、そのように一時代を超えてくりかえし語られ、またときに語り変えられることにあるとすれば、プレトーリウスのリューベツァール物語は、まさにその本流を行っている。プレトーリウス以前の、例えばシュヴェンクフェルトその他の古伝承が彼の中に入りこみ、そして今度は、彼の四つの伝承集を起点にして、後の時代に、山の神伝承の大河が生み出されていった。十八世紀から二十世紀までのその歴史は、すでに概観したとおりである。

ドイツの山の異界、リーゼンゲビルゲという東方の深山は、共産主義国家時代の汚染物質の除去の後、いかなる想像力の素材となるのだろうか。そしてこれからリューベツァールは、いかなる外部から、二十一世紀の日常へと斬りこんでくるのだろうか。

註

（1）泉鏡花『薬草取』、初出一九〇三年、種村季弘編『泉鏡花集成4』、ちくま文庫、一九九五年、一二頁。

（2）Ferdinand van Ingen: Das Geschäft mit dem schlesischen Berggeist. Die Rübezahl-Schriften des M. Johannes Praetorius. In: Daß eine Nation die ander verstehen möge. Festschrift für Marian Szyrocki. Amsterdam 1988. S. 361-380.

（3）Henning Eichberg: Rübezahl. Historischer Gestaltwandel und schamanische Aktualität. In: Jahrbuch der Schlesischen Friedrich-Wilhelms Universität zu Breslau 1991 (32), S.153-178.

（4）Wolfgang Neuber: Rübezahls Wanderungen. Die narrative Migration des Luftgeistes und die Leipziger Fassung durch Johannes Praetorius. In: Mirosława Czarnecka und Wolfgang Neuber (Hg.): Wrocław-Berlin. Germanistischer Brückenschlag im deutsch-polnischen Dialog II. Kongress der Breslauer Germanistik. Bd.2. Literaturgeschichte: 17. Jahrhundert. Dresden 2006. S.76-83. Vgl. auch ders.: Die Theologie der Geister in der Frühen Neuzeit. In: Moritz Baßler u.a. (Hg.): Gespenster: Erscheinungen – Medien – Theorien. Würzburg 2005. S.25-37.

（5）修士（magister）は、博士（doctor）より低い学位を意味するのではなく、元来は双方とも最高学位の名称だったらしい。すなわち前者はパリ大学に象徴される神学と自由学芸に、後者はボローニャ大学に始まる法学に適用される別領域の学位名・教授資格だった。吉見俊哉『大学とは何か』、岩波新書、二〇一一年、三一頁を参照。

（6）ハンス・ペーター・デュル『夢の時』（岡部仁ほか訳）、法政大学出版局、一九九三年、二三九―二四〇頁。

（7）デュルとアイヒベルクの立論の基礎に、C・ギンズブルグの『ベナンダンティ』（一九六六年）や『闇の歴史』（一九八九年）に展開されたヨーロッパ民衆文化論があることは言うまでもない。

（8）Eichberg, S.167.

（9）Ibid., S.155f.

（10）谷澤毅「ライプツィヒの通商網　ドイツ・中央における内陸商業の展開」、深沢克己編著『近代ヨーロッパの探求9　国際商業』、ミネルヴァ書房、二〇〇二年、二一―四九頁所収、二六頁。この項では以下の文献も参照した。谷澤毅「商都ライプツィヒの興隆と大市　商業史的概観」、『長崎県立大学論集』第三三巻第四号、二〇〇〇年、一―二五頁所収。魚住昌良『ドイツ　古都と古城と聖堂』、山川出版社、二〇〇二年、Lutz Heydick: Leipzig. Historischer Führer zu Stadt und Land. Leipzig 1990. S.23 und 29ff..

（11）谷澤「ライプツィヒの通商網」、三〇頁。

（12）ジョージ・B・ストーファー「ライプツィヒ　世界人の貿易センター」加藤博子訳、ジョージ・J・ビューロー編『西洋の音楽と社会5　ドイツ音楽の興隆』、音楽之友社、一九九六年、七四―一一六頁所収、七六―七七頁。

（13）三十年戦争時のライプツィヒ市民の状況については、以下の文献に簡明な叙述がある。Wolfgang Michel: Casper Schambergers Kindheit und Jugend. 九州大学『独仏文學研究』四五号、一九九五年、一一一―一二三頁所収。

（14）コルネリウス・ウォルフォード『市の社会史』中村勝訳、そしえて、一九八七年、一八、三二頁。

（15）谷澤毅「中世後期・近世初頭におけるハンブルクの商業発展

と大陸内商業」、『長崎県立大学論集』第三九巻第四号、二〇〇六年、一九三―二二四頁所収、二二二頁。

(16) ストーファー、八〇頁。

(17) Klaus Vondung: Apokalypse in Deutschland. München 1988. S.121.

(18) Nach: Helmut Waibler: M. Johannes Praetorius, P.L.C. Bio-bibliographische Studien zu einem Kompilator curieuser Materien im 17. Jahrhundert. Frankfurt a.M. / Bern / Las Vegas 1979. S.65.

(19) Karl de Wyl: Rübezahl-Forschungen. Die Schriften des M. Johannes Prätorius. Breslau 1909. S.10.

(20) Adolf Moepert: Die Anfänge der Rübezahlsage. Studien zum Wesen und Werden des schlesischen Berggeistes. Leipzig 1928. S.92.

(21) アラン・ダンデス『鳥屋の梯子と人生はそも短くて糞まみれ――ドイツ民衆文化再考』新井皓士訳、平凡社、一九八八年、六九頁。

(22) シレジア方言で、有能な民間医術者を意味する。Vgl. Moepert, S.87. このメーパート(Moepert)の古い文献は、資料の徹底した言語学的・言語史的検証に基づく有益なものであり、冒頭、研究史の概観で触れたアイヒベルクもこれに依拠するところが大きい。

(23) Moepert, S.93f.

(24) Leander Petzoldt: Kleines Lexikon der Dämonen und Elementargeister. München 2003. S.172f.

(25) ここには、リューベツァールの起源をめぐる議論において一つの主流をなす、天候・自然現象を司る魔神としての性格が認められる。

(26) Gerhard Heilfurth unter Mitarbeit von Ina-Maria Greverus: Bergbau und Bergmann in der deutschsprachigen Sagenüberlieferung Mitteleuropas. Bd.I- Quellen. Marburg 1967. S.850-852. (Nr.998)

(27) Vgl. Der Alraun. In: Deutsche Sagen. Hg. v. den Brüdern Grimm. Ausgabe auf der Grundlage der ersten Auflage. Ediert und kommentiert von Heinz Rölleke. Frankfurt a. M. 1994. S.135f. グリム『ドイツ伝説集』所収のこの説話「アルラウネ」は、プレトーリウスの別の著作を原資料の一つとしている。グリムによる原資料の付記を細緻に検証した以下の有用な文献も参照のこと。Brüder Grimm: Deutsche Sagen. Hg. v. Hans-Jörg Uther. München 1993. Bd.1. S.299.

(28) Moepert, S.91

(29) De Wyl, S.25f.

(30) テリアク(Theriak)は、ガレノスにも言及される古来の解毒剤であり、ペストにも効く一種の万能薬として尊重された。数種の薬草根を含め、複雑な調合過程を経て作られた。一八世紀のツェードラー百科事典には、この薬物の調合法と無数の派生種についての実に詳細な記述があるが、この出版業者ツェードラーは、シレジアの都ブレスラウに生まれ、近世ライプツィヒの一市民として生きた人物であることを想起しておきたい。Vgl. Theriak. In: Johann Heinrich Zedlers Großes vollständiges Universal-Lexikon aller Wissenschaften und Künste. Bd.43. Leipzig und Halle 1741. Sp.1218-1219.

(31) Konrad Zacher: Rübezahl-Annalen bis Ende des 17. Jahrhunderts. Breslau 1906. S.89f. und 101. Vgl. auch Ingrid Vettin-Zahn: Rübezahl. Gedichte und Lieder. Husum 2004. S.90

(32) De Wyl, S.39.

(33) 植物名の邦訳は近似値的なものにすぎない。最後のHindleufte については、以下の近世ドイツ語辞典に言及の見える古語的な言葉である。「雌鹿の足もと」というほどの意味であり、森の小径に自生するWegwart(きくにがな/チコリー)の近接種であるという。Vgl. Alfred Götze: Frühneuhochdeutsches Glossar. 7. Auf. Berlin 1967. S.122.

(34)『占い杖』にあるこの箇所は、一九二〇年に刊行された、以下のインゼル社版リューベツァール伝承集に、巻頭の序文的なものとして置かれている。Johannes Praetorius: Bekannte und unbekannte Historien von Rübezahl. Unveränderter Nachdruck der Ausgabe Leipzig 1920. Frankfurt a.M. 1966. S.5. Vgl. auch de Wyl, S.34.

(35) Vgl. Erle Bach: Das ganze Riesengebirge. Rübezahls böhmisch-schlesisches Reich. Würzburg 1998. S.34-37; Frank Schüttig: Das Riesengebirge entdecken. Berlin 2005. S.98.

(36) Albrecht Baehr: Rübezahl im Wandel der Zeiten. Würzburg 1986. S.15.

(37) Bach, S.36. Vgl. auch Heilfurth, S.119f. und 968. パラケルススの著作集にも、また後に触れる鉱山学の大家G・アグリコラの著書にも、山の宝物を見張り、人間に渡そうとしない妖魔の記述がある。

(38) De Wyl, S.24.

(39) Zacher, S.82-84. Vgl. auch Heilfurth, S.963-968. (Nr.1210)

(40) Schüttig, S.71.

(41) Moepert, S.75f.

(42) Ibid., S.84.

(43) ただしこれはヨハネの福音書五章三―四節に出てくる。

(44) Moepert, S.51f.

(45) Ibid., S.74.

(46) Ibid., S.95

(47) Georg Simmel: Exkurs über den Fremden. In: ders.: Soziologie. Untersuchungen über die Formen der Vergesellschaftung. Gesamtausgabe. Hg. v. Otthein Rammstedt. Bd.11. Frankfurt a.M. 1992. S.764-771.「よそものの社会学」の表題のもと、丘澤静也による邦訳もある。『現代思想』、一九七六年四月号、青土社、一〇四―一〇九頁所収。

(48) 赤坂憲雄『異人論序説』、ちくま学芸文庫、一九九二年、八〇、八四頁。

(49) 小松和彦「異人論「異人」から「他者」へ」、『岩波講座現代社会学』第三巻、他者・関係・コミュニケーション、岩波書店、一九九五年、一七五―二〇〇頁所収、一九一―一九二頁。

(50) 小松和彦『異人論 民族社会の心性』、ちくま学芸文庫、一九九五年、一五頁。

(51) 山口昌男『文化と両義性』、岩波現代文庫、二〇〇〇年、一八九頁。

(52) 山口昌男『道化の民俗学』、岩波現代文庫、二〇〇七年、六〇―六二頁。続く引用も同じ。

(53) ミハイール・バフチーン『フランソワ・ラブレーの作品と中世・ルネッサンスの民衆文化』川端香男里訳、せりか書房、一九七三年、一三五―一四〇頁、一六三―一六四頁などを参照。

(54) ストーファー、八五頁

(55) 山口『道化の民俗学』、九五頁。

(56) 山形孝夫『レバノンの白い山 古代地中海の神々』、未来社、二〇〇一年、一八六―一八七頁。

(57) 田中純『アビ・ヴァールブルク 記憶の迷宮』、青土社、二〇〇一年、四四、六〇頁。ちなみにこの好著は、ルネサンス・宗教改革期のみに関する研究ではなく、キリスト教的ヨーロッパ文化が「古代の文化という常数」といかに密接に関わって展開してきたかを、ヴァールブルクという一ユダヤ人知識人の問題意識のもとに描き出したものである。二六三頁、二七〇頁を参照。

(58) 赤坂、六八頁。ただし西郷信綱はこの説に反対であり、ミチ（道）、チマタ（衢）のチに関わるものと主張する。西郷信綱『古代の声 うた・踊り・市・ことば・神話』、朝日出版社、一九九五年、八一九頁。

(59) Friedrich Kluge: Etymologisches Wörterbuch der deutschen Sprache. Bearb. von Elmar Seebold. 23., erweiterte Auflage. Berlin/New York 1995. S. 554.

(60) ウォルフォード、一五一一六頁。

(61) 赤坂、七一頁。

(62) 小松和彦『妖怪文化入門』、せりか書房、二〇〇六年、二九八頁。

(63) 広末保「遊行的なるもの」、同『悪場所の発想 伝承の創造的回復』、三省堂、一九七〇年、二四九—三〇一頁所収、二八一頁。

(64) Heydick, S. 34.

(65) バフチーン、一六四頁。

(66) De Wyl, S. 11-18に一覧がある。

(67) 第四巻一四話［32］には、知己関係にあるザクセンとシレジアの商人たちが登場する。ザクセンから旅をしてきた商人たちとその息子は、シレジアで知人たちと落ち合って共に山へ登ってゆく。どの商人家族も息子をライプツィヒの大学で学ばせるという。遠隔地における商人たちの交流が垣間見える。

(68) 商人の留守中における妻の浮気を素材にした物語も複数ある。自宅を離れざるをえない、つらい仕事の反映であろうか、それとも現実とは一線を劃した、近世の民衆的ミソジニー（女性嫌悪・蔑視）の表現であろうか。第一巻一〇話［122］、第三巻一八話［43］を参照。

(69) 以下、インゼル版リューベツァール伝承集（註34参照）の物語番号を［ ］に入れて記す（註67以下も同様）。これはプレトーリウスの全四巻の書物にある伝承の半数強をおさめ、現在では最も参照しやすい伝承文献の一つである。なおこの物語集は一定の主題ごとに各説話をまとめて配置している。

(70) 第一巻五話［76］、第二巻六話［61］、第四巻三二話［33］を参照。

(71) 山口『文化と両義性』、一四頁。

(72) そして同時に職業上の美徳・道徳も付加されることがある。例えば第二巻七話［97］では、「まっとうな人間を騙してはいけない」こと、また第二巻六話［61］、第二巻四四話［62］では、「我慢強く」あることの重要さが示される。

(73) 「恐縮」の箇所は、女の「愚かさのせいで」とも読める。第三巻六七話［60］は、薬草が富へと変貌する基本形に、当時のミソジニー趣味が混入した奇妙な例となっている。すなわち「善良で誠実な夫」が横柄で支配欲の強い妻のことで悩み、リューベツァールのもとへ相談に行く。すると山霊は夫に「妻の根」なるものを手渡し、これで妻を折檻せよと言う。この細長い物体で打たれた妻は痛みに苦しむが、一振りごとにドゥカーテン金貨が自分の目の前にこぼれ出ることに気づき、そのお金欲しさに、服従を拒んで耐えつづける。しかし最後には「痛みのあまり」死んでしまい、妻から解放された夫のもとには、大金が残される。プレトーリウスと当時のミソジニーについては、拙論「愉しい迷信 J・プレトーリウスと近世ドイツ奇譚集の効用」、青地伯水編『啓蒙と反動』、春風社、二〇一三年、一五一—四五頁所収を参照されたい。

(74) Vgl. Eichberg, S. 165. 同じロマン派・ビーダーマイアーの精神から描かれたリーゼンゲビルゲの風景画として、C・D・フリードリヒの『リーゼンゲビルゲの朝』（一八一〇—一一年）、リヒターによる『リーゼンゲビルゲの小湖』（一八三九年）も興味深い。藤縄千艸編『ドイツロマン派画集』、国書刊行会、一九八五年、一一、一二二頁を参照。なおリヒターにもリューベツァールの有名な絵がある（本書二八六頁参照）。Vgl. Baehr, S.30.

(75) 第二巻一二話［113］、第三巻四八話［115］、第四巻二六話［116］などがある。さらに第二巻一四話［123］では、リューベツァールが煙突掃除夫に変身して屋根に上がり、家の主人の恥部を大声でわめき散らした後、どこかへ飛び去ってゆく。煙突は、家という一つの閉じたミクロコスモス・日常を、天空というマクロコスモス・異界と結ぶ境界領域である。

(76) 第二巻五話［12］。

(77) 第二巻四〇話［7］、第三巻四七話［6］。

(78) 第四巻二五話［118］、第三巻四話［16］。

(79) 第一巻九話［100］、第二巻一七話［86］。

(80) 第四巻二〇話［121］における、三十年戦争の荒廃期に突如として山中に現われた「豪勢な宮殿」、第三巻九話［15］の「土の王」が住む地底の国、あるいは第三巻四話［16］の「水の王」が住む地底湖の国などもこの関連にある。最後の例では、水の王との戦いを終えるまで、池の畔で馬の番をした若者が、リューベツァールから馬糞／黄金の贈り物を受け取る。

(81) 第二巻二話［120］、第三巻一五話［129］、第三巻四〇・四一話［119・127］。

(82) カルロ・ギンズブルグ『闇の歴史　サバトの解読』竹山博英訳、せりか書房、一九九二年、二九六頁。ルター派牧師P・C・ヒルシャーの学術的論考（一六八八年）を引証している。

(83) しかしレーリヒが脚注で指示する de Wyl の前掲著からは、管見のかぎり、そのような主張は発見できなかった。Lutz Röhrich: Europäische Wildgeistersagen. In: ders.: Sage und Märchen. Erzählforschung heute. Freiburg i.B. 1976. S.142-195 und 313-321. Hier S.157f. und 316.

(84) 第二巻四〇話［7］、第三巻四七話［6］。

(85) インゼル版のリューベツァール伝承集には、編著者が後書きで書いているように、プレトーリウスによるものだけでなく、リンドナーの伝承集から六点が取り込まれている。ここで参照したものはインゼル版における第二話である。Vgl. Praetorius, S.7f. und 130. なおレーリヒの叙述には、第三巻と第四巻との混同や、プレトーリウスとその後のリンドナーによる文献との混同も見られる。Röhrich, S.156.

(86) 第四巻三話［4］にも「狩人の親方」姿の山霊があり、冬の季節にもかかわらず狩りに出る不思議な存在として描かれる。ここで人は狩猟ではなく、夏の間に刈っておいた乾草を麓に持ち帰る作業をしていたので、リューベツァールの怒りを買うことなく無事に下山する。

(87) 短いこの話には、「これでおしまい」という、例の真正の聞き取りであることを示す文句が結びにある。

(88) ギンズブルグ、三〇〇―三〇二頁を参照。

(89) ヤコブス・デ・ウォラギネ『黄金伝説 4』（前田敬作ほか訳）、人文書院、一九八七年、一四七―一五九頁。Vgl. auch Rosa Giorgi: Die Heiligen Geschichte und Legende. Aus dem Italienischen von Suzanne Fischer & Dr. Karl Pichler. Berlin 2003. S.103-105.

(90) 狩りの山行きであるという文字どおりの記述は『日本書紀』のみにあって、『古事記』にはない。この細部に関する説話学的考察として、丸山顕徳「『記紀』一言主神と神仙譚　説話と儀礼」、『花園大学研究紀要』二五号、一九九三年、六九―九三頁所収、七六―七七、九一頁を参照。

(91) ちなみに古代における「葛城山」の名称は、現在の葛城山と金剛山の両方を含む意味で用いられたという。丸山、八〇、九一頁。

(92) 赤坂、二一一―二一二頁。

(93)『日本霊異記』小泉道校注、『新潮日本古典集成』六七、新潮社、一九九四年、八二—八五頁。
(94) 西郷信綱「役行者考」、同『神話と国家　古代論集』、平凡社、一九七七年、七—六二頁所収、二〇頁。
(95) 西郷、二五頁。
(96) 西郷、三二、四六—四八頁。
(97) しかしこの近世説話の分析では、この分身による攪乱を、近代的な個人、近代的な自我の動揺の問題としては捉えずにおく。
(98) デュル、五四一頁。
(99) プレトーリウスの著作と近世ドイツにおける俗信・迷信の諸相については、拙論「愉しい迷信　J・プレトーリウスと近世ドイツ奇譚集の効用」を参照されたい。
(100) Artikel »Storch«. In: Handwöterbuch des deutschen Aberglaubens. Hg. von Hanns Bächtold-Stäubli unter Mitwirkung von Eduard Hoffmann-Krayer. Mit einem neuen Vorwort von Christoph Daxelmüller. Unveränderter photomechanischer Nachdruck. Berlin/New York 2000.（以下 HdA と略記）Bd. 8, Sp. 498-507. Hier Sp. 503.
(101) さまざまな事例を見るかぎり、器を割ることには、吉兆と不吉の知らせとの両義性が見られる。日常（日常を形作る道具）への非日常の介入（日常の破壊）の出来事として、それはある意味で自然なことかもしれない。幸せな結婚生活を祈って、婚礼の場で、新郎新婦が後ろ向きにグラスを投げて割る、あるいは客人たちも多くの器やグラスを割るという慣習はよく知られている。
(102) 二つの言葉はともにラテン語で、学術性を気取っている。Vgl. HdA 3, Sp. 724f. (Artikel »Geschirr«) und Sp. 853-856 (»Glas«).
(103) 第二巻七九話［20］、第三巻三話［21］、第二巻六七話［30］、第四巻一六話［31］、第三巻一四話［51］、第三巻三九話［95］など。またリンドナーの伝承集にも例がある［22］。
(104) ハンス・ブルーメンベルク『近代の正統性II　理論的好奇心に対する審判のプロセス』忽那敬三訳、法政大学出版局、二〇〇一年、一一六頁以下を参照。なお以下の拙論も参照されたい。「好奇心と聖性　近世ドイツ奇譚集・予兆集の生成と展開をめぐって」、奈良女子大学文学部欧米言語文化学会『欧米言語文化研究』一号、二〇一三年、一二九—一六〇頁所収。
(105) Der Spiegel. 18/1990 (30. April 1990). S. 180-186.
(106) 川村湊「山のユートピア」、同『言霊と他界』、講談社学術文庫、二〇〇二年、一九九—二二五頁所収、二〇九頁。
(107) 同、二〇一—二〇二頁。

おわりに――ふたたびウンタースベルク

ハーメルンの有名な物語は、漫画『ドラえもん』の素材にもなった。「ハメルン《（ママ）》チャルメラ」という話である。[1]

のび太の家にねずみが出て、ドラえもんは震えあがる。そこでお腹のポケットから取り出したのが、この名を持つチャルメラであり、のび太にこれを吹いてもらう。消えてほしい物体に向かってラッパを吹き鳴らすと、ねずみであれ、庭の木の葉であれ、何でも自らその場を去って、山に向かって消えてゆくのである。「ようし、いらないものはみんな山へ」と、のび太は例によって図に乗ってしまう。それどころか、呑気なのび太だけでなく、ドラえもんも一緒になって、野比家のさまざまなガラクタを笑顔で山に送り出していく。この絵には少し複雑な気持ちにならざるをえない。

やがてのび太は、このチャルメラによるごみ掃除を金儲けに使い始める。さすがにドラえもんは怒り出した。そして話はここから急転し、のび太に罰が下る。小さな子どもが、ふとしたことからのび太に向かってチャルメラを吹いてしまい、のび太自身が山へ追い出されてしまうのである。のび太を家に戻すには、「笛をさかさに吹けば」よいらしいのだが、そうすることによって、今度はのび太とともに、山のごみがすべて野比家に帰ってくるのだった――。

ゴミ捨て場所として、俗世の利害にからめとられてゆく山。戦後のボヘミア、リーゼンゲビルゲと同じように、近代の山はまずこの役割を負うほかないのだろうか。それとも、日常の秩序から排除された「曖昧なるもの、または異例なるもの（anomality）」[2]としてのゴミは、M・ダグラスの言うような聖性への反転を、この近現代においても果たすのだろうか。林道の脇に投げ捨てられた冷蔵庫、山中に埋められた汚染土砂が、この日常生活のシステムを揺るがし、これを問い直すように強いてくる。人体からの排泄物に似た色彩の、輝けるアウラを放射することによって。

ところでこの論理に素朴に従えば、ハーメルンの伝説において、ゴミに相当するのは、ねずみだけではない。子どももまたそうである。大人社会――むしろ大人の男性の社会と言うべきか――が、大人本位に作り上げた日常の秩序において、無用にはびこる子どもは異物であり、それを排除したいとする潜在的願望を大人は持つ。物語の形をとったその表現が、ハーメルンの伝説のとりわけ後半部分、笛吹き男によって子どもたちが山に消えてゆく場面である、ということになる。

ロステク＝リューマンというドイツ人の小著（一九九五年）に書かれたこの主張が、どれだけの反響を呼んだのかは寡聞にして知らない。しかし彼女は、歴史的事実への関心をなおも捨てることのない阿部謹也その他の書物とは違って、この伝説をまったくのフィクションと捉える。そして彼女が問うのは、かつてなぜこのようなフィクションがわざわざ創作され、そしてこれだけの盛んな受容を、なぜ現代まで続けてきたのか、ということである。

東方植民説は、この伝説の起源に関する最も有力な歴史的説明の一つである。しかしロステク＝リューマンは問う。例えば東方植民のような「明確に確認でき、ほとんど〈日常的〉であった出来事」が、「そのまま事実報告されず、比喩的な形で伝承され、ほとんどそれと認識できなくされたのは、なぜか」。衝撃的な、悲惨な出来事ならば、歴史上、他にいくつでも存在したはずなのにと。(3)

フロイトの精神分析を援用し、笛吹き男が口にする細長い楽器をペニスの象徴だと見なす彼女の論述が、すべて強い説得力を持つとは思わない。しかしそのフロイトがまた言っている「心理的真実性」ということは、伝説を読み味わう上で非常に重要な視点である。「歴史」性に言及したヤーコプ・グリムによる伝説の定義も、それは決して実証的な歴史的事実の意味ではなく、むしろ「歴史」の流れ、歴史的時間のなかに身を置いて生きた人びとの体験そのもの、いわば精神的な真実性を意味することは、すでに本書で述べた。

ネズミと子どもを同一視する古来の伝承例が、ロステク＝リューマンの著書に挙げられている。ネズミと同じように、巷にはびこる無秩序な子どもたちは、大人世代にとって、その安寧を脅かす、消えてほしい存在であった。しかしその潜在的願望をそのままに表現することは社会的なタブーが禁止する。そこで用いられた装置が、笛吹き男という異人だった。ネズミ駆除の伝説と子さらいの伝説と、元来は別個のものだった二つの物語が、近世十六世紀中葉――つまりドイツの古い時代を指して何気なく用いられる「中世」ではなく――に書かれた年代記で、笛吹き男という共同体外部の人間を軸に結合され、このハーメルンの説話となった。そして市参事会の裏切り、罪に対する報復という、きわめて屈折した物語展開をとって、笛吹き男は成人市民階級の願いを成就するのである。となればこの物語は、阿部謹也が述べたような、上層民に対する庶民の抵抗の物語というよりも、むしろ市共同体の醜い欲望を現わす権力的な言説ということになる。そしてそのような物語を、なおも嬉々として受容しつづけている現代という時代は、心の底に何を抱えているのだろうか。

中世と近世に形成された伝説が、ふと思えば、それを観光の名のもとに消費する現代社会への問いかけに変わる。それこそが、そもそも伝説研究の醍醐味のひとつであるのだけれども。

この健全なる成人市民のイデオロギー的言説を、古来の山のイメージが補強している。子どもたちが失踪した山は、「古ゲルマン時代以来の原始的信仰の聖域」[4]であり、中世末の民衆にとってなおも神秘的な場所であったと阿部謹也は言う。その歴史的飛躍の問題については、もはや立ち入るまい。かたやロステク＝リューマンは、『ドイツ俗信事典』を引きつつ、山は「死者の国」、「死せる人びとの居場所」として想像されたこと、十七世紀のある類話では子どもの消える場所をまさに「埋葬場」と呼んでいたことを教える。[5]また先述の十六世紀の年代記によれば、山は口を開いて、その内部へと子どもたちを引き入れ、そしてぱたりと閉じたという。山には、人の命が帰りゆく「母胎」[6]としての異界的イメージが存在したのである。

本書のはじめに、ザルツブルク近郊のウンタースベルクという山を取り上げた。あの不思議の山にも、ハーメルンという北ドイツの平地の町の伝説とどこかよく似た物語がある。

七五〇年頃のことだという。ザルツブルクのまわりで、次つぎに男の子や女の子が姿を消した。そして同時に、「かつてこの地方で見たことのない隠士」があちこちに出没し、人びとに恐れられた。

ある年の暮れ、ウンタースベルクの上の方から、若々しい声で讃美歌を歌いながら近づいてくる集団があった。それは例の見知らぬ「隠士」、つまり町にとっての不気味な異人に率いられた六人ずつの男女の子どもたちであった。隠士は子どもたちとともにザルツブルクの僧正のもとへと向かう。

この隠士は、かつて放蕩のかぎりを尽くして乞食になり、自らの城を捨てて行方をくらましていた貴族の若者であった。彼の言によれば、「両親から放ったらかされている子供らを、そこかしこから誘って来て巌《いわ》窟《や》の中に連れこみ、そこで彼らの神身《しんみ》の幸福を慮り、また真の敬虔な神を恐れる人に育て上げた」のである。子どもと再会した親たちは、この隠士に心から感謝した。そして隠士は僧正の命を受けて、罪滅ぼしのため

にローマへ行くことにする。しかしついに聖都にはたどりつくことなく、イタリアの旅の途上で亡くなったという。(7)

この伝説の末尾には補足があり、当地の民衆のあいだには、「ウンタースベルクの人食い」が来るぞと脅すことで、行儀の悪い子どもたちをおとなしくさせる習わしがあったとされている。リーゼンゲビルゲの山の霊リューベツァールもそのように用いられたし、スイス・アルプスを望む都ベルンの街路に置かれた「子喰い鬼」の泉の像も、やはり同じ機能を果たしたのだろう。

ウンタースベルクの伝説に戻れば、ここでもまた子どもたちが姿を消している。しかもその原因は、両親の育児放棄だという。若い貴族の放蕩と回心という一つの筋書きを柱としながら、それと並行して、麓の日常的世界と境を接し合い、対峙する山の異界の存在が際立つ。日常の挫折者であった若者は、この山においてこそ再生を果たした。そしてその若者を通じ、町の見捨てられた子どもたちもまた救われた。

救われた先がカトリック教会であることは、とりあえず南ドイツ・オーストリア的な味つけとして楽しむことにしよう。ウンタースベルクとハーメルンと、その双方の伝説においてドイツの山は、人間の日常の願いと汚濁を受け入れる大いなる空所であった。ときにその汚濁は山の大気によって浄化され、人びとの夢を描く画板となり、ときには逆に、人間の薄汚れた影によって山は覆い尽くされる。しかしドイツの山は、ついにはいつも、その大きさで人間の穢れをやがては雲散霧消させ、こちらをまた素知らぬ顔で見おろすのである。そのつどの時代と社会を生きる、人びとの心の投影を待ちうけながら。

註

（1）藤子・F・不二雄「ハメルンチャルメラ」、『ドラえもん』第四一巻、小学館、一九九〇年、二六―三三頁所収。

（2）メアリ・ダグラス『汚穢と禁忌』（塚本利明訳）、ちくま学芸文庫、二〇〇九年、三八頁。

（3）Fanny Rostek-Lühmann: Der Kinderfänger von Hameln. Untersagte Wünsche und die Funktion des Fremden. Berlin 1995. S. 44f.

（4）阿部謹也『ハーメルンの笛吹き男』、ちくま文庫、一九九七年、二二七頁。

（5）Rostek-Lühmann, S.59. そこで引証されているのは、本書も言及した『ドイツ俗信事典』における「山の失踪」（Bergentrückt）の項目である。序の註4を参照のこと。

（6）Rostek-Lühmann, S.66.

（7）山崎光子編『オーストリアの伝説』（世界神話伝説大系二五）、改訂版、名著普及会、一九八〇年、一〇八―一〇九頁。

謝辞

ある頃から、自分の母方の祖父が、薬売りをして日本各地を歩いていたという話を深く意識するようになった。

ずっと一緒に暮らしてきた父方の祖父は典型的な農夫であり、一町を越える広さの田んぼと、砂丘地にあるいくつかの畑をかかえて、朝早くからせっせと働きに出ていた。細身でどこかひょうきんな人。一時は豚も飼っていたから、豚の子どもが生まれるときなどは、時計が何時を指していようと家を出て、砂丘地の畑に立つ豚舎へ向かっていった。

今の自分は、大学という世界に小さな居場所をもらった身だが、それまでは、自分がいったいどこへ流れついてゆくのかと重い不安に襲われた。銭湯からの帰り道など、暗い空を見上げながら、まがりなりにも農家の孫であるおれは、家のために何ができているのか、ただのすねかじりじゃないかと、しばしば自分を責めた。その思いは今も消えてはいない。

父は、葛藤の末にも祖父の願いを受け入れ、地元の役場で働きながら家を守った。そしてこの自分は、農家に生まれた親不孝者の孫——しかも「孝夫」という名まえをもつ——である。薬売りをしていたという、母方の祖父の存在が浮かび上がってきたのは、そんな自分自身や家に関わる煩悶のなかでのことだった。まっとうらしい一つの場所に落ち着きたがる自分とはおよそ異質な、くりかえす長い商いの旅を生きた人が、こんな身近にいたのかと。

この母方の祖父は、すこし早くに亡くなっていたこともあり、仕事ぶりを直接に見ることはなかった。一家総出で畑仕事に行き、みなでリヤカーを押して歩いたとか、冬の畑で、幼い母の襀に燃えうつった火を掻き消そうと、小屋の高い屋根から飛び降りてきてくれたとか、あるいは家から目と鼻の先にある日本海の岩場で、釣りをしていて波にさらわれ、九死に一生を得たというような、そんなわたしの母の思い出話から、なんとなく農家暮らしの人のように想像していた。

母の生まれた家は、海沿いの国道から内陸側に折れた細い道沿いにある。たしかに今思えば、その家に祖母を訪ねていくと、玄関の上には薬壺を意匠した素朴な看板が掛かっていた。そしてたしかに、古びた振り子時計が単調なリズムを刻む一室の壁には、日本各地からの封書・葉書を分類しておく木箱が据えつけてあった。子ども心に、なぜそこに九州や北海道など遠方の地名が、こと細かに分けて書いてあるのだろうと不思議に思ったものだった。祖父は、薬屋の娘であったわたしの祖母の家に、鳥取の東部から婿として入ってきたという。そしておそらくは四十代のはじめに、足を痛めて長旅に出られなくなるまで、日本の各地へ、特に九州、天草、博多方面へと薬籠をかついで旅に出ていったという。

本書の最後に、ドイツの山の精霊リューベツァールについて書きながら思っていたのは、そんな私的なことどもであった。

八坂書房の八尾睦巳さんは、この本の出版のために、貴重な助言と助力を惜しみなく与えてくださった。厚くお礼を申し上げたい。

京都大学、大谷大学、奈良女子大学、ドイツ・ミュンヘン大学において、さまざまな機会にわたしの研究を導き、批判し、支えてくださった先生方に深くお礼を申し上げる。そして鳥取と奈良の家族には、このような仕事をするわたしをただひたすら見守ってくれたことに、心からの感謝を捧げたい。

本研究は、文部科学省科学研究費基盤研究（C）課題番号19520230「近世ドイツ鉱山・山岳伝説の研究」、同課題番号25370357「近世ドイツ奇譚集の説話学・民衆文化論的研究」の成果の一部である。

二〇一四年六月　奈良　　吉田孝夫

初出一覧

第一部
第一章
二〇〇八年十二月「山霊と冥界　グリム〈三人の鉱夫〉伝説をめぐる問題系」、奈良女子大学文学部外国文学研究会『外国文学研究』二七号、一四九—一九四頁所収

第二章
二〇〇五年六月「金のうんこ　近世ドイツの鉱夫たちに」、大谷大学大谷学会『大谷學報』八三巻三・四合併号、二九—五一頁所収

第三章
二〇〇八年八月「鉱山のフォルトゥーナ　パウルス・ニアウィス『ジュピターの裁き』における近世ドイツの鉱山表象と人文主義」、『希土』三三号、二—二五頁所収

第二部
第一章・第二章
二〇〇九年八月「山姥・グリム・近世　ドイツ〈ホレさま〉伝承の周辺」、『希土』三四号、五七—一一一頁所収

第三章
二〇一〇年一二月「J・プレトーリウスの奇譚集と近世ドイツ悪魔伝説　山の神〈リューベツァール〉研究序説」、奈良女子大学文学部外国文学研究会『外国文学研究』二九号、一一一—一四一頁所収

第四章
書きおろし

関連書籍のごあんない

表示価格は税別価格

民間説話 ―世界の昔話とその分類

S・トンプソン著／荒木博之・石原綏代訳　5800円

世界の昔話の全体像をわかりやすく紹介しながら、自らの手で確立した分類法の意図と概要、さらに研究史や研究方法に至るまで全てを網羅。最も権威ある話型索引（AT分類）編者による、最良の研究入門・概説書。

図説 聖人事典

O・ヴィマー著／藤代幸一訳　4800円

西洋文化理解に不可欠なキリスト教の主要諸聖人についての基本的な情報を網羅。豊富な図版例、シンボルや標章からの検索も可能な二部構成など、使いやすさに定評のあるロングセラーの日本語版。

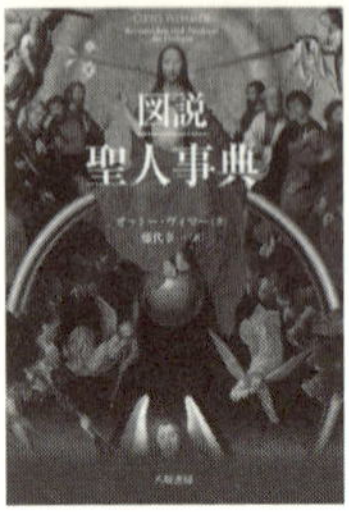

図説 西洋護符大全 ―魔術と呪いと迷信の博物誌

L・クリス＝レッテンベック＋L・ハンスマン著／津山拓也訳　6800円

鉱石、植物、動物由来の品から、魔術で用いられる呪符の類、さらには人びとのしぐさまで、不思議なパワーが宿ると信じられ、もてはやされてきた品々850点を詳細な解説つきで紹介。西洋古来の護符の文化的背景を詳説した名著。

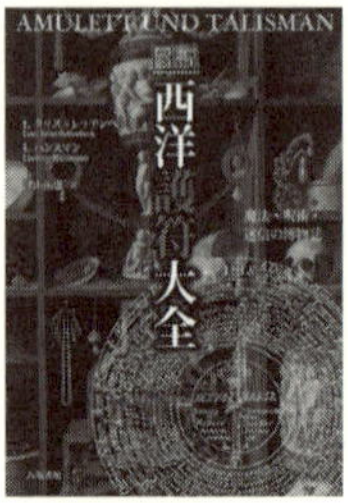

世界樹木神話

J・ブロス著／藤井史郎・藤田尊潮・善本孝訳　3800円

「世界は一本の木が支えている」といわれる宇宙樹、北欧神話のユッグドラシル、ゼウスのオーク、エデンの園の誘惑の樹など、ヨーロッパのみならずインド、中国まで、各地の樹木にまつわる神話の神秘なる世界を説き明かす。

[著者略歴]

吉田 孝夫（よしだ・たかお）

1968年鳥取県生まれ。

奈良女子大学文学部准教授。

京都大学大学院文学研究科博士後期課程修了（ドイツ語学ドイツ文学専修）。博士（文学）。

著書に、『語りべのドイツ児童文学　O・プロイスラーを読む』（かもがわ出版）、『恋をする、とはどういうことか』（ひつじ書房、共著）、『啓蒙と反動』（春風社、共著）、『仏教とキリスト教の対話 3』（法蔵館、共著）、訳書に、プロイスラー『わたしの山の精霊ものがたり』、『かかしのトーマス』（ともにさ・え・ら書房）がある。

山と妖怪　ドイツ山岳伝説考

2014年6月25日　初版第1刷発行

著　者　吉田孝夫
発行者　八坂立人
印刷・製本　モリモト印刷(株)

発行所　(株)八坂書房
〒101-0064　東京都千代田区猿楽町1-4-11
TEL.03-3293-7975　FAX.03-3293-7977
URL.：http://www.yasakashobo.co.jp

ISBN 978-4-89694-175-4

索引

★印はその頁に関連図版があることを示す。

【カ】

【タ】

文献表

辞典・事典類

Enzyklopädie des Märchens. Handwörterbuch zur historischen und vergleichenden Erzählforschung. Hg. von Kurt Ranke. Berlin 1975ff.

Handwörterbuch des deutschen Aberglaubens. Hg. von Hanns Bächtold-Stäubli unter Mitwirkung von Eduard Hoffmann-Krayer. Mit einem neuen Vorwort von Christoph Daxelmüller. Unveränderter photomechanischer Nachdruck. Berlin/ New York 2000.

Leander Petzoldt: Kleines Lexikon der Dämonen und Elementargeister. München 2003.

Rosa Giorgi: Die heiligen Geschichte und Legende. Bildlexikon der Kunst Bd.2. Aus dem Italienischen von Suzanne Fischer & Karl Pichler. Berlin 2003.

Wolfgang J. Mehlhausen: Handbuch Münzsammeln. Regenstauf 2004.

Johann Heinrich Zedlers Großes vollständiges Universal-Lexikon aller Wissenschaften und Künste. Leipzig und Halle 1741.

Deutsches Wörterbuch von Jac ob Grimm und Wilhelm Grimm. Nachdruck. München 1999.

Alfred Götze: Frühneuhochdeutsches Glossar. 7. Auf. Berlin 1967.

Friedrich Kluge: Etymologisches Wörterbuch der deutschen Sprache. Bearbeitet von Elmar Seebold. 23., erweiterte Auflage. Berlin/ New York 1995.

一次文献

〈グリム：ドイツ伝説集〉

Deutsche Sagen. Hg. von den Brüdern Grimm. Ausgabe auf der Grundlage der ersten Auflage. Ediert und kommentiert von Heinz Rölleke. Frankfurt am Main 1994.

Brüder Grimm: Deutsche Sagen. Hg. von Hans-Jörg Uther. 2 Bde. München 1993.

——: Deutsche Sagen. Bd. 3. Hg. von Barbara Kindermann-Bieri. München 1993.

Jacob und Wilhelm Grimm: Deutsche Sagen. Jacob und Wilhelm Grimm: Werke. Forschungsausgabe. Abteilung III: Gemeinsame Werke. Bd. 46. Deutsche Sagen Erster Teil. Neu hg. von L. Petzoldt. Hildesheim/ Zürich/ New York 2005.

Deutsche Sagen. Hg. von den Brüdern Grimm. Mit Illustrationen von Otto Ubbelohde. 2 Bde. Frankfurt am Main 1981.

The German Legends of the Brothers Grimm. Edited and translated by Donald Ward. Vol. I & II. Philadelphia 1981.

グリム『ドイツ伝説集　上・下』（桜沢正勝・鍛治哲郎訳）、人文書院、1987年、1990年

〈伝承集〉

Deutsche Volkssagen. Hg. und erläutert von Leander Petzoldt. München 1970.

Das große deutsche Sagenbuch. Hg. von Heinz Rölleke. Düsseldorf 2001.

Gerhard Heilfurth unter Mitarbeit von Ina-Maria Greverus: Bergbau und Bergmann in der deutschsprachigen Sagenüberlieferung Mitteleuropas. Bd.I-Quellen. Marburg 1967.

Peter Wolfersdorf: Die niedersächsichen Berggeistsagen. Göttingen 1968.

Johannes Praetorius: Daemonologia Rubinzalii Silesii. Leipzig 1662.

〔ドイツ・バイエルン州立図書館は、この書物の一部をデジタルデータとして公開している。http://reader.digitale-sammlungen.de/de/fs1/object/display/bsb10132916_00005.html〕

——: Bekannte und unbekannte Historien von Rübezahl. Unveränderter Nachdruck der Ausgabe Leipzig 1920. Frankfurt am Main 1966.

——: Hexen-, Zauber- und Spukgeschichten aus dem Blocksberg. Hg. von Wolfgang Möhrig. Frankfurt am Main 1979.

——: Rübezahl-Buch mit Bildern von Alfred Kubin. Augsburg 1927. Neudruck Kassel 1980.

Sagen aus Salzburg. Hg. von Leander Petzoldt. München 1993.

Salzburger Landesinstitut für Volkskunde (Hg.): Sagenhafter Untersberg: die Untersbergsage in Entwicklung und Rezeption. Salzburg 1991/1992.

Im Schattenreich des Untersberges. Hg. und zusammengestellt von Christin F. Uhlir. Norrstedt 2004.

Lazarus Gitschner: Sagen der Vorzeit oder ausführliche Beschreibung von dem berühmten Salzburgischen Untersberg oder Wunderberg. Brixen 1782. (Faksimile-reprint)

Rudolf von Freisauff: Aus Salzburgs Sagenschatz. Salzburg 1993. (Nachdruck der Ausgabe Salzburg 1914)

Johann Karl August Musäus: Volksmärchen der Deutschen. Darmstadt 1976.

Karl Paetow: Frau Holle. Volksmärchen und Sagen. Husum 1986.

Gisela Schinzel-Penth: Sagen und Legenden von München. 3.erweiterte Auflage. Frieding 2000.

Rolf Wilhelm Brednich: Die Spinne in der Yucca-Palme. Sagenhafte Geschichten von heute. München 2002. (Erste Auflage 1990)

『オーストリアの伝説』（世界神話伝説大系 25）、山崎光子編、改訂版、名著普及会、1980 年

ロルフ・W・ブレードニヒ編『ヨーロッパの現代伝説　悪魔のほくろ』（池田香代子ほか訳）、白水社、2003 年

〈グリム兄弟〉

Kinder- und Hausmärchen, gesammelt durch die Brüder Grimm. Vollständige Ausgabe auf der Grundlage der dritten Auflage (1837). Hg. von Heinz Rölleke. Frankfurt am Main 1985.

Jacob Grimm: Deutsche Mythologie. Unveränderter Nachdruck der 4. Auflage mit Bearbeitung von Elard H.Meyer 1875-1878. Wiesbaden 2003.

——: „Ein Lebensabriss Jacob Grimms". In: Zeitschrft für deutsche Philiologie 1(1869), S.489-491.

——: Geschichte der deutschen Sprache. Bd.1. Jacob und Wilhelm Grimm: Werke. Forschungsausgabe. Abteilung I: Die Werke Jacob Grimms. Bd.15. Neu hg. von Maria Herrlich. Hildesheim/ Zürich/ New York 1999.

Wilhelm Grimm: Frau Holle. In: Jacob und Wilhelm Grimm: Werke. Forschungsausgabe. Abteilung II: Die Werke Wilhelm Grimms. Bd.32. Kleinere Schriften 2. Neu hg. von Otfrid Ehrismann. Hildesheim/ Zürich/ New York 1992. S.234-235.

『完訳グリム童話集　一』（金田鬼一訳）、岩波文庫、1988年

『完訳グリム童話集　二』（金田鬼一訳）、岩波文庫、1988年

〈その他〉

Georg Agricola: De Re Metalica Libri XII. Zwölf Bücher vom Berg- und Hüttenwesen. Wiesbaden/ Gütersloh 2003. (Nachdruck der Ausgabe Berlin 1928)

——: Buch von den Lebewesen unter Tage. In: Georg Agricola: De Re Metalica Libri XII. S.509-541.

Ulrich Rülein von Calw: Eyn wohlgeordnet und nützlich büchlein, wie man bergwerk suchen und finden soll. Augsburg 1505.〔パリ国立高等鉱山学校（École de mines de Paris）ウェブサイト：http://www.cri.ensmp.fr/buechlein/buch. html.〕

Theodor Fontane: Wanderungen durch die Mark Brandenburg. Bd.1. Die Grafschaft Ruppin/ Das Oderland. München 2006.

Fortunatus. Studienausgabe nach der Editio Princeps von 1509. Hg. von Hans-Gert Roloff. Stuttgart 1996.

Johann Wolfgang von Goethe: Geschichte Gottfriedens von Berlichingen mit der eisernen Hand. In: Goethes Werke. Jubiläumsausgabe. Bd.2. Frankfurt am Main/ Leipzig 1998.

——: Wilhelm Meisters theatralische Sendung: Wilhelm Meisters Lehrjahre; Unterhaltungen deutscher Ausgewanderten. Hg. von Wilhelm Voßkamp/ Herbert Jaumann. Frankfurt am Main 1992. S.1516-1519.

Hugo von Hofmannsthal: Erzählungen. Teil 1. Sämtliche Werke: Kritische Ausgabe. Hg. von Rudolf Hirsch et al. Frankfurt am Main 1975.

Friedrich von Logau: Friedrichs von Logau sämmtliche Sinngedichte. Hg. von Gustav Eitner. Hildesheim/ New York 1974. (Nachdruck der Ausgabe Tübingen 1872)

Martin Luther: Tischreden. In: ders.: D. Martin Luthers Werke: Sonderedition der kritischen Ausgabe. (Weimarer Ausgabe) H. Böhlaus Nachfolger. 6 Bde. Weimar 2000.

Paulus Niavis: Iudicium Iovis oder Das Gericht der Götter über den Bergbau. Übersetzt und bearbeitet von Paul Krenkel. In: Freiberger Forschungshefte. Kultur und Technik D3. Hg. vom Rektor der Bergakademie Freiberg. Berlin 1953.

Otfried Preußler: Ich bin ein Geschichtenerzähler. Hg. von Susanne Preußler-Bitsch und Regine Stigloher. Stuttgart/ Wien 2010.

——: Mein Rübezahlbuch. Zwei Dutzend und drei Geschichten vom Herrn des Riesengebirges. Stuttgart/ Wien 1993.

Paul Schneevogel: Iudicium Iovis. In: Hans Rupprich (Hg.): Humanismus und Renaissance in

den deutschen Städten und an den Universitäten. Leipzig 1935. S. 239-267.
Ingrid Vettin-Zahn: Rübezahl. Gedichte und Lieder. Husum 2004.

〈その他の和書〉

泉鏡花『薬草取』、種村季弘編『泉鏡花集成　4』、ちくま文庫、1995年
『聖書　新共同訳』、日本聖書協会、1996年
『ドラえもん　41』、小学館、1990年
『日本霊異記』新潮日本古典集成67、（小泉道校注）、新潮社、1994年
『日本霊異記』新日本古典文学大系30（出雲路修校注）、岩波書店、1996年
柳田國男『資料としての伝説』、『柳田國男全集　4』、ちくま文庫、1989年
柳田國男監修・日本放送協会編『日本伝説名彙』、日本放送出版協会、1971年
『梁塵秘抄　閑吟集　狂言歌謡』新日本古典文学大系五六（小林芳規ほか校注）、岩波書店、1993年

＊

アグリコラ『デ・レ・メタリカ　全訳とその研究　近世技術の集大成』（三枝博音訳著、山崎俊雄編）、岩崎学術出版社、1968年
ヤコブス・デ・ウォラギネ『黄金伝説　4』（前田敬作・山中知子訳）、人文書院、1987年
カルヴィーノ『イタリア民話集　（下）』（河島英昭編訳）、岩波書店、2004年
ゲーテ『ファウスト　第二部』（大山定一訳）、『ゲーテ全集 二』所収、人文書院、1962年
『ティル・オイレンシュピーゲルの愉快ないたずら』（阿部謹也訳）、岩波文庫、1993年
『ドイツ民衆本の世界Ⅳ　幸運のさいふと空とぶ帽子　麗わしのマゲローナ』（藤代幸一ほか訳）、国書刊行会、1988年
ノヴァーリス『ハインリヒ・フォン・オフターディンゲン』（青木誠之ほか訳）、『ノヴァーリス全集 三』所収、沖積舎、2001年
オトフリート・プロイスラー『わたしの山の精霊ものがたり』（吉田孝夫訳）、さ・え・ら書房、2011年
ジークムント・フロイト「性格と肛門愛」（懸田克躬ほか訳）、『フロイト著作集 五』所収、人文書院、1981年
ペトラルカ『カンツォニエーレ』（池田廉訳）、名古屋大学出版会、一九九二年
J・K・A・ムゼーウス『リューベツァールの物語　ドイツ人の民話』（鈴木滿訳）、国書刊行会、2003年
M・ルター『卓上語録』（植田兼義訳）、教文館、2003年

二次文献

Antti Aarne/ Stith Thompson: The Types of the Folktale. Helsinki 1961.

Erle Bach: Das ganze Riesengebirge. Rübezahls böhmisch-schlesisches Reich.Würzburg 1998.

Albrecht Bachr: Rübezahl im Wandel der Zeiten. Würzburg 1986.

Hermann Bausinger/ Wolfgang Brückner (Hg.): Kontinuität? Geschichtlichkeit und Dauer als volkskundliches Problem. Berlin 1969.

—— : Zur Algebra der Kontinuität. In: ders./ Brückner (Hg.): Kontinuität? Geschichtlichkeit und Dauer als volkskundliches Problem. Berlin 1969. S.9-30.

—— : Traditionale Welten. Kontinuität und Wandel in der Volkskultur. In: Zeitschrift für Volkskunde 81 (1985), S.173-191

—— : Typisch deutsch. Wie deutsch sind die Deutschen? München 2000.

Wolfgang Behringer: Chonrad Stoeckhlin und die Nachtschar. Eine Geschichte aus der frühen Neuzeit. München 1994.

Lothar Bluhm/ Achim Hölter: Die Quedlinburger Sammlung . Eine quellenkritische Untersuchung zu Grimms Deutschen Sagen. In: Fabula 30 (1989), S. 257-270.

Hans Blumenberg: Legitimität der Neuzeit. Erneuerte Ausgabe. Frankfurt am Main 2012.

Hartmut Böhme: Geheime Macht im Schoß der Erde. Das Symbolfeld des Bergbaus zwischen Sozialgeschichte und Psychohistorie. In: ders.: Natur und Subjekt. Frankfurt am Main 1988. S.67-144.

Johannes Bolte/ Georg Polívka: Anmerkungen zu den Kinder- und Hausmärchen der Brüder Grimm. Bd.1. Zweite unveränderte Auflage. Hildesheim 1963.

A. Bömer: Paulus Niavis. Ein Vorkämpfer des deutschen Humanismus. In: Neues Archiv für sächsische Geschichte und Altertumskunde 19 (1898), S.51-94.

Brigitte Bönisch-Brednich: Will-Erich Peuckert (1895-1969). Versuch einer Biographie. In: dies./ Rolf Wilhelm Brednich (Hg.): „Volkskunde ist Nachricht von jedem Teil des Volkes“: Will-Erich Peuckert zum 100. Geburtstag. Göttingen 1996. S.15-32.

Horst Bredekamp: Die Erde als Lebewesen. In: Kritische Berichte 9 (1981), S.5-37.

—— : Der Mensch als Mörder der Natur. Das ›Iudicium Iovis‹ von Paulus Niavis und die Leibmetaphorik. In: Vestigia Bibliae 6 (1984), S.261-283.

Wolfgang Brückner: Zur Problematik der Bergmannssage. Kuttenberg und Daniel. In: Rheinisch-westfälische Zeitschrift für Volkskunde 8 (1961), S.175-189.

—— : Zur Diskussion um eine Bergmannssage. In: Rheinisch-westfälische Zeitschrift für Volkskunde 9 (1962), S.267-272.

—— : Historien und Historie. Erzählliteratur des 16. und 17. Jahrhunderts als Forschungsaufgabe. In: ders. (Hg.): Volkserzählung und Reformation. Ein Handbuch zur Tradierung und Funktion von Erzählstoffen und Erzählliteratur im Protestantismus. Berlin 1974.

—— und Rainer Alsheimer: Das Wirken des Teufels. Theologie und Sage im 16. Jahr-hundert. In: Brückner (Hg.): Volkserzählung und Reformation. S.394-430.

Auguste Daubrée: La Génération des minéraux métallique, dans la pratique des mineurs du moyen âge, d après le BERGBÜCHLEIN. Extrait du Journal des Savantes Juin-Juillet

1890. In : http://www.cri.ensmp.fr/buechlein/daubree.html.（パリ国立高等鉱山学校ウェブサイト）

Christoph Daxelmüller: Vorwort. In: Handwörterbuch des deutschen Aberglaubens. Hg. von Hanns Bächtold-Stäubli unter Mitwirkung von Eduard Hoffmann-Krayer. Unveränderter photomechanischer Nachdruck. Berlin 2000. Bd.1. S.1-64.

Bernward Deneke: Zur Tradition der mythologischen Kontinuitätsprämisse. In: Bausinger/ Brückner (Hg.): Kontinuität? S.47-56.

Alan Dundes: Life is Like a Chicken Coop Ladder. A Study of German National Character Through Folklore. Detroit 1989.

Der Spiegel. 46/ 1963 (13. November 1963), S.23-43.

——. 18/ 1990 (30. April 1990), S.180-186.

Deutscher Sagenkatalog. X. Der Tod und die Toten. Von Ingeborg Müller und Lutz Röhrich. In: Deutsches Jahrbuch für Volkskunde 13 (1967), S.346-397.

Karl de Wyl: Rübezahl-Forschungen. Die Schriften des M. Johannes Prätorius. Breslau 1909.

Ulf Diederichs: Who's who im Märchen. München 1995.

Hans Peter Duerr: Traumzeit. Über die Grenze zwischen Wildnis und Zivilisation. Frankfurt am Main 1978.

Otfrid Ehrismann: „Die alten Menschen sind größer, reiner und heiliger gewesen als wir". Die Grimms, Schelling; vom Ursprung der Sprache und ihrem Verfall. In: Zeitschrift für Literaturwissenschaft und Linguistik 16 (1986), S.29-57.

Hennig Eichberg: Rübezahl. Historischer Gestaltwandel und schamanische Aktualität. In: Jahrbuch der Schlesischen Friedrich-Wilhelms-Universität zu Breslau 32 (1991), S.153-178.

Helmut Fischer: Petzoldt, Leander: Dämonenfurcht und Gottvertrauen. In: Fabula 31 (1990), S.356-359.

Stefan Forbert: Vorwort. In: Karl Kollmann: Frau Holle und das Meißnerland. S.5-6.

Helge Gerndt: Zur Frühgeschichte der Sagenforschung. In: Dona ethnologica Monacensia: Festschrift für Leopold Kretzenbacher. München 1983. S.251-266.

——: Sagen und Sagenforschung im Spannungsfeld von Mündlichkeit und Schrift-lichkeit. Ein erkenntnistheoretischer Diskurs. In: Fabula 29 (1988), S.1-20.

Heinrich Goertz: Hieronymus Bosch. Reinbek bei Hamburg 2002.

Helmut Gold: Erkenntnisse unter Tage. Bergbaumotive in der Literatur der Romantik. Opladen 1990.

Heide Göttner-Abendroth: Frau Holle und Frau Venus in Thüringen. Grosse Göttinnen des Matriarchats in Mitteldeutschland. In: dies./ Kurt Derungs (Hg.): Mythologische Landschaft Deutschland. Landschaftsmythologie der Alpenländer. Bd.2: Deutschland. Bern 1999. S.236-254.

Klaus Graf: Petzoldt, Leander: Einführung in die Sagenforschung. In: Fabula 41(2000), S.345-346

Ina-Maria Greverus: Zur Problematik der Bergmannssage. Eine Erwiderung. In: Rheinisch-westfälische Zeitschrift für Volkskunde 9 (1962), S.77-106.

Harz. HB Bildatlas 263. Ostfildern 2004.

Irmgard Heidler: Der Verleger Eugen Diederichs und seine Welt (1896-1930). Mainzer Studien zur Buchwissenschaft, Bd. 8. Wiesbaden 1998.

Gerhard Heilfurth: Der Bergbau und seine Kultur. Zürich 1981.

Walter Heise: Die deutschen Volksromane vom Fortunatus bis zum Simplizissimus in ihrer poetischen Struktur. Diss. Göttingen 1952. [Masch] Aus: Fortunatus. S. 257. (Hans-Gert Roloff: Materialien zum Verständnis des Textes)

Jost Hermand (Hg.): Mit den Bäumen sterben die Menschen. Zur Kulturgeschichte der Ökologie. Köln/ Weimar/ Wien 1993.

Maria Herrlich: Einleitung. In: Jacob Grimm: Geschichte der deutschen Sprache. Bd.1. Forschungsausgabe. Abteilung I. Die Werke Jacob Grimms. Bd.15. Neu hg. von Maria Herrlich. Hildesheim/ Zürich/ New York 1999. S.1-19.

Lutz Heydick: Leipzig. Historischer Führer zu Stadt und Land. Leipzig 1990.

Wolfgang Jacobeit: Will-Erich Peuckert „Die große Wende". Ein Beitrag zur Wissenschaftsgeschichte der deutschen Volkskunde nach 1945. In: Bönisch-Brednich /Brednich (Hg.): „Volkskunde ist Nachricht von jedem Teil des Volkes". S.141-164.

Utz Jeggle: Die Sage und ihre Wahrheit. In: Der Deutschunterricht 39(1987), S. 37-50.

Beate Kellner: Grimms Mythen. Studien zum Mythosbegriff und seiner Anwendung in Jacob Grimms Deutscher Mythologie. Frankfurt am Main 1994.

Karl Kollmann: Frau Holle und das Meißnerland. Einem Mythos auf der Spur. Eschwege 2005.

Paul Krenkel: Nachwort des Bearbeiters. In: Niavis: Iudicium Iovis oder Das Gericht der Götter über den Bergbau. In: Freiberger Forschungshefte. Kultur und Technik D3. S. 46- 57.

Angelika Kroker u.a.: Goslar: ein Führer durch die alte Stadt der Kaiser, Bürger und Bergleute. Wernigerode 1997.

Siegfried Kube: Die drei Bergleute. Eine Grimmsche Sage und ein Neuruppiner Bilderbogen. In: Deutsches Jahrbuch für Volkskunde 6 (1960), S. 229-238.

Horst Kunze: Geschichte der Buchillustration in Deutschland: das 16. Und 17. Jahrhundert. 2 Bde. Leipzig 1993.

Ulrike Marquardt/ Johannes Barth/ Lothar Bluhm: Viel Schatten, wenig Licht. Zu einigen neueren Publikationen der Grimm-Forschung 1992/93. In: Wirkendes Wort 43 (1993), S. 337-362.

Dieter Martin: Barock um 1800. Bearbeitung und Aneignung deutscher Literatur des 17. Jahrhunderts von 1770 bis 1830. Frankfurt am Main 2000.

Wolfgang Michel: Casper Schambergers Kindheit und Jugend. In: 九州大学『独仏文學研究』45号、1995年、111-123頁所収

Adolf Moepert: Die Anfänge der Rübezahlsage. Studien zum Wesen und Werden des schlesischen Berggeistes. Leipzig 1928.

Wolfgang Neuber: Die Theologie der Geister in der Frühen Neuzeit. In: Moritz Baßler u.a. (Hg.): Gespenster: Erscheinungen-Medien-Theorien. Würzburg 2005. S. 25-37.

——: Rübezahls Wanderungen. Die narrative Migration des Luftgeistes und die Leipziger Fassung durch Johannes Praetorius. In: Mirosława Czarnecka und Wolfgang Neuber

(Hg.): Wrocław-Berlin. Germanistischer Brückenschlag im deutsch-polnischen Dialog II. Kongress der Breslauer Germanistik. Bd.2. Literaturgeschichte: 17. Jahrhundert. Dresden 2006. S.76-83.

Erich Neumann: Die Große Mutter. Die weiblichen Gestaltungen des Unbewußten. Düsseldorf 2003.

Leander Petzoldt: Einführung. In: Jacob und Wilhelm Grimm: Deutsche Sagen. Forschungsausgabe. Abteilung III. Gemeinsame Werke. Bd.46. Deutsche Sagen Erster Teil. Neu hg.von L. Petzoldt. Hildesheim/ Zürich/ New York 2005. S.5-44.

Will-Erich Peuckert: Das Leben Jakob Böhmes. Jena 1924.

——: Die Sagen vom Berggeist Rübezahl. Jena 1926.

——: Leben, Künste und Meinungen des viel beschrieenen Theophrastus Paracelsus von Hohenheim. Jena 1928.

——: Angewandte Volkskunde. In: Schaffen und Schauen 6 (1929), S.4-6.

—— (Hg.): Die Brüder Grimm. Ewiges Deutschland. Ihr Werk im Grundriß. Leipzig 1935.

——: Deutscher Volksglaube des Spätmittelalters. Stuttgart 1942.

——: Die große Wende. Bd.1: Das apokalyptische Saeculum und Luther. Bd.2: Geistesgeschichte und Volkskunde. Hamburg 1948.

——: Sagen. Geburt und Antwort der mythischen Welt. Berlin 1965.

——: Ergänzendes Kapitel über das deutsche Hexenwesen. In: Julio Caro Baroja: Die Hexen und ihre Welt. Stuttgart 1967. S.285-320.

Walter Raitz: Zur Soziogenese des bürgerlichen Romans. Eine literatursoziologische Analyse des »Fortunatus«. Düsseldorf 1973. Aus: Fortunatus. S.261f. (Hans-Gert Roloff: Materialien zum Verständnis des Textes)

Klaus Reichert: Fortuna oder die Beständigkeit des Wechsels. Frankfurt am Main 1985.

Lutz Röhrich: Sage. 2., durchgesehene Auflage. Stuttgart 1966. (SM55)

——: Das Verzeichnis der deutschen Totensagen. In: Fabula 9 (1967), S.270-284.

——: Das Kontinuitätsproblem bei der Erforschung der Volksprosa. In: Bausinger/ Brückner (Hg.): Kontinuität? S.117-133.

——: Europäische Wildgeistersagen. In: ders.: Sage und Märchen. Erzählforschung heute. Freiburg i.B. 1976. S.142-195 und 313-321.

Fanny Rostek-Lühmann: Der Kinderfänger von Hameln. Untersagte Wünsche und die Funktion des Fremden. Berlin 1995.

Rudolf Schenda: Die deutschen Prodigiensammlungen des 16. und 17. Jahrhunderts. In: Archiv für Geschichte des Buchwesens 4 (1962), S.637-710.

——: Mären von Deutschen Sagen. Bemerkungen zur Produktion von „Volkserzählungen" zwischen 1850 und 1870. In: Geschichte und Gesellschaft: Zeitschrift für Historische Sozialwissenschaft 9 (1983), S.26-48.

——: Ein Benandante, ein Wolf oder Wer? In: Zeitschrift für Volkskunde 82 (1986), S.200-202.

—— (Hg.): Sagenerzähler und Sagensammler der Schweiz. Studien zur Produktion volks-

tümlicher Geschichte und Geschichten vom 16. bis zum 20. Jahrhundert. Bern/ Stuttgart 1988.

——: Von Mund zu Ohr. Bausteine zu einer Kulturgeschichte volkstümlichen Erzählens in Europa. Göttingen 1993.

Heinz Schilling: Job Fincel und die Zeichen der Endzeit. In: Wolfgang Brückner (Hg.): Volkserzählung und Reformation. S.326-393.

Heinz Schlaffer: Die kurze Geschichte der deutschen Literatur. München/ Wien 2002.

Albrecht Schöne: Götterzeichen, Liebeszauber, Satanskult. München 1982.

Frank Schüttig: Das Riesengebirge entdecken. Berlin 2005.

Georg Simmel: Exkurs über den Fremden. In: ders.: Soziologie. Untersuchungen über die Formen der Vergesellschaftung. Gesamtausgabe. Hg. von Otthein Rammstedt. Bd.11. Frankfurt am Main 1992. S.764- 771.

Keith Spalding: An Historical Dictionary of German Figurative Usage. Oxford 1960.

Stiftung Hessischer Naturschutz (Hg.): Der Hohe Meißner. Unterwegs im Reich von Frau Holle. Mainz 2006.

Ingo Stock: Auf den Spuren von Grimms Märchen. München 2013.

Klaus Tenfelde: Streik als Fest. Zur früneuzeitlichen Bergarbeiterkultur. In: Volkskultur. Zur Wiederentdeckung des vergessenen Alltags (16-20. Jahrhundert). Hg. von Richard van Dülmen und Norbert Schindler. Frankfurt am Main 1984. S.177-202.

Erika Timm unter Mitarbeit von Gustav Adolf Beckmann: Frau Holle, Frau Percht und verwandte Gestalten. 160 Jahre nach Jacob Grimm aus germanistischer Sicht betrachtet. Stuttgart 2003.

Ingrid Tomkowiak/ Susanne Ude-Koeller: „...weil niemand die alten Chroniken und Kompendien mehr aufschlagen will“. Will-Erich Peuckert und die „Niedersächsischen Sagen“. In: Bönisch-Brednich /Brednich (Hg.): „Volkskunde ist Nachricht von jedem Teil des Volkes“. S.125-140.

Wilhelm Treue: Wirtschaft, Gesellschaft und Technik in Deutschland vom 16. bis zum 18. Jahrhundert. (=Gebhardt: Handbuch der deutschen Geschichte Bd.2) 9., neu bearbeitete Auflage. München 1981.

Justus H. Ulbricht/ Meike G. Werner (Hg.): Romantik, Revolution und Reform. Der Eugen Diederichs Verlag im Epochenkontext 1900-1949. Göttingen 1999.

Jan Urban: Bergmanns-Sagen: „Handsteine“ aus Kuttenberg. Hg. von Franz Kirnbauer. Leobener Grüne Hefte 128. Wien 1971.

Ferdinand van Ingen: Das Geschäft mit dem schlesischen Berggeist. Die Rübezahl-Schriften des M. Johannes Praetorius. In: Daß eine Nation die ander verstehen möge. Festschrift für Marian Szyrocki. Amsterdam 1988. S.361-380.

Klaus Vondung: Apokalypse in Deutschland. München 1988.

Hans Wagener: Eberhard Werner Happel –Vernunft und Aberglaube im Spätbarock. In: Hessische Blätter für Volkskunde 59 (1968), S.45-56.

Helmut Waibler: M. Johannes Praetorius, P.L.C. Bio-bibliographische Studien zu einem Kom-

pilator curieuser Materien im 17.Jahrhundert. Frankfurt am Main/ Bern/ Las Vegas 1979.
Hugo Weczerka: Geschichtliche Einführung. In: ders. (Hg.): Schlesien. Handbuch der historischen Stätten. Stuttgart 1977. S.XVI-XCIII.
Meike G. Werner: Moderne in der Provinz. Kulturelle Experimente im Fin de Siecle Jena. Göttingen 2003.
Gerhild Scholz Williams: Ways of Knowing in Early Modern Germany. Johannes Praetorius as a Witness to his Time. Ashgate 2005.
Konrad Zacher: Rübezahl-Annalen bis Ende des 17. Jahrhunderts. Breslau 1906.
Rolf Christian Zimmermann: „Ich gebe die Fackel weiter!". Zum Werk Will-Erich Peuckerts. In: W-E. Peuckert: Das Rosenkreutz. 2., neugefaßte Auflage. (Pansophie 3) Hg. von R. Ch. Zimmermann. Berlin 1973. S.VII-LI.
Theodore Ziolkowski: Das Amt der Poeten. Die deutsche Romantik und ihre Institutionen. Aus dem Amerikanischen von Lothar Müller. München 1992.

〈和書〉
赤坂憲雄『異人論序説』、ちくま学芸文庫、1992年
阿部謹也『西洋中世の罪と罰　亡霊の社会史』、弘文堂、1989年
――『ヨーロッパ中世の宇宙観』、講談社、1991年
――『ハーメルンの笛吹き男』、ちくま文庫、1997年
――『阿部謹也自伝』、新潮社、2005年
磯部欣三『佐渡金山』、中公文庫、2003年
今村仁司『貨幣とは何だろうか』、ちくま新書、1994年
入江泰吉『私の大和路　秋冬紀行』、小学館文庫、2002年
植田重雄『守護聖者　人になれなかった神々』、中公新書、1991年
上野英信『地の底の笑い話』、岩波書店、2002年
上山安敏『神話と科学』、岩波書店、1984年
――『世紀末ドイツの若者』、三省堂、1986年
――『魔女とキリスト教』、人文書院、1993年
魚住昌良『ドイツ　古都と古城と聖堂』、山川出版社、2002年
沖島博美・武田和秀『プラハ・チェコ』、日経ＢＰ社、2002年
川村湊『言霊と他界』、講談社学術文庫、2002年
木下康光「自然文芸―民衆文芸　Ｊ・グリムのゲルマニスティクの理念について」、西川富雄編『叢書ドイツ観念論との対話2　自然とその根源力』、ミネルヴァ書房、1993年、178-201頁所収
――「神・言語・民族　ヤーコプ・グリムの仕事と思想の再検討」、三島憲一・木下康光編『転換期の文学』、ミネルヴァ書房、1999年
桐生操『本当は恐ろしいグリム童話』、ＫＫベストセラーズ、2001年
河野眞「永遠なる〈グリムのメルヒェン〉」、『ユリイカ　特集グリム童話』、1999年4月号、青土社、64-73頁所収
――『ドイツ民俗学とナチズム』、創土社、2005年

小葉田淳『貨幣と鉱山』、思文閣出版、1999 年
小松和彦「異人論　「異人」から「他者」へ」、『岩波講座現代社会学』第 3 巻、岩波書店、1995 年、175-200 頁所収
――『異人論　民族社会の心性』、ちくま学芸文庫、1995 年
――『妖怪文化入門』、せりか書房、2006 年
近藤恒一『ペトラルカと対話体文学』、創文社、1997 年
西郷信綱『神話と国家　古代論集』、平凡社、1977 年
――『古代の声　うた・踊り・市・ことば・神話』、朝日出版社、1995 年
――『古代人と夢』、平凡社、1993 年
坂井洲二『ドイツ民俗紀行』、法政大学出版局、1982 年
島田昱郎『聖書の鉱物誌』、東北大学出版会、2000 年
鈴木博之『日本の〈地霊《ゲニウス・ロキ》〉』、講談社現代新書、1999 年
瀬原義生「中世末期・近世初頭のドイツ鉱山業と領邦国家」、『立命館文學』585 号、2004 年、42-83 頁所収
高木昌史『グリム童話を読む事典』、三交社、2002 年
――編『柳田國男とヨーロッパ　口承文芸の東西』、三交社、2006 年
高橋吉文『グリム童話　冥府への旅』、白水社、1996 年
田中純『アビ・ヴァールブルク　記憶の迷宮』、青土社、2001 年
谷有二『山名の不思議　私の日本山名探検』、平凡社、2003 年
谷澤毅「商都ライプツィヒの興隆と大市　商業史的概観」、『長崎県立大学論集』第 33 巻第 4 号、2000 年、1-25 頁所収
――「ライプツィヒの通商網　ドイツ・中央における内陸商業の展開」、深沢克己編著『近代ヨーロッパの探求 9　国際商業』、ミネルヴァ書房、2002 年、21-49 頁所収
――「中世後期・近世初頭におけるハンブルクの商業発展と大陸内商業」、『長崎県立大学論集』第 39 巻第 4 号、2006 年、193-224 頁所収
寺川眞知夫『日本国現報善悪霊異記の研究』、和泉書院、1996 年
中根千絵「弁財天と龍女」、『比較神話学シンポジウム　冥界の大母神』、重見晋也編集責任、名古屋大学文学部、1999 年、79-86 頁所収
名城邦夫『中世ドイツ・バムベルク司教領の研究　貨幣経済化と地代』、ミネルヴァ書房、2000 年
沼野充義（監修）『中欧』、新潮社、1996 年
野村泫『目で見るグリム童話』、ちくま文庫、1996 年
速水侑『観音・地蔵・不動』、講談社現代新書、1996 年
久光重平『西洋貨幣史　中』、国書刊行会、1995 年
広末保『悪場所の発想　伝承の創造的回復』、三省堂、1970 年
藤縄千艸編『ドイツロマン派画集』、国書刊行会、1985 年
松村一男「神話と政治　ギンズブルグのデュメジル批判をめぐって」、和光大学象徴図像研究会『象徴図像研究』第 1 号、1987 年、64-72 頁所収
丸山顕徳「『記紀』一言主神と神仙譚　説話と儀礼」、『花園大学研究紀要』第 25 号、1993 年、69-93 頁所収

三谷研爾「カウンターカルチャーの耀き　世紀転換期の青年たち」、同編『ドイツ文化史への招待　芸術と社会のあいだ』、大阪大学出版会、2007年、205-223頁所収
宮家準『霊山と日本人』、ＮＨＫブックス、2004年
村上淳一「ヤーコプ・グリムとドイツ精神史　〈フォルク〉の概念を中心として」、『現代に生きるグリム』、岩波書店、1985年、57-100頁所収
森田安一『ルターの首引き猫』、山川出版社、2001年
諸田實『フッガー家の時代』、有斐閣、1998年
山折哲雄『死の民俗学　日本人の死生観と葬送儀礼』、岩波現代文庫、2002年
山形孝夫『レバノンの白い山　古代地中海の神々』、未来社、2001年
山口昌男『文化と両義性』、岩波現代文庫、2000年
――『道化の民俗学』、岩波現代文庫、2007年
山本義隆『一六世紀文化革命　１』、みすず書房、2007年
――『一六世紀文化革命　２』、みすず書房、2007年
由貴香織里『ルードヴィヒ革命　１』、白泉社（花とゆめコミックス）、2004年
養老孟司／齋藤磐根『脳と墓　Ｉ』、弘文堂、1992年
吉田孝夫「妖怪の故郷を語る　オトフリート・プロイスラー『ぼくのリューベツァールの本』」、『希土』35号、2010年、2-25頁所収
――『語りべのドイツ児童文学　Ｏ・プロイスラーを読む』（奈良女子大学文学部まほろば叢書３）、かもがわ出版、２０１３年
――「愉しい迷信　Ｊ・プレトーリウスと近世ドイツ奇譚集の効用」、青地伯水編『啓蒙と反動』、春風社、2013年、15-45頁所収
――「好奇心と聖性　近世ドイツ奇譚集・予兆集の生成と展開をめぐって」、奈良女子大学文学部欧米言語文化学会『欧米言語文化研究』1号、2013年、129-160頁所収
吉見俊哉『大学とは何か』、岩波新書、2011年

〈訳書〉
フィリップ・ヴァルテル「白い女神　動物の姿で示現するケルトの大女神（アーサー王物語を例に）」、『比較神話学シンポジウム　冥界の大母神』、重見晋也編集責任、名古屋大学文学部、1999年、53-59頁所収
――「エルカン軍団の神話暦」、『比較神話学シンポジウム　荒猟師伝承の東西』、重見晋也編集責任、名古屋大学文学部、1999年、7-11頁所収
コルネリウス・ウォルフォード『市の社会史』中村勝訳、そしえて、1987年
ミルチャ・エリアーデ『豊饒と再生』（久米博訳）、せりか書房、1974年
――『鍛冶師と錬金術師』（大室幹雄訳）、せりか書房、1993年
Ｅ・Ｈ・エリクソン『青年ルター　１』（西平直訳）、みすず書房、2002年
――『青年ルター　２』（西平直訳）、みすず書房、2003年
エルンスト・カッシーラー『個と宇宙　ルネサンス精神史』（薗田坦訳）、名古屋大学出版会、1991年
カルロ・ギンズブルグ『ベナンダンティ　十六―十七世紀における悪魔崇拝と農耕儀礼』（竹山博英訳）、せりか書房、1986年

——『夜の合戦　十六―十七世紀の魔術と農耕信仰』（上村忠男訳）、みすず書房、1986 年
——『闇の歴史　サバトの解読』（竹山博英訳）、せりか書房、1992 年
——「ゲルマン神話学とナチズム」、同『神話・寓意・徴候』（竹山博英訳）、せりか書房、1992 年、227-260 頁所収
——「フロイト、狼男、狼憑き」、同『神話・寓意・徴候』、261-276 頁所収
E・R・クルツィウス『ヨーロッパ文学とラテン中世』（南大路振一ほか訳）、みすず書房、1991 年
アーロン・グレーヴィチ『中世文化のカテゴリー』（川端香男里ほか訳）、岩波書店、1999 年
フレドリック・ジェイムソン『政治的無意識』（大橋洋一ほか訳）、平凡社、2010 年
ジャン＝クロード・シュミット『中世の迷信』（松村剛訳）、白水社、1998 年
——『中世の幽霊　西欧社会における生者と死者』（小林宣子訳）、みすず書房、2010 年
ゲオルク・ジンメル「よそものの社会学」（丘澤静也訳）、『現代思想』1976 年 4 月号、青土社、104-109 頁所収
ジョージ・B・ストーファー「ライプツィヒ：世界人の貿易センター」加藤博子訳、ジョージ・J・ビューロー編『西洋の音楽と社会 5　ドイツ音楽の興隆』、音楽之友社、1996 年、74-116 頁所収
ジャン・セズネック『神々は死なず』（高田勇訳）、美術出版社、1977 年
メアリ・ダグラス『汚穢と禁忌』塚本利明訳、ちくま学芸文庫、2009 年
アラン・ダンデス『鳥屋の梯子と人生はそも短くて糞まみれ　ドイツ民衆文化再考』（新井皓士訳）、平凡社、1988 年
ジョルジュ・デュメジル『神々の構造　印欧語族三区分イデオロギー』（松村一男訳）、国文社、1987 年
——『ゲルマン人の神々』（松村一男訳）、国文社、1993 年
——「学問と政治　カルロ・ギンズブルグへの返答」（福井憲彦訳）、『思想』第 754 号、1987 年 4 月、182-188 頁所収
『デュメジルとの対話』（松村一男訳）、平凡社、1993 年
ハンス・ペーター・デュル『夢の時 野性と文明の境界』（岡部仁ほか訳）、法政大学出版局、1993 年
ネリー・ナウマン『山の神』（野村伸一ほか訳）、言叢社、1994 年
M・H・ニコルソン『暗い山と栄光の山』（小黒和子訳）、国書刊行会、1989 年
エリッヒ・ノイマン『グレート・マザー　無意識の女性像の現象学』（福島章ほか訳）、ナツメ社、1982 年
ピーター・バーク『ヨーロッパの民衆文化』（中村賢二郎・谷泰訳）、人文書院、1988 年
R-M・ハーゲン／R・ハーゲン『名画による歴史探訪』（新井皓士訳）、岩波書店、1996 年
ヘルマン・バウジンガー「民俗文化の連続性をめぐる代数学」（河野眞訳・解説）、愛知大学教養部『一般教育論集』第 3 号、1990 年、89-109 頁所収
ハワード・ロリン・パッチ『中世文学における運命の女神』（黒瀬保監訳）、三省堂、1993 年
ミハイール・バフチーン『フランソワ・ラブレーの作品と中世・ルネッサンスの民衆文化』（川端香男里訳）、せりか書房、1997 年

オットー・フラーケ『フッテン ドイツのフマニスト』(榎木真吉訳)、みすず書房、1990年
カールハインツ・ブラシュケ『ルター時代のザクセン 宗教改革の社会・経済・文化史』(寺尾誠訳)、ヨルダン社、1983年
P・ブリックレ『ドイツの宗教改革』(田中真造ほか訳)、教文館、1991年
ハンス・ブルーメンベルク『近代の正統性II　理論的好奇心に対する審判のプロセス』(忽那敬三訳)、法政大学出版局、2001年
ロルフ・W・ブレードニヒ『運命の女神　その説話と民間信仰』(竹原威滋訳)、白水社、1989年
ヨスト・ヘルマント(編著)『森なしには生きられない　ヨーロッパ・自然美とエコロジーの文化史』(山縣光晶訳)、築地書館、2001年
キャロリン・マーチャント『自然の死　科学革命と女・エコロジー』(団まりなほか訳)、工作舎、1985年
M・マクルーハン『グーテンベルクの銀河系　活字人間の形成』(森常治訳)、みすず書房、2003年
ラウール・マンセッリ『西欧中世の民衆信仰』(大橋喜之訳)、八坂書房、2002年
マックス・リューティ『民間伝承と創作文学』(高木昌史訳)、法政大学出版局、2001年
リューベツァール博物館(ドイツ・ゲルリッツ)ウェブサイト：http://www.ruebezahl-museum.de
クロード・ルクトゥ「基調講演」、『比較神話学シンポジウム　荒猟師伝承の東西』、重見晋也編集責任、名古屋大学文学部、1999年、3-6頁所収
ジャック・ル・ゴッフ『煉獄の誕生』(渡辺香根夫ほか訳)、法政大学出版局、2003年

図版出典

＊印を付した文献の書誌については文献表を参照。

Sabine Fehlemann: Vergangene Welten. Graphik von Dürer, Callot, Rembrandt bis Richter. Köln 2006. **p. 12, 28-29**

Bach 1998* **p. 276, 277, 305, 308**

Baehr 1986* **p. 274, 286, 302, 326**

Christopher Baker / Tom Henry: The National Gallery. Complete Illustrated Catalogue. London 1995. **p. 331**

Geoffrey Barraclough: The Christian World. London 1981. **p. 39**

Hans Biedermann: Handlexikon der magischen Künste. Graz 1986[3]. **p. 223**

Joan Blaeu: Atlas maior of 1665. Reprint: Köln 2006. **p. 13, 92-93, 163, 252-253**

Yves Bonnefoy (Hg.): American, African, and Old European Mythologies. Chicago/London 1991. **p. 187**

Bodo Brinkmann (Hg.): Cranach. London 2007. **p. 173, 314**

Hermann Bote: Ein Kurzweiliges Buch von Till Eurenspiegel aus dem Land Braunschweig .... Frankfurt a. M. 1978. **p. 82**

Bredekamp 1984* **p. 127**

Harald Busch: Germania Romanica. Wien/München 1963. **p. 41**

Corpus der Goethezeichnungen. Hg. von den nationalen Forschungs- und Gedenkstätten der klassischen deutschen Literatur in Weimar. Bd.Vb. Die naturwissenschaftlichen Zeichnungen mit Ausnahme der Farbenlehre. Bearbeitet von Dorothea Kuhn u.a. 2.Auflage. Leipzig 1976. **p. 110**

Der schwarze Führer. Deutschland. Freiburg i. Br. 2000. **p.210**

Die Sagenhalle des Riesengebirges. Berlin/Mittel-Schreiberhau 1904. **p.156-157, 250, 262, 289**

Peter Dinzelbacher: Himmel, Hölle, Heilige. Darmstadt 2002. **p. 63**

Helmut Dölker (Hg.): Festschrift für Will-Erich Peuckert zum 60. Geburtstag . Berlin/Bielefeld/München 1955. **p. 167**

Fortunatus 1996* **p. 141**

Jacob und Wilhelm Grimm 2005* **p. 221**

Harz. HB Bildatlas 2004* **p. 87, 89**

Heilfurth 1967* **p. 34-35, 45, 59, 67, 102, 118, 298**

Heilfurth 1981* **p. 30, 32**(左)**, 38, 46, 51, 54, 94-95, 96, 100, 129, 132**

Kollmann 2005* **p. 160, 161,179**

Jacques le Goff: Das Mittelalter in Bildern. Stuttgart 2002. **p. 40, 213**

Paetow 1986* **p.174**

Peuckert 1942* **p.278**

Praetorius 1966* **p.257, 258, 290, 297, 318, 319, 328, 329**

Praetorius 1980* **p. 266, 269**

Ingo Stock: Auf den Spuren von Grimms Märchen. München 2013. **p. 177**

Jacobi Theodori Tabernaemontanus: Neu vollkommen Kreuter-Buch. Offenbach a. M. 1731. Reprint: Grünwald 1982. **p. 303**

Urban 1971* **p. 32**(右)

Ingo F. Walter / Norbert Wolf: Codices illustres. The World's most famous illuminated manuscripts 400 to 1600. Köln 2001. **p. 120**

Wikipedia Commons **p. 164, 188, 211, 222, 293**

Heinrich Winkelmann: Der Bergbau in der Kunst. Essen 1958. **p. 22-23, 53, 72, 99, 104, 108, 133**

Norbert Wolf: Casper David Friedrich 1774-1840. Köln 2007. **p. 254**